Just go

SEATTLE
시애틀

포틀랜드

김주영 지음

시공사

Contents

4 저자의 말
5 저스트고 이렇게 보세요

꼭 해야 할 것

10 꼭 해야 할 것 12
23 꼭 먹어야 할 것 10
26 꼭 마셔야 할 것 4
28 꼭 사야 할 것 9
30 추천 코스 4
48 *Special* 시애틀의 축제
50 *Special* 포틀랜드의 축제

시애틀

54 베스트 오브 시애틀
58 시애틀 최고의 명소
66 시애틀 최고의 액티비티 & 투어
71 시애틀 가는 법
73 시애틀 시내 교통

●--- **시애틀 중심부**
89 관광
105 레스토랑 & 베이커리
118 *Special* 해피 아워
128 *Special* 시애틀과 만난 한식
129 나이트라이프
134 쇼핑
142 숙소

●--- **시애틀 북부**
161 관광
166 *Special* 이상한 동상 이야기
169 *Special* 유니버시티 디스트릭트 스트리트 페어
170 *Special* 우딘빌
173 레스토랑 & 베이커리
187 나이트라이프
189 *Special* 마이크로 브루어리 Best 6
190 쇼핑
194 *Special* 시애틀 프리미엄 아웃렛
195 숙소

●--- **시애틀 남부**
204 관광
208 *Special* 레이니어산 당일치기 여행
210 레스토랑 & 베이커리
211 쇼핑
211 숙소
212 *Special* 올림픽 국립공원

포틀랜드

- 220 베스트 오브 포틀랜드
- 224 포틀랜드 최고의 명소
- 232 포틀랜드 최고의 액티비티 & 투어
- 237 포틀랜드 가는 법
- 239 포틀랜드 시내 교통
- 241 *Special* 포틀랜드를 즐기는 10가지 방법

포틀랜드 서부
- 254 관광
- 259 *Special* 워터프런트 블루스 페스티벌
- 260 *Special* 다리의 도시 포틀랜드
- 268 *Special* 포틀랜드의 술 축제
- 269 레스토랑 & 베이커리
- 276 *Special* 파인 스트리트 마켓
- 284 *Special* 푸드 카트
- 285 나이트라이프
- 288 쇼핑
- 293 숙소

포틀랜드 동부
- 311 관광
- 317 레스토랑 & 베이커리
- 327 *Special* 생각지 못한 한식의 세계
- 335 나이트라이프
- 342 쇼핑
- 346 *Special* 앨버타 스트리트
- 347 숙소

여행 전 알아두기

- 352 여권과 비자
- 354 증명서와 여행자보험
- 355 항공권 예약
- 356 숙소 예약
- 357 환전과 여행 경비
- 358 전화와 인터넷
- 359 공항 가는 법
- 360 출국 수속
- 363 한국으로 귀국하기
- 364 여행 영어 회화

- 368 찾아보기

지도 찾아보기
- 6 시애틀
- 7 포틀랜드
- 78 시애틀 중심부
- 80 시애틀 다운타운
- 81 캐피틀 힐
- 152 시애틀 북부
- 152 발라드
- 153 프리몬트
- 201 시애틀 남부
- 212 올림픽 국립공원
- 246 포틀랜드 서부
- 247 포틀랜드 다운타운
- 300 포틀랜드 동부
- 302 디비전 스트리트 & 호손 불러바드
- 303 센트럴 이스트사이드

저자의 말

디지털 스마트의 감성이 넘치는 시애틀과 아날로그의 신선함을 간직한 포틀랜드는 서로 다른 모습이지만 결국 하나의 지향점에서 만난다. 자연친화적인 삶, 사람다운 일상을 누릴 수 있는 삶, 시민과 지역 사회가 공존하는 삶이 그것이다. 두 도시가 지향하는 삶의 가치는 도시 여기저기에 녹아들어 있다. 과학의 발달이 뒤흔들어 놓은 식탁을 유기농과 제철 식재료로 채우는 식당들, 기계로 찍어낸 상품이 아닌 사람의 손길과 시간이 담긴 작품과 중고 상품을 판매하는 상점들, 디지털의 첨단에 서 있으면서도 아날로그의 온기를 사랑하는 사람들이 만들어가는 도시들이다. 이것은 두 도시에 남다른 애정을 품게 된 이유기도 하다.

시애틀과 포틀랜드는 볼거리보다 가치를 쫓는 여정이었다. 스페이스 니들에서 찍는 인증 사진 한 장도 좋지만, 스페이스 니들의 역사와 얽인 이야기들이 더 궁금했고, 유명 맛집의 한 끼보다는 작은 식당의 창업 이야기가 더욱 흥미로웠다. 결국 여행은 아는 만큼 보이고, 보이는 만큼 더욱 감동할 수 있다고 믿는다. 이 책을 든 당신도 나와 같은 여행을 경험했으면 좋겠다. 마지막으로 이 책이 나오기까지 가장 든든한 지원군이었던 나의 가족과 Andrew Middleton 님께 특별한 감사를 전한다.

고마운 분들

나의 가족 홍영찬 님, 김시현 님, 이선우 님, 홍광표 님, 시애틀 취재에 큰 도움을 주신 이재성 님, 늘 응원해 주시는 안주식 님, 전홍기혜 님, 이진주 님, 김경원 님, 김홍국 님, 홍지경 님, 양화선 님, 정근호 님, 정혜진 님, 지관후 님, Don & Jean, Allan & Nia, 성다영 님.

글·사진 김주영

대학 졸업 후 평범한 오피스 레이디로 살다가 29살의 나이에 방송 작가로 전업했다. 〈KBS 스페셜〉, 〈시사 투나잇〉, 〈생방송 오늘 아침〉, 〈무한지대 큐〉를 거치며 작가로서 빛을 볼 무렵 모든 걸 내려놓고 돌연 뉴욕으로 떠났다. 2년 8개월의 뉴욕 생활 후 귀국, 쿠팡에서 콘텐츠 기획 및 제작팀, 〈잔슨빌 소시지〉에서 홍보팀장으로 일했다. 〈트루 뉴욕, 브루클린〉, 〈저스트 고 치앙마이〉를 출간하며 여행 작가로서의 삶을 시작해 현재는 블로그와 유튜브를 통해 콘텐츠 크리에이터로 다양한 활동을 이어가고 있다.

이메일 kami0815@naver.com | 블로그 kami0815.blog.me | 유튜브 랑카위언니진진

저스트고 이렇게 보세요

이 책에 실린 모든 정보는 2019년 5월 초까지 수집한 정보를 기준으로 했으며, 이후 변동될 가능성이 있습니다. 바뀐 정보가 있을 경우 편집부로 연락 주시면 적극 반영하겠습니다.
이메일 travel@sigongsa.com

- 이 책에서 소개하는 지명이나 상점 이름 등에 표시된 영어 발음은 국립국어원의 외래어 표기법을 최대한 따랐습니다.
- 관광 명소, 식당, 상점의 휴무일은 정기 휴일을 기준으로 실었습니다. 크리스마스나 추수감사절 등 미국 명절에는 문을 닫는 경우가 있으므로 주의하시기 바랍니다.
- 교통편의 운행 일정과 요금, 관광 명소와 상업 시설의 개방 시간 및 입장료, 물가 등은 수시로 변동되므로 여행 계획을 세우기 위한 가이드로 활용하고, 여행 전 홈페이지를 통해 검색하거나 현지에서 다시 한 번 확인하시길 바랍니다.
- 관광 명소는 추천도에 따라 하트 마크 1~3개를 표기했습니다.
- 레스토랑을 소개한 페이지에 제시된 예산은 1인당 지불한 금액을 기준으로 했습니다. ⑤ 표시가 1개면 $20 미만, 2개는 $20~30, 3개는 $30 이상을 나타냅니다.
- 숙박 시설의 요금은 일반 객실 요금을 기준으로 실었습니다. 예약 시기와 숙박 상품 등에 따라 요금은 달라집니다.
- 미국의 통화는 미국 달러($)입니다. $1는 약 1,180원(2019년 7월 기준)입니다. 환율은 수시로 변동되므로 여행 전 확인은 필수입니다.

지도 보는 법

각 명소와 상업 시설의 위치 정보는 '지도 p.80-F'와 같이 본문에 표시되어 있습니다. 이는 80쪽 지도의 F구역에 찾는 장소가 있다는 의미입니다.

또한, 이 책의 앞표지를 열면 QR코드가 있습니다. 스마트폰으로 QR코드를 스캔하면 책에 소개한 장소들의 위치 정보를 담은 '구글 맵스(Google Maps)'로 연결됩니다. 웹 페이지 또는 애플리케이션의 온라인 지도 서비스를 통해 편하게 위치 정보를 확인할 수 있습니다.

지도에 삽입한 기호

- ⓗ 숙박시설
- ⓡ 음식점
- ⓢ 상점
- ⓝ 술집·클럽
- ✈ 공항
- ⛴ 페리
- 🚌 버스정류장·버스 터미널
- ✉ 우체국
- 🎓 학교
- ⊕ 병원·약국
- ⛪ 교회

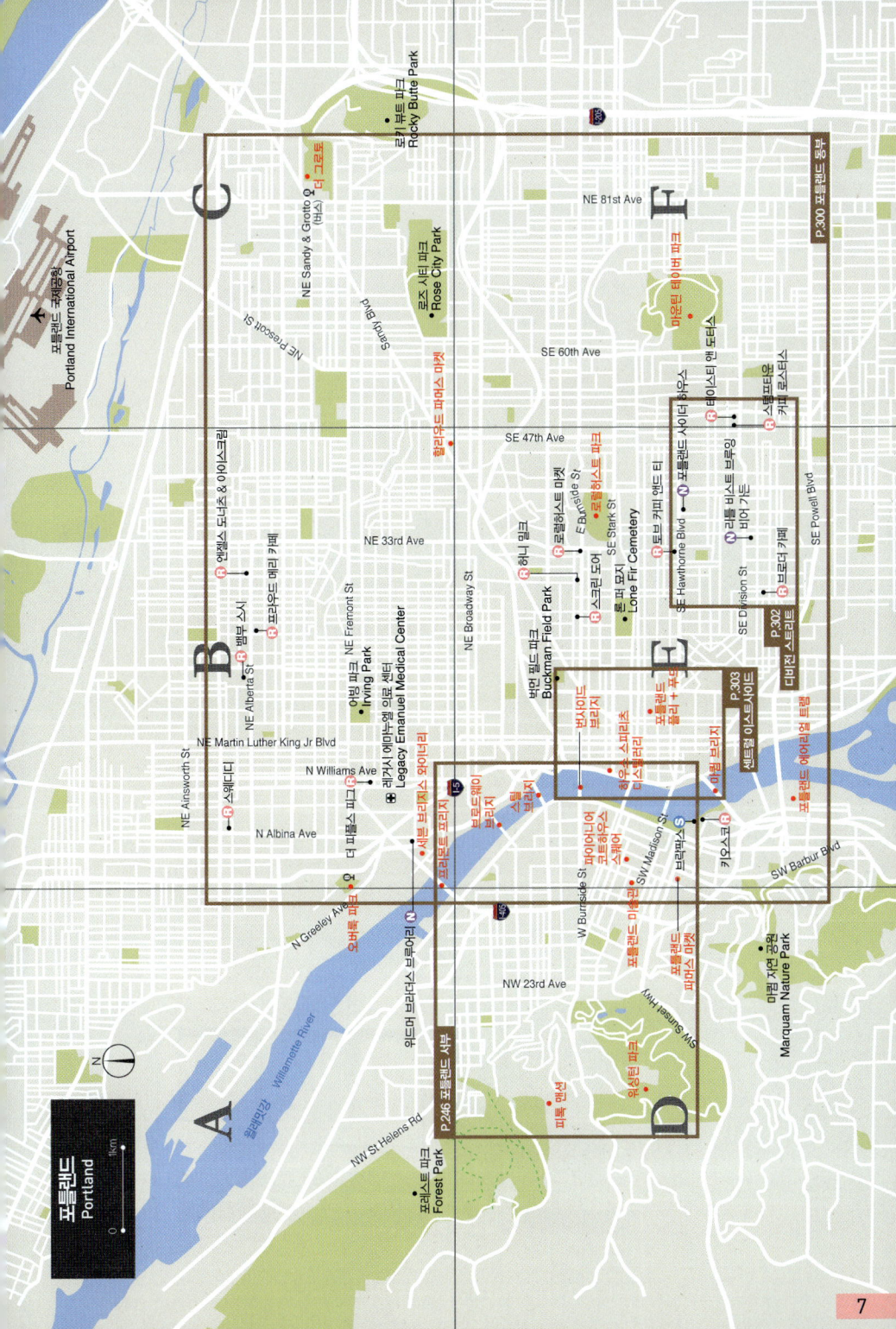

꼭 해야 할 것

Things You Must Do

꼭 해야 할 것 12
꼭 먹어야 할 것 10
꼭 마셔야 할 것 4
꼭 사야 할 것 9
추천 코스 4

꼭 해야 할 것 12
12 Things You Must Do

만년설의 신비를 간직한 레이니어산

포틀랜드의 지붕이라 불리는 후드산과 틸라쿰 호수

1 대도시에서 만년설의 신비 만나기

만년설이 보이는 도시, 시애틀과 포틀랜드. 이 두 도시에서는 빌딩숲 사이로 만년설이 뒤덮힌 산봉우리가 어른거린다. 그 주인공은 바로 시애틀의 뒷산이라 불리는 레이니어산(p.207)과 포틀랜드의 전설적인 산 후드산(p.316). 도심을 빠져나가 차로 몇 시간만 달리면 만년설이 덮인 산에 닿을 수 있다. 힘들게 등산은 하지 않아도 된다. 정상 바로 아래에 차를 세우고 조금만 걸으면 한여름에도 눈을 밟아 볼 수 있다. 그 어떤 도시에서도 누릴 수 없는 만년설의 신비를 만나 보자.

꼭 해야 할 것 | 11

제철에 나오는 식재료를 선호하는 시애틀과 포틀랜드

2 미식의 도시에서 삼시 세끼에 도전하기

아침에 눈을 뜨면 2주 이내에 로스팅한 원두로 추출한 신선한 커피를 마시며 하루를 시작한다. 여기에 수제 홀란데이즈소스를 얹은 에그 베네딕트를 꼭 곁들이자. 출출한 오후에는 오래도록 정성들여 훈제한 돼지고기와 수제 치즈를 넣어 만든 샌드위치가 좋겠다. 동네 어귀의 수제 맥줏집에 들러 낮술 한잔하기는 또 어떤가! 저녁에는 잘 차려 입고 강이나 바다가 보이는 해산물 레스토랑에 찾아가 보자. 싱싱한 굴, 혹은 연어와 함께 청량한 스파클링 와인 한 잔을 곁들이면 세상에 부러운 것이 없다. 이 모든 것이 가능한 도시가 바로 시애틀과 포틀랜드다.

요즘 대세, 비스킷 샌드위치

다국적 음식 문화를 흡수한 두 도시

퀴어 퍼레이드

포틀랜드 워터프런트 재즈 페스티벌

7월 4일 독립기념일 불꽃놀이

3 짧고 강렬한 문화 체험의 장, 축제 찾아가기

문화를 짧은 시간에 집약적으로 경험하는 최고의 방법 중 하나는 바로 축제를 즐기는 일. 두 도시에서는 1월부터 12월까지 다양한 축제들이 끊이지 않는다. 식재료가 주제인 축제부터 이민자들이 주체가 되어 열리는 축제, 각종 공연과 전시가 중심이 되는 문화 축제까지 다양한 주제로, 그것도 성대하게 열린다. 음식에 관심이 많다면 시애틀에서 4월과 10월에 열리는 레스토랑 위크와 포틀랜드에서 9월에 열리는 피스트 포틀랜드가 제격이다. 또, 6~8월에 걸쳐 두 도시에서는 각종 맥주와 와인 등 주류 축제가 열린다. 시애틀에서 6월에 보디 페인팅을 한 사람들이 거리를 가득 메우는 솔스티스(夏至, 하지) 퍼레이드, 9월에 열리는 로봇 박람회, 포틀랜드에서 3월에 열리는 브릭 캐스케이드(레고 쇼), 6월에 열리는 장미 축제 등 이색적인 축제도 두 도시의 문화를 경험하는 좋은 기회다. 여행 기간에 어떤 축제가 열리는지 미리 확인하자.

꼭 해야 할 것

4 신의 물방울에 취하는 하루, 와이너리 투어

시애틀과 포틀랜드 모두 크고 작은 지역 와이너리에서 생산된 와인들이 사랑받는 도시다. 시애틀 근교 우딘빌(p.170)을 대표하는 샤토 생 미셸과 컬럼비아 와이너리를 필두로 50여 개의 와이너리들이 맛 좋은 와인을 선보인다. 포틀랜드는 피노 누아르 와인을 생산하는 윌래밋 밸리(p.267)의 와이너리들과 도심의 어반 와이너리가 와인 시장을 견인한다. 하루 정도 시간을 내 맛과 향에 취하는 와이너리 순례를 떠나 보자.

5. 먹거리 문화의 바로미터, 주말 파머스 마켓 구경하기

건강한 먹거리를 선호하는 시애틀라이트 Seattleite, 포틀랜더 Portlander들의 식탁을 엿보는 가장 쉬운 방법은 주말 파머스 마켓(농산물 시장)을 방문하는 것! 시장엔 제철 과일과 지역 먹거리들이 가득하다. 특히 판매자의 깐깐한 관리를 거쳐 나온 품질 좋은 식료품을 구할 수 있는 것이 큰 장점이다. 대형 마켓이나 상설 시장에 비해 저렴한 가격 역시 현지인들의 발길을 재촉한다. 1년 내내 문을 여는 곳이 있는가 하면 여름과 가을에만 문을 여는 시장도 있다. 여행 시기에 맞춰 주말 시장을 찾아보자. 오감을 자극하는 시장 먹거리들은 가장 즐거운 덤이 될 것!

장보기뿐 아니라 다양한 문화 공연을 즐길 수 있는 주말 시장

6 골목골목 가득한 커피 향기를 따라 걷기

스타벅스의 고향 시애틀, 스텀프타운의 둥지 포틀랜드. 이 두 커피 브랜드는 각 도시를 대표하는 아이콘이다. 스타벅스 1호점에서 텀블러와 머그를 기념품으로 챙기거나, 스텀프타운의 앙증맞은 더치커피 병에 감동하는 것도 좋지만 진짜 시애틀라이트, 포틀랜더들이 사랑하는 신진 브랜드 카페에 가보는 것도 특별한 경험이 될 것이다. 시애틀에서는 스토리빌 커피(p.109), 에스프레소 비바체(p.123), 카페 움브리아(p.116)를, 포틀랜드에서는 하트 커피(p.278), 코아바 커피로스터스(p.319), 빅트롤라 커피 로스터스(p.125)를 놓치지 말자. 커피 맛에 예민한 혀를 가진 당신이라면 더욱 더!

스텀프타운 커피의 대표 상품, 콜드브루 커피를 담아주는 병

어디서든 맛 좋은 커피를 즐길 수 있는 두 도시

7 여기서 한국 음식? 한식의 재발견

'외국까지 가서 왜 한국 음식을 먹어?'라며 타박하던 사람들도 두 도시의 한식에는 반하게 된다. 우선 식당을 가득 메운 외국인들을 보며 한 번 놀라고, 보지도 듣지도 못했던 맛과 모양으로 변신한 한식에 한 번 더 놀라며, 예상외의 낯선 곳에서 한식을 만나 또 놀라게 될 것이다. 김치를 넣은 샌드위치를 파는 남미 음식 전문점, 부산의 비빔 당면을 파는 아시안 퓨전 음식점, 튀긴 김치를 안주로 내놓는 술집이 있는 도시가 바로 당신이 찾아갈 시애틀 & 포틀랜드다!

시애틀의 유명 레스토랑 줄의 떡볶이

김치와 당면, 고추장을 사용한 메뉴

김치를 넣은 샌드위치를 시그니처 메뉴로 판매하는 라르도

지역 작가들이 직접 제작한 소품들은 가장 좋은 선물이자 기념품이 될 것

8 구경만 해도 좋다, 여기는 수공예품의 천국

시애틀에는 아마존과 마이크로소프트, 구글 등 디지털 시대를 대표하는 회사들이 자리 잡고 있지만, 한편으로는 손으로 만든 것의 아날로그식 가치도 소중히 여기는 도시다. 지역 작가들의 작품만 모은 실렉트 숍, 작가들의 작업 공간과 판매 공간이 공존하는 크고 작은 아트 숍(앨버타 아트 디스트릭트), 주말 시장에서 만나는 독특한 소품들은 여행을 기념하는 가장 좋은 방법이 될 것이다. 세상 그 어디서도 살 수 없는 두 도시만의 손맛, 감성을 담아오자.

9 과거로의 시간 여행은 덤, 빈티지 쇼핑

시간이 만들어내는 멋과 재활용의 미덕을 아는 시애틀라이트 & 포틀랜더들은 중고 숍을 사랑한다. 어디에선가 쓰레기가 될 법한 물건도 재활용의 미덕으로 재탄생되어 또 다른 시간을 시작한다. 미국 전역은 물론 제3 세계에서까지 모여든 LP 음반이 가득한 레코드 가게, 손때 묻은 책들이 빼곡히 꽂힌 서점, 역사를 볼 수 있는 패션 아이템으로 가득한 빈티지 의류점. 이 모든 것들이 두 도시가 지닌 일상의 단면들이다. 디지털 시대에서 아날로그 시대로 훌쩍 시간 여행을 떠나온 듯한 즐거움은 의외의 득템만큼이나 쏠쏠한 덤이 될 것!

대다수의 중고 음반점에서는 청음 코너를 운영한다.

꼭 해야 할 것

10 독서의 도시? 미처 몰랐던 두 도시의 이야기

미국에서 1인당 독서량이 가장 높은 도시로 1, 2위를 다투는 도시가 바로 시애틀과 포틀랜드다. 어디서든 책을 펼쳐 드는 독서 문화는 서점과 공립 도서관에 그대로 스며들어 있다. 두 도시를 대표하는 서점으로는 시애틀의 더 엘리엇 베이 서점(p.140), 포틀랜드의 파웰스 시티 서점(p.288)이 유명하다. 압도적인 외관과 어마어마한 서적 보유량을 자랑하는 시애틀 공립 중앙 도서관(p.92), 상상력을 자극하는 아동 & 청소년 관이 돋보이는 멀트노마 카운티 중앙 도서관(p.257) 모두 이들의 책 사랑을 느낄 수 있는 곳이다. 서점과 도서관을 통해 '독서의 도시'를 경험하는 색다른 여행을 해보면 어떨까?

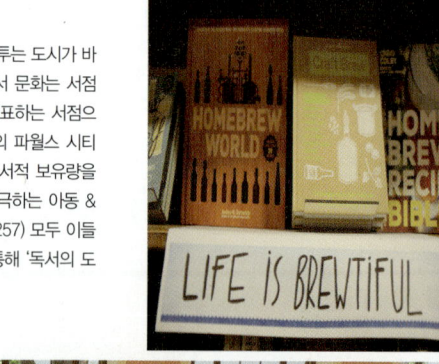

포틀랜드의 멀트노마 카운티 중앙 도서관

시애틀의 더 엘리엇 베이 서점

재개관 후 더욱 볼거리가 많아진 노르딕 박물관

Sweden

11 도시 곳곳에 숨어 있는 노르딕 감성 찾기

만년설이 녹아 강으로 흘러들었다가 다시 바다와 맞물리는 미국의 북서부 지역은 노르딕 Nordic이라 불리는 북유럽의 날씨와 닮았다. 수많은 북유럽인들이 뉴욕(미국 동부)을 거쳐 북서부 지역에 자리를 잡게 된 이유다. 시애틀과 포틀랜드에서 핫 트렌드로 떠오른 스칸디나비아 스타일부터 이케아로 대변되는 북유럽의 감성을 만나 보자. 2018년 리모델링 후 재개관한 시애틀의 노르딕 박물관(p.161)을 시작으로 가구, 인테리어 소품, 패션 의류, 잡화 숍에서 노르딕 감성을 느껴 보는 건 어떨까?

꼭 해야 할 것 | 21

시애틀 최고의 전망을 자랑하는 케리 파크

공원에서 소풍을 즐기는 시애틀라이트와 포틀랜더의 일상

12 도심 속 힐링, 현지인처럼 주말 보내기

사실 시애틀라이트, 포틀랜더처럼 주말을 보내는 일은 별로 어렵지 않다. 건강하게 키운 식재료를 제대로 된 레시피대로 요리해 느지막한 아침을 먹어 보자. 주말에 열리는 파머스 마켓에서 소소한 간식거리를 사 가지고 공원 소풍을 나가 보자. 책도 한 권 들고 말이다. 공원에 누워 책을 베고 단잠에 빠지는 것도 이 도시에서는 낯선 일이 아니다. 자전거를 타고 도심을 달리거나 시외로 나가 캠핑을 즐기는 것도 흔한 주말 일상이다. 조금 느리지만 그만큼 더 건강하게 하루를 채우는 것! 하루 정도 시애틀라이트, 혹은 포틀랜더가 되어 도심 속 힐링을 느껴 보자.

꼭 먹어야 할 것 10
10 Things You Must Eat

시애틀과 포틀랜드의 별명 중 하나는 바로 '미식의 도시'다. 다양한 식재료를 구할 수 있는 천혜의 자연환경은 물론 새로운 먹거리에 대해 개방적인 문화도 다채로운 음식 문화 형성의 밑바탕이 되었다. 유럽부터 아시아까지 망라하는 다문화 식탁, 불량식품마저도 건강식으로 탈바꿈시키는 발상의 전환이 만든 식탁, 천혜의 자연을 백분 활용하는 건강한 식탁들이 넘쳐난다.

알래스카 한류의 맛
굴
Oyster

시애틀에서는 한국과는 또 다른 맛과 향의 굴(석화)을 즐길 수 있다. 포틀랜드에서도 굴은 사랑받는 식재료다. 알래스카에서 내려온 한류의 영향으로 싱싱하면서도 다양한 굴을 맛볼 수 있다. 굴 전문 레스토랑은 대부분 해피 아워를 운영하니, 점심과 저녁 사이에 간식으로 석화에 스파클링 와인을 곁들여 보자.

바다와 강이 만든 식재료
연어
Salmon

이 지역의 연어잡이 역사는 백인들이 이 땅을 발견하기 이전까지 거슬러 올라간다. 해마다 바다에서 강을 거슬러 올라가는 연어들이 줄을 잇고, 어선들이 알래스카에서 잡아 올린 연어들도 합세한다. 연어는 파이크 플레이스 마켓의 수산물 코너에서 가장 인기리에 팔리는 어종이기도 하다. 연어야말로 시애틀과 포틀랜드에서 꼭 먹어 봐야 할 특산물이 아닐 수 없다.

맛있게 먹으면 0칼로리?
고메 도너츠
Gourmet Doughnuts

유기농 재료에 깨끗한 기름을 써서 날마다 튀겨내는 도넛, 고메 도너츠. 매일 정해진 양만을 생산해 1개에 몇천 원씩이나 하지만 한 번 맛을 보면 빠져나올 수 없다. 계절 식재료를 사용한 시즌 스페셜이나 독특한 맛을 입힌 퓨전 스타일 등 종류도 수십 가지에 이른다. 몇 박스씩 사가는 사람들의 행렬에 끼어 줄을 서다 보면, '맛있게 먹으면 0칼로리'라는 말을 무조건 믿고 싶어질지도 모른다.

식탁 위의 오픈 마인드
아시안 퓨전 퀴진
Asian Fusion Cuisine

도전을 즐기는 이 지역민들의 호방함은 식탁 위에서도 그대로 구현된다. 남아메리카 스타일의 샌드위치 전문점에서 김치가 나오고, 수제 맥줏집에서 양념장을 얹은 한국식 두부를 안주로 만난다. 에그 베네딕트를 파는 베트남 음식점이라든가, 위스키에 태국 음식을 안주로 내놓는 식당은 어떠한가? 원조의 맛에 도전하는 메뉴도 많지만 예상을 뛰어넘는 퓨전 메뉴를 경험하는 것도 놓치지 말자.

거부할 수 없는 칼로리 폭탄
비스킷 샌드위치
Biscuit Sandwich

한 여행 프로그램에서 소개되었던 비스킷 샌드위치. 새로운 트렌드로 시애틀과 포틀랜드의 입맛을 사로잡았다. 다른 메뉴 없이 비스킷 샌드위치만 판매하는 전문점이 있을 정도! 비스킷 샌드위치는 스콘 사이에 다양한 재료를 넣어 만든다. 말 그대로 칼로리 폭탄이지만 새로운 식감과 맛에 반해버릴 수밖에 없다.

디저트야 밥이야?
치킨 와플
Chicken Waffles

한국에도 이미 소개된 치킨 와플. 하지만 이 메뉴가 시애틀과 포틀랜드의 브런치 레스토랑을 점령했다는 사실을 아는 사람은 많지 않을 것이다. 주말에 브런치를 메뉴로 올린 식당이면 에그 베네딕트와 팬케이크, 그리고 치킨 와플은 꼭 갖추고 있을 정도로 보편적인 메뉴가 되어 버렸다. 단짠의 최고봉, 탄수화물과 단백질의 기막힌 조화. 예상치 못했던 새로운 미식의 세계가 여기에 있다.

못생겨도 괜찮아
새턴 피치
Saturn Peach

납작하고 못난 복숭아, 새턴 피치 역시 이 지역의 특산품 중 하나다. 납작한 모양 때문에 도넛 피치, 또는 플랫 피치 라고도 불리지만 원래 이름은 새턴 피치다. 달고 아삭한 맛이 일품이며 푹 익으면 터져 나오는 과즙도 꿀맛이다. 새턴 피치도 레이니어 체리와 마찬가지로 공급보다 수요 가 높은 과일이니 눈에 띄는 순간 망설이지 말고 살 것 다 음 기회는 없을지 모른다. 가급적 단단하고 무거운 것을 고르는 게 요령이다.

무엇으로든 가능한
컬래버레이션 초콜릿
Collaboration Chocolate

카카오 열매의 변신은 어디까지 가능할까? 정답은 무엇을 상상하든 그 이상이라는 것. 과일과 허브를 넣은 초콜릿은 고전이다. 소금과 후추, 매운맛과 신맛 혹은 그 어떤 맛이 라도 초콜릿이 될 수 있다는 것을 깨달을 것이다. 맛있냐 고? 백문이 불여일견! 직접 경험해보자. 시애틀에서는 테 오 초콜릿(p.192), 포틀랜드에서는 문스트럭 초콜릿 카페 를 추천한다.

유기농은 기본, 독특한 아이디어가 돋보인
아이스크림
Ice Cream

건강한 아이스크림을 추구하는 트렌드에 맞게 유기농 재 료를 사용하는 것은 당연하고, 독특하고 신선한 아이디어 까지 갖춘 아이스크림의 천국이 바로 여기다. 달콤하면서 동시에 짭짤한 솔티드 캐러멜과 상큼함으로 무장한 다양 한 베리 아이스크림은 절대 놓칠 수 없는 디저트다.

날씨가 만든 시애틀의 소울 푸드
클램차우더
Clam Chowder

시애틀의 그 유명한 눅눅하고 으슬으슬한 날씨 때문에 사 람들이 때를 가리지 않고 즐겨 먹는 음식 중 하나는 바로 조개 수프, 클램차우더다. 특히 겨울이면 며칠이고 비가 내리는 시애틀의 날씨가 만들어낸 소울 푸드라 할 수 있 다. 관광객들에게 유명한 파이크 플레이스 차우더(p.108) 보다는 오랜 역사를 자랑하는 이바스 에이커스 오브 클램 스(p.105)의 클램차우더를 추천한다.

꼭 마셔야 할 것 4
4 Things You Must Drink

미식에 빠질 수 없는 것이 바로 마실 거리다. 시애틀은 다운타운에서 차로 30분 거리 안에 100여 개의 와이너리가 포진하고 있다. 포틀랜드는 단일 도시로는 가장 많은 수제 맥주 공장이 있는 것으로 알려져 있다. 무엇보다 음식과 음료의 조화를 즐기는 도시라 할 수 있다. 더불어 커피와 애플 사이더, 거기에 각종 디저트 음료까지 더하면 종일 마시고 또 마셔도 마실 것이 넘쳐난다. 심지어 물맛도 좋다!

폭발적인 성장세의 중심
크래프트 비어
Craft Beer

최근 몇 년 사이 미국의 크래프트 비어(수제 맥주) 시장은 폭발적으로 증가했다. 그 중심에 포틀랜드와 시애틀이 있다. 두 도시를 합해 100여 개가 넘는 수제 맥주 양조장이 있을 정도. 대부분의 양조장이 시음장 혹은 펍을 운영하며, 주류 판매점에만 가도 수십, 수백 종에 이르는 맥주를 만나볼 수 있다. 한국은 물론 미국 내 다른 지역에서는 판매되지 않는 마이크로 브루어리들의 맥주들은 여행의 특별함을 더해줄 것이다.

치열한 경쟁이 낳은 독보적인 한 모금
와인
Wine

워싱턴주와 오리건주에는 수백 곳에 달하는 와이너리들이 포진해 있다. 그중에서 워싱턴주의 우딘빌과 오리건주의 윌래밋 밸리에서 생산되는 와인은 놓칠 수 없는 마실 거리다. 도심에서 와인을 생산하는 소규모 어반 와이너리의 약진이 두드러지는 것도 특징이다. 시애틀이 속한 워싱턴주의 와인 평가에서 시라즈 품종이 상위권을 차지하고, 포틀랜드가 속한 오리건주에서는 피노 누아르 품종을 최고로 친다. 와인에 대해 잘 몰라도 시애틀에서는 시라즈를, 포틀랜드에서는 피노 누아르 와인을 마셔 보자.

사이더 원래의 맛
애플 사이더
Apple Cider

사이더 Cider는 원래 사과로 만든 술을 이르는 말이다. 사과 주스를 발효한 것은 하드 사이더, 주스 자체는 소프트 사이더라 부른다. 워싱턴주와 오리건주 모두 사과 생산량이 많은 지역으로 애플 사이더가 특산품이라 할 수 있다. 수제 사이더부터 캔에 담겨 판매되는 기성품까지 여러 종류의 맛과 형태로 판매된다.

커피 홀릭의 성지
커피
Coffee

비가 많고 습하기로 유명한 두 도시 사람들은 따뜻한 커피를 즐겨 마신다. 시애틀이 스타벅스의 고향이 될 수 있었던 것도 그 특유의 기후 덕분이라는 말이 있다. 시애틀 하면 스타벅스를, 포틀랜드는 스텀프타운을 떠올리지만 현지인들의 커피에 대한 사랑은 지금도 더 수준 높은 커피 브랜드를 탄생시키고 있다. 세계의 커피 마니아들이 순례를 마다하지 않는 도시로 주목받는 이유다.

꼭 사야 할 것 9
9 Things You Must Buy

시애틀과 포틀랜드에는 지역적 특성에 그들만의 예술적 감수성이 더해져 여행을 더욱 풍요롭게 해주는 쇼핑 품목들이 가득하다. 도시를 상징하는 기념품부터 도시의 맛을 담은 음식이나 음료까지, 각각의 기호에 맞는 쇼핑 목록을 작성해 보자. 누구나 하나쯤 사는 스타벅스 1호점의 텀블러도 좋지만, 한국 여행자들에게는 잘 알려지지 않은 골목에 힙한 카페의 원두, 유명 브랜드의 옷보다는 세월을 담은 빈티지 의류가 당신에게는 더욱 특별한 의미가 될지도 모른다.

스타벅스 1호점의 텀블러와 머그
Tumbler & Mug

전 세계를 정복한 커피 브랜드 스타벅스의 역사가 시작된 시애틀. 1호점(지도 p.80-A)에서만 판매하는 스타벅스 초기 로고가 새겨진 텀블러와 머그는 언제나 꼭 사야할 품목으로 가장 먼저 꼽힌다. 이외에도 1호점이 자리한 파이크 플레이스 마켓이 그려진 시티 머그 시리즈나 에코백도 인기다.

아웃도어 레포츠를 즐기는 아웃도어 및 캠핑 소품
Outdoor Items

알래스카로 향하는 금 채굴꾼들을 대상으로 생산하기 시작한 다양한 아웃도어 제품들은 역사만큼이나 품질이 뛰어난 것으로 유명하다. 캠핑이나 아웃도어 레포츠를 즐기는 사람이라면 잊지 말고 아웃도어 브랜드 쇼핑을 즐겨 보자. 가격이 부담된다면 아웃렛점을 찾아가거나 시즌 오프 코너를 적극 활용할 것!

지역 작가들이 만든 문화 상품
Cultural Goods

시애틀과 포틀랜드에서 활동하는 작가들의 작품을 모아 판매하는 숍이나 주말에 열리는 플리 마켓에서 독특한 문화상품들을 살 수 있다. 제품군도 다양하다. 스티커나 엽서, 노트, 펜 등과 같은 문구류와 작은 크기의 그림 소품, 수공예 작품 등을 특히 추천한다. 한국에서는 살 수 없는 대체 불가 상품이라는 것이 포인트!

로컬 와인과 맥주
Wine & Beer

시애틀과 포틀랜드는 벨기에만큼이나 다양한 맥주로 유명하다. 게다가 미국 어느 지역보다 맛 좋은 피노 누아르 와인 산지이다. 이런 곳에 왔으니 좋은 날을 기념할 수 있는 특별한 와인 한 병 골라 보면 어떨까.

중고 서적 및 음반
Used Books & Albums

아날로그를 사랑하는 시애틀라이트와 포틀랜더들의 취향을 고스란히 느낄 수 있는 곳이 중고 서점 및 음반점이라 할 수 있다. 한국에서는 구하기 힘든 오래된 원서, 레코드 음반 등을 저렴한 가격에 살 수 있다.

빈티지 패션 아이템
Vintage Fashion Items

유행은 돌고 돈다는 말이 진리가 되는 곳, 시애틀과 포틀랜드! 다양한 브랜드의 중고 의류나 패션 아이템을 판매하는 빈티지 숍이 많다. 명품관에 입점해 있는 럭셔리 브랜드부터 추억 속으로 사라진 브랜드까지, 나만의 보물을 찾아 보자.

아르티장 초콜릿
Artisan Chocolate

송로 버섯을 넣은 초콜릿, 각종 허브를 넣은 유기농 초콜릿 등 다채로운 맛과 모양, 콘셉트까지 갖춘 초콜릿을 마다하기는 힘들 것이다. 견과류를 넣은 다크 초콜릿은 워싱턴주와 오리건주의 특산품 중 하나로, 한 번 먹기 시작하면 멈출 수 없는 맛을 자랑한다. 미국 서부 지역에서만 판매되는 아르티장 초콜릿은 선물용으로도 좋다.

훈제 연어와 클램차우더 분말
Smoked Salmon & Clam Chowder Powder

여행 전문 잡지는 물론 SNS에서 추천하는 '시애틀에서 꼭 사야 할 품목' 중 하나이기도 하다. 맛도 맛이지만 가격과 부피가 선물용으로 적당해 안성맞춤이다. 훈연 건조한 연어의 경우 수화물 규정에 맞도록 포장을 요청하거나 공항에서 사는 것이 안전하다.

원두 커피
Coffee Beans

세계를 장악한 스타벅스의 고향, 미국 동부까지 진출한 스텀프타운의 고향이지만 시애틀라이트, 포틀랜더들이 좋아하는 원두는 따로 있다! 시애틀에 카페 비타(p.124), 빅트롤라 커피 로스터스(p.125)가 있다면 포틀랜드의 하트 카페(p.278), 코아바 커피 로스터스(p.319)도 빼놓을 수 없다. 커피 홀릭들에게 강추하는 아이템이다.

추천 코스 1
시애틀 4박 5일

미 북서부의 보석, 에메랄드 시티의 멋

미 북서부 발전의 중심지였던 과거의 시애틀과, 디지털 스마트의 중심에 선 오늘의 시애틀을 함께 만나 보자. 짧지만 시애틀의 명소들을 콕콕 찍어 보는 일정. 시애틀 여행이 처음인 초심자들에게 딱 맞는 코스다.

1일
시애틀 도착

항공편에 따라 시애틀 도착 시간은 천차만별이다. 오후 2시 이전에 도착했다면, 먼저 숙소로 이동해 체크인한 다음 파이크 플레이스 마켓으로 가자. 스타벅스 1호점, 데일리 더즌 도넛 컴퍼니에서 간식을 먹고 껌 월에 들러 인증 사진 대열에 합류. '퓨젓 사운드 Puget Sound(퓨젓만)'라 불리는 시애틀의 앞바다가 한눈에 내려다보이는 대관람차나 해변 식당에서 일몰과 함께 하루를 마무리한다면 잊을 수 없는 첫날이 될 것이다.

- **15:00** 대중교통의 중심, 웨스트레이크 역에서 시작!
  - ↓ 도보 5분
- **15:05** 신선한 식재료와 상인들의 활기가 넘치는, 파이크 플레이스 마켓(p.89)
  - ↓ 도보 1분
- **16:00** 세상에서 가장 더러운 벽으로 꼽히는 껌 월(p.90)에서 인증사진 찍기
  - ↓ 도보 7분
- **17:00** 도시와 바다를 한눈에, 시애틀 대관람차(p.93)
  - ↓ 도보 1분

18:00 시애틀에 오면 꼭 먹어 봐야 한다고?
이바스 에이커스 오브 클램스(p.105)의 클램 차우더

↓ 도보 7분

20:00 시애틀의 바다를 바라보며 시원한 맥주 한잔,
올드 스토브 브루잉 컴퍼니(p.129)

2일
시애틀
다운타운 + 벨타운

시애틀이 화려한 영화를 누렸던 과거와 현재를 만나는 하루. 시애틀 역사의 시발점 파이어니어 스퀘어를 시작으로, 시애틀의 현대적 면모를 느낄 수 있는 스페이스 니들과 모팝에서 하루를 꽉 채우자. 스페이스 니들에서 일몰을 보며 마무리하면 더욱 좋겠다. 단! 일몰 시간은 미리 확인하자.

09:00 핏속에 커피가 흐른다는 주인이 운영하는 카페 움브리아(p.116)에서 커피와 크루아상으로 간단한 아침 식사

↓ 도보 4분

10:00 시애틀 역사의 시작점, 파이어니어 스퀘어 파크(p.98)

↓ 도보 4분

10:30 한때 미국 서부에서 가장 높은 전망대였던 스미스 타워 전망대(p.99)

↓ 도보 5분

11:30 시애틀 황금기, 골드러시를 찾아서! 클론다이크 골드러시(p.100)

↓ 도보 3분

13:00 이탈리아식 가공육 전문점 살루미 아르티장 큐어드 미츠(p.115) or
수제 파스타로 시애틀을 점령한 일 코르보 파스타(p.115)에서 점심 식사

↓ 파이어니어 스퀘어 역에서 1번 버스나 D 라인 이용(약 20분 소요)

14:30 현대 음악과 공상 과학 그 사이, 모팝(p.96)
첨단 과학에 대한 시애틀라이트들의 열망을 담은 스페이스 니들(p.95)

↓ Denny Way & 2nd Ave N에서 1번 버스(10분)

19:00 미국 남부 요리 전문점, 툴루즈 프티 키친 & 라운지(p.114) or 현지인이 추천하는 미국 정찬 맛집, 틸리쿰 플레이스 카페(p.111)에서 저녁 식사

3일
시애틀
발라드 + 프리몬트

시애틀에서 가장 세련된 거리 발라드와 키치 문화가 가득한 프리몬트를 둘러보자. 명소를 둘러보는 여행자보다는 시애틀라이트라도 된 양 골목골목을 누비는 재미가 쏠쏠한 하루다. 스톤 웨이 카페에서 아침 식사를 하고, 산책 삼아 프리몬트를 걷다 보면 전설 속의 트롤과 러시아에서 온 공산주의의 영웅 레닌과 마주치게 될 것! 오후에는 노르딕 감성이 충만한 발라드로 가 보자.

09:00 넉넉한 식사와 맛있는 커피가 있는 스톤 웨이 카페(p.180)에서 아침 식사

 도보 6분

10:10 프리몬트의 랜드마크, 프리몬트 트롤(p.164)

 도보 10분

10:30 프리몬트 거리 산책
- 러시아에서 온 레닌 동상, 프리몬트 로켓 등 요상한 프리몬트의 동상들 (p.166) 만나기
- 수제 마시멜로를 띄운 핫 초콜릿으로 당 충전! 에스프레소 투 고(p.181)

* 일요일에는 프리몬트 선데이 마켓(p.164)으로!

 Fremont Ave N & N 39th St에서 5번 버스(2분) 하차 후 도보 14분

13:00 열성 단골이 많은 파세오 캐리비언 푸드(p.181) or
패티가 없어도 맛있는 버거, 유니다 버거(p.180)에서 점심 식사

 N 46th St & Fremont Ave N에서 44번 버스(10분)

14:30 발라드만의 독특한 감성의 시작, 노르딕 박물관(p.161)

 도보 8분

17:00 바다와 호수를 연결하는 물길, 발라드 록스(p.161)

 NW 54th St & 30th Ave NW에서 44번 버스(18분)

19:00 해피 아워를 활용하면 더욱 행복한 한 끼, 더 월러스 앤드 더 카펜터(p.173)

4일
레이니어산 국립공원

시애틀에 왔다면 시애틀의 지붕이라 불리는 만년설의 레이니어산을 빼놓을 수 없다! 렌터카나 일일 투어를 이용해 레이니어산 국립공원을 방문해 보자. 만년설의 신비가 눈앞에서 펼쳐진다. 더불어 초기 시애틀 서부 이민자들의 삶을 엿볼 수 있는 기회도 될 것. 투어를 이용할 경우 저녁 시간 전에 시애틀로 돌아오게 된다. 시애틀에서의 마지막 식사를 즐길 식당을 점찍어 두자.

09:00 숙소 앞 픽업 및 출발

↓ 자동차로 이동

레이니어산 국립공원(p.207) 투어

↓ 자동차로 시애틀까지 이동

18:00 핑크 도어(p.105) or 우미 사케 하우스(p.112)에서 저녁 식사

5일
시애틀 – 인천
(오후 5시 이후 비행기일 경우)

오후에 출발하는 항공편을 이용하면 마지막 날을 최대한 활용할 수 있다. 대부분의 숙소에서 짐을 맡아주는 서비스를 운영하니, 이를 백분 이용할 것. 캐피틀 힐과 웨스트레이크 센터에서 마지막까지 쇼핑 열정을 불태워 보자!

09:00 수많은 대회 수상에 빛나는 제빵사의 빵집, 베이커리 누보(p.122)에서 아침 식사

↓ E John St & 15th Ave E에서 43번(8분)

10:10 캐피틀 힐의 감성은 여기서 시작! 곳곳에 스미는 햇빛이 아름다운 중고 서점, 더 엘리엇 베이 서점(p.140) & 세상의 모든 중고 음반이 여기? 에브리데이 뮤직(p.140)

↓ E Pine St & Broadway에서 11번 버스(6분)

12:00 골드러시 시대의 정신을 담은 쇼핑몰, 노드스트롬(p.134)

↓ 웨스트레이크 역에서 공항까지 링크 라이트 레일 이용(53분)

15:00 공항 도착

추천 코스 2
포틀랜드 4박 5일

포틀랜드의 문화와 자연을 모두 잡는 여행

킨포크와 힙스터로 대표되는 포틀랜드의 정신적 가치와 감성, 자연 친화적이고 아름다운 비경 중 어느 한 쪽만 고를 수 없다면 두 가지 모두 누릴 수 있는 일정을 짜는 것이 마땅하다. 가장 힙한 거리, 가장 아름다운 자연을 만날 수 있는 일정을 소개한다.

1일
포틀랜드 도착
다운타운 + 워터프런트 파크

미국 내 다른 도시나 캐나다를 경유해 포틀랜드에 도착하게 된다. 호텔 체크인 시간에 맞춰 오후 2시쯤 도착하도록 항공편을 골라 보자. 여행의 시작은 중심가부터! 파이어니어 코트하우스 스퀘어에서 시작해 파월스 시티 서점, 부두 도넛, 톰 맥콜 워터프런트 파크 등 포틀랜드의 명소를 돌아보자. 부두 도넛은 언제나 기다리는 사람이 많으므로 대기 줄이 너무 길면 빨리 포기하는 것도 방법이다.

15:00 포틀랜더들이 만들어낸 소통의 광장, 파이어니어 코트하우스 스퀘어(p.254)

 도보 8분

15:30 포틀랜더의 서재라고 불러도 좋을 포틀랜드 표 서점, 파월스 시티 서점(p.288)

 도보 8분

16:30 불량한 모양만큼이나 맛있는 포틀랜드 명물 도넛, 부두 도넛(p.275)

 도보 3분

17:00 '다리의 도시' 포틀랜드의 면모를 확인하는 시간, 톰 맥콜 워터프런트 파크(p.256)

 SW Harrison Street에서 스트리트카 탑승(5분)

18:00 윌래밋강을 뒤로 하고 하늘을 걷는 시간, 에어리얼 트램(p.256) 타기 (왕복 8분 소요)

 OHSU Commons에서 스트리트카 탑승(20~24분)

19:00 틀랜드에서 아시안 퓨전 요리로 저녁 식사 이치자 키친(p.270) or 시주쿠 바이 셰프 나오코(p.271)

2일
포틀랜드
다운타운 + 워터프런트 파크

이국적이고 예술적인 감성으로 채우는 하루. 북유럽식 아침 식사를 파는 브로더 카페에서 아침을 먹고, 포틀랜드를 대표하는 브랜드로 가득한 디비전 스트리트와 예술가의 둥지로 손꼽히는 앨버타 아트 디스트릭트를 걸으며 포틀랜더가 되어보는 날이다. 마침 마지막 주 목요일이라면 더할 나위 없이 좋은 일정이 될 것. 앨버타 스트리트에서 아트 페어가 열리는 날이니까!

09:00 핫한 브런치 맛집, 브로더 카페(p.328) 혹은 테이스티 앤 도터스(p.330)에서 아침 식사

 브로더 카페에서 SE Division & 45th로 이동, 2번 버스 탑승 (9분)

10:00 숨겨진 명소에서 커피 한 잔, 스텀프타운 커피 로스터스 1호점(p.331)

11:00 디비전 스트리트 걷기
● 솔트 & 스트로(p.325)에서 달달한 아이스크림으로 당 충전

 도보 1분

13:00 이국적인 맛을 사랑하는 포틀랜더의 맛집에서 점심 식사, 발리우드 시어터(p.329) or 폭폭(p.329)

SE Cesar Chavez Blvd & Division에서 75번 버스로 탑승 후
NE Killingsworth & 42nd에서 72번 버스로 환승(약 1시간 소요)

15:00 앨버타 아트 디스트릭트(p.316) 걷기
● 희귀한 중고 서적을 파는 모노그래프 서점(p.344)과 작가들이 운영하는 멀티 아트 숍, 앨버타 스튜디오(p.346)는 꼭 들를 것!

 도보 1분

17:00 케이스 스터디 커피(p.326)에서 커피 향과 함께 잠시 쉬어가기

 도보 3분

19:00 앨버타 스트리트의 유명 일본 식당에서 저녁 식사 질라 사케(p.339) or 뱀부 스시(p.325)

3일

포틀랜드
호손 불러바드 + 워싱턴 파크

힙스터들이 사랑하는 거리 호손 불러바드와 여행자들의 명소 워싱턴 파크를 믹스 매치한 하루다. 호손 불러바드에서 스타일리시하기로 유명한 브런치와 이집트 커피로 아침을 깨운다. 하우스 오브 빈티지, 잭팟 레코즈에 들러 아날로그 감성을 가득 채운 후에는 자연을 만끽할 워싱턴 파크로 이동한다. 광활한 워싱턴 파크는 마음에 드는 장소를 찍어 둘러보는 것이 요령이다. 포틀랜드 시내를 한눈에 담을 수 있는 피톡 맨션의 정원에서 멋진 일몰을 보게 된다면 이보다 더 좋은 하루는 없을 것!

09:00 세상에 둘도 없는 별난 와플 전문점, 더 와플 윈도(p.333)에서 아침 식사

 도보 6분

10:30 독특하기로 유난스런 포틀랜더 감성의 호손 불러바드 걷기
- 강렬한 향의 이집트 커피, 토브 커피 앤드 티(p.333)
- 고품격 중고 레코드 판매점 잭팟 레코즈(p.345)
- 미국 드라마에서도 찾는 옷장, 하우스 오브 빈티지(p.345)

토브 커피 앤드 티에서 도보 25분, 또는 SE Hawthorne Blvd에서 14번 버스 이용(6분)

12:00 김치와 훈제 돼지고기가 들어간 샌드위치가 시그니처 메뉴인 라르도(p.332)에서 점심 식사

SE Hawthorne & 14th에서 14번 후 Pioneer Square North에서 맥스 블루 또는 레드로 환승(약 30분 소요)

13:30 워싱턴 파크(p.264)에서 자연과 함께 힐링 타임!
동물들의 생활 환경까지 볼 수 있는 오리건 동물원(p.264),
일본 장인들의 손길이 느껴지는 재퍼니스 가든(p.265) 추천!

Washington Park MAX Station에서 맥스 라이트 레일 탑승 후
W Burnside & NW 19th에서 20번 버스로 환승(45분)

17:30 1900년대 언론 재벌의 일상이 남아 있는 피톡 맨션(p.263).
천천히 둘러보고 일몰까지 볼 수 있다면 최고!

W Burnside & NW Barnes에서 20번 버스(30~35분)

18:30 저녁 식사는 포틀랜드의 가로수길이라 불리는 노브 힐에서
더 웨이팅 룸(p.281) or 파파 하이든(p.281)

NW 23rd & Marshall에서 스트리트카 탑승(5분)

21:00 포틀랜드의 수제 맥주로 하루의 피로 날리기! 럭키 래브라도 비어 홀(p.287)

4일
후드산 국유림, 또는 캐넌 해변

1년 내내 녹지 않는 만년설로 뒤덮인 후드산, 컬럼비아 협곡을 따라 펼쳐지는 비경을 즐겨 보자. 날이 맑아도, 흐려도 아름답고 신비로운 오리건 바닷가에서 보내는 하루도 좋다. 산이냐 바다냐는 오로지 자신의 선택! 둘 중 하나를 골라 렌터카, 투어, 대중교통 어떤 방법으로든 하루 일정을 채워보자.

09:00 숙소 앞 픽업 및 출발

 자동차로 이동

컬럼비아 협곡을 지나 만년설의 신비를 간직한 후드산 국유림 or
포틀랜드의 서부 해안선을 따라 캐넌 해변(p.267)까지!(총 8시간 소요)

 자동차로 포틀랜드까지 이동

18:30 저녁 식사는 포틀랜드 시내에서
훈제와 숙성을 거친 고기의 맛, 올림피아 프로비전스(p.317) or
이국적인 창작 요리로 사랑받는 파크 키친(p.279) 추천!

5일
포틀랜드 출발 – 경유 – 인천

다음 목적지에 따라 일정이 달라지는 날이다. 오후에 떠나게 된다면 노브 힐에 들러 브런치와 커피, 거리 산책으로 마지막 날을 마무리해 보자.

09:00 포틀랜더들이 입을 모아 추천하는 빵집, 생 오노레 브랑제리(p.281)에서 아침 식사

 도보 1분

10:00 포틀랜드의 가로수길, 노브 힐에서 아기자기한 숍들 둘러보기

 도보 1분

12:00 파파 하이든(p.281)에서 시그니처 음료 상그리아 블랑카를 곁들인 점심 식사

파이어니어 코트하우스 스퀘어에서 맥스 레드 라인 탑승(43분)

15:00 공항 도착

추천 코스 3
시애틀 + 포틀랜드 6박 7일

어떤 것도 놓칠 수 없다는 당신을 위한 핵심 일정

쉬는 여행보다는 보고, 듣고, 맛보고, 느끼는 여행을 지향하는 여행자에게 추천하는 일정이다. 최고의 명소들을 놓치지 말고 깨알같이 챙겨 보자. 도시 명소는 물론 자연 명소들까지 최선을 다해 만끽할 것!

1일

시애틀 도착
파이크 플레이스 마켓 –
워터프런트 파크

시애틀에 도착한 첫날, 시애틀에서 빼놓을 수 없는 명소 파이크 플레이스 마켓에서 여행을 시작해보자. 긴 비행에 지친 몸이 시장의 활기로 충전되지 않을까? '세상에서 가장 더러운 벽'으로 꼽히는 껌 월에서 인증 사진을 찍고, 시애틀 대관람차에서 시애틀을 한눈에 담아 보자. 올드 스토브 브루잉 컴퍼니에서 입으로는 맥주를, 눈으로는 퓨젓만의 바다를 담으며 첫날을 마무리한다면 최고의 시작!

15:00 시애틀은 물론 워싱턴주의 싱싱한 식재료, 최고의 상인들이 모인
파이크 플레이스 마켓(p.89)에서 활기 충전

↓ 도보 1분

16:00 세상에서 가장 더러운 벽, 또는 시애틀 여행자들의 인증 사진 명소
껌 월(p.90)

↓ 도보 7분

17:00 퓨젓만과 시애틀 시내를 한눈에 담을 수 있는 곳,
시애틀 대관람차(p.93)

↓ 도보 1분

18:00 시애틀의 명물 클램 차우더 맛집으로 꼽히는 이바스 에이커스 오브 클램스
(p.105)에서 저녁 식사

↓ 도보 7분

20:00 바다 바로 앞에서 시애틀 수제 맥주를 마시며 첫날을 마무리,
올드 스토브 브루잉 컴퍼니(p.129)

2일
시애틀
프리몬트 – 시애틀 센터

시애틀에서 빼놓을 수 없는 명소들을 모은 일정이다. 관광지는 물론 최고 맛집까지 인증 사진을 찍을 수 있는 스폿들이 포진해 있으니, 적어도 이날은 손에서 사진기를 떼지 말 것.

09:00 넉넉한 양의 브런치, 맛좋은 커피로 사랑받는 스톤 웨이 카페(p.180)에서 아침 식사

 도보 6분

10:10 프리몬트 도시 정화 운동의 상징이자 수호신 만나기
프리몬트 트롤(p.164)

 도보 10분

10:30 프리몬트 거리 곳곳의 요상한 동상들 찾기(p.166)
에스프레소 투 고(p.181)의 핫 초콜릿 마시기

* 일요일에는 프리몬트 선데이 마켓(p.164)으로!

 Fremont Ave N & N 39th St에서 5번 버스(2분), 도보 14분

13:00 볶은 양파와 훈제 고기의 기막힌 케미스트리, 파세오 캐리비언 푸드(p.181) or 건강한 버거를 추구하는 유니다 버거(p.180)에서 점심 식사

↓ N 43rd St & Fremont Ave N에서 5번 버스(20분)

14:30 시애틀 최고의 명소를 찾아서!
현대 음악의 전설과 공상 과학의 만남, 시애틀 센터 모팝(p.96) & 첨단 기술에 대한 인간의 염원을 담은 시애틀 최고의 전망대 스페이스 니들(p.95)

↓ Denny Way & 2nd Ave N에서 1번 버스 10분

19:00 미국 남부의 맛, 툴루즈 프티 키친 & 라운지(p.114)와
베트남 길거리 음식 전문점 코바(p.114) 중 당신의 선택은?

3일
레이니어산 국립공원

시애틀 도심에서도 보이는 만년설의 산, 레이니어로 떠나 보자. 보이는 것만큼 가깝지는 않다는 것이 반전이다. 시애틀 여행이 처음이라면 일일 투어를, 시애틀이나 미국 여행에 능숙한 여행자라면 렌터카를 추천한다. 봄에는 들꽃이 만발하고 여름에는 리플렉션 호수 위로 한 폭의 그림처럼 반영되는 만년설의 봉우리를 감상할 수 있다. 가을에는 색색으로 물든 숲을, 겨울에는 하얀 눈꽃으로 단장한 또 다른 모습의 레이니어산이 기다린다.

09:00 숙소 앞 픽업 및 출발

↓ 자동차 이동(약 2시간)

레이니어산 국립공원(p.207) 투어
- 니스퀄리 입구(1년 내내 열려 있는 유일한 입구)
  - 나라다 폭포
  - 파라다이스 쉼터
  - 헨리 엠 잭슨 방문자 센터
  - 리플렉션 호수
  - 램파트 리지 트레일 걷기

↓ 자동차로 시애틀까지 이동(약 2시간)

19:00 핑크 도어(p.105) or 우미 사케 하우스(p.112)에서 저녁 식사

4일
시애틀
캐넌 해변 – 포틀랜드

시애틀의 자유분방한 감성의 상징, 캐피틀 힐에서 아침 식사를 하고 렌터카를 타고 포틀랜드로 떠나 보자. 가는 길목에는 캐넌 해변에 들러 미 북서부의 아름다운 해안선을 만끽하면서 일몰까지 보고 난 후, 포틀랜드로 이동한다. 포틀랜드까지는 자동차로 약 1시간 30분이 걸린다. 포틀랜드에는 저녁 늦게 도착하게 되므로 숙소 인근에서 식사를 해결하자. 일정에 여유가 있다면 캐넌 해변 마을에서 하룻밤 머물러도 좋겠다.

09:00 세계를 제패한 제빵사의 빵집, 베이커리 누보(p.122)에서 아침 식사

↓ E John St & 15th Ave E에서 43번 버스(8분)

10:10 시간의 멋을 만끽하는 시간, 최고의 중고책방 더 엘리엇 베이 서점(p.140) & 중고 음반 전문점 에브리데이 뮤직(p.140)

↓ 캐피틀 힐에서 다운타운으로 이동(도보 14분)

12:00 렌터카 대여

↓ 자동차로 이동 I-5 S → US101(3시간 40분)

16:00 세계 최대의 단일 암석 바위섬으로 유명한 캐넌 해변(p.267)

* 일몰 시간 확인 필수

↓ 자동차로 이동 US26 E(1시간 30분~2시간)

19:30 포틀랜드 도착 및 숙소 체크인

TRAVEL TIP

포틀랜드의 숙소 주변에 저녁 식사를 할 만한 식당이 있는지 미리 알아보는 것이 좋다. 포틀랜드 서쪽에서는 늦게까지 식사와 술도 즐길 수 있는 펄 디스트릭트, 동쪽에서는 호손 불러바드나 이스트 번사이드에 갈 만한 식당들이 많으니 참고할 것!

5일
포틀랜드
노브 힐 – 워싱턴 파크

포틀랜드에서 가장 세련된 거리 노브 힐에서 여유로운 아침을 보내 보자. 거리를 산책하는 것만으로도 충분한 힐링이 되겠지만, 워싱턴 파크를 찾아가 자연 속으로 들어가면 또 다른 쉼을 느끼게 될 것이다.

09:00 오랜 역사와 인정받는 맛을 모두 갖춘 아침 식당, 비주 카페(p.269)에서 아침 식사

 도보 1분

10:00 포틀랜드에 왔다면 스텀프타운 커피 로스터스(p.275)에서 커피 한 잔!

 SW Washington & 3rd에서 15번 버스(20분)

10:20 안목 있는 사람에게 더욱 멋진 길, 노브 힐 산책

 도보 1분

12:00 오픈 주방이라 제빵 과정까지 볼 수 있는 생 오노레 브랑제리(p.281)에서 건강한 점심 식사

NW 23rd & Thurman에서 15번 버스 타고 SW Alder 17th에서 하차 (10분) → 도보 3분 → Providence Park MAX Station에서 맥스 라이트 레일 탑승(6분). 총 30분 소요

13:30 포틀랜드 대표 명소, 워싱턴 파크(p.264) 도착
● 동물은 물론 지역 생태까지 소개하는 오리건 동물원(p.264)
● 일본식 정원의 진수를 볼 수 있는 포틀랜드 재퍼니스 가든(p.265)

Washington Park MAX Station에서 맥스 라이트 레일 탑승 후
W Burnside & NW 19th에서 20번 버스로 환승(45분)

17:30 20세기 초 언론 재벌의 일상을 보거나 포틀랜드 최고의 전망을 감상하기, 피톡 맨션(p.263)

도보 1분

21:00 포틀랜드표 크래프트 맥주를 곁들인 저녁 식사
로그 펄 퍼블릭 하우스(p.286)

6일

포틀랜드
디비전 스트리트 – 호손 불러바드 – 앨버타 아트 디스트릭트

말로만 듣던 힙스터, 킨포크를 실감해보는 하루다. 이국적인 멋이 터지는 디비전 스트리트에서 아침을 먹고 포틀랜드들이 가장 살고 싶은 지역으로 꼽는 호손 불러바드에서 빈티지 쇼핑을 즐겨 보자. 늦은 오후에 앨버타 스트리트로 발걸음을 옮기면 감성의 허기까지 채워질 것!

09:00 칼로리 좀 폭발하면 어때! 기막힌 식감의 조화.
파인 스테이트 비스키츠(p.328)에서 아침 식사

↓ SE Division & 12th에서 2번 버스 탑승(10분)

10:00 포틀랜드 대표 커피 스텀프타운 커피 로스터스 1호점(p.331)의 명물,
니트로 콜드 브루 커피 마시기

↓ 도보 13분

11:30 포틀랜더가 뽑은 가장 포틀랜드다운 거리, 호손 불러바드 걷기

↓ 도보 1분

12:00 시간의 멋을 담은 중고품의 멋을 만끽하기
중고 음반점 잭팟 레코즈(p.345), 중고 의류점 하우스 오브 빈티지(p.345)로!

↓ 도보 20분 → SE Hawthorne & 34th에서 14번 버스 탑승(8분)

13:00 또 다른 이국의 맛, 남미 음식 전문점 테오테 하우스 카페(p.332)에서
점심 식사

↓ SE 12th & Clay에서 70번 버스 탑승 → NE Multnomah & 11th에서
8번 버스 환승 → NE 15th & Alberta 하차(약 40분 소요)

15:00 앨버타 아트 디스트릭트 걷기
● 희귀 중고책 마니아에게 맞춤 스폿, 모노그래프 서점(p.344)
● 작업 중인 예술가까지 볼 수 있는 복합 아트 몰, 앨버타 스튜디오(p.346)
● 갤러리라 해도 손색없는 빈티지 전문점, 골드 더스트(p.346)

↓

19:00 포틀랜드의 마지막 저녁 식사는 더욱 힙하게!
● 옥상 농장에서 직접 키워낸 건강한 한 끼, 노블 로트(p.322) or
수제 가공육과 와인의 완벽한 조화, 올림피아 프로비전스(p.317)

7일
포틀랜드 – 경유 – **인천**

포틀랜드에서 인천까지는 경유 항공편만 이용할 수 있어서 출발 시간을 마음대로 정할 수가 없다. 때문에 오전 시간이 애매하게 남는데, 무리하지 말고 차분하게 마지막 날 아침을 보내 보자. 조금 부지런을 떨어 아침 7시부터 문을 여는 카페에서 마지막 커피 한 잔을 즐겨도 좋겠다. 다운타운이라면 하트 커피, 이스트 포틀랜드라면 이스트 번사이드의 리스트레토 로스터스 커피를 추천한다.

07:00 적당한 밸런스가 돋보이는 하트 커피(p.278) 혹은 강렬한 카페인으로 아침을 깨우는 리스트레토 로스터스 커피(p.322)에서 아침 식사 & 커피

↓ 맥스 라이트 레일 레드 라인 탑승(공항까지 44분)

포틀랜드 국제공항 도착

> **추천 코스 4**
> **시애틀 + 포틀랜드 13박 14일**

두 도시의 세 가지 키워드 역사, 문화, 자연 모두 즐기기

2주라는 기간은 한 달 살기 유행을 생각하면 짧을 수도 있고, 연휴에 쉬기도 눈치 보이는 직장인에게는 꿈같은 얘기일 수 있다. 이번 코스는 각 도시의 일정을 취향과 상황에 맞게 빼고 더해 맞춤형 일정을 짤 가이드라인으로 활용하면 좋겠다. 도시 자체에 관심이 많은 사람이라면 도시의 각 지역에 맞춰 제안한 추천 일정을 참고하자. 시애틀도, 포틀랜드도 도시 자체를 즐기는 여행을 하는 사람에게 최적의 도시니까!

1일
시애틀
워터프런트 파크

항공사별로 도착 시간은 제각각이지만, 일단 공항에서 숙소로 간 다음 체크인을 한다. 쉬면서 체력을 회복하는 것도 여정을 위해 좋은 방법이다. 좀 아쉽다면 워터프런트 파크에서 첫날 늦은 오후를 여유롭게 보내 보자. 대관람차나 바다가 보이는 식당에서 시애틀의 첫 일몰을 만나는 행운을 기대해 보면 어떨까.

2일
시애틀
파이크 플레이스 마켓 – 시애틀 센터

시애틀 최고의 명소 파이크 플레이스 마켓에서 활기찬 하루를 시작해 보자. 플라잉 피시와 돼지 동상 레이첼은 꼭 챙겨 보고, 바로 옆에 위치한 껌 월에서 인증 사진도 찍자. 스타벅스 1호점도 바로 이곳에 있다. 워낙 북적이니 커피를 맛보기보다는 1호점 방문 기념품을 사는 정도로도 좋다. 오후에는 대중문화 박물관인 모팝과 시애틀 최고의 전망대로 꼽히는 스페이스 니들이 있는 시애틀 센터로 가자. 일몰 시간을 맞춰 스페이스 니들에서 석양을 볼 수 있다면 최고의 하루가 될 것! 만약 여름이라 일몰 시간이 늦다면 저녁 식사를 하고 시애틀의 야경을 볼 수 있는 시간에 스페이스 니들을 찾는 것도 방법이다.

3일
시애틀
파이어니어 스퀘어 – 발라드

시애틀 역사의 시초인 파이어니어 스퀘어를 시작으로 역사를 짚어 보는 하루다. 한때 서부에서 가장 높은 건물로 손꼽히던 스미스 타워 전망대와 골드러시 시대를 기념하는 박물관을 둘러본 후, 오후에는 북유럽 이민자들의 역사를 보여주는 노르딕 박물관이 있는 발라드로 가자. 수면의 높이가 다른 호수와 바다를 배들이 안전하게 드나들 수 있도록 만든 발라드 록스도 빠뜨릴 수 없는 볼거리다. 연어가 돌아오는 6~9월 사이면 발라드 록스 한편에 설치된 피시 래더 Fish Ladder(연어 길)을 따라 물을 거슬러 올라가는 수많은 연어들의 행렬을 볼 수 있다.

4~5일
시애틀
올림픽 국립공원

1일째 올림픽 국립공원은 엄청난 규모를 자랑하는 만큼 하루 안에 제대로 보기는 힘들다. 1박 2일 정도 머물면서 올림피아반도의 매력을 만끽해 보자. 영화 <트와일라잇>의 촬영지였던 호 레인 포레스트와 리알토 해변, 포크스를 거쳐 루비 해변까지 돌아보면 알찬 하루가 될 것! 시애틀에서 차를 렌트해 가도 좋고 1박 2일로 운영되는 투어를 이용하는 방법도 있다.

2일째 아침에는 숙소에서 아침을 해결하고 영화배우 마릴린 먼로 부부와 루즈벨트 대통령의 휴양지로 알려진 크레센트 호수로 가보자. 그 다음은 만년설이 쌓인 산봉우리가 이어지는 허리케인 리지의 장관을 볼 차례다. 점심은 올림피아반도의 관문으로 불리는 포트 앤젤레스에서, 간식은 노르웨이 마을로 불리는 폴스보에서 해결하자. 베인브리지에서 카 페리를 타고 시애틀로 돌아오며, 멀리 보이는 레이니어산과 스페이스 니들을 한눈에 담을 수 있다면 시애틀 최고의 1박 2일이 마무리될 것이다.

6일

시애틀
유니버시티 디스트릭트 –
캐피틀 힐 – 볼런티어 공원

매주 토요일에 주말 시장이 열리는 유니버시티 디스트릭트는 대학가의 유행과 열기를 느낄 수 있다. 평일에도 사람들이 많이 몰리며 유명 식당과 숍들이 즐비하다. 다음 목적지인 캐피틀 힐로 가는 길목에 볼런티어 파크와 브루스 리 묘지를 찾아가 보자. 흔히 상상하는 으스스함보다는 공원만큼 아름다운 묘지의 풍경에 놀라게 될 것! 캐피틀 힐에서 중고 서점, 중고 음반점에 들르거나 인기 먹거리들을 맛보며 하루를 마무리해 보자. 여력이 남았다면 맥주 시음장을 찾아가 한잔하는 것도 좋겠다.

7일

시애틀
프리몬트 – 퀸 앤

시애틀의 독특한 매력을 한껏 느낄 수 있는 하루다. 프리몬트는 시애틀에서 예술가들이 가장 많이 사는 동네이자 대학생들이 즐겨 찾는 거리다. 프리몬트를 지키는 트롤과 러시아에서 먼 길을 온 레닌, 실제로 우주로 향해 날아갈 뻔한 로켓이 있는 거리를 걸어 보자. 가스 웍스 파크에서 호수의 도시 시애틀을 보았다면, 시애틀의 랜드마크인 스페이스 니들과 레이니어산이 눈앞에 한꺼번에 펼쳐지는 케리 파크도 가보자. 케리 파크에 가기 전, 시애틀에서 독보적인 인기를 누리는 홀리 마운틴 브루잉 컴퍼니에 들러 오크통에서 숙성된 맥주로 살짝 에너지를 충전하는 것도 방법이다.

8일

시애틀
인터내셔널 디스트릭트 –
톰 맥콜 워터프런트 파크

포틀랜드는 시애틀에서 볼트 버스로 3시간 30분 거리다. 시애틀의 숙소에서 체크아웃하는 시간에 맞춰 버스표를 예매하면 포틀랜드에 도착하자마자 바로 체크인이 가능하다. 숙소 위치에 따라 유연하게 오전, 오후 계획을 세워 보자. 시애틀의 숙소 근처에서 아침을 해결하고 볼트 버스가 출발하는 인터내셔널 디스트릭트에 있는 윙 루크 박물관에서 시애틀의 대미를 장식한다. 점심 식사는 버스를 타기 전 우와지마야 쇼핑몰의 푸드 코트를 활용하면 편리하다. 포틀랜드 여행의 시작은 강변을 따라 걸어본 다음, 강과 도시 전체를 조망할 수 있는 에어리얼 트램으로 시작해 보자.

9일

시애틀
다운타운 – 워싱턴 파크

포틀랜드의 명소들로 구성된 하루. 이날 하루만으로도 독특한 포틀랜드의 문화와 멋을 한껏 즐길 수 있다. 파이어니어 코트하우스 스퀘어에서 관광 안내소에 들러 정보를 수집하면서 일정을 시작하자. 근처 부두 도넛의 줄이 너무 길면 발걸음을 옮기자. 파월스 시티 서점 근처에는 기다리지 않고 먹을 수 있는 맛있는 블루스타 도너츠가 있으니까. 점심은 매일 아침 가장 신선한 재료에 따라 메뉴가 결정되는 모리스에서 먹어 보자. 본격적으로 포틀랜드의 자연과 만나는 워싱턴 파크로 가기 전에 가장 든든한 한 끼가 될 것이다.

10일
포틀랜드
디비전 스트리트 - 호손 불러바드

말로만 듣던 힙스터, 킨포크를 실감해보는 하루다. 이국적인 멋이 터지는 디비전 스트리트와 힙스터들의 사랑을 듬뿍 받는 호손 불러바드에서 느긋한 하루를 보내보자. 스웨덴 가정식을 내는 브로더 카페에서 아침 식사를, 인도의 길거리 음식을 옮겨왔다는 발리우드 시어터에서 점심을, 김치와 훈제 돼지고기를 듬뿍 넣은 샌드위치를 파는 라르도에서 저녁 식사를 해보자. 중간 중간 자연 친화적이거나 중고품을 취급하는 개성 만점 숍들을 찾아가 양손은 물론 감성까지 가득 채우는 쇼핑을 즐길 수도 있다.

11일
포틀랜드
미시시피 애비뉴 - 앨버타 아트 디스트릭트

아기자기한 내부, 민트색 싱그러움을 한 그릇에 담아내는 북유럽 스타일 브런치 식당 스웨디디에서 하루를 시작해 보자. 바로 옆에는 중고 음반 전문점 미시시피 레코즈가 있다. 마음에 드는 레코드를 골라 숍 한 귀퉁이에 마련된 미리 듣기 코너에서 꼭 직접 들어볼 것 그리고, 조금 떨어진 윌리엄 스트리트로 가면 마이크로 코즘 퍼블리싱에 들러 포틀랜드의 개성 만점 독립 출판물을 만나게 될 것이다. 리스트레토 로스터스 커피에서 쌉싸름한 커피 한 잔을 마시거나 왓츠 더 스쿱의 달달한 아이스크림도 빼놓을 수 없다. 출출하다고? 그럼 직접 훈제한 돼지고기에 특제 소스를 곁들여 내는 피플스 피그로 가자. 점심 식사 후의 오후 시간은 앨버타 아트 디스트릭트에서 특별한 기념품을 사거나 느긋하게 윈도쇼핑을 즐겨 보자. 물론 포틀랜드표 먹을거리도 풍성한 거리다.

12일
포틀랜드
후드산 국유림 공원 또는 캐넌 해변

이곳들은 마음만 먹으면 대중교통으로도 오갈 수 있지만 오가는데 오래 걸리는 것은 물론 환승을 반복해야 하므로 가급적이면 렌터카나 투어를 활용하는 것이 좋다. 투어를 이용하면 저녁 시간 전에 포틀랜드로 돌아온다. 도착지는 포틀랜드 중심가지만 돌아오는 길에서 너무 벗어나지 않으면 원하는 지역에서 내려주므로 미리 저녁 식사할 만한 곳을 정해두는 것이 유리하다. 렌터카를 이용할 경우 인터넷 연결이 끊어지는 구간이 있으므로 도로명이나 방향 등은 미리 충분히 숙지하자.

13일
포틀랜드
다운타운 - 펄 디스트릭트 - 센트럴 이스트

온전하게 하루를 보낼 수 있는 마지막 날. 장소가 어디든 꼭 가보고 싶었던 곳들로 일정을 꾸려 보자. 유명 브런치 식당은 물론 카페와 브루어리. 명소 몇 군데만 가도 하루가 눈 깜짝할 사이에 지나갈 것. 이날이 목요일이나 금요일이면 포틀랜드 미술관은 밤 8시까지 운영하고, 토·일요일이면 톰 맥콜 워터프런트 파크 북쪽, 번사이드 브리지 아래서 주말 벼룩시장이 열리는 것을 참고해 일정을 짜보자. 토요일이라면 포틀랜드 주립 대학교 인근에서 열리는 주말 시장을 구경하면서 먹거리 코너에서 아침 식사까지 해보는 건 어떨까?

14일
포틀랜드
공항으로 출발

비행기가 오후에 출발하면 세련된 포틀랜드의 면모가 물씬 풍기는 노브 힐에서 오전 시간을 스타일리시하게 채울 수 있다. 마지막 순간까지 쇼핑의 유혹을 놓을 수 없는 사람에게는 화룡점정의 시간이 될 것!

Special

먹고 마시고 느끼는, 오감만족 축제의 도시
시애틀의 축제

1년 내내 다양한 축제가 끊이지 않는 시애틀. 수십 개의 축제 중에서 여행자들이 참가할 만한 축제 리스트를 소개한다. 정확한 날짜는 시기와 날씨 등을 고려해 매년 바뀌므로 공식 홈페이지에서 확인하자.

홈페이지 www.events12.com/seattle

시기	이름	내용	홈페이지
1월	시애틀 보트 쇼 Seattle Boat Show	200개에 달하는 학술회가 열리고 1,000대의 보트가 보트 쇼를 펼치는 행사	seattleboatshow.com
2월	노스웨스트 플라워 & 가든 쇼 Northwest Flower & Garden Show	미국에서 두 번째로 큰 규모로 열리는 원예 축제	gardenshow.com
	시애틀 뮤지엄 먼스 Seattle Museum Month	한 달 동안 다운타운 호텔 투숙객에게 박물관의 입장료를 할인해주는 행사. 가능한 호텔과 박물관은 홈페이지에서 확인	www.seattlemuseummonth.com
3월	세인트 패트릭스 데이 퍼레이드 St. Patrick's Day Parade	초록색으로 치장하고 패트릭 성인을 기리는 전통 행사	irishclub.org/st-patricks-day-parade
	에메랄드 시티 코미콘 Emerald City ComiCon	워싱턴 컨벤션 센터에서 열리는 만화 & 팝 컬처 축제	www.emeraldcitycomiccon.com
	테이스트 워싱턴 Taste Washington	총 65개의 식당과 200여 개의 와이너리가 참여하는 음식 축제	tastewashington.org
4월	시애틀 레스토랑 위크 Seattle Restaurant Week	4월과 10월에 열리며 165개의 레스토랑이 참가하는 미식의 주간	srw.seattletimes.com
	시애틀 치즈 & 미트 페스티벌 Seattle Cheeses and Meat Festival	100가지 종류의 치즈와 최상급 고기, 와인, 맥주 등을 시식할 수 있는 음식 축제	cheeseandmeatfestival.com/seattle
	시애틀 스카치 & 비어 페스티벌 Seattle Scotch and Beer Festival	수익금으로 유기 동물 입양을 지원하는 스카치 위스키와 맥주 축제	scotchbeerfest.com
5월	라이프 인 컬러 Life in Color	세계 최대 규모를 자랑하는 페인트 페스티벌	lifeincolor.com
	노스웨스트 포크라이프 페스티벌 Northwest Folklife Festival	시애틀 센터에서 열리며, 4일 동안 25만 명이 방문하는 북서부 민속 축제	www.nwfolklife.org
	시애틀 국제영화제 Seattle International Film Festival	85개 국에서 400편의 영화, 다큐멘터리, 단편영화가 출품되는 국제 영화제. 매년 25일 개막	www.siff.net
	발라드 재즈 페스티벌 Ballard Jazz Festival	5일 동안 2,000여 명이 참가하는 대규모 재즈 축제	ballardjazzfestival.com
6월	프리몬트 축제 Fremont Fair	매년 10만 명이 찾는 축제로 300여 명의 예술가, 공예가, 푸드 카트 등이 참가	fremontfair.com
	시애틀 국제 무용 페스티벌 Seattle International Dance Festival	2006년부터 시작됐으며, 25개 국에서 참가하는 국제 무용 축제	seattleidf.org

시기	이름	내용	홈페이지
7월	시애틀 인터내셔널 비어페스트 Seattle International Beerfest	라이브 공연과 더불어 220여 가지의 맥주를 즐길 수 있는 기회	www.seattlebeerfest.com
	7월 4일 불꽃 축제	미국 독립기념일을 기념하는 불꽃 축제	seafair.com/events
	바이트 오브 시애틀 Bite of Seattle	60개의 레스토랑과 90개 이상의 크래프트 비어, 사이더 회사가 참여하는 30년 전통의 음식 축제	www.biteofseattle.com
	캐피틀 힐 블록 파티 Capitol Hill Block Party	100여 개 밴드가 참가하는 길거리 축제	www.capitolhillblockparty.com
	웨스트 시애틀 서머 페스티벌 West Seattle Summer Festival	3일 동안 밴드의 라이브 공연, 쇼핑, 식사, 커뮤니티 교류 등이 펼쳐지는 시애틀의 대표 여름 축제	wsjunction.org/summerfest
	발라드 시푸드 페스트 Ballad Seafood Fest	1972년부터 시작되어 매년 7만 명이 찾는 워싱턴주의 해산물 요리 축제	seafoodfest.org
8월	시애틀 예술 박람회 Seattle Art Fair	전 세계 100여 개의 갤러리가 참가하는 국제적인 예술 축제	seattleartfair.com
9월	차이나타운 야시장 Chinatown-ID Night Market	1년에 한 번 차이나 타운에서 열리는 대규모 야시장. 길거리 공연 등 풍성한 즐길거리가 가득!	seattlechinatownid.com
	프리몬트 옥토버페스트 Fremont Oktoberfest	100가지 이상의 맥주를 맛볼 수 있는 맥주 축제	fremontoktoberfest.com
10월	에스알에스 로보손 SRS Robothon	로봇 박람회, 로봇끼리 싸우는 컴뱃 로봇 Combat Robots이 특히 유명하다.	robothon.org
	프릭 나이트 페스티벌 Freak Night Festival	빌보드에서 뽑은 〈할로윈 파티 TOP 10〉에 선정. 유명 디제이들의 디제잉으로도 잘 알려졌다.	freaknightfestival.com
	TWIST: 시애틀 퀴어 영화제 Seattle Queer Film Festival	1996년부터 시작된 동성애 영화제	filmfreeway.com/sqff
	헌트 얼티멋 핼러윈 바쉬 Huant Ultimate Halloween Bash	모캡에서 열리는 시애틀 최대 규모의 할로윈 파티. 코스튬 컨테스트 1등 상금은 무려 $1,000	halloweenseattle.com
	브릭 콘 Brick Con	미국에서 가장 오래된 레고 전시회	brickcon.org
11월	카우 어 분가 Cow a Bunga	3일 동안 펼쳐지는 미국 최대의 소고기 페스티벌.	www.cowabungausa.com
	더 노스웨스트 초콜릿 페스티벌 The Northwest Chocolate Festival	미국 북서부 지역의 가장 큰 초콜릿 축제	www.nwchocolate.com
12월	진저 브레드 빌리지 Ginger Bread Village	시애틀의 건축가들, 쉐라톤 호텔 요리사들이 빵으로 크리스마스 집을 제작, 전시하는 재미난 축제	gingerbreadvillage.org
	크리스마스 홀리데이 런 The 12K's Christmas Holiday Run	시애틀 크리스마스 3대 마라톤 중 하나. 모든 수익금은 가정위탁지원 센터에 기부한다.	src12ksofchristmas.com
	베스트 댐 해피 아워 Best Damn Happy Hour	시애틀 센터에서 주관하는 행사로, 음식, 음악, 술, 게임 등 다양한 프로그램으로 꾸며진다.	www.seattlecenter.com
	드로잉 잼 Drawing Jam	모델 50명이 있는 스튜디오에서 다양한 미술용품으로 나만의 작품을 만드는 행사	www.gageacademy.org
	어반 크래프트 업라이징 Urban Craft Uprising	시애틀 최대 규모의 수공예 축제. 시애틀 센터에서 메인 쇼가 열리며, 여름에도 열린다.	www.urbancraftuprising.com

※ 유리병, 술 반입은 절대 금지되는 곳이 많으니 사전에 확인할 것.
※ 주류를 판매하는 축제는 만 20세 이상만 입장 가능.

Special

힙하고 힙한 문화 축제의 천국
포틀랜드의 축제

포틀랜드에는 매달 문화 축제가 도드라진다. 영화, 만화, 무용, 패션 등 문화 예술에 관심이 많은 사람이라면 더욱 즐길 거리가 많다. 시애틀과 마찬가지로 정확한 날짜는 연초, 또는 개막 몇 개월 전에 결정된다.

홈페이지 www.events12.com/portland

시기	이름	내용	홈페이지
1월	퍼틀 그라운드 페스티벌 Fertile Ground Festival	11일 동안 무용, 연극은 물론 각종 무대 예술이 펼쳐지는 축제	fertilegroundpdx.org
	릴 뮤직 페스티벌 Reel Music Festival	약 한 달 동안 노스웨스트 필름 센터와 여러 공연장이 연계해 현대 음악과 영상 예술을 선보이는 축제	nwfilm.org/festivals/reel-music-36
2월	시푸드 & 와인 페스티벌 Seafood & Wine Festival	신선한 해산물 요리와 와인을 즐기는 축제. 선착순 300명에게는 와인잔을 선물로 준다.	pdxseafoodandwinefestival.com
	포틀랜드 인터내셔널 필름 페스티벌 Portland International Film Festival	1977년부터 시작된 국제 영화제로, 3주간 전 세계의 작품을 만나볼 수 있다.	nwfilm.org/festivals/piff42
	포틀랜드 재즈 페스트 Portland Jazz Fest	전설적인 재즈 아티스트들이 참가하는 뮤직 페스티벌. 약 2주 동안 진행된다.	pdxjazz.com/2019-portland-jazz-festival
3월	포틀랜드 오리건 우먼스 필름 페스티벌 Portland Oregon Women's Film Festival	매년 50여 개의 작품이 4일간 상영되는 여성 중심 영화제	powfilmfest.com
	사이더 라이트 오브 스프링 Cider Rite of Spring	미 북서부 30여 개 업체에서 생산하는 100가지의 사이더를 마실 수 있는 기회	www.nwcider.com
	컬래버페스트 Collabofest	포틀랜드 내 75개의 브루어리가 참가하는 지역 맥주 축제	basecampbrewingco.com/events.html
4월	우든 슈 튤립 페스티벌 Wooden Shoe Tulip Festival	16ha가 모두 꽃으로 뒤덮인 튤립 축제	www.woodenshoe.com/events/tulip-fest
	디자인 위크 포틀랜드 Design Week Portland	지속가능하고 친환경적인 포틀랜드표 디자인의 산실	www.designweekportland.com
5월	포틀랜드 로즈 페스티벌 Portland Rose Festival	100년 전통의 장미 축제. 야간 퍼레이드가 유명하다.	www.rosefestival.org
	노스웨스트 애니매이션 페스티벌 Northwest Animation Festival	일주일 동안 독립 애니메이터들의 작품을 상영하고 관객들의 투표로 우수작을 선정하는 애니메이션 축제	www.nwanimationfest.com
	도기 대시 Doggie Dash	매년 3만 5,000명이 참가해 반려견과 함께 달리는 축제	secure.oregonhumane.org/doggiedash

포틀랜드 로즈 페스티벌   우든 슈 튤립 페스티벌

시기	이름	내용	홈페이지
6월	피디엑스 비어 위크 PDX Beer Week	11일 동안 포틀랜드 지역 맥주는 물론 세계 최고의 맥주를 만나는 맥주 축제. 푸드 카트에서 음식도 판매한다.	pdxbeerweek.com
	포틀랜드 인터내셔널 비어 페스티벌 Portland International Beer Festival	맥주 시음 티켓을 사면 10여 가지 맥주를 골라 맛볼 수 있고 기념 맥주잔도 준다.	www.portland-beerfest.com
7월	포틀랜드 재즈 페스트 Portland Jazz Fest	30년이 넘은 포틀랜드 최대의 블루스 축제	www.waterfrontbluesfest.com
	오리건 브루어스 페스티벌 Oregon Brewers Festival	1988년부터 시작된 오리건주 최대의 맥주 축제로, 90개 이상의 맥주 양조장이 참가	www.oregonbrewfest.com
9월	피스트 포틀랜드 Feast Portland	포틀랜드의 유명 셰프들이 참가하는 음식 축제	www.feastportland.com
	포틀랜드 패션 위크 Portland Fashion Week	독립 디자이너들이 참가하는 패션 축제	www.portlandfashionweek.net
	더 바이트 오브 오리건 The Bite of Oregon	30년 역사의 오리건주 최대 음식 축제	biteoforegon.com
	로즈 시티 코믹 콘 Rose City Comic Con	오리건 컨벤션 센터에서 열리는 대규모 만화 축제	rosecitycomiccon.com
10월	포틀랜드 필름 페스티벌 Portland Film Festival	전 세계 독립영화 제작자가 참가하는 영화제	portlandfilmfestival.com
	더 웨지 The Wedge	30명 이상의 치즈 장인이 참가하는 미식 축제	thewedgeportland.com
11월	포틀랜드 북 페스티벌 Portland Book Festival	작가들이 참가하는 워크숍, 낭독회 등으로 꾸며지는 포틀랜드의 책 축제	literary-arts.org
	팬케이크스 & 부즈 아트 쇼 Pancakes & Booze Art Show	팬케이크와 예술이 만나는 이색 쇼	www.pancakesandbooze.com/portland
12월	홀리데이 에일 페스티벌 Holiday Ale Festival	500여 개 이상의 수제 맥주가 한자리에 모이는 맥주 축제.	holidayale.com
	크리스마스 십 퍼레이드 Christmas Ship Parade	60척의 배가 강 위에서 크리스마스를 빛내는 전통의 축제	www.christmasships.org

※ 유리병, 술 반입은 절대 금지되는 곳이 많으니 사전에 확인할 것.
※ 주류를 판매하는 축제는 만 20세 이상만 입장 가능.

시애틀
Seattle

미국 북서부 최대의 도시 시애틀은 미국인들이 가장 살고 싶어 하는 도시로 꼽힌다. 알래스카에서 시작돼 아시아로 연결되는 바닷길의 창구이자 항공, 육로를 잇는 미국 북서부의 관문이기도 하다. 시애틀은 다양한 문화가 잉태되고 발전할 수밖에 없는 운명을 지닌 도시라고 해도 과언이 아니다. 편리한 대중교통과 다양한 식문화, 다국적 이민자들로 구성된 까닭에 동부의 뉴욕과 자주 비교되지만 뉴욕과는 도저히 비교할 수 없는 독특한 요소가 있다. 쭉쭉 뻗은 빌딩들 사이로 보이는 만년설, 내륙 깊숙이 들어온 바다, 도시를 둘러싼 울창한 숲과 호수까지 천혜의 자연 환경이 바로 그것이다. 전설적 록 밴드 너바나 Nirvana와 펄 잼 Pearl Jam, 지미 핸드릭스 Jimi Hendrix를 탄생시킨 풍요로운 문화도 빼놓을 수 없다. 오늘날의 시애틀은 디지털과 아날로그, 최첨단의 산업과 천혜의 자연이 공존하는 가장 매력적인 도시다.

베스트 오브 시애틀

자연의 신비를 찾아 떠나기
국립공원

만년설의 레이니어산 국립공원(p.207)과 영화 〈트와일라잇〉의 배경이 된 올림픽 국립공원(p.212), 두 곳 모두 세계적으로 희귀한 온대 우림을 자랑한다. 하늘을 가린 나무들 사이로 빠져나온 햇살과 바위를 덮은 초록 이끼가 자아내는 신비로운 분위기는 마치 요정이라도 나타날 것 같다.

레이니어산 국립공원

올림픽 국립공원의 호 레인 포레스트

시애틀 맛보기
파이크 플레이스 마켓

워싱턴주의 모든 진미(珍味)가 모여드는 파이크 플레이스 마켓(p.89)은 명소 중의 명소다. 지역의 특산품부터 가공품까지 없는 게 없는데, 특히 시장 입구 생선 가게의 플라잉 피시 Flying Fish는 최고의 구경거리니 놓치지 말자.

커피 도시 시애틀의 시작
스타벅스 1호점

스타벅스 1호점(지도 p.80-A)에서만 살 수 있는 오리지널 로고가 그려진 머그와 텀블러는 기념품으로 가장 인기다. 단, 스타벅스 1호점은 기념품 판매점에 가까운 분위기이니 커피 한 잔의 여유는 기대하지 않는 것이 좋다.

주말 일정은 바로 여기에서
주말 장터

주말이면 시애틀 곳곳에서 먹거리 장터가 선다. 농수산물과 가공식품이 중심이 되는 시장으로 볼거리, 먹거리에 있어 단연 일등이라 할 수 있다. 화덕을 통째로 들고 나와 구워내는 피자나 어마어마한 크기의 팬에서 만들어내는 파에야도 맛볼 수 있다.

격하게 인상적인 하루 만들기
축제

시애틀에서는 1년 내내 다양한 축제가 이어진다. 그 중에서도 미식의 도시에서 펼쳐지는 레스토랑 위크 Restaurant Week를 비롯해 와인, 맥주, 치즈, 타코 등 각종 식음료를 주제로 한 축제가 돋보인다. 여행 시기에 맞춰 축제 일정을 꼭 확인해볼 것!
→ p.48

> 소장각! 최고의 명소 인증 사진
스페이스 니들

각종 SNS를 점령한 시애틀의 대표 사진이라면 단연 스페이스 니들(p.95)에서 펼쳐지는 풍경이다. 시애틀의 전경을 360도로 담을 수 있는 전망대에서 마치 공중에 떠 있는 듯한 인증 사진을 남겨 보면 어떨까.

> 다채로운 이민의 역사
역사 박물관

북유럽 이민자들의 역사와 문화는 노르딕 박물관(p.161), 아시아 이민자들의 역사는 윙 루크 아시아 박물관(p.104)에서 엿볼 수 있다. 시애틀 원주민(인디언)의 삶과 역사를 전시하고 있는 버크 국립 역사 문화 박물관(p.167)까지 방문하면 시애틀 역사의 발자취를 더욱 생생하게 따라갈 수 있다.

시애틀 최고의 명소

파이크 플레이스 마켓
Pike Place Market

농장에서 식탁까지(Farm to Table)의 원조

파이크 플레이스 마켓 구경은 1927년에 세워진 시장 간판과 시장을 지키는 돼지 레이첼 Rachel의 동상, 그리고 시끌벅적한 플라잉 피시 Flying Fish를 만나면서 시작된다. 시장 안으로 들어서면 손님과 상인이 생선을 두고 흥정을 벌이는 흔한 모습이 보인다. 흥정이 마무리되는 순간, 상인이 카운터를 향해 생선을 힘껏 던진다. 카운터의 직원은 날아오는 생선을 정확히 받아 도마 위에서 먹기 좋게 손질한다. 일사불란하게 이루어지는 이 거래는 마치 뮤지컬의 한 장면이 연상되고, 얻는 것 하나 없는 구경꾼마저도 흥이 난다. 바로 파이크 플레이스 마켓의 명물, 플라잉 피시다.

시장 안은 생선 가게가 자리 잡은 메인 아케이드를 중심으로 농산품, 가공식품을 파는 노점들이 빼곡히 이어진다. 빵과 과자, 치즈와 와인, 초콜릿은 물론이고 시장의 신선한 재료를 사용하는 식당도 즐비하다. 아케이드 지하에는 헌책방, LP 숍, 소규모 공방들이 입점해 있다.

1907년 나무 길을 따라 모여들었던 허름한 수레들이 100년 넘은 역사를 자랑하는 파이크 플레이스 마켓의 시작이었다. 19세기 말의 시애틀은 금광꾼, 벌목꾼, 어부, 조선소 노동자 그리고 이들을 상대로 하는 상인들이 모여들어 빠르게 성장하고 있었다. 인구의 증가와 함께 각종 소비재, 식재료의 수요도 폭발적으로 늘었다. 생산자와 소비자 사이에서 폭리를 취하는 도매상들로 인해 식료품 가격이

생선을 던지고 받는 플라잉 피시

치솟았고, 생산자들에게는 수익이 돌아가지 않았다. 그러던 1907년 여름, 시 의원 토마스 레브레 Thomas Revelle가 생산자와 소비자들이 직접 만나 물건을 팔고 사는 공공 시장을 만들 것을 제안한다. 시애틀의 '농장에서 식탁으로 Farm to Table'의 역사는 이때 시작되었다.

위기가 없었던 것은 아니다. 1945년 일본의 진주만 폭격으로 시장을 지키던 대부분의 일본인 노동자들이 추방되는 사건이 벌어졌고, 1963년 신식 시장으로 개발하기 위한 철거 계획, 1986년 운영 기금 고갈 등으로 여러 번 존폐의 위기에 내몰렸었다. 그때마다 시민들과 시장 상인, 노동자들이 나서서 보존 운동과 모금을 통해 지켜냈고 그 결과 1990년대 이후 파이크 플레이스 마켓은 시애틀의 굴곡진 역사, 그리고 정신적 가치를 대표하는 관광지로 자리매김하게 된다. → p.89

레니어산 국립공원
Mountain Rainier National Park

'물의 어머니'라 불리는 만년설의 산

"이 산의 기운이 내 친구 레니어를 닮았군!" 1792년, 이 산을 발견한 영국 탐험가 조지 벤쿠버 선장이 이렇게 말한 후부터 '레니어산'이라고 불리기 시작했다. 피터 레니어는 당시 영국 해군 제독이었다.

레니어산은 시애틀 남쪽에 자리한 캐스케이드산맥 Cascade Range의 최고봉이자 만년설이 쌓인 해발 4,392m의 휴화산이다. 레니어산의 26개 빙하 중 하나는 알래스카를 제외한 미국 내에서 가장 규모가 크다. 때문에 예로부터 시애틀의 주요한 수자원이었다. 원주민들은 산에 대한 존경과 감사를 담아 물의 어머니라는 뜻의 '타호마 Tahoma' (혹은 타코벳 Tacobet)산이라 불렀다고 한다.

레니어산 국립공원은 계절마다 다채로운 얼굴을 보여주는 것으로도 유명하다. 봄과 여름에는 아래쪽부터 야생화가 피어오르고, 가을이면 단풍으로 옷을 갈아입는다. 또 겨울에는 아름다운 눈꽃이 절경을 이룬다.

맑은 날이면 시애틀 시내에서도 만년설이 덮인 산봉우리가 손에 잡힐 듯 가까워 보이지만 사실은 차로 3시간이나 가야 한다.

고도가 높고 도로 사정이 좋지 않아 10월부터 4월까지는 산으로 오르는 모든 길이 통제되는 일이 잦다. 입구는 총 4개이지만 연중 이용 가능한 곳은 니스퀄리 입구 Nisqually Entrance 뿐이다. 나머지 세 곳은 겨울에 닫히며, 이외의 시기에도 기상 상황에 따라 자주 통제된다. 다행히 들꽃이 가득 피는 파라다이스 밸리 Paradise Valley 호숫가, 만년설을 감상할 수 있는 헨리 엠 잭슨 관광 안내소 Henry M Jackson Visitor Center 등의 주요 지역이 니스퀄리 입구에서 연결된다.

레니어산 국립공원에 입장하려면 반드시 각 도로별 입구를 거쳐 입장료를 내야 한다. 차량이나 오토바이 등을 이용할 경우는 입구를 지나 각 등산로별로 마련된 주차장에 주차하면 된다. 공원 내에는 휴대전화가 안 되는 지역이 많으니 안전한 여행을 위해 투어를 이용하거나 가이드를 동반할 것을 추천한다. → p.207

스페이스 니들
Space Needle

시애틀의 정신을 대변하는 최고의 전망대
높이 184m의 고층빌딩, 시애틀의 상징인 스페이스 니들은 1962년 세계 박람회를 위해 세워졌다. 마치 긴 바늘 위에 UFO가 착륙한 듯한 모습인데, '우주 시대'를 형상화한 시애틀의 혁신적이고 미래 지향적인 정신을 상징한다.

지상에서 150m 높이에 자리 잡은 전망대는 2018년 대대적으로 수리를 해 한층 업그레이드되었다. 야외 전망대의 아래층에 특수 유리로 바닥을 마감한 실내 전망대를 추가해 2가지 버전으로 탁 트인 전경과 함께 아찔함까지 선사한다. 바람이 심한 날이면 실내에서 진동이 느껴지기도 하지만 걱정할 필요는 없다. 시속 300km/h의 바람과 진도 9.1의 강진에도 견딜 수 있도록 시공되었기 때문이다. 실제로 2001년 시애틀을 강타했던 지진에도 스페이스 니들은 아무런 피해를 입지 않았다. 맑은 날이면 남쪽으로는 레이니어산, 동쪽으로는 워싱턴 호수 Lake Washington, 서쪽으로는 엘리엇만 Elliott Bay과 올림픽 산맥 Olympic Mountains까지 볼 수 있다. 한낮보다는 일몰에 이어 야경까지 볼 수 있는 늦은 오후에 찾을 것을 추천한다. 주요 관광지 다섯 곳의 입장이 가능한 시티 패스(어른 $89, 어린이 $69)를 이용하는 것이 유리하다. 시티 패스(p.95 참조)를 이용하면 1일 2회 입장이 가능하다.
→ p.95

파이어니어 스퀘어 파크
Pioneer Square Park

시애틀의 시작과 격동의 흔적

시애틀의 시작지로 알려져 있다. 광장을 중심으로 워터프런트와 5번 국도 사이까지 펼쳐진 지역 전체를 통칭하는 이름이기도 하다. 시애틀이 도시로 성장하던 초창기에는 중심지였으나 대화재로 인해 건물 대다수가 불에 타버렸다. 이후 도시를 재건하면서 배수로 등의 문제를 해결하기 위해 새로 낸 도로들을 옛 건물보다 높게 만들었다. 자연히 옛 건물들의 1층은 지하로 매립되었는데, 1965년부터는 시애틀 언더그라운드 투어(p.70)를 통해 옛 모습을 볼 수 있다. 파이어니어 스퀘어에는 도시 이름의 유래가 된 추장 시애틀의 흉상, 골드러시 시절 알래스카의 부족에게서 훔쳐왔다는 트린기트족 Tlingit Tribe의 토템 폴 Totem Pole과 빅토리아 건축 양식으로 지어진 퍼걸러 Pergola(예전의 트롤리 대합실)가 있다. 트린기트족의 토템 폴은

트롤리 대합실이었던 퍼걸러

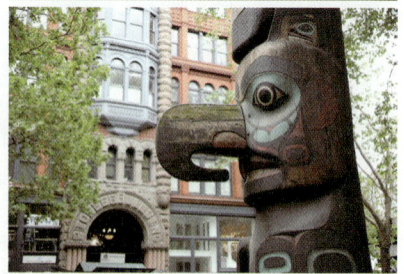
1938년 방화로 소실되었던 것을 후손이 다시 세운 것이다. → p.98

모팝, 팝 컬처 박물관
MoPOP, The Museum of Pop Culture

록의 역사와 공상 과학의 미래가 만나는 자리

음악뿐만 아니라 다양한 대중문화의 역사와 흐름을 읽을 수 있는 곳. 방대한 규모의 볼거리와 즐길 거리로 무장했다. 모팝 MoPOP은 지미 핸드릭스 Jimi Hendrix의 열렬한 팬이자 마이크로소프트사의 창립 멤버인 폴 앨런 Paul Allen이 2000년에 개관한 EMP(Experience Music Project)를 시작으로, 2004년 6월 폴 앨런이 조디 패튼과 함께 같은 장소에 세계 최초의 공상 과학 박물관 SFM(Science Fiction Museum)을 건립하면서 지금의 모습으로 자리 잡게 된다. 두 박물관은 2016년부터 모팝 MoPOP이라는 이름으로 통합해 운영 중이다.

각도에 따라 다른 빛깔을 내는 곡선의 건물 안으로 들어서면 시애틀 출신 아티스트 트림핀 Trimpin의 작품을 가장 먼저 만나게 된다. 이 작품은 500대가 넘는 기타, 피아노 등의 악기와 30여 대의 컴퓨터를 쌓아 만든 기둥으로, 1층부터 3층까지 이어진다. 기둥이 관통하는 2층에는 록의 전설 지미 핸드릭스와 그런지 뮤직 Grunge Music(얼터너티브 록의 한 장르)의 상징 너바나 Nirvana의 기념관이 있다. 3층의 사운드 랩 Sound Lab은 음악을 직접 연주하고 체험해볼 수 있도록 꾸며져 있다.

모팝은 SF 마니아들도 꼭 들러야 하는 곳이다. SF 영화와 드라마에 쓰인 소품, 캐릭터, 소품을 전시하는 '인피니트 월드 오브 사이언스 픽션 Infinite World of Science Fiction'에서는 스타트랙부터 맨 인 블랙 등 반가운 캐릭터를 만날 수 있다. 이외에도 다양한 특별전, 이벤트가 상시 진행 중이니 방문 전 공식 홈페이지를 통해 일정을 확인해보는 것이 좋다. → p.96

악기와 컴퓨터로 쌓아 올린 거대한 기둥

발라드 록스
Ballad Locks

인간의 기술과 자연의 법칙이 만들어내는 장관

거대한 워싱턴 호수의 서쪽에 이어진 유니언 호수 Union Lake가 퓨젓만 Puget Sound이라는 바다와 만나는 지점에 설치된 갑문이다. 수위가 낮은 퓨젓만에서 수위가 높은 호수 안의 항구로 순조롭게 배를 유도하기 위한 장치로, 연간 10만 척의 배가 오갈 만큼 시애틀 해상 교통에 중요한 역할을 담당한다. 배가 바다 쪽 수문을 통해 갑문 안에 들어오면 수위를 높이고, 호수와 수위가 같아지면 호수 쪽 수문을 열어 배를 호수 쪽으로 들어가게 하는 구조다. 호수에서 바다로 향할 때는 반대로 수위를 낮추는 역할을 한다. 이처럼 신호를 기다리며 늘어선 커다란 배들이 수위 격차가 7m나 되는 바다와 호수로 잇달아 오가는 모습은 절로 감탄을 자아낸다.

갑문의 반대편에는 피시 래더 Fish Lader를 설치했다. 바다와 호수를 오가는 연어를 위한 고깃길로 생태계 교란을 막아주는 역할을 한다. 한쪽을 유리로 마감해서 매년 산란기(8~9월)가 되면 연어 떼가 거슬러 오르는 장관을 볼 수 있다.

발라드 록스는 1911년부터 운영 중이며, 이를 설계하고 만든 육군 소장 하이럼 엠 치튼던 Hiram M. Chittenden의 이름을 따 하이럼 엠 치튼던 록스 Hiram M. Chittenden Locks라고도 부른다.

12~2월을 제외한 기간에는 발라드 록스에서 운영하는 무료 투어(5~8월 월~금요일 13:00, 15:00, 주말 11:00, 13:00, 15:00 / 10~4월 목~월요일 14:00)를 이용해 둘러봐도 좋다. → p.161

반대편에 서면 멀리 레이니어산의 만년설이 보인다.

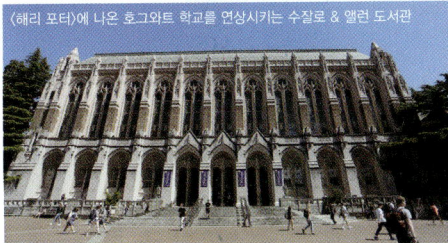
〈해리 포터〉에 나온 호그와트 학교를 연상시키는 수잘로 & 앨런 도서관

> ### 워싱턴 대학교
> UW(University of Washington)

시애틀의 혁신과 미래지향적 가치의 요람

1861년에 개교한 워싱턴 대학교는 시애틀뿐 아니라 미국 서부를 대표하는 대학이다. 초기 40명의 학생으로 시작해 지금은 놀랄 만한 규모와 수준으로 성장했다. 특히 디지털 스마트를 주도하는 도시의 대표 대학답게 컴퓨터 관련 학과를 중심으로 항공과 해양, 산림 분야의 명성은 독보적이다. 교정의 중심이 되는 센트럴 플라자 Central Plaza는 붉은 벽돌로 마감한 건물로, 레드 스퀘어 Red Square라고도 불린다. 광장 앞 드럼헬러 분수 Drumheller Fountain 너머로는 만년설에 덮인 레이니어산이 보이는 것으로도 유명하다. 이를 지켜내기 위해 대학 측이 조망권을 사들였고, 앞으로도 시야를 가리는 건물은 들어설 수 없다고 한다.

또 하나의 명물은 수잘로 & 앨런 도서관 Suzzallo and Allen Library이다. 엄청난 양의 도서를 보유하고 있음은 물론 고딕 양식의 아름다운 건축물로도 유명하다. 최근에는 도서관 내부가 영화 〈해리 포터〉의 '호그와트 마법학교'를 연상시킨다는 소문으로 더욱 유명해졌다. 봄이면 도서관 주변에 벚꽃이 만발해 더욱 장관을 이룬다. 캠퍼스가 꽤 넓으니 센트럴 플라자 옆 방문자 센터에 들러 캠퍼스 지도를 받아 이동하자. → p.167

시애틀 최고의 액티비티 & 투어

일일 시티 투어
One Day City Tour

시애틀 명소를 가장 쉽고 간편하게!

시애틀의 명소를 둘러보는 투어다. 3시간~전일 일정 중 본인의 스케줄에 맞게 골라 보자. 전문 여행사, 소셜 네트워크를 통해 예약을 받는 개인 가이드까지 다양한 선택지가 있다. 구성은 대부분 비슷해 보여도 조금씩 차이가 있으므로 코스나 소요 시간, 포함 사항을 꼼꼼히 비교하자. 12인 이하 소규모로 진행되는 투어가 짧은 시간에 여러 장소를 돌아보는 데 유리하다. 대중교통이 편리한 시내 중심부만 돌아보는 일정보다는 발라드 록스나 케리 파크 Kerry Park, 가스 웍스 파크 Gas Works Park 처럼 대중교통을 여러 번 갈아타거나, 이동 시간이 긴 장소가 포함되어 있는 것이 좋다. 시티 패스를 구매했다면 스페이스 니들이 포함되지 않은 투어를 선택하는 것이 더 합리적이다.

시애틀 여행사(한국인 여행사)
요금 어른 $120
소요 시간 09:00~18:00
포함 사항 숙소 픽업 및 드롭 오프, 전용 차량, 가이드, 부가세, 팁
불포함 사항 식사, 유료 관광지 입장료
홈페이지 www.seattlelee.com
카카오톡 aroma401
인스타그램 @seattle_travel_tour

투어스 노스웨스트 Tours Northwest (미국 여행사)
요금 어른 $148, 어린이(3~12세) $129
소요 시간 10:00~16:00
포함 사항 숙소 픽업 및 드롭 오프, 전용 차량, 스페이스 니들 입장권
불포함 사항 식사, 세금(10.1%), 팁
주소 8219 7th Ave South
전화 888-293-1404
홈페이지 www.toursnorthwest.com
페이스북 www.facebook.com/ToursNorthwest

파이크 플레이스 마켓

스페이스 니들

가스 웍스 파크

파이크 플레이스 마켓 투어
Pike Place Market Tour

숨은 이야기와 맛보기까지 일석이조 투어
파이크 플레이스 마켓에서 오래 자리를 지킨 상점 주들과의 만남, 시장의 명물들을 맛볼 수 있는 투어다. 보통 2~3시간 동안 진행된다. 여행사별로 조금씩 차이가 있지만 플라잉 피시로 유명한 생선 가게와 스타벅스 1호점, 도넛, 치즈, 초콜릿 등 파이크 플레이스 마켓의 유명 상점들을 둘러본다. 한참 줄을 서서 기다려야 하는 파이크 플레이스 차우더(p.108)를 기다리지 않고 먹을 수 있는 유일한 방법이기도 하다. 여행사 외에 호스텔이나 숙소 자체에서 투어를 운영하는 경우도 있다.

잇 시애틀 Eat Seattle
요금 어른 $49, 세금(10.1%) 별도 **소요 시간** 10:00~12:00 **포함 사항** 16가지 음식 테이스팅, 셰프 출신 가이드 **전화** 206-745-0991 **홈페이지** eatseattletours.com **인스타그램** @eat_seattle

세이버 시애틀 투어스 Savor Seattle Tours
요금 어른 평일 $41.99, 금~일요일 $43.99, 세금(10.1%) 별도 **소요 시간** 2시간(요일별 시간대 다름) **포함 사항** 16가지 음식 테이스팅 **전화** 206-209-5845 **홈페이지** www.savorseattletours.com **인스타그램** @savorseattle

라이드 덕 투어
Ride Duck Tour

가장 흥겹게 시애틀을 즐기는 방법!
수륙양용차를 타고 시애틀의 명소를 돌아보는 투어다. 탑승 전에 모두 함께 율동과 노래를 한다거나 타는 동안에는 지나가는 사람들에게 인사를 건네는 등 소소한 이벤트를 통해 실컷 웃을 수 있다. 스페이스 니들과 모팝이 자리한 시애틀 센터에서 출발해 파이어니어 스퀘어를 거쳐 다리 건너 북쪽 프리몬트까지 두루 둘러보는데 1시간 30분 정도 걸린다. 자동차가 배로 바뀌어 바다나 호수를 횡단하는 것이 투어의 하이라이트! 웨스트레이크 Westlake 역(400 Pine St)에서도 탑승이 가능하다. 투어 스케줄은 계절별로 달라지므로 홈페이지에서 확인하도록 하자.

라이드 더 덕 시애틀 Ride the Duck Seattle
요금 어른 $35, 어린이(4~12세) $20, 유아(~3세) $5 **소요 시간** 1시간 30분 **전화** 206-441-3825 **홈페이지** www.ridetheducksofseattle.com **인스타그램** @seattleducks

와이너리 일일 투어
Winery Day Tour

향과 맛에 취하는 하루
와이너리 투어의 경우 일정이 천차만별이다. 아웃렛과 연계해 진행되는 경우도 있고, 스노퀄미 폭포와 와이너리를 묶어 가기도 한다. 와이너리만 방문하는 투어는 한 곳에서 진행하는 경우가 많다. 다운타운에서 좀 떨어진 우딘빌 Woodinville(p.170)의 대표 와이너리를 방문하는 원거리 투어가 있는 반면, 다운타운 내 유명 와이너리의 테이스팅 룸을 찾는 일정도 있다. 유명 항공사인 보잉사의 에버렛 Everett 공장과 가까운 와이너리를 방문하게 된다. 본인의 일정에 맞게 선택하는 것이 중요하다. 아래 정보를 참고하시라.

시애틀 와인 투어 Seattle Wine Tour
전화 206-444-9463
소요 시간 4시간, 6시간, 종일, 숙박도 가능
홈페이지 www.seattlewinetours.com
이메일 info@seattlewinetours.com
세트 상품
● 와이너리 + 다운타운 관광명소
● 와이너리 + 스노퀄미 폭포
* 시간, 인원별로 요금과 포함 내역 다름(이메일 및 전화 문의)

시애틀 여행사(한국인 여행사)
요금 어른 $60
소요 시간 다운타운 기준 총 4시간
포함 사항 숙소 픽업 및 드롭 오프, 샤토 생 미셸 와이너리 투어 및 시음, 전용 차량, 가이드, 부가세, 팁
전화 070-7883-3046
홈페이지 www.seattlelee.com
카카오톡 aroma401
인스타그램 @seattle_travel_tour
세트 상품
● 와이너리 + 스타벅스 리저브 로스터리 + 시애틀 프리미엄 아웃렛(8시간) $120(입장료 및 부가세, 팁 포함 / 식사 불포함)
● 와이너리 + 스타벅스 리저브 로스터리 + 보잉사 에버렛 공장(8시간) $150(입장료 및 부가세, 팁 포함 / 식사 불포함)

TRAVEL TIP

스노퀄미 폭포 Snoqualmie Falls

높이 82m, 폭 30m에 달하는 스노퀄미 폭포는 경치는 물론 미국 ABC 채널에서 방송했던 인기 드라마 트윈픽스(Twin Peaks, 1990년)의 촬영지로도 유명한 곳이다. 스노퀄미는 이 계곡 부근에 살았던 부족의 이름으로, 그들은 이 폭포에서 최초의 인간이 탄생했다고 믿었다고 한다. 폭포는 부족에게 종교이자 신성한 신령 자체였던 것. 유명 드라마의 촬영지이자 스노퀄미족의 전설이 얽힌 이 폭포를 보기 위해 매년 150만 명 이상이 방문한다. 이곳까지 가는 대중교통이 없어 별도의 차량이 없으면 가기 어렵다. 대부분의 와이너리 투어 일정에 스노퀄미 폭포가 포함되어 있으니 참고할 것.

주소 37451 SE Fish Hatchery Rd, Fall City
전화 425-326-2563
홈페이지 snoqualmiefalls.com

보잉사 투어
Boeing Tour

세계적인 항공 산업의 생생한 현장

전 세계 여객기 산업의 양대 산맥 중 하나인 보잉사의 공장을 둘러보는 투어다. 보잉 747, 777과 같은 대표적인 여객기들과 최첨단 787 드림라이너 Dreamliner가 생산되는 현장을 직접 볼 수 있다. 1968년 투어가 시작된 이후 2005년 12월 체험형 전시장을 추가로 설립하면서 더욱 많은 사람들이 찾고 있다. 투어는 공장 자체에서 운영하는 프로그램으로만 가능하며, 홈페이지를 통한 사전 예약이 필수다.

대중교통을 이용해 보잉사 공장까지 갈 수 있지만 편도 약 2시간이 걸린다. 자동차로 이동할 경우 1시간도 채 걸리지 않으니 차량을 렌트하지 않았을 경우 예약 대행에 교통편이 더해진 투어 상품을 추천한다.

쇼 미 시애틀 Show Me Seattle
요금 어른 $75, 어린이(3~12세) $64.44
소요 시간 09:00~13:30 **포함 사항** 픽업 및 드롭 오프(정해진 장소만 가능), 부가세, 입장료
전화 206-633-2489 **홈페이지** showmeseattle.com
인스타그램 @show.me.seattle
주의사항 키 122cm 미만의 어린이 투어 참여 불가, 공장 내 사진 촬영 불가, 현미경·휴대폰 이용 불가

투어스 노스웨스트 Tours Northwest
요금 어른 $94, 어린이(3~12세) $84
소요 시간 총 4시간 30분(성수기 1일 2회, 비수기 1일 1회 진행)
포함 사항 픽업 및 드롭 오프, 입장료, 부가세
전화 888-293-1404
홈페이지 www.toursnorthwest.com
인스타그램 @ToursNorthwest

크루즈 투어
Cruise Tour

물의 도시 시애틀의 낭만이 가득

해변과 호수 위에서 낭만을 만끽하는 투어도 빼놓을 수 없다. 엘리엇만 Elliott Bay이나 유니언 호수를 따라가며 시애틀의 역사적 명소를 돌아보거나, 일몰과 함께 와인 또는 저녁 식사를 즐길 수 있다. 인디언 보호구역 중 하나인 틸리컴 빌리지 Tillicum Village를 다녀오는 코스도 인기다. 보통 2시간 정도가 걸리지만 투어 프로그램에 따라 소요 시간 및 출발 장소가 달라진다. 기상 상황이 좋지 않은 1월부터 3월까지는 투어 운영이 중단된다.

아거시 크루즈 Argosy Cruises
요금 $35~100(투어 종류에 따라 다름) **소요 시간** 총 1시간 30분(요일별 일정 확인 필수) **전화** 206-623-1445 **홈페이지** www.argosycruises.com **인스타그램** @argosycruises

워터웨이스 크루즈 Waterways Cruises(다이닝 크루즈 전문)
요금 $65~185(투어 종류에 따라 다름) **소요 시간** 총 2시간(요일별 일정 확인 필수) **전화** 206-223-2060 **홈페이지** www.waterwayscruises.com **인스타그램** @waterwayscruises

TRAVEL TIP

알아두면 좋은 투어 모음 웹사이트

미국 지역의 각종 투어를 모은 웹사이트다. 일일이 찾아볼 필요 없이 이 사이트에서 대부분의 투어 가격 및 일정, 소요 시간 등을 확인할 수 있다. 물론 예약도 가능하다. 개별 공식 홈페이지와 가격 차이가 거의 없는 것도 장점. 현금카드, 신용카드 모두 사용 가능하다.

홈페이지 www.viator.com

시애틀 언더그라운드 투어
Seattle Underground Tour

잊혔던 지하 도시를 찾아 떠나는 시간 여행

1889년 시애틀 대화재 이후 지하 도시가 된 시애틀 구시가지의 일부를 탐방하는 투어다. 100년 전 시애틀의 모습을 조금이나마 엿볼 수 있다. 1965년 작가이자 역사가인 빌 스파이델 Bill Speidel이 최초로 이 언더그라운드 투어를 만들었고, 현재는 여러 개의 업체가 경쟁 중이다. 총 25개의 구역 중 토지 소유자의 동의를 받은 구역만 일반인에게 공개된다.

지하 도시가 생기게 된 데에는 역사적인 일화가 있다. 시애틀 대화재 이후 도시를 재건하면서 수세식 화장실이 급격히 늘어난 데다가, 조수 간만의 차가 큰 엘리엇만의 바다가 상충되면서 하수도 문제가 급부상했다. 만조가 되면 수세식 화장실과 하수구에서 오수가 역류하기 시작한 것이다. 이 문제를 해결하기 위해 역류하는 지역을 매립해 도로를 3m에서 10m까지 높이게 된다. 하지만 도로와 상점가의 높이가 다르자 사고가 빈번하게 일어났고, 이를 막기 위해 건물과 건물 사이까지 메우는 방식을 택하게 된다. 결국 건물들의 1층이 지하로 사라지게 되었다.

빌 스파이델의 언더그라운드 투어
Bill Speidel's Underground Tour
요금 어른 $22, 청소년(13~17세) $20, 어린이(7~12세) 10$, 노인(60세~) $20 오픈 4~9월 09:00~19:00, 10~3월 10:00~18:00 소요 시간 약 75분 포함 사항 영어 가이드 전화 206-682-4646 홈페이지 www.undergroundtour.com

베니스 더 스트리트 Beneath the Street
요금 어른 $20, 청소년(13~17세) $18, 어린이(7~12세) 12$, 노인(60세~) $18 오픈 월~금요일 10:30~16:30, 토·일요일 09:30~17:00 소요 시간 약 60분 포함 사항 영어 가이드 전화 206-624-1237 홈페이지 www.beneath-the-streets.com

시애틀 가는 법

우리나라에서 시애틀로 가는 방법은 크게 2가지다. 인천에서 시애틀까지 직항 항공편을 이용하거나 미국이나 캐나다의 다른 도시를 경유하는 방법이다. 인근 도시에서 시애틀로 가는 교통편은 다양하지만, 그중에서 항공편이 가장 편리하다.

{ 항공편 }

직항 항공편 – 한국에서 시애틀로

직항 항공편은 대한항공, 아시아나항공, 델타항공에서 운항한다. 시애틀로 갈 때는 10시간, 한국으로 돌아올 때는 12시간이 걸린다. 발권 시기와 여행 시기를 잘 고르면 다소 저렴하게 티켓을 살 수 있다. 비수기가 시작되는 10~3월(크리스마스, 신년 연휴 제외) 사이가 비교적 저렴하다.

인천 국제공항 www.airport.kr
시애틀 국제공항 www.portseattle.org/sea-tac

경유, 환승 항공편 – 한국에서 시애틀로

중간 기착지를 거쳐 가는 경우, 혹은 환승 항공권을 구매할 때 사람들이 의외로 많이 하는 걱정은 경유지에서 짐을 찾아야 하는지, 찾아서 다시 체크인 한다면 환승 시간은 어느 정도로 예상해야 좋을지 등이다. 미국 내 도시를 경유하는 항공편이라면 무조건 첫 번째 도착지에서 입국 심사를 받게 된다. 이때 위탁수하물도 찾아서 다시 보내야 한다. 최종 도착지를 시애틀로 발권한 경우라도 마찬가지다. 최근 입국 심사가 까다로워지면서 걸리는 시간을 가늠할 수 없는 상황이다. 때문에 환승 시간을 가급적 3~4시간 이상 여유를 두는 것이 좋다.

{ 공항에서 시애틀 시내로 이동하기 }

시애틀 타코마 국제공항 Seattle-Tacoma International Airport에서 일반 버스, 경전철, 셔틀버스, 택시 등을 이용해 시애틀 시내로 갈 수 있다. 짐이 많으면 택시를 이용하는 것이 편리하지만, 가방 하나 정도라면 대중교통으로도 비교적 쉽게 갈 수 있다.

링크 라이트 레일 Link Light Rail

공항에서 시애틀 중심부의 웨스트레이크 센터 Westlake Center까지 연결되는 경전철이다. 저렴한 가격에 빠르게 시내에 닿을 수 있으며(총 38분 소요) 운행 간격도 6~15분으로 비교적 짧은 편이다. 공항에서 스카이 브리지를 건너 주차장 4층을 지나면 경전철 입구가 나온다. 이정표가 잘 되어 있어 찾기 어렵지 않다. 컬럼비아 시티를 거쳐 인터내셔널 디스트릭트, 파이어니어 스퀘어 등의 역에 정차한다. 승차권은 입구의 발권기에서 사면 된다. 현금, 신용카드로 구매 가능하며 현금 카드는 종종 발권이 되지 않는 경우가 있으니 유의할 것.

운영 월~토요일 05:00~01:00, 일요일 06:00~24:00 **요금** 공항~컬럼비아 시티 $2.75, 공항~도심(인터내셔널 디스트릭트, 파이어니어 스퀘어, 웨스트레이크 센터, 캐피틀 힐) $3.00, 공항~유니버시티 디스트릭(UW) $3.25 **홈페이지** www.soundtransit.org

---

TRAVEL TIP

ESTA 승인 없이 입국 가능한 육로 이동

캐나다에서 기차나 버스를 통해 미국으로 이동할 경우, 전자 여행 허가 제도(ESTA)가 없어도 미국 입국이 가능하다. 국경에서 국경세($6)를 납부하고 간단한 입국 심사를 거치면 입국할 수 있다. 단, 이때 귀국 날짜 및 항공권 확인을 요구하므로 반드시 귀국 항공권을 출력해서 가지고 있어야 한다.

다운타운 에어포터 Downtown Airporter

공항에서 다운타운의 4번가와 6번가까지 운행되는 셔틀 서비스다. 승합차 정도 크기의 차량이 시애틀 중심부의 주요 호텔을 기점으로 정차한다. 마찬가지로 공항의 스카이 브리지를 지나 주차장 3층의 그라운드 트랜스포테이션 플라자 Ground Transportation Plaza로 가면 된다. 탑승권은 탑승을 진행하는 직원에게 사거나 온라인, 전화로 예약할 수 있다. 오전 9시부터 새벽 1시까지는 정해진 시간에 운행되지만, 이외의 시간대에는 승객이 있을 때만 운행된다. 최소한 원하는 탑승 시간 1시간 전에만 전화로 예약하면 심야에도 서비스를 이용할 수 있다. 다운타운에서 공항으로 갈 때는 예약이 필수!

운영 상시 **전화** 425-981-7000 **요금** 어른 $18, 학생 및 어린이(~17세) 무료 **정차** Crowne Plaza, Fairmont Olympic, Grand Hyatt, Hilton, Renaissance, Sheraton, Warwick and Westin 등 호텔 앞 **홈페이지** shuttleexpress.com/seattle/airport/downtown-airporter

프라이빗 밴 서비스 Private Van Service

다운타운 에어포터와 같은 회사에서 운영하는 서비스로, 본인이 원하는 시간에 이용할 수 있다. 다른 승객들과 차량을 공유하지 않고 단독으로 탑승해 짐이 많을 경우 특히 좋다. 5~9월 성수기에는 예약하지 않으면 이용하기 힘드니 참고할 것! 이용 요금은 예약 시 인원, 짐의 수량에 따라 결정된다. 탑승 위치는 다운타운 에어포터와 같다.

운영 상시, 예약자가 원하는 시각에 이용 가능 **전화** 425-981-7000 **요금** 예약 시 결정 **홈페이지** shuttleexpress.com/seattle/airport/private-van-service

택시 Taxi

가장 편리하지만 가장 비싼 방법이다. 교통 체증이 없을 경우 시내까지 20분 정도 걸린다. 다른 교통 수단과 마찬가지로 스카이 브리지를 건너 주차장 건물로 이동하면 3층에 택시 정류장이 있다. 다운타운까지 요금은 $45 정도지만 당일 교통상황에 따라 달라진다. 요금에 세금과 15%의 팁을 추가로 내야 한다. 택시 세금 계산은 꽤나 복잡하다. 거리당 연료에 붙는 세금, 이용 인원에 따라 적용되는 세금이 각각 다르다. 거기에 공항에서 출발하면서 부과되는 $1를 더해 세금 총액이 결정된다.

운영 상시 **요금** 기본요금 $45+세금+팁 15%(다운타운 기준)

{ 철도편 }

미국 철도 암트랙 Amtrak 노선 중, 북쪽으로는 캐나다의 밴쿠버, 남쪽으로는 로스앤젤레스를 잇는 노선들이 시애틀을 경유한다. 밴쿠버 - 시애틀 - 타코마 - 포틀랜드 - 유진을 잇는 암트랙 캐스케이드 Amtrak Cascades와 시애틀 - 포틀랜드 - 로스앤젤레스를 잇는 코스트 스타라이트 Coast Starlight가 해당되는 노선이다. 시애틀 다운타운에서 암트랙이 발착하는 킹 스트리트 King Streetr 역은 파이어니어 스퀘어와 인터내셔널 디스트릭트 사이에 있다. 기차역이 도심에 있어 이동이 편리한 것이 장점이라면 장점. 하지만 암트랙은 더디기로 악명이 높다. 탑승 목적이 기차 여행 자체에 있다면 특별한 추억이 될 수는 있지만, 아니라면 항공편을 이용할 것을 추천한다.

암트랙 킹 스트리트 역 Amtrak King Street Station
주소 303 S Jackson St **전화** 206-382-4124 **운영** 06:00~23:00 **홈페이지** www.amtrak.com

{ 버스 }

워싱턴주의 벨링햄 Bellingham, 올림픽 반도 Olympic Peninsula의 포트 앤젤레스 Port Angeles, 오리건주의 포틀랜드 Portland, 뉴포트 Newport 등지에서 시애틀행 그레이하운드 버스를 탈 수 있다. 하지만 버스는 가까운 인근 도시에서만 이용하는 편이 좋다. 원거리인 다른 대도시, 예를 들어 샌프란시스코에서 출발하는 그레이하운드는 시애틀까지 24시간이나 걸리기 때문에 추천하지 않는다. 캐나다 밴쿠버에서 시애틀로 이동할 경우에는 비교적 가까워 추천할 만하다. 1일 3회 운행되며 4시간 30분 정도 걸린다. 가격도 $19~44선으로 저렴한 편이다. 시애틀 다운타운의 그레이하운드 버스 정류장은 인터내셔널 디스트릭트 International District 남쪽에 있다. 웨스트레이크 Westlake 역까지 대중교통으로 약 10~12분 정도 걸린다.

그레이하운드 정류장
Greyhound Seattle Bus Station
주소 503 Royal Brougham Way **전화** 206-624-0618 **운영** 04:00~01:15 **홈페이지** www.greyhound.com

시애틀 시내 교통

시애틀은 미국 내에서도 체계적인 대중교통 시스템을 갖춘 몇 안 되는 도시다. 시 외곽으로 멀리 갈 경우를 제외하고 대부분 대중교통으로 다닐 수 있어 혼자 여행하기에도 좋다. 다운타운 중심가는 걸어서 웬만한 명소에 갈 수 있으므로 따로 대중교통을 이용하지 않아도 된다. 걸어갈 경우 웨스트레이크 센터를 기준으로 파이크 플레이스 마켓까지 5분, 파이어니어 스퀘어까지는 15분, 스페이스 니들까지 20분, 인터내셔널 디스트릭트까지 20분 정도 걸린다.

{ 킹 카운티 메트로 트랜싯 }
King County Metro Transit

시애틀 시내는 물론 시애틀과 킹 카운티의 다른 도시를 잇는 대중교통 시스템이다. 킹 카운티 메트로에는 메트로 버스와 링크 라이트 레일, 모노레일, 스트리트카, 수상 택시가 모두 포함된다. 모노레일을 제외하고 충전식 교통카드인 오카 Orca(p.74 참고)로 탑승할 수 있다.

메트로 버스 Metro Bus
시애틀 시내부터 킹 카운티 일대를 연계하는 버스 시스템으로 200개가 넘는 노선이 운행 중이다. 링크 라이트 레일, 스트리트카, 래피드 라이드를 이용할 경우 2시간 이내 환승은 무료다. 지정 장소에서

> **TRAVEL TIP**
>
> 승차권 구매 어플리케이션
> **트랜싯 고** Transit Go
>
> 스마트폰을 이용해 버스, 링크 라이트 레일, 모노레일, 스트리트카, 수상 택시 등의 탑승권을 구매하는 방법이다(페리 제외). 스마트폰에 해당 어플리케이션을 깔고 신용카드나 현금카드를 등록한 후, 각 교통수단별로 1회 승차권을 살 수 있다(2시간 이내 무료 환승). 매일 승차권 색깔이 바뀌고, 사용이 활성화된 시각부터 2시간이 되는 시점을 계산해 화면으로 안내해준다.
>
>

만 승차권을 구매할 수 있기 때문에 스마트폰 어플리케이션이나 충전식 교통카드인 오카를 이용하는 것이 편리하다. 현금으로도 요금을 낼 수 있지만, 한국과는 달리 거스름돈을 주는 시스템이 없다는 점을 감안해야 한다.

운영 노선별로 다름 **요금** 어른 $2.75, 청소년(6~18세) $1.50, 유아 무료 **홈페이지** kingcounty.gov/depts/transportation/metro

●**래피드 라이드** Rapid Ride
메트로 버스 라인의 한 종류로, A부터 F까지 6개 노선이 운행 중이다. 이중에서 여행자에게 유용한 노선은 C, D, E 라인이다. C 라인은 다운타운에서 웨스트 시애틀로, D와 E 라인은 다운타운 북쪽으로 다리 건너 발라드와 쇼 라인까지 이어진다. 배차 간격이 짧고 역간 거리가 멀어 일종의 급행 버스라 생각해도 무방하다. 래피드 라이드가 정차하는 역은 일반 버스 정류장이지만 링크 라이트 레일 역과 가까워 환승도 편리하다. 묵으려는 숙소 근처에 다운타운까지 닿는 래피드 라이드 역이 있다면 시내와 좀 떨어져 있어도 나쁘지 않다.

●**나이트 아울 버스 서비스** Night Owl Bus Service
2018년에 운행하기 시작한 심야버스 노선. 매일 자정부터 새벽 5시까지 18개의 노선에 한해 운행한다. 시애틀 다운타운은 물론 시외까지 연결되는데, 노선을 벗어나지 않는 범위에서는 정류장이 아니더라도 원하는 위치에서 내릴 수 있다. 심야 시간대에 안전한 귀가를 돕기 위한 것. 역시 숙소를 정할 때 이 심야버스 라인이 지나는 위치인지 확인해 보자.

TRAVEL TIP

충전식 교통카드
오카 카드 Orca Card

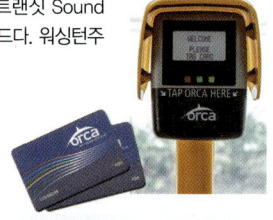

키챕 트랜싯 Kitsap Transit, 피어스 트랜싯 Pierce Transit, 사운드 트랜싯 Sound Transit이 운영하는 모든 버스, 페리, 기차를 이용할 수 있는 통합 교통카드다. 워싱턴주의 에버렛 Everett, 킹 카운티 지역에서 통용된다.

시애틀의 모든 대중교통은 거스름돈을 주는 시스템이 없으므로 교통카드를 이용해야 불필요한 지출을 줄일 수 있다. 이용 방법은 한국과 마찬가지로 승차하면서 리더기에 카드를 접촉하면 된다. 2시간 이내 환승할 경우 환승 할인이 적용되어 추가 요금이 없다. 카드 가격은 $5이며 구매 시 원하는 금액만큼 충전할 수 있다. 충전 금액은 최소 $5에서 최대 $300까지다. 현지 거주자는 온라인에서 충전이 가능하지만, 여행자는 카드 구매와 충전을 하려면 지정된 장소를 찾아가야 한다. 일주일 이상 머무를 예정이라면 일정을 고려해 적당한 금액을 충전하는 것이 편리하다.
월 정액권은 영업일 기준으로 그 달의 마지막 날부터 4일 전, 다음 달 초 4일 동안만 판매한다. 사용 기간 역시 이 판매 기간에 시작, 종료된다. 여행자의 경우 월초부터 월말까지 꽉 채워 머무는 게 아니라면 추천하지 않는다.

구매처
●**킹 스트리트 센터** King Street Center
주소 201 S Jackson
운영 월~금요일 08:30~16:30
링크 라이트 레일 역
●**유니버시티 오브 워싱턴 역**
University of Washington Station
주소 3720 Montlake Blvd NE
●**캐피틀 힐 역** Capitol Hill Station
주소 140 Broadway E
●**웨스트레이크 역** Westlake Station
주소 4th Ave & Pine St
●**유니버시티 스트리트 역**
University Street Station
주소 3rd Ave & Seneca St
●**파이어니어 스퀘어 역**
Pioneer Square Station
주소 3rd Ave & James St
홈페이지 orcacard.com

시애틀 스트리트카 Seattle Streetcar

스트리트카는 1889년부터 운행되었으며, 다른 교통수단이 많아졌어도 여전히 사랑받는 시애틀의 상징적인 교통수단이다. 현재 사우스 레이크 유니언 라인 South Lake Union Line과 퍼스트 힐 라인 First Hill Line 2개 노선이 운행 중이다. 모두 다운타운 인근을 크게 벗어나지 않는다. 탑승권은 각 역에서 동전과 신용카드로 구매할 수 있다. 스트리트카 탑승권은 스트리트카 전용이므로 다른 교통수단으로 환승할 때 사용할 수 없고, 교통카드를 이용하면 환승 가능하다. 배차 간격은 10~25분으로 시간대별로 다르다. 오전 6~9시, 오후 4~7시에 배차 간격이 가장 짧다.

운행 사우스 레이크 유니언 라인 월~목요일 06:00~21:00, 금 · 토요일 06:00~23:00, 일 · 공휴일 10:00~19:00 / 퍼스트 힐 라인 월~토요일 05:00~01:00, 일 · 공휴일 10:00~20:00 **휴무** 크리스마스 **요금** 1회 승차권 어른 $2.25, 청소년(6~18세) $1.50 / 1일권 어른 $4.50, 청소년 $3.00 / 유아 무료 **홈페이지** seattlestreetcar.org

모노레일 Monorail

다운타운의 웨스트레이크 센터와 시애틀 센터를 왕복하는 열차다. 지상을 달리며 시애틀 중심부를 내려다볼 수 있어 인기다. 모팝(p.96) 건물 안에 위치한 독특한 역으로 들어가는 과정도 흥미롭다. 모노

레일은 교통카드로는 탈 수 없으므로, 각 역이나 스마트폰 어플리케이션을 이용해 탑승권을 구매해야 한다.

운행 월~목요일 07:30~21:00, 금요일 07:30~23:00, 토요일 08:30~23:00, 일요일 08:30~21:00 (계절별로 다르므로 홈페이지 확인) **휴무** 추수감사절, 크리스마스 **요금** 어른 $2.50, 어린이 · 노인(5~12세, 65세~) $1.25, 유아 무료 **홈페이지** www.seattlemonorail.com

{ 자전거 렌트 Rent a Bicycle }

시애틀은 정부 차원에서 자전거 이용을 장려하기 위해 다양한 시설을 마련하고 있다. 자전거 전용도로는 물론 도로의 위치와 자전거 여행 경로를 담은 지도를 제작해 배포한다. 버스의 앞면에는 자전거 거치대가 있어 접이식 자전거가 아니라도 버스를 이용하기 어렵지 않다.

시애틀에는 바닷가와 호수, 공원들을 따라 달릴 만한 곳이 많다. 하지만 번잡한 중심가의 경우 자전거 운전이 숙련된 사람에게만 권한다. 자전거 운전 경로는 구글 맵 경로 찾기에서 출발 위치와 목적지를 입력한 후 자전거 표시를 누르면 바로 확인할 수 있다. 자전거 대여는 전문 업체를 이용해야 하는데, 시간 혹은 일 단위로 빌릴 수 있다. 직접 찾아가도 되고 인터넷이나 전화 예약 시 숙소 앞으로 배달을 요청할 수 있다. 대여 가격은 1일 $15~25선이다. 숙소 앞으로 배달해 줄 때는 별도 요금이 붙으며 보험료 역시 따로 내야 한다. 대중교통을 이용하는 것에 비해 비용이 비싸니 참고할 것.

자전거 대여 및 배달 업체
● 페달 애니웨어 Pedal Anywhere
홈페이지 pedalanywhere.com/reservations
● 더 바이시클 리페어 숍 The Bicycle Repair Shop
홈페이지 www.thebicyclerepairshop.com
● 클라우드 오브 굿즈 Cloud of Goods
홈페이지 www.cloudofgoods.com

시애틀 중심부

CENTRAL SEATTLE

컬럼비아 센터 전망대에서 바라본 시애틀의 전경

1850년대, 불쑥 나타난 백인들이 땅을 팔라고 제안하자 '이 땅은 인간의 것이 아닌데 어찌 사고 팔 수 있느냐'고 반문했다던 인디언. 이 땅의 주인이었던 원주민 스쿼미시족의 추장 시애틀에 관한 유명한 일화다. 결국 그의 이름은 이 땅의 이름이 되었고, 도시 시애틀의 역사도 거기에서 시작되었다. 시애틀 추장의 흉상이 세워진 파이어니어 스퀘어부터 우주 도시에 대한 열망을 담은 스페이스 니들까지, 시애틀 중심부는 과거와 미래를 동시에 만날 수 있는 지역이다. 자연이 인간에게 속한 것이 아니라 인간이 자연에게 속해 있음을 잊지 말라는 추장 시애틀의 당부 덕일까? 격동의 역사를 거쳐 디지털 스마트의 첨단에 자연이 함께한 도시의 진면목이 여기 있다.

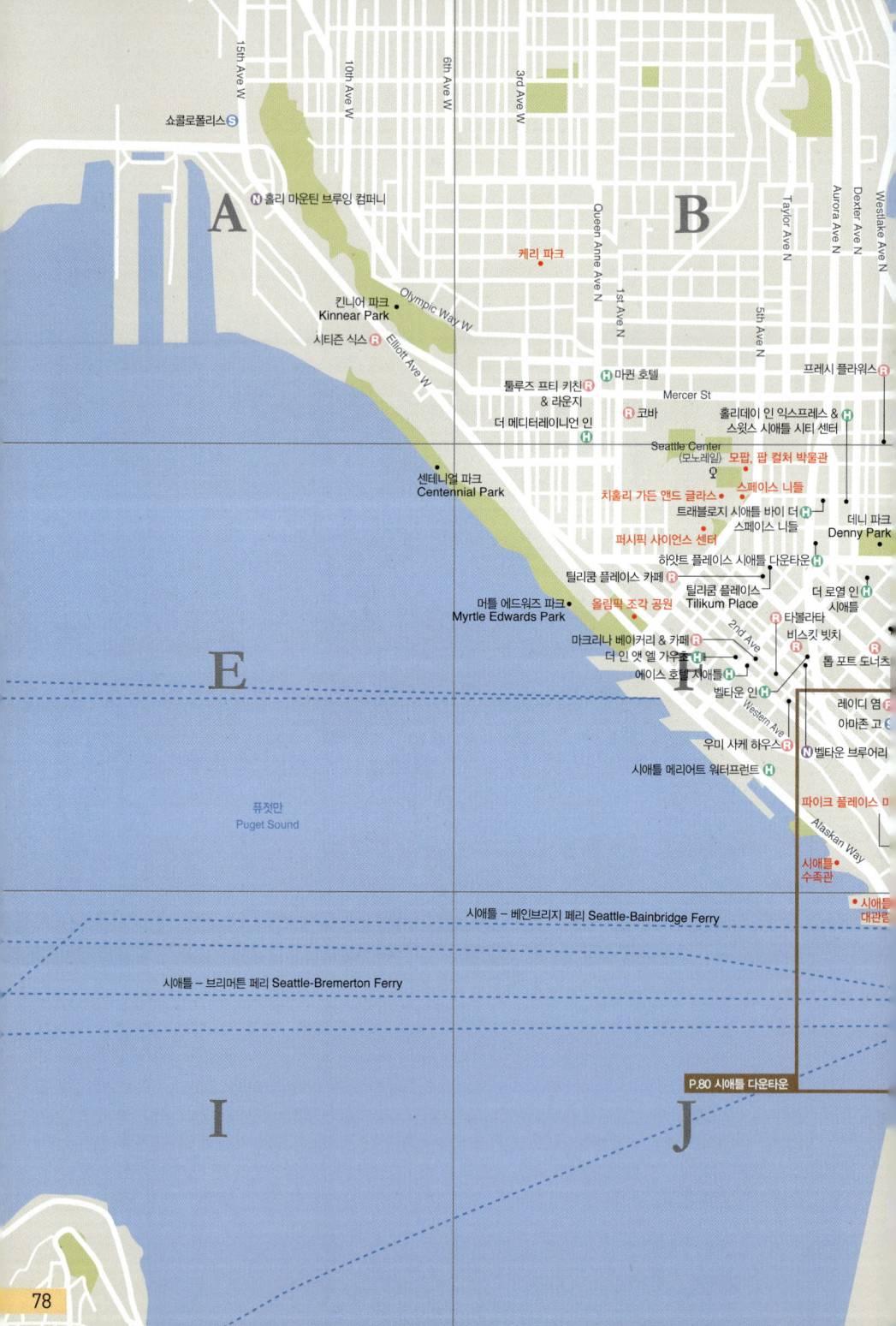

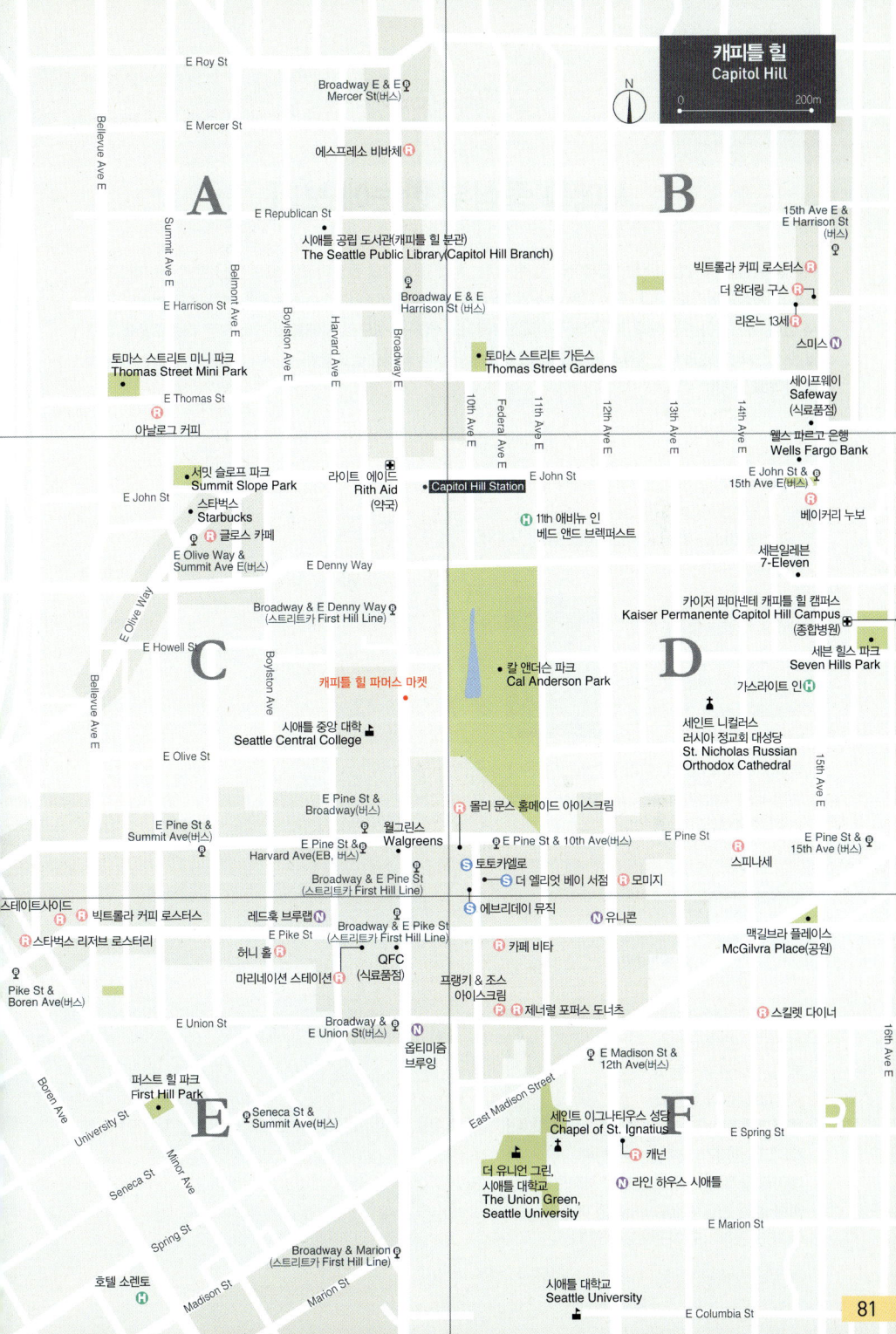

CENTRAL SEATTLE

시애틀 중심부 한눈에 보기

시애틀 여행의 시작점이 되는 지역이라 할 수 있다. 시애틀의 주요 랜드마크가 모여 있을 뿐만 아니라 교통, 쇼핑의 중심지이기도 하다. 단, 모든 숙소가 지나치게 비싼 감이 있으니 숙소는 중심부를 조금 벗어난 곳에서 선택하는 것이 현명하다. 다운타운의 웨스트레이크 역을 중심으로 시애틀의 거의 모든 대중교통을 이용할 수 있는 터미널과 역, 정류장이 있으니 이 지점에서 다른 지역으로 이동하는 것이 여러모로 편리하다는 것을 기억해 둘 것!

벨타운 & 로어 퀸 앤
Belltown & Lower Queen Anne

시애틀의 랜드마크인 스페이스 니들(p.95)을 중심으로 로어 퀸 앤과 벨타운이 이어진다. 건축 고도 제한 지역인 로어 퀸 앤과 벨타운에서는 퓨짓만 Puget Sound이라 불리는 바다가 한눈에 들어온다. 바닷가를 따라 이어지는 워터프런트 지역에는 바와 클럽이 밀집해 있다.

다운타운
Downtown

쇼핑과 교통의 중심지다. 노드스트롬(p.134), 메이시스(p.134) 등의 대형 쇼핑몰과 대중교통이 발착하는 웨스트레이크 센터가 있다. 파이크 플레이스 마켓(p.89)을 시작으로 컬럼비아 센터 전망대(p.91), 시애틀 미술관(p.90) 등 대표 관광지도 이곳에 모여 있다.

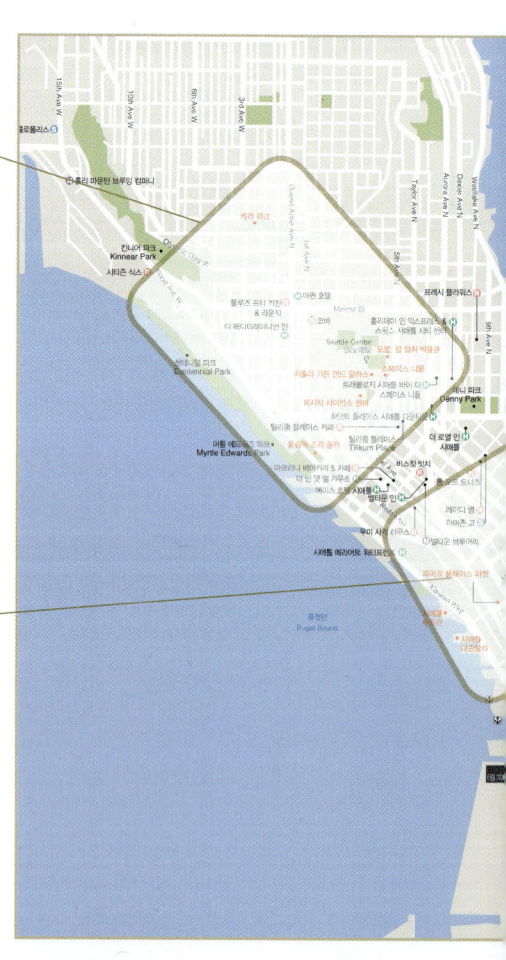

캐피틀 힐
Capitol Hill

최신 유행과 빈티지가 공존한다. 레트로가 전 세계를 휩쓸고 있는 요즘, 이곳만큼 힙한 곳도 또 없을 듯! 독특하고 멋진 콘셉트의 숍은 물론 카페나 레스토랑의 노천 테이블에 앉아 지나가는 사람만 구경해도 하루가 짧다.

파이어니어 스퀘어
Pioneer Square

삼각형 모양의 작은 광장으로 시애틀 역사의 시작점으로 불린다. 초기 이민자들의 첫 정착지였으며 19세기 후반 대화재와 홍수로 극심한 피해를 입기도 했다. 시애틀 추장의 흉상, 지하 도시 투어, 스미스 타워 전망대(p.99)와 클론다이크 골드러시 박물관(p.100) 등 독특한 역사적 유물들이 기다린다.

인터내셔널 디스트릭트
International District

1880년대 중국과 일본, 필리핀 이민자들을 중심으로 형성된 거리다. 그들은 항만과 목재, 철도 산업에 주요 노동 인력으로 유입되며 도시 성장에 기여했지만, 1942년 일본의 진주만 폭격 이후 일본 이민자들의 강제 이주, 인종 차별이 심화되며 그 면적이 반으로 줄었다. 그러나 여전히 시애틀에서 가장 큰 아시안 커뮤니티 지역으로 남아 있다.

시애틀 중심부 83

Access INFO

{ 가는 방법 }

대부분의 여행자들이 머물고 관광하는 시애틀 중심부는 마음만 먹으면 웬만한 곳을 걸어서 둘러볼 수 있다. 걸어 가기 힘든 곳도 대중교통이 거미줄처럼 연결돼 쉽게 찾아갈 수 있다.

공항에서

공항에서 시애틀 중심부까지는 23km 정도로 멀지 않다. 링크 라이트 레일을 이용하는 것이 가장 빠르고 저렴한 이동 방법이다. 중심가의 링크 라이트 레일 역은 지하에 있지만 엘리베이터가 있어 여행용 캐리어를 들고 타기에도 괜찮다. 메트로 버스를 이용할 경우 한 번 이상 갈아타야 하고 대부분의 노선이 중심가를 돌아가기 때문에 시간이 오래 걸린다. 짐이 많을 경우 택시를 이용할 것. 요금은 $45(세금, 팁 불포함) 정도다.

그레이하운드 버스 정류장에서

그레이하운드 버스 정류장은 인터내셔널 디스트릭트의 남쪽에 있다. 이곳에서 다운타운의 웨스트레이크 센터까지 거리는 약 2.5km로, 메트로 버스나 링크 라이트 레일을 이용하면 10분 정도 걸린다. 버스 터미널에서 도보 1분 거리에 링크 라이트 레일 역과 150번 버스 정류장이 있다.

암트랙 기차 역에서

인터내셔널 디스트릭트와 파이어니어 스퀘어의 중간쯤에 킹 스트리트 King Street 역이 있다. 암트랙 기차의 퍼시픽 노스웨스트 라인 Pacific Northwest

Line을 타고 시애틀로 들어오는 승객들이 이 역을 이용하게 된다. 중심가에 있으므로 목적지에 따라 도보로 이동하는 것도 충분히 가능하다. 기차역에서 도보 2분 거리에 링크 라이트 레일과 메트로 버스가 모두 정차하는 인터내셔널 디스트릭트 /차이나타운 Int. District / Chinatown역이 있다.

{ 시애틀 중심부 시내 교통 }

메트로 버스

시애틀의 버스 운영 체계는 단순한 편이다. 길 1개를 따라서 남북이나 동서로 연결된다. 자신의 숙소를 기준으로 몇 번 버스가 종단, 또는 횡단하는지 알아두면 별로 어렵지 않게 중심가로 갈 수 있다. 각 지역별로 버스 노선을 알아두면 편하다. 발라드에서 중심가로 향하는 래피드 라이드 Rapid Ride의 E 라인, 그린 레이크 서쪽부터 프리몬트를 통과하는 5번 버스 등이 유용하다. 벨타운과 퀸 앤 지역으로 가려면 1, 2번 버스, 캐피틀 힐을 지나 볼런티어 파크나 시애틀 재퍼니스 가든 등이 위치한 동쪽으로 가려면 11번 버스를 이용한다.

스트리트카, 자전거

파이어니어 스퀘어와 캐피틀 힐에서는 스트리트카를 이용하면 편리하다. 2개 노선이 운행 중이다. 자전거를 여유롭게 즐기려면 캐피틀 힐이나 볼런티어 파크, 워싱턴 파크 등 한가하고 자전거 도로가 잘 마련되어 있는 지역을 찾자. 번잡한 다운타운이나 인터내셔널 디스트릭트, 파이어니어 스퀘어 등의 지역에서 자전거 이용은 자제하는 것이 좋다.

Travel PLAN

코스 1 { 시애틀 역사의 황금기를 따라서 }
파이크 플레이스 마켓 – 파이어니어 스퀘어 – 인터내셔널 디스트릭트
예상 소요 시간 10시간

파이크 플레이스의 인기 먹거리, 피로시키 피로시키(p.110)의 빵과 스토리빌 커피(p.109)로 아침 시작!

　　도보 1분

파이크 플레이스 마켓(p.89) 구경, 껌 월(p.90)에서 인증 사진 찍기

　　웨스트레이크 역에서 링크 라이트 레일, 또는 150번 버스(18분)

윙 루크 아시아 박물관(p.104)에서 아시아인의 이민사 돌아보기

　　스트리트카 퍼스트 힐 라인 이용(9분)

3대째 이어온 이탈리안 샌드위치 전문점 살루미 아르티장 큐어드 미츠(p.115)에서 점심 먹기

　　도보 1분

시애틀 역사의 시작, 파이어니어 스퀘어 파크(p.98) 산책하기

　　도보 1분

옛 건축물과 빈티지 숍이 모여 있는 옥시덴틀 스퀘어(p.98), 카페 움브리아(p.116)에서 커피 한 잔

　　도보 1분

골드러시 시대의 유물을 전시한 박물관, 클론다이크 골드러시(p.100)

　　도보 1분

시애틀 초기 역사의 유물 스미스 타워 전망대(p.99)에 올라 중국 황후의 의자에 앉아 인증 사진 찍기

　　도보 1분

엘리엇만의 낭만과 함께하는 저녁 식사, 이바스 에이커스 오브 클램스(p.105)

코스 2 { 시애틀 디지털 스마트와의 대면 }
벨타운 – 시애틀 센터
예상 소요 시간 10시간

톱 포트 도너츠(p.112)나 비스킷 빗치(p.111)로 달콤, 짭짤하게 아침 먹기

　　도보 1분

팝아트와 현대 문화, 과학이 만나는 자리, 모팝(p.96) 박물관 둘러보기

　　도보 8분

진하게 우려낸 소고기 국물이 일품인 코바(p.114)에서 쌀국수로 점심

　　도보 8분

취향에 맞게 골라 봐! 스페이스 니들(p.95), 치홀리 가든 앤드 글라스(p.96)

　　1st Ave N & John St에서 2번 버스(8분)

스페이스 니들과 레이니어산을 한눈에 담을 수 있는 명소! 케리 파크(p.97)

　　Queen Anne Ave N & W Highland Dr에서 2번 버스(18분)

달콤 상큼한 간식 타임! 레이디 염(p.113)의 해피 아워를 이용해 더욱 해피하게!

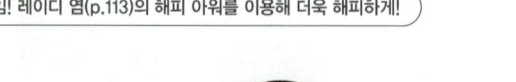

　　도보 1분

아마존 최초의 무인 편의점 아마존 고(p.139) 체험

　　도보 9분

벨타운의 우미 사케 하우스(p.112)에서 시애틀의 해산물로 저녁 식사하기

코스 3 { 감성 충만 쇼퍼 홀릭 }
캐피틀 힐 – 다운타운
예상 소요 시간 8시간

더 완더링 구스(p.121)에서 비스킷이나 행타운 프라이로 든든한 아침 식사하기

도보 15분

시애틀라이트가 극찬하는 카페 비타(p.124)에서 에스프레소 한 잔!

도보 1분

제너럴 포퍼스 도너츠(p.124)의 크림 도넛이나 프랭키 & 조스(p.125)의 아이스크림으로 당 충전!

도보 3분

다운타운으로 가기 전! 스타벅스 리저브 로스터리(p.122)에서 기념품 사기 or 빅트롤라 커피 로스터스(p.125)에서 로스팅 원두 사기

도보 5분

허니 홀(p.121)에서 훈제 향 가득한 샌드위치로 점심! 낮맥은 선택 사항?

도보 5분

중고 서점 더 엘리엇 베이 서점(p.140)과 중고 음반점 에브리데이 뮤직(p.140), 뉴욕까지 진출한 디자이너 편집 숍 토토카엘로(p.139)에서 감성 채우기

도보 10분

본격 쇼핑 타임 시작! 노드스트롬(p.134)과 나이키 시애틀(p.135), 퍼시픽 플레이스(p.134)

도보 10분

하루의 마무리는 로맨틱하게, 핑크 도어(p.105)

{ 서부 예술 문화의 척도 }
코스 4

다운타운 – 볼런티어 파크

예상 소요 시간 9시간

제철 과일 가득한 아침을 먹고 싶다면 놓칠 수 없어! 글로스 카페(p.120)

⋮ 도보 3분

시애틀라이트들이 사랑하는 분위기, 아날로그 커피(p.123)에서 분위기 한 잔!

⋮ E Olive Way & Summit Ave E에서 10번 버스(15분)

현대 미술의 세계적 경향은 여기서, 시애틀 미술관(p.90)

⋮ 도보 5분

카페 같은 도서관? 감성 충전소, 시애틀 공립 중앙 도서관(p.92)

⋮ 도보 7분

매일 딱 3가지의 수제 파스타를 판매하는 일 코르보 파스타(p.115)에서 점심

⋮ Prefontaine Pl S & Yesler Way에서 49번 버스(25분)

라테 아트가 시작된 그곳, 에스프레소 비바체(p.123)에서 라테 마시기

⋮ 도보 13분 / 10번 버스 14분

미국 원주민과 동양 예술을 한자리에, 아시아 미술관(p.101)

⋮ 도보 12분

세계 영화사의 영웅, 브루스 리가 잠들어 있는 레이크 뷰 묘지(p.102)

⋮ 도보 8분

한적한 주택가 사이에 자리한 볼런티어 파크 카페(p.120)에서 호젓한 저녁 식사

다운타운 Downtown

♥♥♥
시애틀의 새벽을 여는 시장
파이크 플레이스 마켓
Pike Place Market

워싱턴주는 물론 인근 지역의 신선한 농수산물과 특산품들이 모여드는 시장이다. 시애틀에서 단연 최고의 명소로 꼽히며, '시애틀라이트 Seattleite'로 불리는 시애틀 사람들의 먹거리를 모두 만날 수 있다. 1927년에 세워진 시장의 간판, 시장 곳곳에 자리 잡은 돼지 동상 레이첼 Rachel, 상인들이 생선을 던지고 받는 플라잉 피시 Flying Fish 등이 대표적인 볼거리라 할 수 있다. 이외에도 스타벅스 1호점(지도 p.80-A), 러시아식 파이를 파는 피로시키 피로시키 Piroshky Piroshky(p.110), 한 입 크기의 도넛을 맛볼 수 있는 데일리 더즌 도넛 컴퍼니 Daily Dozen Doughnut Company(p.110), 레이니어산의 상징처럼 불리는 황금빛 레이니어 체리 Rainier Cherry 등도 놓치지 말고 즐겨 보자.

주소 85 Pike St **전화** 206-682-7453 **오픈** 09:00~18:00 **휴무** 추수감사절, 크리스마스 **교통** 웨스트레이크 센터 Weslake Center에서 Pike St를 따라 1st Ave 방향으로 도보 5분 **홈페이지** pikeplacemarket.org **지도** p.80-C

세상에서 가장 더러운 벽
껌 월
Gum Wall

껌 월은 파이크 플레이스 마켓의 극장 관람객들이 공연 시간을 기다리면서 씹던 껌과 함께 동전을 붙인 것에서 시작되었다. 1993년에 시작되었다고 하니 역사가 20년이 넘는다. 씹던 껌으로 뒤덮인 벽의 높이는 4.5m부터 최고 15m에 이른다. 제니퍼 애니스톤이 주연을 맡은 영화 〈Love Happens〉의 한 장면이 여기서 촬영되며 더욱 유명해졌고, 2009년 CNN에서 선정한 '세계에서 세균이 가장 많은 관광명소 The Germiest Tourist Attractions' 중 하나로 소개되기도 했다. 2015년 11월 10일 약 20년 만에 벽의 부식을 막기 위한 제거 작업이 처음으로 이루어졌다. 130시간에 걸쳐 1톤이 넘는 양의 껌을 제거했다고 하는데, 재빠르게 원래의 모습(?)을 되찾아 여전히 시애틀을 대표하는 명소로 자리를 지키고 있다.

주소 1428 Post Alley **오픈** 상시 **요금** 없음 **교통** 파이크 플레이스 마켓 방문자 센터 왼쪽 계단 아래 **지도** p.80-C

실험과 도전, 현대미술의 오늘을 보다
시애틀 미술관
Seattle Art Museum(SAM)

서울 광화문의 거리를 걸어본 사람이라면 시애틀의 〈해머링 맨 Hammering Man〉 작품이 꽤나 반가울 것이다. 이 구조물은 설치 미술가 조너선 보로프스키 Jonathan Borofsky의 작품으로 서울과 시애틀을 비롯해 전 세계 11개의 도시에 설치되어 있다.
14.4m에 달하는 거대한 해머링 맨 뒤로 시애틀 미술관이 자리 잡고 있다. 로비와 매표소부터 시작해 7개 층, 총 면적 약 2만 2,300m²의 공간에 관람객의 눈을 사로잡는 전시가 펼쳐진다. 아메리칸 원주민을 주제로 한 전시부터 현대적이고 실험적인 예술 작품들이 가득하다. 1933년 처음 문을 열었을 때만 해도 아시아 미술이 중심이었지만, 이후 점점 영역을 확대해 지금은 전 세계 예술의 트렌드를 아우르는 독보적인 존재로 인정받고 있다. 현대미술에 관심 있는 사람이라면 더욱 즐거울 것이다.

주소 1300 1st Ave **전화** 206-654-3100 **오픈** 수~일요일 10:00~17:00(목요일 ~21:00) **휴무** 월·화요일 **요금** 어른 $19.95, 노인(65세~) $17.95, 청소년(13~17세) 12,25$, 어린이 무료 / 매월 첫째 주 목요일 무료 **교통** 1st Ave & University St 버스 정류장 앞, 웨스트레이크 센터에서 도보 7분 **홈페이지** www.seattleartmuse um.org **지도** p.80-C

♥

시애틀 공연 예술 역사의 시작점

파라마운트 극장
Paramount Theatre

주소 911 Pine St **전화** 206-682-1414 **오픈** 공연 시간에 따라 다름 / 매월 첫 번째 토요일 10:00 무료 투어 **교통** Pine St & 9th Ave 버스 정류장에서 도보 2분 **홈페이지** www.stgpresents.org/paramount **지도** p.80-B

1928년 3월 1일 3,000석 규모로 개관하여 1974년 10월 9일 국립 역사 유적지로 등록되었다. 현재 약 2,800석 규모이며, 시애틀을 대표하는 예술 공연장이자 랜드마크 중 하나이다. 각종 공연은 물론 시민들의 참여 프로그램도 진행하며 더욱 사랑받고 있다.

공연을 관람하지 않을 계획이라면, 매달 한 번 열리는 무료 투어(영어 가이드, 첫 번째 토요일 10:00)를 통해서 극장 안을 둘러볼 수 있다. 90분간 가이드와 함께 극장 안을 돌아보며, 예약할 필요 없이 정해진 시간에 극장 앞으로 가기만 하면 된다. 파라마운트 극장의 역사와 숨겨진 이야기들을 들을 수 있다.

♥ ♥ ♥

시애틀의 하늘이 품은 전망대

컬럼비아 센터 전망대
Columbia Center Sky View Observatory

주소 701 5th Ave **전화** 206-386-5151 **오픈** 10:00~20:00(여름 ~22:00) **휴무** 없음 **요금** 1회 입장권 어른 $22, 노인(65세~) $19, 청소년(5~13세) $16 / 데이 & 나이트 입장권 어른 $32, 노인(65세~) $29, 청소년(5~13세) $22 **교통** 4th Ave & Cherry St 버스 정류장 앞, 또는 파이어니어 스퀘어 Pioneer Square 역에서 도보 2분 **홈페이지** skyviewobservatory.com **지도** p.80-D

시애틀을 대표하는 마천루다. 마틴 셀리그 Martin Selig가 세운 76층짜리 건물로, 1985년에 완공되었다. 강화유리 및 화강암으로 마감되어 빛나는 외관도 압도적이지만 시애틀에서 가장 높은 곳에 전망대가 있어 더욱 매력적이다. 전망대는 73층에 있으며 시애틀 도심은 물론 도시를 동서남북으로 둘러싼 산과 바다를 볼 수 있다. 날씨가 맑으면 레이니어 산, 올림픽 국립공원까지 선명하게 보인다.

입장권은 2가지로, 한 번만 들어갈 수 있는 티켓과 하루 중 낮과 밤에 한 번씩 입장 가능한 데이 & 나이트 티켓이 있다. 온라인으로 예약하면 1인당 $2씩 할인된다.

누구에게나 열려 있는 카페 같은 도서관
시애틀 공립 중앙 도서관
Seattle Public Library(Central Library)

단순히 책을 읽고 빌리고 공부하는 장소뿐 아니라 미래 지향적인 복합 문화 공간으로 자리매김한 시애틀 공립 중앙 도서관. 시애틀 공립 도서관은 중앙 도서관 1개와 26개의 지역 분관이 운영 중이다. 시애틀 공립 도서관은 1890년에 설립됐으며, 1906년 지금의 자리에 중앙 도서관이 세워졌다. 이후 1986년부터 시작된 'Libraries for All'이라는 프로젝트에 따라 네덜란드의 건축 설계 회사인 OMA(Office for Metropolitan Architecture, 소장 렘 콜하스 Rem Koolhaas)가 설계하여 2004년 재개관했다.

도서관의 외관은 흔히 볼 수 없는 비정형 구조물이라 멀리서도 눈에 띈다. 에너지 효율을 높이기 위해 자연광을 최대한 살린 설계는 마치 도서관 전체가 유리창으로 뒤덮인 느낌을 준다. 건축학도라면 꼭 한번 들러볼 만하다. 곳곳에 스미는 자연광과 편안하게 책을 읽을 수 있도록 마련된 좌석들, 카페테리아, 이곳저곳에 전시 중인 예술 작품 등이 마치 거대한 북 카페를 연상시킨다. 여행자는 도서 대여가 불가능하지만 내부를 둘러보고 시설을 이용하는 데는 제약이 없다. 각 층마다 해당 층에 대한 정보를 제공하는 카운터가 있다.

주소 1000 4th Ave **전화** 206-386-4636 **오픈** 월~목요일 10:00~20:00(금·토요일 ~18:00), 일요일 12:00~18:00 **휴무** 국경일 **요금** 없음 **교통** 5th Ave & Spring St, 또는 5th Ave & Spring St 버스 정류장 바로 앞 **홈페이지** www.spl.org **지도** p.80-D

살아 있는 워싱턴주 해양 생태의 보고
시애틀 수족관
Seattle Aquarium

시애틀 수족관은 미국에서 아홉 번째로 큰 수족관으로, 1977년에 문을 연 이래 2200만 명 이상이 방문했다고 한다. 그러나 명성에 비해 규모나 구성은 소박한 편이다. 400여 종의 해양 생물을 볼 수 있는데, 주로 워싱턴주의 강과 바다에 서식하는 것들이다. 지역 해양 동식물을 중심으로 워싱턴주의 생태를 보여주는 것이 목적이라 해도 좋겠다. 산란기에 바다에서 강으로 돌아오는 연어를 위한 인공 사다리가 수족관을 감싸고 있어 초가을이 되면 귀향하는 연어들을 눈앞에서 볼 수 있다. 입구 앞에 시애틀의 바다를 재현한 대형 수조에서는 다이버 쇼가 펼쳐지고, 수족관 중앙의 체험관에서는 어린이들이 직접 해양 생물을 만져보고 생태에 대한 설명을 들을 수도 있다.

주소 1483 Alaskan Way **전화** 206-386-4300 **오픈** 09:30~17:00 **휴무** 없음 **요금** 어른 $29.95, 어린이(4~12세) $19.95 **교통** 1st Ave와 Union St 교차로에서 포시즌 호텔이 있는 방향, 계단으로 쭉 내려간다. 도보 8분 **홈페이지** seattleaquarium.org **지도** p.80-C

해안선을 바꿔버린 둥근 빛
시애틀 대관람차
Seattle Great Wheel

2012년 6월 개장한 이래 시애틀을 대표하는 사진마다 빠지지 않고 등장하는 랜드마크가 되었다. 전체 높이 53.3m로 미국 서부 해안에서 가장 높은 관람차이며 미국 내에서는 세 번째로 큰 규모다. 관람차를 타고 시애틀 시내를 내려다보면 스페이스 니들, 컬럼비아 센터 전망대와는 또 다른 풍경을 만끽할 수 있다. 일반 정원은 8인이며 곤돌라마다 냉난방 시설이 갖춰져 있다. VIP 탑승권의 경우 4인 정원에 바닥이 유리로 마감된 곤돌라를 타게 된다. 멀리서 보면 수천 개의 전구로 장식한 둥근 빛들이 늦은 밤까지 하늘을 수놓는다. 스포츠 경기가 열리는 날이나 국경일을 기념해 불꽃 쇼를 벌이기도 한다.

주소 Pier 57-1301 Alaskan Way **전화** 206-623-8607 **오픈** 10.1.~6.23. 월~목요일 11:00~22:00(금요일 ~24:00), 토요일 10:00~24:00(일요일 ~22:00) / 6.24.~9.30 일~목요일 10:00~23:00(금·토요일 ~24:00) **휴무** 없음 **요금** 일반 탑승권 어른 $14, 노인(65세~) $12, 어린이(3~11세) $9 / VIP 탑승권 어른·어린이 $50 **교통** 1st Ave와 Union St 교차로에서 포시즌 호텔이 있는 방향, 계단으로 쭉 내려간다. 도보 8분 **홈페이지** seattlegreatwheel.com **지도** p.80-C

바다와 어우러진 조각 공원의 아름다움
올림픽 조각 공원
Olympic Sculpture Park

시애틀 미술관이 기획하고 조성해 2007년 1월 20일에 문을 열었다. 원래 이곳은 1970년대까지 석유 가스 회사인 유노컬 Unocal이 점유하며 심각한 오염이 일어났던 지역이다. 3만 2,000m²에 달하는 대지는 수년에 걸친 프로젝트를 통해 공원으로 탈바꿈했다. 공원 내에서는 21개의 조각상과 함께 아름다운 해변을 만나볼 수 있고 공원과 바다 사이에 놓인 철로를 달리는 열차도 빼놓을 수 없는 볼거리다. 매주 토요일과 일요일 오후 1시부터 2시까지 무료 투어가 진행되니 참고할 것. 예약할 필요 없이 공원 입구에 조성된 실내 휴식 공간인 파카르 파빌리온 Paccar Pavilion 앞으로 오후 1시까지 가면 된다(영어 가이드).

주소 2901 Western Ave **전화** 206-654-3100 **오픈** ●공원 매일 일출 30분 후~일몰 30분 전후 ●파카르 파빌리온 11~3월 수~일요일, 4~10월 수~월요일 10:00~17:00 **휴무** 추수감사절, 추수감사절 다음날, 크리스마스이브, 크리스마스 **요금** 없음 **교통** 1st Ave & Broad St 버스 정류장에서 도보 3분 **홈페이지** www.seattleartmuseum.org/visit/olympic-sculpture-park **지도** p.78-F

프라이가의 유산이 낳은 미술관
프라이 미술관
Frye Art Museum

시애틀 최초의 무료 미술관. 정육 공장의 주인이었던 찰스 프라이 Charles Frye가 남긴 유산으로 설립되었으며, 그가 남긴 230점에 이르는 소장품을 전시한다. 19세기부터 현대에 이르는 회화와 조각 작품을 만나볼 수 있는데, 인간의 깊은 심연을 다룬 어둡고 극적인 작품들이 주를 이룬다. 소장품이 전시될 전시실의 크기, 조명까지 찰스 프라이의 유언에 따라 결정했다고 한다. 2007년부터는 프라이가의 소장품 이외에 다른 작품들도 전시되기 시작했다. 다양한 이벤트와 무료 투어(수~금요일 13:00 / 화·토·일요일 11:30, 13:00)도 진행한다.

주소 704 Terry Ave **전화** 206-622-9250 **오픈** 11:00~17:00(목요일 ~19:00) **휴무** 월요일, 독립기념일, 추수감사절, 크리스마스, 1월 1일 **요금** 기부금(자율) **교통** Boren Ave & James St 버스 정류장에서 도보 3분 **홈페이지** fryemuseum.org **지도** p.79-G

로어 퀸 앤 Lower Queen Anne

첨단의 도시를 상징하는 전망대
스페이스 니들
Space Needle

주소 400 Broad St **전화** 206-905-2100 **오픈** 일·월요일 09:00~21:00, 화~토요일 09:00~22:00 **휴무** 없음 **요금** 어른 $37.5, 노인(65세~) $32.5, 어린이(5~12세) $28.5 **교통** 1, 2, 3, 4, 6, 8, 19, 24번 버스, 또는 웨스트레이크 Westlake 역에서 모노레일 탑승 후 시애틀 센터 Seattle Center 하차 **홈페이지** www.spaceneedle.com **지도** p.78-F

총 184m의 높이의 뾰족한 바늘 위에 UFO가 착륙한 모습의 스페이스 니들은 그 재미있는 모습도 모습이지만 시애틀을 한눈에 볼 수 있는 최고의 전망대로 더욱 유명하다. 1962년 시애틀 세계 박람회를 위해 세워진 것으로 시애틀의 첨단 기술을 상징하는 건축물이기도 하다. 2018년 재단장하며 강화 유리로 바닥을 마감한 실내 전망대가 추가되었다. 도시 시애틀의 멋은 물론 멀리 시애틀을 둘러싼 산과 바다까지 조망할 수 있다. 낮과 밤, 사뭇 다른 두 가지 모습을 모두 감상하고 싶다면 1일 2회 입장이 가능한 표를 살 수 있다.

TRAVEL TIP

시티 패스 City Pass

시티 패스를 이용하면 시애틀의 대표적 관광 명소를 알뜰하게 돌아볼 수 있다. 이 티켓은 정해진 기간(9일) 안에 시애틀의 주요 관광지 7개 중 5개를 이용할 수 있는 입장권이다. 각각의 입장료를 따져 보면 최대 50%까지 할인받는 셈이다. 특히 2018년 개보수 이후 가격이 크게 오른 스페이스 니들의 데이 & 나이트 티켓 가격이 $59(어른 기준)인 것을 감안하면 시티 패스가 훨씬 경제적이다.

포함 사항 ●스페이스 니들 Space Needle(p.95), ●시애틀 수족관 Seattle Aquarium(p.93) ●아거시 크루즈 하버 투어 Argosy Cruises Harbor Tour(p.69), ●모팝 MoPOP(p.96) 또는 우드랜드 파크 동물원 Woodland Park Zoo(p.163) 중 택 1 ●치훌리 가든 앤드 글라스 Chihuly Garden and Glass(p.96) 또는 퍼시픽 사이언스 센터 Pacific Science Center(p.97) 중 택 1
요금 어른 $89, 어린이(5~12세) $69 **구매처** 홈페이지 또는 시티 패스로 입장 가능한 관광지 매표소
홈페이지 www.citypass.com/seattle

미국 대중문화의 역사를 한자리에
모팝, 팝 컬처 박물관
MoPOP, The Museum of Pop Culture

2000년 개관한 EMP(Experience Music Project)와 2004년 문을 연 SFM(Science Fiction Museum)이 2016년부터 하나로 통합돼 모팝(MoPOP)으로 운영 중이다. 모팝에 들어서면 500대가 넘는 기타와 피아노, 컴퓨터를 엮어 세운 거대한 기둥이 관람객들을 맞이한다. 대중음악의 전설 너바나 Nirvana와 지미 핸드릭스 Jimi Hendrix 기념관을 비롯해 공상 과학과 판타지 영화를 주제로 한 특별전이 열린다. 특별전은 시기에 따라 전시 내용이 바뀌니 사전에 홈페이지를 확인할 것!

모노레일이 관통하는 모팝

주소 325 5th Ave N **전화** 206-770-2700 **오픈** 10:00~17:00(기별 입장 시간 변동, 방문 전 홈페이지 확인) **휴무** 추수감사절, 크리스마스 **요금** 어른 $28, 어린이·청소년(5~17세) $19 / 온라인 예매 시 $2 할인, 특별전 별도 $8 **교통** 1, 2, 3, 4, 6, 8, 19, 24번 버스, 또는 웨스트레이크 Westlake 역에서 모노레일 탑승 후 시애틀 센터 Seattle Center 하차 **홈페이지** www.mopop.org **지도** p.78-F

장인의 손길이 만든 유리 공예 정원
치훌리 가든 앤드 글라스
Chihuly Garden and Glass

실내와 실외의 전시관을 연결하는 전시관

빛을 잘 활용하는 유리 공예로 유명한 헝가리계 미국인 예술가 데일 치훌리 Dale Chihuly의 작품으로 만든 정원이다. 치훌리는 워싱턴 대학교에서 인테리어 디자인을 전공했지만 유리 공예에 뜻을 두고 이탈리아 베니스의 유리 공장에서 일했다고 한다. 1971년 워싱턴주 유리 공예 학교의 공동 설립자로, 예술로서의 유리 작품 연구에 몰두하는 한편 공예가로 왕성한 활동을 이어왔다. 교통사고를 당해 한쪽 눈을 잃는 시련도 겪었지만 지금은 장애를 극복하고 팀원들과 함께 유리 공예 프로젝트를 이어나가고 있다. 전시는 실내와 야외에서 함께 이뤄진다. 형형색색의 유리가 만들어내는 꽃과 나비, 물고기 등이 환상적인 분위기를 자아낸다. 이벤트가 있을 경우 닫거나 운영 시간을 단축하는 경우가 많다. 방문 전 반드시 홈페이지를 확인할 것.

주소 305 Harrison St **전화** 206-753-4940 **오픈** 09:00~19:00(금·토요일 ~20:00) **휴무** 부정기 **요금** 어른 $26, 노인(65세~) $22, 청소년(5~12세) $17 **교통** 시애틀 센터 내 모노레일 역에서 도보 3분 **홈페이지** www.chihulygardenandglass.com **지도** p.78-F

TRAVEL TIP

시애틀 센터 Seattle Center

1962년 세계 박람회가 열렸던 장소다. 이후 종합 공원으로 꾸며져 시애틀 센터라 불린다. 시애틀 센터 안에는 시애틀의 랜드마크인 스페이스 니들과 치훌리 가든 앤드 글라스, 모팝, 퍼시픽 사이언스 센터 등 다양한 볼거리가 자리하고 있다.

오감으로 즐기는 과학
퍼시픽 사이언스 센터
Pacific Science Center

체험 위주의 과학관으로 어린이에게 최적화된 명소다. 아이들이 과학 논리를 쉽게 이해할 수 있도록 직접 보고 만지는 체험 코너를 운영한다. 퍼시픽 사이언스 센터의 상징인 흰색 아치 조형물은 세인트 루이스 공항, 911 테러로 사라진 뉴욕 세계무역센터를 설계한 시애틀 출신의 건축가 미노루 야마자키 Minoru Yamazaki가 설계했다. 흰색 아치를 중심으로 아이맥스 영화관, 천문관, 레이저 돔 등으로 구성된 6개의 건물이 들어서 있다. 아이를 동반한 가족 단위의 여행객이라면 들러볼 만하다.

주소 200 2nd Ave N **전화** 206-443-2001 **오픈** 10:00~17:00(토·일요일, 공휴일 ~18:00) **휴무** 없음 **요금** 어른 $25.95, 노인(65세~) $23.95, 청소년(6~15세) $17.95, 어린이(3~5세) $13.95 **교통** 시애틀 센터 내 모노레일 역에서 도보 3분 **홈페이지** www.pacificsciencecenter.org **지도** p.78-F

퀸 앤 Queen Anne

스페이스 니들과 레이니어산의 만년설을 한눈에!
케리 파크
Kerry Park

단언컨대 시애틀 최고의 전망대는 여기다. 시애틀을 대표하는 랜드마크인 스페이스 니들과 레이니어산의 만년설이 한 폭의 그림처럼 펼쳐진다. 1927년, 부촌인 퀸 앤의 금싸라기 땅 한쪽을 케리 Kerry 부부가 시애틀에 기증하면서 공원이 되었다. 케리 파크 중앙에 우뚝 선 강철 조형물은 도리스 토튼 체이스 Doris Totten Chase의 작품으로, 1971년 케리 부부의 세 자녀가 기증한 것이라고 한다. 약 5,000㎡의 손바닥만 한 땅이지만 멋진 조망으로 드라마와 영화의 배경이 되며 많은 사람들이 찾는 명소가 되었다. 케리 파크가 포함된 시티 투어를 이용하거나 대중교통으로도 쉽게 갈 수 있다. 낮에 보는 풍경보다는 일몰과 야경이 멋진 곳이니 기억해두자.

주소 211 W Highland Dr **전화** 206-684-4075 **오픈** 04:00~23:00 **휴무** 없음 **요금** 없음 **교통** Queen Anne Ave N & Highland Dr 버스 정류장에서 도보 3분 **홈페이지** www.seattle.gov/parks/find/parks/kerry-park **지도** p.78-B

파이어니어 스퀘어 Pioneer Square

시애틀 역사의 시작점
파이어니어 스퀘어 파크
Pioneer Square Park

시애틀 역사가 시작된 것으로 알려진 파이어니어 스퀘어는 손바닥만 하다고 할 수 있을 만큼 작다. 1889년 시애틀 대화재 Great Seattle Fire 가 일어나기 전까지 시애틀 성장의 구심점이었다고 한다. 지금은 시애틀 이름의 유래가 된 추장 시애틀 Chief Seattle의 흉상, 클론다이크 골드러시 Klondike Gold Rush 시절 알래스카에서 훔쳐왔다는 트린기트족 Tlingit Tribe의 토템 폴 Totem Pole, 트롤리 대합실로 사용되던 퍼걸러 Pergola가 남아 있다.

추장 시애틀의 흉상

주소 100 Yesler Way 전화 206-684-4075 오픈 06:00~22:00 휴무 없음 요금 없음 교통 파이어니어 스퀘어 Pioneer Square 역에서 Yesler Way를 따라 1st Ave 방향으로 도보 3분 홈페이지 www.seattle.gov/parks/find/parks/pioneer-square 지도 p.80-F

작지만 알찬 시민 공원
옥시덴틀 스퀘어
Occidental Square

직사각형 모양의 정말 작은 공원이지만 파이어니어 스퀘어 지역에서 가장 힙한 곳이다. 붉은 벽돌이 깔린 길을 따라 카페와 갤러리, 디자이너 숍이 들어섰다. 한쪽에는 시애틀 대화재 당시 활약했던 소방관들을 기리는 청동상, 아메리칸 원주민의 토템 폴 등이 서 있다. 사람들이 쉬어갈 수 있도록 테이블과 커다란 게임 판이 있어 한가롭게 책을 읽거나 게임을 즐기는 사람들도 볼 수 있다. 하지만 해가 지고 나면 부랑자들이 모여들기도 하므로 주의하자.

주소 117 S Washington St 전화 206-684-4075 오픈 06:00~22:00 휴무 없음 요금 없음 교통 파이어니어 스퀘어 Pioneer Square 역에서 도보 5분 홈페이지 www.seattle.gov/parks/find/parks/occidental-square 지도 p.80-F

대화재 당시 활약했던 소방관들을 기리는 청동상

역사를 거슬러 오르는 전망대
스미스 타워 전망대
Smith Tower Observatory

주소 506 2nd Ave **전화** 206-624-0414 **오픈** 10:00~21:00(바 ~24:00) **휴무** 부정기 **요금** 어른 $19, 노인(65세~) · 청소년(5~12세) $15 **교통** 2nd Ave & James St 버스 정류장 앞, 또는 파이어니어 스퀘어 Pioneer Square 역에서 도보 2분 **홈페이지** www.smithtower.com **지도** p.80-F

시애틀에서 가장 오래된 고층 빌딩이다. 총 42층의 높이로 완공된 1924년 당시에는 미국 서부에서 가장 높은 건물이었다. 빌딩 이름은 건축주이자 무기와 타자기 사업으로 부를 축적한 라이먼 코르넬리우스 스미스 Lyman Cornelius Smith의 이름에서 따왔다.

전망대로 향하다 보면 완공 당시의 모습을 재현한 역사관을 만난다. 35층의 전망대까지는 완공 당시 모습대로 보존되어 있는 엘리베이터를 타고 간다. 승무원이 엘리베이터 문을 수동으로 여닫으며 짤막한 설명을 덧붙인다. 전망대에서는 캐스케이드산맥 Cascade Mountain, 콜먼 페리 터미널 Colman Ferry Terminal, 파이어니어 스퀘어 등 시애틀의 랜드마크들을 볼 수 있다. 날이 맑으면 레이니어산도 눈에 들어온다.

전망대 입구에는 중국의 마지막 황후가 미스터 스미스 Mr. Smith에게 선물했다는 '소원 의자 Wishing Chair'가 인증 사진 장소로 인기다. 미혼 여성이 앉아서 소원을 빌면 1년 안에 결혼을 할 수 있다고 한다. 한쪽에 바가 있어 잠시 쉬어가기도 좋다. 바는 전망대보다 늦은 시간 밤 12시까지 운영한다. 단, 각종 이벤트가 많아 문을 닫는 날이 많으니 방문 전 홈페이지를 확인하는 것이 좋다.

중국의 마지막 황후가 선물했다는 '소원 의자'

금광꾼들의 전초 기지였던 시애틀을 보다
클론다이크 골드러시
Klondike Gold Rush

주소 319 2nd Ave S **전화** 206-220-4240 **오픈** 10:00~17:00 **휴무** 추수감사절, 크리스마스, 1월 1일 **요금** 없음 **교통** S Jackson St & Occidental Ave Walk 스트리트카 역에서 도보 2분 **홈페이지** www.nps.gov/klse/index.htm **지도** p.80-F

캐나다 북서부 유콘 준주(準州) Yukon Territory의 클론다이크강 Klondike River에서 금이 발견되자, 1897년 시애틀의 헤드라인은 온통 금광 이야기뿐이었다. 시애틀은 유콘 준주와 알래스카로 금을 캐러 가는 금광꾼들이 여장을 꾸리는 전초 기지와 같은 곳이었다. 금광꾼들을 대상으로 하는 가죽 제품, 가방, 아웃도어 상품 등의 발달은 시애틀 번영의 계기가 된다. 1896년에서 1897년에 걸쳐 시장 거래 규모가 30만 달러에서 2500만 달러로 늘어날 정도였다. 이 박물관은 그 시절의 역사를 보여주는 클론다이크 골드러시 국립박물관의 시애틀 분관으로, 당시의 신문, 거래되던 물건들을 볼 수 있고 박물관 내 상영관에서는 30분과 20분 길이의 다큐멘터리를 상영한다. 골드러시 시절의 전설적인 인물 5명의 이야기를 따라 전개되는 구성으로 나름 흥미진진하다.

당시의 상점들, 생활상이 생생하게 재현되어 있다

시애틀 매리너스 팬들을 위한 꿈의 구장
티 모바일 파크
T-Mobile Park

파이어니어 스퀘어의 남쪽에는 프로야구 시애틀 매리너스 Seattle Mariners 팀의 홈 구장이 있다. 세이프코 필드 Safeco Field라는 이름으로 1999년 7월 15일에 개장했고, 총 공사비 1700만 달러를 들여 4만 7,000개의 관람석, 개폐가 자유로운 지붕과 천연 잔디를 깔았다. 어느 위치에 앉아도 경기가 잘 보이도록 설계되었다. 경기장에 들어가려면 시애틀 매리너스의 경기를 봐도 좋겠지만 투어에 참여하는 방법이 있다. 투어를 이용하면 선수석은 물론 평소 공개되지 않는 기자석, 선수 대기실, 라커룸 등을 돌아볼 수 있어 야구 경기에 흥미가 없는 사람도 즐거운 시간을 보낼 수 있다. 야구 시즌인 4월부터 10월까지는 저녁 경기만 있거나 경기가 없는 날만 투어가 진행되며, 10월부터 3월까지는 월요일을 제외한 모든 요일에 1일 2회 투어가 진행된다.

주소 1250 1st Ave S **전화** 206-346-4000 **투어** 4~10월 18시 이후 게임이 있는 날 10:30, 12:30 / 게임이 없는 날 10:30, 12:30, 14:30 / 11~3월 화~토요일 10:30, 12:30, 일요일 12:30, 14:30 **요금** 어른 $12, 노인(65세~) $11, 청소년(3~12세) $10 **교통** Stadium Link 역에서 도보 10분. Edgar Martinez Dr S & Occidental Ave S 버스 정류장에서 도보 1분 **홈페이지** seattle.mariners.mlb.com **지도** p.79-K

캐피톨 힐 Capitol Hill

볼다양한 볼거리가 있는 공원
볼런티어 파크
Volunteer Park

이 공원의 역사는 시애틀 시가 콜맨에게서 부지를 매입한 1876년으로 거슬러 올라간다. 1901년에는 스페인과의 전쟁에 참전한 자원 봉사자들을 기리며 지금의 이름으로 바꾸었고 이후 뉴욕의 센트럴 파크를 설계했던 옴스테드 Olmsted 형제가 체계적인 공원 설계에 착수한다. 공원에는 1906년에 세워진 전망대가 있는 저수탑 전망대 Water Tower Observation Deck, 1912년에 완공된 온실 Volunteer Park Conservatory, 시애틀 미술관의 전신으로 1933년 문을 연 아시아 미술관 Asian Art Museum 등 다양한 볼거리가 있다. 특히 저수탑 전망대의 106개의 계단을 오르면 그물 모양의 창살 너머로 시애틀의 빌딩들과 워싱턴 호수를 볼 수 있다. 저수지 앞의 둥근 조형물 검은 해 Black Sun도 공원의 상징이 되었다.

주소 1247 15th Ave E **전화** 206-684-4075 **오픈** 06:00~22:00 **휴무** 없음 **요금** 없음 **교통** 15th Ave E & E Prospect St 버스 정류장 앞 **홈페이지** www.seattle.gov/parks/find/parks/volunteer-park **지도** p.79-C

시애틀 미술관 명성의 시작점
아시아 미술관
Asian Art Museum

아시아 미술관은 1933년에 건축된 아르데코 양식의 건물에 자리 잡고 있다. 이 건물은 원래 시애틀 미술관(SAM)의 본거지였다. 시애틀 미술관이 다운타운으로 자리를 옮긴 후, 아시아 미술 수집가인 리처드 풀러 Richard E. Fuller가 부친의 유산과 소장품을 전시하며 아시아 미술관으로 재탄생했다. 중국과 일본의 역사적인 미술품들이 초기 전시의 중심적 역할을 했고, 지금은 인도, 필리핀, 베트남, 한국에 이르기까지 광범위한 아시아 지역의 예술품을 전시한다. 늘어난 소장품 보존과 전시실의 보수 및 확장을 위한 두 번째 보수를 거쳐 2019년 가을에 재개관할 예정이다(2019년 6월 현재).

주소 1400 E Prospect St **전화** 206-654-3100 **교통** 15th Ave E & E Prospect St 버스 정류장 앞, 볼런티어 파크 내 위치 **홈페이지** www.seattleartmuseum.org/visit/asian-art-museum **지도** p.79-C

쿵푸 영화의 전설 브루스 리의 묘가 있는 곳

레이크 뷰 묘지
Lake View Cemetery

볼런티어 파크 바로 옆, 멀리 반짝이는 호수와 야트막한 산 능선이 파노라마처럼 펼쳐진 풍광이 아름다운 묘지다. 전 세계를 사로잡았던 쿵푸 영화의 전설 브루스 리 Bruce Lee(리샤오룽 李小龍)도 여기 잠들어 있다. 〈정무문〉, 〈용쟁호투〉, 〈사망유희〉 등의 작품을 남긴 브루스 리는 1973년 홍콩에서 32세의 나이로 짧은 생을 마감했다. 젊은 시절 워싱턴 대학교 철학과에 다녔던 인연, 인터내셔널 디스트릭트에서 쿵푸 도장을 운영했던 경력, 미국인 아내를 둔 계기로 시애틀에 묻히게 되었다고 한다. 아버지처럼 배우의 길을 걸었던 그의 아들 브랜든 리 Brandon Lee(리궈하오 李國豪)도 28세의 나이로 세상을 떠나 아버지 곁에 묻혀 있다.

주소 1554 15th Ave E **전화** 206-322-1582 **오픈** 09:00~22:00 **휴무** 없음 **요금** 없음 **교통** 15th Ave E & E Highland Dr 버스 정류장에서 도보 5분 **홈페이지** www.lakeviewcemeteryassociation.com **지도** p.79-C

일요일에만 반짝! 시애틀라이트의 먹거리 장터

캐피틀 힐 파머스 마켓
Capitol Hill Farmers Market

매주 일요일 오전 11시부터 오후 3시까지 딱 4시간 동안만 열리는 반짝 시장이다. 파이크 플레이스 마켓에 여행자들이 넘친다면 캐피틀 힐의 주말 시장은 현지인들이 주를 이룬다. 시애틀의 농산물 시장 대부분이 그렇듯 워싱턴주에서 생산된 농수산물들이 판매된다. 건강한 먹거리에 대한 관심이 반영되어 유기농 식재료와 제철 채소가 가장 인기다. 수제 치즈나 육포, 잼 등의 가공식품 코너에는 김치를 직접 만들어 파는 백인 상인도 있다. 다른 주말 시장에 비해서 규모는 작은 편이지만 시애틀라이트의 식탁에 무엇이 오르는지 한눈에 볼 수 있는 장터다.

주소 1601 Broadway **전화** 206-547-2278 **오픈** 일요일 11:00~15:00 **교통** Broadway & E Denny Way 스트리트카 역에서 도보 1분 **홈페이지** seattlefarmersmarkets.org/markets/broadway **지도** p.81-C

북미 지역에서 가장 오래된 일본식 정원
시애틀 재퍼니스 가든
Seattle Japanese Garden

80만m²에 달하는 어마어마한 워싱턴 파크 Washington Park의 아래쪽에 위치한 작은 일본식 정원. 1960년 6월에 문을 열었고, 북미 지역에서 가장 오래된 일본식 정원이다. 16세기 말부터 17세기 초의 일본 정원 양식으로, 중앙 연못을 둘러싼 길을 따라 자연의 모든 요소를 축소해 놓은 듯한 풍경이 펼쳐진다. 월별, 계절별로 운영 시간이 조금씩 변경되므로 방문 전 반드시 홈페이지에서 확인할 것. 겨울이 시작되는 12월부터 다음해 3월까지는 문을 열지 않는다.

주소 1075 Lake Washington Blvd E **전화** 206-684-4725 **오픈** 개장 월요일 12:00, 화~일요일 10:00 / 폐장 4월 18:00, 5~8월 19:00, 9월 18:00, 10월 17:00, 11월 16:00 **휴무** 12~3월 **요금** 어른 $7, 청소년(6~17세)·노인(65세~) $4, 유아(5세 이하) 무료 / 매주 첫 번째 목요일 오후 3시 이후 무료 **교통** E Madison St & Lake Washington Blvd 버스 정류장에서 도보 8분 **홈페이지** www.seattlejapanesegarden.org **지도** p.79-D

사우스 유니언 레이크 South Union Lake

시애틀 산업 역사를 한 판에 요약 정리!
산업 역사 박물관
Museum of History & Industry(MOHAI)

시애틀의 산업 역사를 핵심만 뽑아 정리한 박물관이다. 입구로 들어서자마자 레이니어 양조 회사의 'R'이라 적힌 네온사인이 시선을 압도한다. 시애틀을 대표하는 산업 브랜드들을 주제로 한 조형물들 중 하나로, 높이가 3.65m에 달한다. 2층은 시애틀의 핵심 산업별 역사를 한눈에 볼 수 있도록 구성해 놓았다. 예부터 이어져 온 연어잡이와 최첨단의 항공 산업이 공존하는 시애틀을 만나게 될 것이다. 더불어 상업, 철도, 양조업 등의 발달 과정도 볼 수 있다. 4층은 360도로 조망이 가능한 전망대로 유니언 호수를 내려다보며 시애틀의 해양, 항만 산업의 역사를 짚어볼 수 있다. 1919년에 제작한 첫 항공 우편용 기체 보잉 Boeing B-1과 시애틀 전투(1856년) 동안 여성들이 만든 페티코트 성조기 Petticoat Flag 등은 꼭 챙겨봐야 할 볼거리로 꼽힌다.

주소 860 Terry Ave N **전화** 206-324-1126 **오픈** 10:00~17:00 (매월 첫 번째 목요일, 7~8월 매주 목요일 ~20:00) **휴무** 추수감사절, 크리스마스 **요금** 어른 $19.95, 노인(65세~) $16.95, 청소년(3~12세) $10 / 매월 첫 번째 목요일 무료(상설 전시에 한함) **교통** South Lake Union Streetcar & Terry Ave N 스트리트카 역에서 도보 3분 **홈페이지** mohai.org **지도** p.79-C

인터내셔널 디스트릭트 International District

아시아계 이민자들의 어제와 오늘
윙 루크 아시아 박물관
Wing Luke Museum of the Asian Pacific American Experience

아시아계 미국인들의 이민사를 기록하고, 미국 주류 사회에서 아시아인의 위상을 높이기 위한 박물관이다. 1960년대에 아시아인을 위한 박물관 설립 운동을 전개한 중국계 미국인 윙 루크 Wing Luke가 1965년 비행기 사고로 유명을 달리하자 친구와 지지자들이 그를 추모하며 1967년 세웠다. 이곳에서는 윙 루크의 일대기는 물론 아시아계 미국인들의 초기 시애틀 이민사를 보여주는 자료와 사진을 볼 수 있다. 아시아의 주류 국가인 일본과 중국 외에 베트남, 필리핀, 캄보디아 등 다양한 나라의 문화를 알리기 위한 전시관도 마련되어 있다. 쿵푸 영화 팬이라면 브루스 리 특별 전시관도 빼놓지 말고 들러볼 것!

주소 719 S King St **전화** 206-623-5124 **오픈** 10:00~17:00(매달 첫 번째 목요일 ~20:00) **휴무** 월요일 **요금** 어른 $17, 노인(62세~) $15, 청소년(13~18세) $12.50, 어린이(5~12세) $5 **교통** 링크 라이트 레일 인터내셔널 디스트릭트 / 차이나타운 Intl. District / Chinatown 역에서 도보 6분, 7th & Jackson Chinatown 스트리트카 역에서 도보 3분 **홈페이지** www.wingluke.org **지도** p.79-K

TRAVEL TIP

100년 전으로 떠나는 시간 여행
히스토릭 호텔 투어 Historic Hotel Tour

윙 루크 박물관에는 무료 투어로만 관람 가능한 곳이 있다. 상점과 호텔로 쓰이던 박물관 옆 건물을 기증받아 만들어진 전시 공간이다. 45분간의 짧은 시간 동안 과거로의 여행을 떠나는 윙 루크 박물관의 백미라 할 수 있다. 가이드의 안내에 따라 안으로 들어서면 100년을 훌쩍 거슬러 올라가 1910년대의 모습 그대로 재현한 중국 상점을 만난다. 객실로 쓰이던 2층에는 중국, 일본, 베트남 등 각 국가별 초기 이민자들의 생활 모습을 재현해 놓았다. 특히 이 건물에서 1920년대부터 1980년대까지 살았던 중국계 이민자의 생활 공간은 지역 사회와 디자이너의 도움을 받아 재현한 것으로, 초기 이민자들의 삶을 생생히 전한다.

투어 시간 매주 화~일요일 10:30~15:30(1시간 간격) **투어 신청** 관람 당일 입구 매표소에서 신청

Restaurant & Bakery

다운타운 Downtown

ⓢⓢ 핑크 도어
Pink Door
▶ 이탈리아 가정식

분홍빛 문 너머 이탈리아의 깊은 맛!

포스트 앨리의 좁은 골목 끝 즈음, 분홍색 문이 보인다면 거기가 바로 핑크 도어다. 작은 문 뒤로 피렌체의 두오모에서 영감을 받아 꾸몄다는 로맨틱한 공간이 펼쳐지고, 안으로 쭉 들어가면 엘리엇만이 내려다보이는 홀이 나온다. 오너인 이탈리아계 미국인 재키 로버츠 Jackie Roberts는 유행을 좇기보다는 어린 시절에 먹던 음식의 맛과 레시피를 이어가는데 집중하고 있다. 링기니 알레 봉골레 Linguine alle Vongole($21) 한 접시만 먹어 봐도 이 집의 진가를 알 수 있다. 주말 정찬을 원한다면 반드시 사전에 예약할 것!

주소 1919 Post Alley **전화** 206-443-3241 **오픈** 월~목요일 11:30~23:30, 금·토요일 ~01:00, 일요일 16:00~22:00 **휴무** 없음 **교통** 2nd Ave & Stewart St 버스 정류장에서 도보 4분 **홈페이지** www.thepinkdoor.net **지도** p.80-A

ⓢ 이바스 에이커스 오브 클램스
Ivar's Acres of Clams
▶ 해산물 식당

클램차우더의 원조는 여기!

1938년 이바르 하글런드 Ivar Haglund가 워터프런트 피어 54에 개장한 시애틀 최초의 수족관이 이 식당의 출발이다. 최초의 수족관을 구경하려고 모여든 사람들에게 조개 수프를 팔기 시작한 것이 어마어마한 규모와 역사, 명성을 자랑하는 이바스 에이커스 오브 클램스의 시작이었다. 실제로 시애틀 사람들은 파이크 플레이스 차우더(p.108)보다 이바스의 클램차우더를 한 수 위로 친다. 바닷가 노천 테이블에 앉아 항구를 드나드는 배들을 바라보며 먹는 이바스 페이머스 클램차우더 Ivar's Famous Clam Chowder($8.50) 한 그릇은 특별한 한 끼가 될 것. 다양한 해산물 메뉴도 추천할 만하다.

주소 1001 Alaskan Way **전화** 206-624-6852 **오픈** 일~목요일 11:00~21:00, 금·토요일 11:00~22:00 **휴무** 없음 **교통** 2nd Ave & Seneca St 버스 정류장에서 도보 7분 **홈페이지** www.taylorshellfishfarms.com **지도** p.80-C

카페 캉파뉴
Cafe Campagne
▶ 프랑스 음식점

프랑스식 브런치를 먹고 싶다면 이 곳!

오너인 피터 루이스 Peter Lewis가 1987년 문을 열었을 때에는 캐주얼하고 평범한 식당이었지만, 1994년 포스트 앨리로 장소를 옮기면서 남프랑스풍 레스토랑으로 다시 문을 열었다. 이후 프랑스 요리와 와인이 좋은 평판을 얻으면서 지금은 주말에는 예약을 해야만 식사할 수 있을 정도로 성장했다. 브런치 시간대는 물론 저녁 시간까지 사람들의 발길이 끊이지 않는다. 주말에만 맛볼 수 있는 프랑스식 오믈렛인 오믈렛 초이시 Omelette Choisy($16), 귤과 보드카로 조미한 연어를 샐러드와 함께 내는 하우스 큐어드 코호 새먼 그래브락스 House Cured Coho Salmon Gravlax($17) 등 브런치 메뉴들도 인기다. 주말 브런치는 오전 8시부터 4시까지 주문 가능하다.

주소 1600 Post Alley **전화** 206-728-2233 **영업** 월~금요일 10:00~22:00(토·일요일 08:00~) / 해피아워 월~금요일 16:00~18:00 **휴무** 없음 **교통** 2nd Ave & Stewart St 버스 정류장에서 도보 3분 **홈페이지** cafecampagne.com **지도** p.80-A

브런치 메뉴인 프렌치토스트 브리오슈

비처스 핸드메이드 치즈
Beecher's Handmade Cheese
▶ 수제 치즈 공방

첨가제 없는 건강한 수제 치즈

성장 호르몬을 사용하지 않고 키운 소의 우유만 사용하는 수제 치즈 공방으로, 시애틀은 물론 동부 끝 뉴욕까지 진출할 만큼 인정받고 있다. 매장 한쪽에는 공장 일부가 노출되어 제품이 만들어지는 과정을 볼 수 있다. 어마어마한 크기의 솥에서 치즈가 만들어지는 모습을 보며 갓 만든 수제 치즈와 펜네를 넣은 맥 & 치즈 Mac & Cheese($8~10.97)를 먹어 보자. 세상에 이렇게 많은 종류의 치즈가 있다는 것에 또 한 번 놀라게 될 것.

주소 1600 Pike Place **전화** 206-956-1964 **영업** 09:00~19:00 **휴무** 없음 **교통** 2nd Ave & Stewart St 버스 정류장에서 도보 4분 **홈페이지** www.beechershandmadecheese.com **지도** p.80-A

판매 중인 치즈를 맛볼 수 있는 시식 코너

달리아 라운지
Dahlia Lounge
▶ 파인 다이닝

ⓢⓢⓢ

30년을 지켜온 정찬의 명성
시애틀의 대표적인 파인 다이닝 레스토랑 중 하나다. 스타 셰프인 톰 더글라스 Tom Douglas가 1989년에 문을 연 이후 30년 동안 자리를 지켜 왔다. 시애틀과 맞닿은 북태평양의 해산물로 요리한 음식들이 주력 메뉴로, 그중에서도 던저네스 크랩 케이크 Dungeness Crab Cakes($38)가 유명하다. 오픈 당시부터 유기농 식품 운동을 해 온 식당이기도 하다. 음식 맛은 훌륭하지만 명성만큼 가격도 만만치 않으니, 가격이 부담된다면 라운지 바로 옆에 위치한 베이커리에서 달리아의 명성을 가볍게 맛보는 것도 방법이다.

주소 2001 4th Ave **전화** 206-682-4142 **오픈** 점심 월~금요일 11:30~14:00, 브런치 토·일요일 09:00~14:00, 저녁 일~목요일 17:00~21:00(금·토요일 ~22:00) **휴무** 없음 **교통** Virginia St & 4th Ave 버스 정류장에서 도보 2분 **홈페이지** www.dahlialounge.com **지도** p.80-A

라운지와 연결된 달리아 베이커리

제철 채소와 함께 요리된 던저네스 크랩 케이크

시리어스 파이
Serious Pie
▶ 돌화덕 피자 전문점

ⓢⓢ

돌화덕에서 구워낸 피자의 맛!
장작을 때는 건 기본, 600℃로 달궈진 돌화덕에서 구워내는 피자로 입소문이 자자한 곳이다. 매일 직접 반죽한 도우 위에 프랑스 돼지고기, 아르티장 치즈 등 전 세계에서 공수해 온 좋은 재료들을 올려 굽는다. 워싱턴주에서 나는 아스파라거스, 토마토, 각종 허브 등 제철 식재료까지 더하면 어디서도 맛볼 수 없는 이곳만의 피자가 만들어진다. 오픈 키친을 통해 피자가 만들어지는 과정도 볼 수 있다.

평일 오후 3시부터 5시까지 해피 아워에는 모든 피자 메뉴를 절반 크기로 주문할 수 있고 가격은 모두 $7이다. 원래의 가격이 &17~19인 것을 감안하면 절반도 안 되는 가격에 맛볼 수 있는 것! 나 홀로 여행자에게 좋은 기회다. 계산서에 20%의 서비스 차지가 포함되어 있으므로 별도로 팁을 내지 않도록 주의하자.

주소 316 Virginia St **전화** 206-838-7388 **오픈** 11:00~23:00 / 해피 아워 월~금요일 15:00~17:00 **휴무** 없음 **교통** Virginia St & 4th Ave 버스 정류장에서 도보 2분 **홈페이지** www.seriouspieseattle.com **지도** p.80-A

입구에서 바로 보이는 돌화덕

파이크 플레이스 차우더
Pike Place Chowder
▶ 클램차우더 전문점

시애틀 여행의 인증 명소

클램차우더 하나로 시작해 유명해진 식당이다. 지금은 샐러드와 샌드위치 등 다른 메뉴도 팔지만 역시 대표 메뉴는 클램차우더로, 그중에서도 뉴잉글랜드 클램차우더 New England Clam Chowder가 최고 인기다. 빵을 추가하면 둥근 빵의 속을 파내고 수프를 찰랑찰랑하게 담아준다. 2015년에는 2만여 명이 참가하는 차우더페스트 Chowdafest에서 뉴잉글랜드 이외 지역의 레스토랑 중에서는 20년 만에 처음 우승하는 쾌거를 이뤘고, 더욱 유명해졌다. 이러한 명성 덕에 가게 문을 열기도 전에 긴 줄이 좁은 골목을 메운다. 모든 클램차우더의 가격은 양에 따라 스몰 $7.75, 미디엄 $8.75, 라지 $10.75, 쿼트 $19.25이며 시그니처 디시인 둥근 빵은 $12.95가 추가된다.

주소 1530 Post Alley, Ste 11 **전화** 206-267-2537 **오픈** 11:00~17:00 **휴무** 없음 **교통** 2nd Ave & Stewart St 버스 정류장에서 도보 3분 **홈페이지** www.pikeplacechowder.com **지도** p.80-A

더 크럼펫 숍
The Crumpet Shop
▶ 브런치

시애틀 최초의 영국식 전통 팬케이크 전문점

크럼펫 Crumpet은 영국식 전통 팬케이크를 부르는 말이다. 영국식 팬케이크는 미국식과는 달리 반죽을 틀에 넣어 작고 도톰하게 구워낸다. 더 크럼펫 숍은 1976년에 문을 연 시애틀 최초의 크럼펫 전문점이다. 창립자인 개리 래새터 Gary Lasater와 그의 가족이 40년이 넘게 운영하고 있다. 크럼펫 위에 잼이나 크림, 혹은 연어와 달걀 등 다양한 재료를 얹어 낸다. 그중에서도 초콜릿 헤이즐넛 잼과 리코타 치즈를 바른 크럼펫 Chocolate Hazelnut & Ricotta Crumpet($4.20), 훈제 연어와 크림치즈를 갈아 얹어내는 와일드 스모크드 새먼 블렌디드 위드 크림치즈 & 슬라이스드 큐컴버 Wild Smoked Salmon Blended with Cream Cheese & Sliced Cucumber($4.15)가 특히 인기다.

주소 1503 1st Ave **전화** 206-682-1598 **오픈** 07:00~15:00(금~일요일 ~16:00) **휴무** 화요일 **교통** 2nd Ave & Pike St 버스 정류장에서 도보 3분 **홈페이지** thecrumpetshop.com **지도** p.80-A

스토리빌 커피
Storyville Coffee
▶ 카페 & 로스터리

신선한 스페셜티 원두의 맛!
스타벅스의 물량 공세에 지쳐 버린 현지인들이 사랑하는 로스터리 카페다. 비행기를 들고 있는 소년의 로고도 인상적이지만 커다란 아치형 창문으로 쏟아져 들어오는 햇살과 붉은 벽돌의 조화, 창 너머로 파이크 플레이스 마켓의 간판과 바다가 보이는 분위기도 멋진 곳이다. 이곳에서는 로스팅한 지 2주 이내의 스페셜티 Specialty 원두만 사용한다. 카페 라테가 $4.85로 가격은 조금 비싼 편이지만, 공정 거래 및 유통을 지향하는 기업 가치, 신선한 커피 맛으로 충분히 그 값을 한다. 온라인 판매까지 영역을 넓혀 2006년부터는 미국 전역으로 신선한 로스팅 원두를 공급하고 있다. 파이크 플레이스 매장 외에 퀸 앤, 1st St & Madison St에도 매장이 있으며, 로스팅 스튜디오를 따로 운영한다.

주소 Pike Place Market, 94 Pike St, floor Suite 34(3층) **전화** 206-780-5777 **오픈** 07:00~18:00 **휴무** 없음 **교통** 2nd Ave & Pike St 버스 정류장에서 도보 3분 **홈페이지** storyville.com **지도** p.80-C

시애틀 커피 웍스
Seattle Coffee Works
▶ 카페 & 로스터리

시애틀 신사의 한 잔, 어반 로스터리
2006년 Pike St 모퉁이의 셔츠 가게에서 작은 팝업 스토어로 시작한 곳으로 커피를 든 신사의 옆모습이 상징이다. 시애틀의 유명한 로스터리들은 대부분 시 외곽에서 아이디어를 얻어 시작하다가 시내 중심가에서 양질의 원두를 판매하는 것에 초점을 맞췄다고 한다. 시애틀 커피 웍스도 차근차근 시설과 공간을 늘려 지금은 총 4개 지점을 운영 중이다. 발라드(발라드 커피 웍스)와 캐피틀 힐(캐피틀 커피 웍스)에서도 커피를 든 신사를 만날 수 있다.

주소 107 Pike St **전화** 206-340-8867 **오픈** 월~금요일 06:30~19:30(토요일 07:30~), 일요일 08:00~18:00 **휴무** 없음 **교통** 2nd Ave & Pike St 버스 정류장에서 도보 1분 **홈페이지** www.seattlecoffeeworks.com **지도** p.80-C

ⓢ
피로시키 피로시키
Piroshky Piroshky
▶ 러시아 제과점

속이 꽉 찬 러시아식 만두

1992년에 문을 연 러시아식 수제 빵집이다. 피로시키는 러시아식 만두라고 할 수 있는데, 소를 가득 채워 도톰하면서도 제각각 모양이 다른 것이 특징이다. 생선이나 고기, 소시지, 채소, 치즈 등을 넣기 때문에 한 끼 식사로도 손색이 없다. 다진 연어와 치즈가 들어간 물고기 모양의 스모크드 새먼 파테 Smoked Salmon Pate($6.85)가 최고 인기 메뉴! 줄을 서야 하지만 또 금세 줄어든다. 빵집 내부가 좁아 먹을 만한 공간은 없으니, 포장해서 소풍 삼아 길 건너 공원으로 나가 먹어 보자.

주소 1908 Pike Pl **전화** 206-441-6068 **오픈** 07:30~20:00 **휴무** 없음 **교통** 2nd Ave & Stewart St 버스 정류장에서 도보 5분 **홈페이지** www.piroshkybakery.com **지도** p.80-A

가게 밖에서도 제빵 과정이 훤히 보인다.

ⓢ
데일리 더즌 도넛 컴퍼니
Daily Dozen Doughnut Company
▶ 미니 도넛 전문점

눈으로 보고 한입에 쏙!

뜨거운 기름에 빠진 동그란 반죽이 도넛이 되는 과정을 직접 볼 수 있는 미니 도넛 전문점. 시애틀에서 가장 맛있는 도넛 가게 리스트에서 절대로 빠지지 않는다. 도넛은 총 6가지 종류가 있으며 낱개로는 살 수 없고 더즌(12개, $6)과 하프 더즌(6개, $4.5)만 판매한다. 한입 크기니 무조건 더즌(12개)을 구매하자. 가장 인기 있는 메뉴는 시나몬 도넛. 갓 튀겨 따끈따끈한 도넛이 입속에서 거짓말처럼 사라지는 경험을 하게 될 것이다.

주소 93 Pike St #7 **전화** 206-467-7769 **오픈** 08:00~17:00 **휴무** 없음 **교통** 파이크 플레이스 마켓 메인 간판 입구로 들어가 왼쪽으로 1분 **지도** p.80-C

벨타운 Belltown

틸리쿰 플레이스 카페
Tilikum Place Cafe
▶ 브런치 & 정찬

독일식 팬케이크인 더치 베이비가 최고 인기!

2012년에 문을 연 식당으로 주말 브런치가 유명하다. 주말에 예약하지 않고 브런치를 먹으려면 혼자라도 30분 이상 기다리게 될 확률이 크다. 이곳의 효자 메뉴는 더치 베이비 Dutch Baby(Classic $10, Savory $12)라는 독일식 팬케이크이다. 원래 더치는 네덜란드를 뜻하는 말이지만, 시애틀에 이 메뉴를 처음 소개한 가족의 어린 딸이 '도이치 Deutsch'를 '더치 Dutch'라 발음하는 바람에 도이치가 아닌 더치 베이비가 되었다고 한다. 팬째로 오븐에 구워낸 팬케이크 위에 슈거 파우더를 뿌리고, 레몬즙과 메이플 시럽을 더해 먹는다. 과일이나 직접 만든 초리소 Chorizo(스페인식 소시지)를 얹은 것도 있다. 달걀과 베이컨, 소시지 등으로 구성된 미국식 아침 메뉴도 판매한다.

주소 407 Cedar St **전화** 206-282-4830 **오픈** 목~화요일 11:00~15:00(토·일요일 08:00~), 17:00~22:00 **휴무** 수요일 **교통** Cedar St & Denny Way 버스 정류장에서 도보 2분 **홈페이지** www.tilikumplacecafe.com **지도** p.78-F

비스킷 빗치
Biscuit Bitch
▶ 비스킷 샌드위치 전문점

입안에서 폭발하는 고칼로리의 맛!

비스킷은 미국식 스콘쯤으로 설명할 수 있는 빵으로, 가벼워 보이지만 든든한 한 끼 식사가 된다. 비스킷 빗치는 시애틀 중심부인 파이크 플레이스 마켓, 파이어니어 스퀘어, 벨타운에 지점을 운영 중이다. 벨타운 지점은 다른 지점에 비해 여행객이 덜 몰리고 공간도 넓어 비교적 한가하게 식사를 즐길 수 있다. 비스킷에 그레이비소스를 올린 기본 메뉴부터 비스킷 사이에 달걀과 베이컨, 채소 등을 넣은 샌드위치 등을 판다. 칼로리 폭탄이기는 하지만 한입 먹어 보면 '될 대로 되라지' 하는 심정이 되고 말 것이다. 스팸이 들어간 빗치위치 Bitchwich($6.40)가 추천 메뉴.

주소 1711, 2303 3rd Ave **전화** 206-728-2219 **오픈** 월~금요일 07:00~14:00, 토·일요일 08:00~15:00 **휴무** 없음 **교통** 3rd Ave & Bell St 버스 정류장에서 도보 2분 **홈페이지** biscuitbitch.com **지도** p.78-F

넓은 내부와 외부 좌석을 갖춘 벨타운 지점

ⓢⓢⓢ
우미 사케 하우스
Umi Sake House
▶일본 이자카야

시애틀의 바다가 선사하는 일본의 맛

우미 사케 하우스는 손님이 방문할 때마다 다른 식당에 온 듯한 느낌을 받을 수 있도록 나무로 만든 스시 바와 서양 스타일의 홀, 일본 다다미 방 등의 다양한 공간을 갖추고 있다. 셰프가 메뉴를 알아서 구성해주는 일본식 코스 정식 오마카세는 시애틀 인근과 북서 태평양에서 잡힌 해산물로 구성되며, 가격은 1인당 $40~100대이다. 음식에 어울리는 일본산 사케도 60가지 이상 구비하고 있다. 저렴하게 초밥과 회를 먹을 수 있는 해피 아워 시간대도 인기다. 해피 아워의 사시미 세트 Sashimi Set는 $11에 5종류, 9점의 회를 맛볼 수 있다.

주소 2230 1st Ave **전화** 206-374-8717 **오픈** 16:00~02:00 / 해피 아워 16:00~18:00 **휴무** 없음 **교통** 2nd Ave & Bell St 버스정류장에서 도보 5분 **홈페이지** www.umisakehouse.com **지도** p.78-F

ⓢ
톱 포트 도너츠
Top Pot Doughnuts
▶도넛 전문점

미국 서부를 점령한 1920년대식 도너츠

2002년 문을 연 1920년대식 도넛 가게. 시애틀 내에 여러 개의 점포가 있으며, 스타벅스와 대형 마켓에까지 납품할 정도로 인정받은 곳이다. 이 가게의 이름에는 재미난 일화가 있는데, 가게의 공동 창업자들은 문을 열기도 전에 폐업하게 된 중국 레스토랑 'topspot'의 간판을 사들였다. 이 간판은 4년 넘도록 방치되면서 S자가 떨어져 나갔고, 이것이 그대로 매장의 간판으로 쓰이며 이름이 되었다고 한다. 현재 톱 포트 도너츠에서는 40여 가지의 구식 도너츠 Hand-forged Doughnuts(1개당 $1.29~$2.69, 6개 $12.99)를 판매한다. 딱 하나만 추천할 수 없을 정도로 모두 맛있지만, 기본을 맛보고 싶다면 역시 올드 패션드 Old Fashioned가 정답!

주소 2124 5th Ave **전화** 206-728-1966 **오픈** 월~금요일 06:00~19:00(토요일 07:00~) **휴무** 일요일 **교통** Blanchard St & 6th Ave 버스 정류장에서 도보 2분 **홈페이지** www.toppotdoughnuts.com **지도** p.78-F

와이파이와 전원 사용이 자유로워 디지털 족에게 더욱 사랑받는 곳

ⓈⓈ
레이디 염
Lady Yum
▶ 마카롱 전문점

청량한 샴페인과 달콤한 마카롱의 절대 조화!

마치 공주의 방처럼 아기자기하게 꾸며진 매장 안 쇼윈도에는 20가지 색, 20가지 맛의 마카롱이 진열되어 있다. 제각각 다른 맛의 마카롱에 잘 어울리는 샴페인까지 곁들이면 어른들의 간식 타임이 완성된다. 단짠의 정석 솔티드 캐러멜 Salted Caramel과 제철 과일의 맛에 상큼함을 더한 라즈베리 샤르도네 Raspberry Chardonnay 등 독특한 맛의 마카롱이 인기다. 가격은 1개당 $2. 매일 오후 4~7시 해피 아워에는 모든 와인을 $2씩 할인해주며 특정 마카롱을 1개당 $1에 맛볼 수 있다.

주소 2130 6th Ave **전화** 866-523-9986 **오픈** 10:00~22:00 / 해피 아워 16:00~19:00 **휴무** 없음 **교통** Blanchard St & 6th Ave 버스 정류장에서 1분, 아마존 고 건물 1층 **홈페이지** www.ladyyum.com **지도** p.78-F

샴페인은 모두 작은 병으로 판매한다.

마카롱 속에 들어가는 충전물을 맛볼 수 있는 시식 코너

Ⓢ
마크리나 베이커리 & 카페
Macrina Bakery & Cafe
▶ 베이커리 & 카페

전통 방식의 천연 발효 빵가게

이곳의 빵과 커피, 음식들은 지역에서 재배한 유기농, 제철 식재료를 사용한다. 그래서 이름도 공동체 생활의 철학과 유대 관계를 상징하는 성녀 마크리나 Macrina의 이름에서 따왔다. 전통 방식으로 천연 발효한 바게트와 로프, 브리오슈 등이 대표 메뉴이며, 마크리나의 빵으로 만든 간단한 아침 식사와 브런치 메뉴, 케이크도 판매한다. 비알리 에그 샌드위치 Bialy Egg Sandwich($8.75)는 브리오슈의 일종인 비알리 Bialy 빵에 달걀 프라이를 넣어 만드는 샌드위치로, 역시 아침 식사로 인기다. 벨타운 지점은 시애틀의 5개 매장 중 처음으로 문을 연 곳이다.

주소 2408 1st Ave **전화** 206-448-4032 **오픈** 07:00~18:00, 토·일요일 브런치 08:00~14:00 **휴무** 없음 **교통** 3rd Ave & Bell St 버스 정류장에서 도보 5분 **홈페이지** macrinabakery.com **지도** p.78-F

비알리 에그 샌드위치

퀸 앤 & 로어 퀸 앤 Queen Anne & Lower Queen Anne

코바
CÔBA
▶ 베트남 음식점

시애틀에서 맛보는 사이공 길거리 음식

호치민식 길거리 음식을 내는 베트남 식당으로, 사이공은 호치민의 옛 이름이다. 시애틀의 홍합과 조개로 만든 소스, 올림피아에서 자연 방사로 키운 닭의 달걀, 후드강 북쪽에서 자란 소 등 주변 지역에서 난 식재료로 베트남의 요리를 재현한다. 이 집의 인기 메뉴는 쌀국수 포 Pho와 베트남식 바게트 샌드위치 반미 Banh Mi다. 그중에서도 24시간 동안 우려낸 소고기 육수에 끓여내는 비프 립 포 Beef Rib Pho($16)는 단연 돋보이는 메뉴다. 스페이스 니들이 있는 시애틀 센터와 가까우니 둘러보고 나서 점심이나 저녁 식사 하러 들르기 좋다.

주소 530 1st Ave N **전화** 206-283-6614 **오픈** 11:00~21:00 **휴무** 없음 **교통** 1st Ave N & Mercer St 버스 정류장에서 도보 3분. 스페이스 니들에서 도보 10분 **홈페이지** www.cobaseattle.com **지도** p.78-B

진한 소고기 육수가 돋보이는 비프 립 포

툴루즈 프티 키친 & 라운지
Toulouse Petit Kitchen & Lounge
▶ 크레올 요리 전문점

동남부 요리법과 서북부 식재료의 조합!

다양한 미국식 메뉴를 취급하지만, 그중에서도 뉴올리언스의 크레올 Creole 요리가 유명하다. 크레올은 원래 서인도제도나 남아메리카에 정착한 유럽인들의 후예들을 뜻하는 말로, 이들의 문화와 식습관이 하나의 요리법으로도 자리 잡게 되었다. 프랑스, 스페인, 독일, 이탈리아, 아프리카 등의 요리법이 섞인 것이 특징이다. 이 집의 크레올 브랙퍼스트 클래식 메뉴 중 하나인 베이유 피셔맨스 브랙퍼스트 Bayou Fisherman's Breakfast($18)는 진한 소스와 신선한 해산물, 달걀의 조화가 일품이다. 평일 아침 해피 아워에는 조금 저렴하게 먹을 수 있다. 커피($5)는 프렌치 프레스로만 내리는데 원두는 수마트라 빈을 사용한다. 작은 컵으로 두 잔 정도 나온다.

주소 601 Queen Anne Ave N **전화** 206-432-9069 **오픈** 월~금요일 09:00~02:00(토·일요일 08:00~) / 브런치 ~15:00 / 해피 아워 월~금요일 08:00~10:00 **휴무** 없음 **교통** Mercer St & Queen Anne Ave N 버스 정류장에서 도보 2분 **홈페이지** toulousepetit.com **지도** p.78-B

베이유 피셔맨스 브랙퍼스트 크레올

파이어니어 스퀘어 Pioneer Square

살루미 아르티장 큐어드 미츠
Salumi Artisan Cured Meats
▶ 이탈리아 샌드위치 전문점

기다림도 기꺼이 감수하게 하는 아르티장 샌드위치

이탈리안 스타일의 델리 겸 샌드위치 전문점이다. 1903년 시애틀에서 최초로 이탈리아 식료품 수입상을 열었던 안젤로 머리노의 외손자이자 살루미 장인 알만디노 바탈리가 1999년 수입상이 있던 자리에서 딱 한 블록 떨어진 지금의 자리에 가게를 열었다. 아르티장(장인 匠人, 예술가)의 프로슈토, 소프레사타, 살루미 등 다양한 숙성육을 선보인다.

숙성 중인 고기들이 주렁주렁 매달린 입구부터 장인의 맛이 느껴진다. 점심을 먹으려면 오래도록 줄을 설 각오를 해야 한다. 아르티장 숙성육을 넣은 샌드위치($12~12.50)가 단연 인기이며 속재료는 주문하면서 취향에 맞게 고르면 된다. 여러 가지를 한번에 맛보고 싶다면 플래터($14~20)를 주문할 것.

주소 404 Occidental Ave S **전화** 206-621-8772 **오픈** 월요일 11:00~13:15(포장만 가능), 화~금요일 11:00~15:30 **휴무** 토·일요일 **교통** 3rd Ave S & S Main St 버스 정류장에서 도보 3분 **홈페이지** www.salumicuredmeats.com **지도** p.80-F

일 코르보 파스타
Il Corvo Pasta
▶ 수제 파스타 전문점

시애틀에서 가장 핫한 파스타는 여기 있다!

그날그날 정해진 3가지 메뉴만 판매하는 수제 파스타 전문점이다. 유기농 밀가루와 달걀로 반죽한 다양한 수제 파스타와 직접 구워 내는 식전 빵 치아바타가 이 집의 효자 메뉴다. 점심 시간인 11시부터 오후 3시까지 딱 4시간만 영업하고 주말에는 문을 닫는다. 또 주문은 패스트푸드 가게처럼 카운터에서 받고, 식전 빵과 음료는 손님이 직접 챙겨 정해주는 테이블에 앉아야 한다. 매우 불편해 보이지만 문을 열기 1시간 전부터 줄을 서기 시작할 정도로 대단히 인기 있다. 맛도 좋지만 메뉴를 간소화해 가격을 낮춘 것이 신의 한 수라 할 수 있다. 파스타 한 그릇에 약 $10선. 집에서도 먹을 수 있도록 포장된 소스와 면을 판매한다.

주소 217 James St **전화** 206-538-0999 **오픈** 월~금요일 11:00~15:00 **휴무** 토·일요일 **교통** 링크 라이트 레일 파이어니어 스퀘어 Pioneer Square 역 & 버스 정류장에서 도보 1분 **홈페이지** ilcorvopasta.com **지도** p.80-F

니르말스
Nirmal's
▶ 인도 음식 전문점

한 쟁반에서 맛보는 5가지 인도의 맛!

높은 천장과 붉은 벽돌의 인테리어가 유럽의 성을 연상시키지만 사실은 인도 음식점이다. 오너 셰프인 니르말 Nirmal은 인도 무굴 제국 시대 요리부터 현대의 길거리 음식까지 모두 섭렵한 인도인이다. 인도는 물론 이탈리아, 괌, 일본을 포함해 다양한 국가에서 요리한 경력을 자랑한다. 주력 메뉴는 커다란 쟁반에 난과 쌀밥, 5가지 메뉴를 올려주는 탈리스 Thalis ($20~30)다. 커리와 인도식 샐러드, 디저트가 포함된다. 인도식 밀크티 짜이는 함께 주문하면 계속 리필해준다.

주소 106 Occidental Ave S **전화** 206-683-9701 **오픈** 월~토요일 11:00~14:00, 17:30~22:00 **휴무** 일요일 **교통** 링크 라이트 레일 파이어니어 스퀘어 Pioneer Square 역 & 버스 정류장에서 도보 3분 **지도** p.80-F

더 런던 플레인
The London Plane
▶ 카페 & 브런치

시애틀의 유행을 한눈에 보여주는 공간

시애틀의 일상 유행을 한눈에 볼 수 있는 복합 공간이라고 할 수 있다. 한쪽에서는 카페, 다른 한쪽에서는 스페셜티 식재료 판매점, 또 한쪽에서는 꽃집을 운영한다. 한 사람이 아닌 각각의 오너가 모여 만든 공간이다. 카페에서는 신선한 커피와 천연 발효종 빵으로 아침 식사를 하거나 샐러드와 수프, 데일리 메뉴로 브런치와 점심 식사를 즐기기 좋다. 깔끔하고 세련된 분위기 덕분에 각종 촬영이나 이벤트 장소로도 인기다.

주소 300 Occidental Ave S **전화** 206-624-1374 **오픈** 월·화요일 08:00~17:00(수~금요일 ~21:00), 토요일 09:00~21:00(일요일 ~17:00) **휴무** 없음 **교통** S Jackson St & Occidental Ave Walk 스트리트카 역에서 도보 2분 **홈페이지** www.thelondonplaneseattle.com **지도** p.80-F

카페 움브리아
Caffe Umbria
▶ 카페 & 로스터

3대째 이어온 로스터리 가문의 커피

카페 움브리아는 이탈리아계 미국인 에마누엘레 비차리 Emanuele Bizzarri가 설립한 카페다. 비차리 가족은 1940년대부터 이탈리아 페루지아에 로스터리를 열기 시작해 3대째 커피 로스터 가문을 이어오고 있다. 오랜 역사만큼 뛰어난 로스팅 기술로 향이 깊은 에스프레소 커피를 내며, 함께 먹을 수 있는 쿠키와 크루아상 등도 판매한다. 시애틀에 3개 지점, 포틀랜드와 시카고에도 지점이 있다.

주소 320 Occidental Ave S **전화** 206-624-5847 **오픈** 월~금요일 06:00~18:00, 토요일 07:00~18:00, 일요일 08:00~17:00 **휴무** 없음 **교통** S Jackson St & Occidental Ave Walk 스트리트카 역에서 도보 2분 **홈페이지** caffeumbria.com **지도** p.80-F

캐피톨 힐 Capitol Hill

스테이트사이드
Stateside
▶ 베트남 & 프랑스 퓨전

($)

베트남의 맛과 유럽의 맛을 만났을 때!
미국인 셰프 에릭 존슨 Erik Johnson이 베트남과 프랑스 퓨전 메뉴를 선보인다. 포장 창고로 쓰였던 건물 내부를 콜로니얼 스타일(식민지와 본국의 문화가 접목해 탄생한 건축·공예 양식)로 꾸몄다. 야자수가 그려진 벽지와 오래된 전구, 푸른색의 녹슨 거울 등을 활용한 내부가 고전적이면서도 상큼하다. 베트남 스타일의 에그 베네딕트인 에그 바오네딕트 Eggs Bao'nedict($14), 수제 모타델라(이탈리안 소시지)를 넣은 반미 더 클래식 The Classic($9) 등의 퓨전 메뉴가 인기다. 하노이에 있는 140년 전통의 쌀국수집 차차라봉 Cha Cha la Vong의 시그니처 메뉴를 그대로 재현한 가물치튀김 쌀국수 차차라봉($28)을 추천한다.

주소 300 East Poke St **전화** 206-557-7273 **오픈** 17:00~22:30, 토·일요일 브런치 10:00~14:00 **휴무** 없음 **교통** Pike St & Boren Ave 버스 정류장에서 도보 2분 **홈페이지** www.statesideseattle.com **지도** p.81-E

베트남 스타일 에그 베네딕트, 에그 바오네딕트

스피나세
Spinasse
▶ 이탈리아 정찬

($)($)($)

푸드 채널이 선정한 5대 이탈리안 레스토랑
이탈리아 북부 피에몬테 Piemonte 지역의 전통 조리법을 현대적으로 접목한 메뉴를 낸다. 재료의 맛을 살린 단순하면서도 정갈한 메뉴로 미국 푸드 채널이 선정한 5대 이탈리안 레스토랑으로 뽑히기도 했다. 대표 메뉴는 소고기와 돼지고기를 넣어 만든 라구 소스에 밀가루와 달걀 노른자만으로 반죽한 파스타를 넣은 타야린 알 라구 Tajarin al Ragu($16, $28)다. 아주 가늘지만 한 올 한 올 식감이 살아 있는 파스타에 라구 소스의 깊은 맛, 올리브 오일과 치즈가 어우러졌다. 타야린 파스타는 양을 선택해 주문할 수 있다. 적은 양으로 주문하고 다른 메뉴도 주문해보자. 전채부터 디저트까지 어느 하나 흠잡을 데가 없다.

주소 1531 14th Ave **전화** 206-251-7673 **오픈** 17:00~22:00(금·토요일 ~23:00) **휴무** 국경일 **교통** E Pine St & 15th Ave 버스 정류장에서 도보 2분 **홈페이지** www.spinasse.com **지도** p.81-D

Special

알뜰한 식도락 여행을 위한 꿀팁
해피 아워

유난히 좋은 식재료에 공을 들이는 까닭에 시애틀 식당의 음식, 음료 가격은 만만치 않다. 맛 좋은 음식을 먹으려면 비싼 값을 치러야 하는 동네라 세금과 팁까지 얹으면 주머니를 털린 듯한 기분마저 든다. 이럴 때, 부담은 줄이면서 시애틀의 미식 리스트를 채울 수 있는 꿀팁은 바로 '해피 아워 적극 활용하기'다. 시애틀의 많은 식당들이 시애틀라이트들의 퇴근 시간에 맞춰 해피 아워를 운영한다. 탄력 근무제로 오후 4시면 퇴근해서 집으로 돌아가는 이들에게 미끼를 던지듯 해피 아워를 선사하는 것! 레스토랑에서는 한가한 시간에 테이블도 채우고 맛 좋은 메뉴를 저렴한 가격에 선보이며 다음을 기약하려는 전략이다. 시애틀의 해피 아워는 보통 저녁 시간 전후에 운영된다. 이른 저녁을 먹거나 아예 늦게 한잔을 즐기는 2가지 방법 중 본인의 여행 패턴에 맞는 해피 아워를 적극 활용해 보자.

신선한 회와 초밥을 마음껏!
우미 사케 하우스 Umi Sake House
주소 2230 1st Ave **위치** 벨타운
상세 정보 p.112
해피 아워 일~목요일 16:00~18:00, 22:30~영업 종료
추천 메뉴 사시미 세트 $8~11, 롤 $5.5~ 7, 사케(잔) $5, 미니 치라시 볼 $14
지도 p.78-F

다양한 해산물 정찬 메뉴를 저렴하게
툴루즈 프티 키친 & 라운지
Toulouse Petit Kitchen & Lounge
주소 601 Queen Anne Ave N **위치** 퀸 앤
상세 정보 p.114
해피 아워 16:00~18:00, 22:00~영업 종료
추천 메뉴 비프 슬라이더 $7.5, 브루스케타 $8~9, 사이더 & 맥주 $5~7.5
지도 p.78-B

버거에 감자튀김이 보너스!
8온스 버거 & 컴퍼니 8oz. Burger & Co.
주소 1401 Broadway
위치 발라드
상세 정보 p.174
해피 아워 16:00~18:00, 21:00~영업 종료
추천 메뉴 버거 + 감자튀김($11~16)
지도 p.152-I

스타 셰프 에단 스토웰 Ethan Stowell이 운영하는 이탈리안 식당
타볼라타 Tavolàta
주소 2323 Second Ave and 501 E Pike St
위치 다운타운
해피 아워 17:00~19:00, 22:00~23:00
추천 메뉴 뇨끼 알라 로마나 $12, 리가토니 $10, 맥주 $5, 칵테일 $7~ **지도** p.169-B

홀로 여행자에게 딱 맞는 크기
시리어스 파이 Serious Pie

주소 316 Virginia St
위치 다운타운
상세 정보 p.107
해피 아워 월~금요일 15:00~17:00
추천 메뉴 모든 종류의 피자 절반 사이즈 $7, 맥주 $4.50~7
지도 p.80-A

$1짜리 달콤함
레이디 염 Lady Yum

주소 2130 6th Ave
위치 다운타운
상세 정보 p.113
해피 아워 월~금요일 16:00~19:00
추천 메뉴 와인 $2 할인, 특정 마카롱 1개 $1
지도 p.78-F

바다 향을 담은 석화 요리
엘리엇츠 오이스터 하우스 Elliott's Oyster House

주소 1201 Alaskan Way Ste 100
위치 다운타운
해피 아워 15:00~18:00
추천 메뉴 생굴 15:00~16:00 1개당 $1.50, 16:00~17:00 1개당 $2, 17:00~18:00 1개당 $2.50, 레드 와인 1잔당 $5 **지도** p.169-B

최고로 핫한 석화 전문점
더 월러스 앤드 더 카펜터 The Walrus and the Carpenter

주소 4743 Ballard Ave NW
위치 발라드
상세 정보 p.173
해피 아워 월~목요일 16:00~18:00
추천 메뉴 석화 40% 할인 ($1.63~1.88), 칵테일 및 와인 세일(정해진 가격 없음)
지도 p.152-J

만 원의 행복, 남미 음식
더 매터도어 The Matador

주소 2221 NW Market St
위치 발라드
해피 아워 16:00~18:00, 22:00~01:00
추천 메뉴 스트리트 타코 1개 $2, 5개 $8, 케사디야 $5
지도 p.169-B

일본 가정식
모미지 Momiji

주소 1522 12th Ave **위치** 캐피틀 힐
해피 아워 16:00~19:00
추천 메뉴 사시미 세트 $8~11, 스시 세트 $8~9, 사케 $6
지도 p.81-D

맛 좋은 와인을 저렴한 가격대에 만나는 시간
리온느 13세 Rione XIII

주소 401 15th Ave E
위치 캐피틀 힐
해피 아워 일~목요일 17:00~19:00
추천 메뉴 오늘의 와인 1병 $20, 칵테일 스페셜 $7~8, 피자와 파스타 스페셜 각각 $12
지도 p.81-B

모든 메뉴를 반값 할인하는 파격적인 해피 아워
캐넌 Canon

주소 928 12th Ave **위치** 캐피틀 힐
해피 아워 월~목요일 17:00~18:00
추천 메뉴 석화 6개 $10, 램 로인 $15, 포크 벨리 번 $7.50
지도 p.81-F

ⓢⓢ
글로스 카페
Glo's Cafe
▶ 브런치

캐피톨 힐의 미국식 제철 요리

1987년 문을 연 식당으로 점심때까지만 영업한다. 여행객보다는 이른 아침부터 푸짐하고 맛 좋은 식사를 하려는 사람들로 늘 붐빈다. 스크램블 에그, 오믈렛 등 달걀로 만든 여러 가지 아침 메뉴($13.95~16.95)와 비스키츠 앤드 그레이비 Biscuits and Gravy($12.95), 다양한 채소를 넣어 만든 그릴드 베지테리언 프리타타 Grilled Vegetarian Frittata($13.85) 등이 인기다. $3.75를 내고 과일을 추가하면 여러 종류의 제철 과일을 넉넉하게 준다. 반드시 추가할 것! 커피는 드립 커피($2.25)만 있는데, 다 마시면 계속 리필해준다.

주소 1621 E Olive Way **전화** 206-324-2577 **오픈** 월~금요일 07:00~15:00, 토·일요일 12:00~16:00 **휴무** 없음 **교통** E Olive Way & Summit Ave E 버스 정류장에서 도보 1분 **홈페이지** www.gloscafe.com **지도** p.81-C

제철 과일을 추가 주문한 그릴드 베지테리언 프리타타

ⓢⓢ
볼런티어 파크 카페
Volunteer Park Cafe
▶ 브런치 & 베이커리

주택가에 숨은 오래된 맛집

볼런티어 파크 인근에 자리 잡은 베이커리 겸 카페로 역사가 100년이 넘었다. 조용한 주택가에 위치해 여행자들은 잘 모르는 숨은 맛집 중 하나다. 브루스 리가 잠들어 있는 레이크 뷰 묘지에 들렀다가 식사를 하거나 잠시 커피 한잔 하며 쉬어가기 딱 좋은 위치다. 아침, 점심 메뉴로는 데일리 키시 Daily Quiche($7)와 바나나 브리오슈 프렌치토스트 Banana Brioche French Toast ($14)가 인기다. 너무 기름지지 않은 저녁 메뉴도 평이 좋다. 포틀랜드의 유명 커피 로스터인 스텀프타운(p.275, p.331)의 원두를 사용한다.

주소 1501 17th Ave E **전화** 206-328-3155 **오픈** 화~금요일 07:00~16:30 17:30~21:00, 토요일 08:00~21:00, 일요일 08:00~16:30) **휴무** 월요일 **교통** 15th Ave E & E Highland Dr 버스 정류장에서 도보 6분 **홈페이지** alwaysfreshgoodness.com **지도** p.79-D

ⓢⓢ 더 완더링 구스
The Wandering Goose
▶ 브런치 & 카페

아침부터 든든하게 챙겨 먹고 싶을 때
좁고 긴 실내, 커다란 유리창으로 쏟아져 들어오는 햇살이 인상적인 더 완더링 구스. 워싱턴주의 제철 식재료를 사용한 미국 남부 스타일 메뉴를 내는 식당이다. 엄청난 칼로리를 자랑하는 독특한 메뉴들이 인기다. 석화와 삼겹살 튀김에 수란이 함께 나오는 행타운 프라이 Hangtown Fry($14), 꿀과 버터를 바른 비스킷에 프라이드치킨을 넣어 만든 샌드위치 앤트 애니스 Aunt Annie's($12), 베트남식 바게트 사이에 튀긴 석화, 토마토, 피클을 넣은 오이스터 포보이 Oyster Po' Boy($13) 등이 인기다. 꽤 느끼하니 음료를 꼭 주문할 것.

주소 403 15th Ave E **전화** 206-323-9938 **오픈** 07:00~16:00 / 프라이드치킨 프라이데이 디너 17:00~21:00 휴무 없음 **교통** 15th Ave E & E Harrison St 버스 정류장에서 도보 2분 **홈페이지** www.thewanderinggoose.com **지도** p.81-D

인기 브런치 메뉴, 행타운 프라이

ⓢ 허니 홀
Honey Hole
▶ 훈제육 샌드위치 전문점

손맛 가득한 훈제육과 소스로 만든 샌드위치
1999년 캐피틀 힐에 문을 연 샌드위치 전문점이다. 모든 종류의 고기(돼지, 소, 닭, 칠면조)를 직접 훈제하고, 각각 어울리는 소스까지 만드는 것으로 유명하다. 샌드위치는 따뜻한 것과 차가운 것, 그리고 채식주의자를 위한 것, 이렇게 세 종류로 나뉜다. 소 옆구리살 스테이크와 프로볼로네 치즈를 넣은 샌드위치 더 두드 The Dude($10), 훈제한 돼지고기에 파인애플 바비큐 소스를 사용한 샌드위치 버포드 티 저스티스 Buford T. Justice($9.50)를 추천한다. 기름진 샌드위치와 어울리는 지역 맥주를 함께 주문하면 센스 넘치는 한 끼가 된다.

소고기와 치즈가 잘 어우러진 더 두드

주소 703 E Pike St **전화** 206-709-1399 **오픈** 11:00~24:00 휴무 없음 **교통** Broadway & E Pike St 스트리트카 역 & 버스 정류장에서 도보 3분 **홈페이지** thehoneyhole.com **지도** p.81-E

ⓢ 스킬렛 다이너
Skillet Diner
▶ 미국 가정식

유행에 가장 민감한 미국식 밥집
자기만의 개성을 어필하는 것이 유행처럼 되어버린 시애틀. 하지만 이곳은 정반대의 방식으로 사람들의 입맛에 맞춰 유행에 충실한 메뉴를 낸다. 미국식 밥집이라고 할 수 있는 스킬렛 다이너는 일주일 내내 아침부터 저녁까지 삼시 세끼를 모두 먹을 수 있는 식당이다. 대표 메뉴는 시애틀에서 가장 핫한 아침 식사 메뉴 3가지다. 바삭한 치킨과 달콤한 와플을 함께 먹는 프라이드치킨 & 와플 Fried Chicken & Waffle($12)과 우유와 버터를 듬뿍 넣어 구운 비스킷에 그래이비소스를 얹은 핸드 메이드 비스킷 & 세이지 그레이비 Hand-Made Biscuits & Sage Gravy($12), 진한 치즈 크림 소스가 일품인 클래식 맥 & 치즈 Classic Mac & Cheese($14)다.

프라이드치킨 & 와플

주소 4150, 1400 E Union St **전화** 206-512-2001 **오픈** 월~목요일 07:00~21:00(금~일요일 ~22:00) 휴무 없음 **교통** E Union St & 14th Ave 버스 정류장에서 도보 2분 **홈페이지** www.skilletfood.com/restaurant/capitol-hill/ **지도** p.81-F

베이커리 누보
Bakery Nouveau
▶ 베이커리 & 커피

주소 1435 E John St **전화** 206-858-6957 **오픈** 06:00~19:00 (토·일요일 07:00~) **휴무** 없음 **교통** E John St & 15th Ave E 버스 정류장에서 도보 2분 **홈페이지** www.bakerynouveau.com **지도** p.81-D

시애틀을 대표하는 베이커리

2005년 세계적인 제빵 대회인 쿠페 뒤 몽데 드 브랑제리 Coupe du Monde de Boulangerie에서 미국 팀을 승리로 이끌었던 제빵사 윌리엄 리먼이 William Leaman이 주인이다. 워낙 유명한 곳이라 이른 시간부터 사람들의 발길이 이어진다. 내부 공간이 작기도 하고 매장 주변이 주택가에 둘러싸여 있어 포장해 가는 사람이 대부분이다. 발효 빵부터 디저트류까지 뭐하나 흠잡을 데가 없지만 추천 메뉴는 10여 종에 이르는 크루아상($4~6)과 계절별로 내용물이 달라지는 키시 Quiche($4~6)다. 시즌 스페셜 키시는 특히 인기가 좋으니 꼭 먹고 싶다면 이른 아침부터 서두를 것!

버섯 & 시금치 키시

스타벅스 리저브 로스터리
Starbucks Reserve Roastery
▶ 카페 & 로스터리

주소 1124 Pike St **전화** 206-624-0173 **오픈** 07:00~23:00 **휴무** 없음 **교통** Pike St & Boren Ave 버스 정류장에서 도보 2분 **홈페이지** www.starbucksreserve.com **지도** p.81-E

스타벅스의 도전 정신과 열망이 가득!

전 세계에 단지 여섯 곳(상하이, 밀라노, 뉴욕, 도쿄, 시카고, 시애틀)에만 있다는 로스터리 매장 중 하나다. 이곳에서는 다른 매장에서는 볼 수 없는 스타벅스의 다양한 상품을 판매하며, 실험적 서비스를 운영하는 것으로 유명하다. 특히 시애틀은 스타벅스가 시작된 도시라서 이곳에서는 그 위상이 절로 느껴진다. 스타벅스의 숙련된 로스터와 바리스타를 한 자리에서 볼 수 있다. 매장 내부에는 어마어마한 크기의 로스팅 기기를 중심으로 커피를 주문할 수 있는 바와 홀, 빵과 피자를 연신 구워내는 제빵 코너, 로고가 박힌 다양한 상품을 판매하는 기념품점이 있다. 스타벅스 리저브 매장은 단순히 커피를 파는 브랜드가 아닌 식문화를 선도하는 기업이 되고 싶은 열망이 담긴 매장이라고 한다. 신제품을 출시하기 전, 고객들에게 미리 선보이고 평가를 받는 공간으로도 쓰인다.

에스프레소 비바체
Espresso Vivace
▶ 카페

라테 아트의 창시자가 설립한 카페
라테 아트의 창시자라고 알려진 데이비드 쇼머 David Schomer가 동업자 제네바 설리반 Geneva Sullivan과 함께 1988년 설립한 카페 겸 로스터리다. 최상급의 아라비카 원두를 수입해 진한 맛과 향을 끌어올리는 북부 이탈리아 방식으로 로스팅해 판매한다. 커피의 로스팅 및 라테 아트 등 일반인을 위한 커피 교실도 운영한다. 유명 셰프인 에머릴 라가세 Emeril Lagasse는 비바체의 에스프레소를 미국뿐 아니라 세계에서 최고라고 묘사하기도 했다. 창립자인 데이비드가 펴낸 〈에스프레소 : 전문가를 위한 테크닉〉은 한국에서도 번역 출간된 바 있다.

주소 532 Broadway E **전화** 206-860-2722 **오픈** 06:00~23:00 **휴무** 없음 **교통** Broadway E & E Mercer St 버스 정류장에서 1분 **홈페이지** espressovivace.com **지도** p.81-A

아날로그 커피
Analog Coffee
▶ 카페

아날로그 감성이 충만한 카페
만화책과 LP(옛 전축 음반) 음악을 즐길 수 있는 아날로그 콘셉트로 카페를 꾸몄다. 새하얀 벽 위에 매달린 신문, 테이블 위에 쌓여 있는 만화책, 매장 안에 은은하게 울려 퍼지는 LP 음반의 먼지 소음마저도 꽤 잘 어울린다. 현대적이고 깔끔한 분위기 덕분에 유명 생활지 〈킨포크〉에 실리기도 했다. 맥주처럼 탭을 틀어 따라주는 콜드 브루 커피와 스페인식 라테인 코르타도 Cortado가 인기다.

주소 235 Summit Ave E **전화** 없음 **오픈** 07:00~18:00 **휴무** 없음 **교통** Summit Ave E & E Olive Way 버스 정류장에서 도보 2분 **홈페이지** www.analogcoffee.com **지도** p.81-A

카페 비타
Caffe Vita
▶ 카페 & 로스터리

에스프레소 한 잔으로 증명되는 저력

1995년 시애틀에서 시작해 포틀랜드와 로스앤젤레스, 동부의 뉴욕과 브루클린에까지 진출한 실력 있는 커피 브랜드다. 카페와 로스터리를 함께 운영한다. 뉴욕의 토비스 Toby's나 블루 보틀 Blue Bottle과 견주어도 손색이 없다. 에스프레소를 좋아하는 사람이라면 수많은 커피 애호가들이 극찬한 이 카페만은 놓쳐서는 안 된다. 깊고 풍부한 향과 강한 쓴맛을 치고 올라오는 신맛의 조화가 일품이다. 함께 주는 탄산수 한 모금이면 입안에 남아 있던 끝맛까지 깔끔하게 정리된다.

주소 1005 E Pike St **전화** 206-712-2132 **오픈** 06:00~23:00(토·일요일 07:00~) **휴무** 없음 **교통** Broadway & E Pike St 스트리트카 역 & 버스 정류장에서 도보 2분 **홈페이지** www.caffevita.com **지도** p.81-F

제너럴 포퍼스 도너츠
General Porpoise Doughnuts
▶ 크림 도넛 전문점

엄마의 손맛에 마음까지 채운 크림 도넛

해군 모자를 쓴 고래가 로고인 제너럴 포퍼스 도너츠는 크림 도넛 전문점이다. 평소 대량 생산된 도넛에 회의를 느끼던 르네 에릭슨 Renee Erickson은 런던의 한 오래된 도넛 가게에서 영감을 받아 제너럴 포퍼스를 열었다. 엄마가 만들어주던 옛날 도넛을 만들어보자는 생각을 하게 된 것. 매일 정해진 양만큼만 생산하고, 시간대별로 판매하는 도넛이 따로 있다. 매일 보드에 시간대별로 판매되는 도넛의 종류를 게시한다. 쫄깃한 도넛, 그 안을 꽉 채운 잼이나 젤리, 커드, 크림의 향긋함과 달콤함은 여행으로 부족해진 당분을 채우는데 그만이다. 가격은 1개당 $3.85.

주소 1020 E Union St **전화** 206-900-8770 **오픈** 07:00~15:00 **휴무** 없음 **교통** Broadway & E Union St 버스 정류장에서 도보 2분 **홈페이지** gpdoughnuts.com **지도** p.81-F

몰리 문스 홈메이드 아이스크림
Molly Moon's Homemade Ice Cream
▶ 수제 아이스크림 전문점

아이스크림 하나로 조금 더 나은 세상을

워싱턴주에만 여러 개의 체인을 가지고 있는 아이스크림 전문점이다. 맛으로도 손꼽히지만, 바람직한 기업 가치를 실천하는 기업으로 더 유명하다. 매년 전체 수익금의 1%를 푸드 뱅크에 기부하고, 사회 환원 활동을 통해 지역의 기아 없애기 운동에 참여하고 있다. 아이스크림 하나를 살 때마다 세상이 조금 나아지는데 보탬이 된다면 더 달콤하지 않을까? 허니 라벤더, 솔티드 캐러멜과 같이 꾸준히 인기를 얻고 있는 맛이나 한정 기간에만 먹을 수 있는 시즈널 스페셜을 골라 보자. 가격은 한 스쿱에 $3.5.

주소 917 E Pine St **전화** 206-708-7947 **오픈** 12:00~23:00 **휴무** 없음 **교통** Broadway & E Pine St 스트리트카 역 & 버스 정류장에서 도보 2분 **홈페이지** www.mollymoon.com **지도** p.81-D

프랭키 & 조스 아이스크림
Franki & Jo's Ice Cream
▶ 식물성 아이스크림 전문점

채식주의자들을 위한 건강한 달콤함

우유나 달걀조차 먹지 않는 강경한 채식주의자인 비건 Vegan들도 먹을 수 있는 아이스크림을 판다. 우유나 달걀이 전혀 들어가지 않은 식물성 아이스크림으로 유명하다. 우유 대신 코코넛이나 캐슈넛 밀크를 사용하며, 유기농은 물론이고 유전자 조작을 하지 않은 식재료를 꼼꼼히 골라 쓴다. 아이스림을 담는 콘까지도 세심하게 신경 써서 글루텐 프리로 만든다. 건강한 먹거리를 지향하는 시애틀의 식음료 문화가 그대로 반영된 것이라 볼 수 있다. 활성탄이 들어 있어 후식으로 딱 좋은 솔티 캐러멜 애시 Salty Caramel Ash가 대표 메뉴다. 가격은 한 스쿱(120ml)에 $3.

주소 1010 E Union St **전화** 206-557-4603 **오픈** 12:00~23:00 **휴무** 없음 **교통** E Union St & Broadway 버스 정류장에서 도보 2분 **홈페이지** frankieandjos.com **지도** p.81-F

빅트롤라 커피 로스터스
Victrola Coffee Roasters
▶ 카페 & 로스터리

1920년대의 재즈 정신을 잇는 커피 전문점

2000년 캐피틀 힐 15th Ave에 첫 가게를 낸 카페 겸 로스터리로, 시애틀에 총 4개 지점을 운영한다. 1920년대에 인기리에 판매되던 축음기 브랜드에서 이름을 가져왔다. 재즈가 유행하던 시대의 자유분방함과 열정을 표방한다는 의미라고 한다. 고소하고 부드러운 맛이 뛰어난 빅트롤라의 커피는 원두 로스팅 단계부터 섬세한 로스팅과 블렌딩으로 정평이 나 있다. 일부 커피 마니아들 사이에서는 시애틀에서 맛있는 커피를 맛보려면 스타벅스보다 여길 가야 한다는 추천이 있을 정도다.

주소 411 15th Ave E **전화** 206-325-6520 **오픈** 06:00~22:00(일요일 ~21:00) **휴무** 없음 **교통** 15th Ave E & E Harrison St 버스 정류장에서 도보 2분 **홈페이지** www.victrolacoffee.com **지도** p.81-B

인터내셔널 디스트릭트 International District

츠쿠신보
Tsukushinbo
▶ 일본 가정식

가격도 맛도 착한 일본 가정식

일본인 가족이 운영하는 일본 가정식 식당이다. 초밥과 회를 저렴한 가격에 먹을 수 있는 런치 세트 메뉴로 인기몰이를 하고 있다. 물론 저녁 시간에도 손님은 많다. 런치 메뉴 중에서 잘 숙성된 회를 단촛물로 간한 밥 위에 올려주는 일본식 회덮밥 치라시 스시(런치 $11, 디너 $30)를 추천한다. 연어나 장어를 아보카도와 함께 올려내는 덮밥($10.95~12.95)도 있다. 저녁 시간에도 $10~20선에서 수준 높은 일본 음식을 맛볼 수 있는 것이 츠쿠신보의 장점이자 인기 비결이다. 간판 없는 이 식당을 알아보는 방법은 딱 하나. S Main St와 6th Ave가 만나는 길목, 사람들이 길게 늘어선 줄이 보인다면 바로 거기다.

주소 515 S Main S **전화** 206-467-4004 **오픈** 월요일 17:30~22:00, 화~목요일 12:00~14:00, 17:00~22:00, 금요일 12:00~14:00, 17:00~23:00, 토요일 17:00~23:00, 일요일 17:30~21:30 **휴무** 없음 **교통** 5th & Jackson 스트리트카 역에서 도보 3분 **홈페이지** tsukushinbo.juisyfood.com **지도** p.78-K

일본식 회덮밥 치라시 스시

도우 존 덤플링 하우스
Dough Zone Dumpling House
▶ 중국 음식점

굽고 삶고 찌고, 중국식 만두 천국

2014년 벨뷰 Bellevue에 1호점 식당으로 중국식 국수와 만두 워싱턴주에 5개 지점이 영업 터내셔널 디스트릭트 지점은 에 영업을 시작했다. 다양한 종류의 만두 한 판(6개)을 $6 정도에 판매한다. 그중에서도 독특한 맛을 원한다면 돼지고기 소를 넣고 살짝 구워내는 큐 바오 Q-Bao(5개 $9.50)에 도전해보자. 단, 국수는 향이 강한 것이 많으니 주의할 것.

마라 국수 Ma La Noodle와 새우 & 돼지고기 덤플링 Shrimp & Pork Steamed Dumplings

주소 504 5th Avenue S, Ste 109 **전화** 206-285-9999 **오픈** 11:00~22:00 **휴무** 없음 **교통** 링크 라이트 레일 인터내셔널 디스트릭트 / 차이나타운 Intl. District/Chinatown 역 & 버스 정류장에서 도보 3분 **홈페이지** www.doughzonedumplinghouse.com **지도** p.79-K

사우스 유니언 레이크 South Union Lake

ⓢⓢⓢ
스시 갓포 타무라
Sushi Kappo Tamura
▶ 일본 정찬

교토의 기품과 전통을 전하는 오마카세

일본 교토 출신의 셰프 타이치 기타무라 Taichi Kitamura가 유서 깊은 교토의 조리 방식을 북서 태평양의 해산물에 적용한 일본식 정찬을 내는 곳. 제철 식재료를 사용해 철마다 다른 메뉴를 선보여 시애틀라이트를 사로잡았다. 손님이 주문한 음식을 셰프가 눈앞에서 바로 만들어내는 '갓포 Kappo' 스타일 바 Bar를 갖추고 있다. 일본식 회덮밥인 치라시 스시($24)와 구운 찹쌀떡 위에 단팥을 올린 디저트($7)를 추천한다. 계절과 그날의 재료 상태에 따라 달라지는 7가지 코스, 오마카세($110)는 타무라의 자랑이다.

주소 2968 Eastlake Ave E **전화** 206-547-0937 **오픈** 월~목요일 11:30~14:00, 15:00~21:30, 금요일 11:30~14:00, 17:00~22:00, 토요일 11:00~14:00, 17:00~22:00, 일요일 11:00~14:00, 17:00~21:30 **휴무** 없음 **교통** Eastlake Ave E & E Allison St 버스 정류장에서 도보 2분 **홈페이지** www.sushikappotamura.com **지도** p.78-B

ⓢ
프레시 플라워스
Fresh Flours
▶ 일본 제과점

일본의 섬세함과 미국의 넉넉함이 녹아든 빵

도쿄에서 나고 자란 일본인 케이지 Keiji와 에츠코 Etsuko가 공동 창업한 베이커리로 2005년 7월 문을 열었다. 피니 리지 지점을 시작으로 발라드와 유니언 레이크 등에 총 4개 지점을 운영 중이다. 뉴욕 이스트 빌리지에서 제빵사로 일하던 케이지는 에츠코와 함께 노란색 트럭을 타고 미국을 횡단하며 제빵 경험을 쌓았다고 한다. 그 노력의 결과인지 프레시 플라워스의 페이스트리 맛은 단연 최고다. 크루아상과 쿠키, 케이크, 키시 등도 인기 메뉴다.

주소 432 8th Ave N **전화** 206-706-3338 **오픈** 월~금요일 07:00~18:00, 토·일요일 08:00~14:00 **휴무** 없음 **교통** Westlake Ave N & Mercer St 스트리트카 & 링크 라이트 레일 역, 버스 정류장에서 도보 5분 **홈페이지** www.freshfloursseattle.com **지도** p.78-B

Special

틀을 깨다
시애틀과 만난 한식

시애틀은 일찍부터 항구가 발달해 수많은 외국인들이 드나든 탓에 이국적인 문화를 폭넓게 수용해 왔다. 음식 문화에도 도전적이며 실험적인 기질이 그대로 드러난다. 골목골목 자리 잡은 이국적 식당이 그 증거다. 뉴욕이나 로스앤젤레스의 한인 타운과는 달리 의외의 장소에서 의외의 모습으로 한식당이 등장한다. 더욱 흥미로운 점은 가장 한국적인 것이 가장 세계적이라는 고정관념을 깨는 파격적인 메뉴이다. 한국의 요리법에 가미된 미국 또는 유럽의 무엇은 유레카를 외치게 할 것이다.

줄 Joule
파인 다이닝과 만난 한식

시애틀의 한식에서 셰프 레이첼 양 Rachel Yang을 빼놓고 이야기하기란 불가능하다. 시애틀라이트들이 사랑하는 한식당은 거의 레이첼 양이 운영하는 식당이기 때문. 그 선두에 바로 줄 Joule이 있다. 파인 다이닝에 어울릴 법한 식당 안으로 들어서면 오픈 키친에서 만들어진 음식들이 쉴 새 없이 테이블로 향하는 모습을 보게 된다. 한식인 듯 아닌 듯 알쏭달쏭해 보이지만 한 번 맛보면 한식의 맛이 느껴져 놀라게 된다. 이곳을 찾는 손님들은 대부분 현지인들로, 한국인이 등장하면 신기해할 정도다. 테이블보다 바에 앉을 것을 추천한다. 시애틀 스타일의 한식이 쉴 새 없이 만들어지는 모습을 지켜보는 특별한 경험을 할 수 있기 때문이다. 레이첼 양은 줄 외에도 한식 레스토랑 레벨 Revel과 한국식 구이 전문점 트로브 Trove도 운영 중이다. → p.179

찬 시애틀 Chan Seattle
사이드가 아닌 주인공이 되는 반찬

한식의 '반찬'이라는 개념은 미국인들에게는 매우 생소한 개념이다. 보통 사이드 디시 Side Dish라고 번역되긴 하지만, 양식에서 있어도 되고 없어도 그만인 사이드 디시는 한국의 반찬과 같은 의미라고 할 수 없다. 그런 반찬을 술과 곁들여서 제대로 된 하나의 요리로 선보이는 곳이 찬 시애틀이라 할 수 있다. 음식과 함께 술을 즐기는 한국식 문화를 시애틀식으로 해석하면 바로 이런 모습이 아닐까?

주소 86 Pine St **전화** 206-354-3564 **오픈** 17:00∼22:00 **지도** p.78-A

마리네이션 스테이션 Marination Station
중남미 길거리 음식과의 조우

한식이 멕시코 음식과 만나면 어떻게 될까? 그 결과는 매우 만족스럽다. 마리네이션 스테이션은 하와이안 요리, 한식과 멕시코 스타일을 접목한 퓨전 메뉴까지 낸다. 갈비를 얹은 타코, 김치 케사디야는 물론 김치와 돼지고기를 넣은 하와이언 푸드, 포케까지 있다. 미국의 대중적인 음식과 만난 한식의 변신은 친근한 맛으로 다가와 더욱 반갑다.

주소 1412 Harvard Ave **전화** 206-325-8226 **오픈** 11:00∼20:00 **지도** p.81-E

시티즌 식스 Citizen Six
한국 음식의 안주화

전혀 한국 음식이 나올 것 같지 않은 공간에서 한식을 만나면 유독 반갑다. 한식당을 가지 않아도 한식을 먹을 수 있을 만큼 대중화되었다는 의미가 아닐까 싶다. 시티즌 식스가 그렇다. 한국 음식을 안주로 내는 술집인데 점심 식사도 할 수 있다. 모든 메뉴는 기본적으로 미국 음식을 바탕으로 김치와 한국식 튀김, 볶음을 접목했다.

주소 945 Elliott Ave W #201 **전화** 206-588-2224 **오픈** 11:00∼22:00 **지도** p.78-A

Night Life

다운타운 Downtown

올드 스토브 브루잉 컴퍼니
Old Stove Brewing Co.
▶맥주 양조장

워터프런트를 장악한 크래프트 비어 맥주 탭 룸

2017년, 100년의 역사를 자랑하는 파이크 플레이스 마켓에서 탭 룸 Tap Room을 오픈한 맥주 양조장이다. 엘리엇만과 해안선을 배경으로 지는 해와 오가는 배들을 보며 들이키는 맥주는 그야말로 꿀맛이다. 총 16~23개 종류의 맥주를 생산하며, 워터프런트의 탭 룸에서 13개의 수제 맥주 크래프트 비어 Craft Beer를 맛볼 수 있다. 청량감이 돋보이는 에일 Ale, 진하고 깊은 맛의 IPA가 대세.

주소 1901 Western Ave 전화 206-602-6120 오픈 11:00~23:00 휴무 없음 교통 2nd Ave & Stewart St 버스 정류장에서 도보 8분 홈페이지 www.oldstove.com 지도 p.78-A

레이첼스 진저 비어
Rachel's Ginger Beer
▶수제 생강 맥주 전문점

생강과 유기농 재료들로 만든 건강음료

시애틀의 3개 지점을 비롯해 포틀랜드에도 분점을 운영하는 수제 진저 비어 전문점. 진저 비어 Ginger Beer는 생강에 레몬, 유기농 사탕수수, 설탕과 정제수, 이스트를 넣어 발효시킨 음료다. 유기농 재료로 소량을 생산, 판매하는 것을 원칙으로 하는 레이첼스 진저 비어(360ml, $5)는 건강 음료에 더 가깝다. 천연 재료들로 색을 낸 알록달록한 음료들은 미각을 자극하기에 충분하다. 진저 비어로 만드는 칵테일도 맛이 좋다. 그 중 모스코 뮬 Moscow Mule($9.5)이 단연 인기! 다양한 무알콜 음료도 판매한다.

주소 1530 Post Alley 전화 없음 오픈 일~목요일 11:30~24:00, 금·토요일 10:00~22:00 휴무 없음 교통 2nd Ave & Stewart St 버스 정류장에서 도보 4분 홈페이지 rachelsgingerbeer.com 지도 p.78-A

더 파이크 브루잉 컴퍼니
The Pike Brewing Company
▶수제 맥주 전문점

어반 브루어리의 정석!

1989년 핀켈 부부가 설립한 맥주 회사다. 파이크 브루잉 컴퍼니의 모든 맥주는 펍과 함께 운영되는 양조장에서 생산되는데, 펍 내부에는 엄청난 크기의 양조 탱크가 있다. 맥주의 역사를 볼 수 있는 마이크로 브루어리 뮤지엄 코너가 흥미로우며, 맥주가 만들어지는 과정을 견학하는 투어(화~토요일 15~16시, 1인당 $5)도 있다. 이곳에서도 역시 IPA와 에일 맥주가 대세! 어떤 것을 골라야 할지 모르겠다면 6가지 맥주를 맛볼 수 있는 비어 샘플러 Beer Sampler($12)를 주문해 보자.

주소 1415 1st Ave 전화 206-622-6044 오픈 11:00~24:00 휴무 없음 교통 2nd Ave & Pike St 버스 정류장에서 도보 3분 홈페이지 www.pikebrewing.com 지도 p.78-C

파이어니어 스퀘어 Pioneer Square ♥

더 파머시
The Pharmacy
▶크래프트 칵테일 전문점

약이 되는 크래프트 칵테일

일주일에 딱 3일, 목요일부터 토요일까지만 문을 여는 크래프트 칵테일 전문점이다. 당구장인 템플 발라드의 지하에 1960년대 스타일로 꾸민 내부가 범상치 않은데, 허브를 직접 우려낸 원액을 사용하거나, 독특한 조합으로 맛을 내는 특이한 칵테일로 유명하다. 버번위스키, 스카치위스키를 넣은 칵테일이 대표적이다. 그중에서도 리튼 하우스 라이 위스키 Rittenhouse Rye Whiskey와 허브로 만든 파머시 아마로 Pharmacy Amaro를 섞은 더 브루클린 The Brooklyn($14)을 마셔 보자. 약주가 따로 없다!

주소 126 S Jackson S 전화 206-682-3242 오픈 목~토요일 16:00~02:00 휴무 일~수요일 교통 S Jackson St & Occidental Ave Walk 스트리트카 역에서 도보 1분 홈페이지 thepharmacyseattle.com 지도 p.80-F

벨타운 & 퀸 앤 Belltown & Queen Anne

ⓢ ⓢ
스미스
Smith
▶크래프트 칵테일 전문점

주소 332 15th Ave E **전화** 206-709-1900 **오픈** 월~목요일 16:00~23:00(금~일요일 ~24:00) / 해피 아워 16:00~18:00, 22:00~ **홈페이지** www.smith seattle.com **교통** 15th Ave E & E Harrison St 버스 정류장에서 도보 2분 **지도** p.81-B

세상에 둘도 없는 특별한 칵테일

2007년 문을 연 첫날부터 듣지도 보지도 못한 칵테일이라고 회자되며 단박에 핫 플레이스로 급부상했다. 특히 계절이나 특정일에 맞춰 내놓는 신선한 아이디어의 칵테일은 늘 인기다. 보드카나 테킬라에 제철 허브와 과일 등을 담가 우려내 칵테일 베이스로 사용하는 것이 독특함의 비결이다. 보드카에 마살라 차이를 우려내 만든 마살라 뮬 Masala Mule, 위스키를 베이스로 레몬과 아몬드 시럽을 넣은 맑은 밀크 펀치 그레이트 프린스 Great Prince($13) 등을 마셔 보자.

ⓢ
홀리 마운틴 브루잉 컴퍼니
Holy Mountain Brewing Company
▶크래프트 맥주 양조장

오크통에서 숙성된 깊고 청량한 맛의 맥주

서로 다른 브루어리에서 일하던 두 사람이 만나 오크통에서 숙성시킨 맥주를 만들고자 세운 양조장이다. 오크통에서 맥주를 발효시킬 공간을 찾기 위해 다운타운에서는 좀 거리가 있는 퀸 앤에 자리를 잡았다. 품질 좋은 홉(맥주의 재료)이 오크통의 향과 어우러져 발효된 맥주는 깊고 청량한 맛을 낸다. 양조장과 함께 탭 룸도 운영한다. 작은 잔은 $2~3.5, 큰 잔은 $6~7 정도 한다. 오크향이 좋은 더 오엑스 The OX와 짙은 초콜릿 향이 돋보이는 킹스 헤드 King's Head를 추천한다.

주소 1421 Elliott Ave **전화** 없음 **오픈** 월~목요일 15:00~21:00, 금~토요일 12:00~22:00(일요일~21:00) **휴무** 없음 **교통** Elliott Ave W & W Galer St 버스 정류장에서 도보 5분 **홈페이지** www.holymountainbrewing.com **지도** p.78-A

캐피톨 힐 Capitol Hill

ⓢⓢ 라인 하우스 시애틀
Rhein Haus Seattle
▶ 독일식 맥주 전문점

엄청난 규모의 독일식 비어 하우스

캐피톨 힐에 위치한 독일식 맥줏집이다. 130여 명을 동시에 수용 가능한 홀과 외부의 테라스까지 합해 엄청난 규모를 자랑한다. 1940년대 사탕 공장으로 쓰이던 건물 내부를 유럽에서 공수해온 빈티지 가구와 소품으로 가득 채웠다. 총 24가지의 드래프트 비어 Draft Beer(효모가 살아 있는 생맥주), 독일식 소시지와 프레첼을 맛보면 단번에 독일로 날아간 듯한 기분을 느낄 수 있다. 엄청난 크기의 자이언트 프레첼($15)은 안주로도, 한 끼 식사로도 인기 만점이다.

주소 912 12th Ave **전화** 206-325-5409 **오픈** 월~금요일 16:00~02:00(토·일요일 11:00~) / 해피 아워 월~금요일 16:00~18:00 **휴무** 없음 **교통** E Madison St & 12th Ave 버스 정류장에서 도보 6분 **홈페이지** www.rheinhausseattle.com **지도** p.81-F

ⓢ 유니콘
Unicorn
▶ 카니발 콘셉트 바

1년 내내 어른들을 위한 카니발이 열리는 바

빙고 게임, 가라오케, 핀볼 아케이드 등의 게임을 하며 카니발 분위기를 내는 콘셉트 바다. 게임과 식음료를 즐길 수 있는 1층과 드래그 퀸 Drag Queen(남장이나 여장) 공연이 열리는 지하로 나뉜다. 1층 홀은 민트와 분홍색으로 꾸며진 몽환적인 내부, 거울과 유니콘으로 장식된 벽과 천창을 둘러보는 것만으로도 충분히 색다른 분위기를 느낄 수 있다. 무조건 만 21세 이상만 입장 가능하다. 지하는 나활 Narwhal이라는 별도의 바인데, 드래그 퀸 공연이 있을 때만 개방한다.

주소 1118 E Pike St **전화** 206-325-6492 **오픈** 월~금요일 14:00~02:00 (토·일요일 11:00~) **휴무** 없음 **교통** Broadway & E Pike St 스트리트카 역 & 버스 정류장에서 도보 3분 **홈페이지** www.unicornseattle.com **지도** p.81-F

옵티미즘 브루잉
Optimism Brewing
▶ 크래프트 맥주 양조장

종류보다는 맛에 집중하는 브루어리

2015년 12월 캐피틀 힐에 사는 트로이 Troy와 가이 Gay 부부가 100년이 넘은 공장 건물에 차린 맥주 양조장이다. 두 사람이 마이크로소프트 사에서 만나 25년간 간직해오던 양조장 주인이 되겠다는 꿈을 실현한 장소란다. 필스너, 에일, IPA, 흑맥주까지 거의 모든 종류의 맥주를 생산하고 있지만 종류보다는 사람들이 좋아하는 맛에 집중하는 브루어리다. 음식보다는 술에 집중하고픈 사람들에게 알맞다. 120ml(4oz.)짜리 작은 잔이 $2로, 여러 가지를 맛본 후 마음에 드는 것을 큰 잔(240ml $3.75, 480ml $6.35)으로 주문하는 방법을 추천한다.

주소 1158 Broadway **전화** 206-651-5429 **오픈** 월~목요일 12:00~23:00 (금·토요일 ~24:00, 일요일 ~21:00) **휴무** 없음 **교통** Broadway & E Union St 버스 정류장 바로 앞 **홈페이지** www.optimismbrewing.com **지도** p.81-E

레드훅 브루랩
Redhook Brewlab
▶ 크래프트 맥주 전문점

시애틀 크래프트 맥주 역사의 한 페이지

레드훅 브루랩은 1981년 발라드에 위치한 작은 양조장에서 시작해 1994년 우딘빌에 약 4000만 리터의 최첨단 양조장을 설립, 꾸준히 성장해 온 레드훅 브루어리의 시음장이다. 시애틀 크래프트 맥주 역사의 한 축이라 할 수 있다.

대표 맥주는 1987년에 처음 출시된 엑스트라 스페셜 비터 ESB(Extra Special Bitter)다. ESB는 캐러멜을 녹인 듯한 은은한 단맛으로 바나나 맥주라는 별명을 얻으며 대단한 반향을 일으켰고, 레드훅 브루어리를 상징하는 맥주로 지금까지 꾸준히 생산되고 있다. 캐피틀 힐 지점에서는 실험적 생맥주 16가지를 맛볼 수 있다. 37년간의 역사와 시애틀 크래프트 맥주 시장의 경향을 한번에 꿸 수 있는 장소다.

주소 Pike Motorworks Building, 714 E Pike St **전화** 206-823-3026 **오픈** 월~수요일 15:00~22:00(목요일 ~23:00, 금요일 ~24:00), 토요일 12:00~24:00(일요일 ~22:00) **휴무** 없음 **교통** Broadway & E Pike St 스트리트카 역 & 버스 정류장에서 도보 2분 **홈페이지** redhook.com/breweries-pubs/capitol-hill **지도** p.81-F

Shopping

퍼시픽 플레이스
Pacific Place
▶ 종합 쇼핑몰

주소 600 Pine St **전화** 206-405-2655 **오픈** 월~토요일 10:00~20:00, 일요일 11:00~19:00 **교통** 웨스트레이크 Westlake 역에서 도보 1분 **홈페이지** www.pacificplaceseattle.com **지도** p.80-B

합리적인 가격대의 복합 쇼핑몰
다운타운 한가운데 있는 쇼핑센터. 고가의 럭셔리 브랜드보다는 실용적이고 합리적인 가격대의 50여 개의 브랜드 숍이 입점해 있다. 앤 테일러 Ann Taylor, 마이클 코어스, 빅토리아 시크릿, 코치 등 미국산 상품들이 주를 이룬다. 10여 개의 식음료점과 멀티플렉스 영화관까지 갖추고 있어 쇼핑은 물론 먹고 즐기는 것까지 모두 해결 가능하다.

노드스트롬
Nordstrom
▶ 백화점

주소 500 Pine St **전화** 206-628-2111 **오픈** 월~금요일 09:30~21:00 (토요일 10:00~), 일요일 10:30~19:00 **교통** 웨스트레이크 Westlake 역에서 바로 연결 **홈페이지** shop.nordstrom.com **지도** p.80-B

시애틀에서 시작된 토박이 백화점
시애틀이 알래스카와 유콘 준주의 금광으로 가는 채굴꾼들의 베이스캠프 역할을 하던 시절인 1901년에 구두 전문점에서 시작된 백화점이다. 1960년대까지는 신발만 생산하다가 그 후로 종합 쇼핑몰로 변신, 2018년에는 뉴욕 맨해튼까지 진출했다. 샤넬과 크리스찬 디올, 루이비통 등의 럭셔리 브랜드는 물론 노스트롬의 전통적인 상품인 가죽 잡화 매장까지 모두 갖추고 있다. 웨스트레이크 Westlake 역 지하에서 연결되며, 옆 건물에는 상설 할인 매장 노드스트롬 랙 Nordstrom Rack을 운영한다.

메이시스
macy's
▶ 백화점

주소 300 Pine St **전화** 206-506-6000 **오픈** 월~목요일 09:00~22:00(일요일 ~21:00), 금·토요일 08:00~24:00 **교통** 웨스트레이크 Westlake 역에서 바로 연결 **홈페이지** www.macys.com **지도** p.80-A

미국의 대표적인 백화점
1858년에 설립된 메이시스는 미국 전역에 740여 개가 넘는 매장을 운영하는 대표적인 백화점이다. 시애틀 다운타운점은 랄프 로렌, 캘빈 클라인, 크리니크, 에스티 로더, 레비스 Revis를 포함한 각종 패션 및 코스메틱 브랜드들을 만날 수 있다. 노드스트롬과 마찬가지로 웨스트레이크 역 지하에서 백화점으로 바로 연결되는 통로가 있다.

나이키 시애틀
Nike Seattle
▶브랜드 전문 매장

주소 1500 6th Ave 전화 206-447-6453 오픈 일~목요일 10:00~20:00(금·토요일 21:00) 교통 Pike St & 6th Ave 버스 정류장에서 도보 2분 홈페이지 www.nike.com/us/en_us/retail/en/nike-seattle 지도 p.80-B

나이키의 전설, 마이클 조던 컬렉션
역시 대형 쇼핑몰들이 모여 있는 다운타운의 중심가, 파이크 스트리트에 자리 잡고 있다. 원래 시애틀의 나이키 매장은 나이키 타운이라는 특별 매장 형태였으나 지금은 대규모 나이키 매장이 곳곳에 생기면서 타운이라는 수식어를 뗐다. 총 2개 층으로 남성, 여성, 어린이로 매장 구성이 나뉜다. 다른 매장에 비해 특화된 마이클 조던 코너는 여전히 인기 만점으로 다른 매장에서는 판매되지 않는 품목까지 갖추어 마니아들 사이에서는 꼭 들러야 할 곳으로 꼽힌다.

매리너스 팀 스토어
Mariners Team Store
▶브랜드 전문 매장

주소 1800 4th Ave 전화 206-346-4327 오픈 월~토요일 10:00~17:00, 일요일 11:00~17:00 교통 Stewart St & 3rd Ave 버스 정류장에서 도보 3분 홈페이지 www.mlb.com/mariners/ballpark/information/team-stores 지도 p.80-A

야구 팬들을 위한 기념품 숍
시애틀이 홈인 프로야구 팀 매리너스의 유니폼, 모자, 소품을 판매한다. 매리너스는 이대호 선수가 활동했던 팀이기도 하다. 이제 이대호 선수의 유니폼은 만나볼 수 없고, 전설적인 외야수 켄 그리피 주니어 Ken Griffey Jr.(24번)와 일본인 외야수 이치로 스즈키 Ichiro Suzuki (51번)의 등번호가 새겨진 유니폼 등이 인기 있다. 사계절 상품을 모두 판매하는데 이월 상품 코너를 이용하면 저렴하게 구매 가능하다.

메이드 인 워싱턴
Made in Washington
▶특산품 전문점

주소 1530 Post Alley 전화 206-467-0788 오픈 10:00~18:00 교통 2nd Ave & Stewart St 버스 정류장에서 도보 3분 홈페이지 www.madeinwashington.com 지도 p.80-A

워싱턴주 특산품으로 기념품 쇼핑
시애틀뿐만 아니라 워싱턴주에서 생산되는 특산품을 판매하는 곳으로, 250여 개 업체의 수공예품과 식료품을 취급한다. 1984년 파이크 플레이스 마켓에 연 1호점을 시작으로 웨스트레이크 센터 등 시애틀 지역에만 총 4개의 점포를 운영 중이다. 인스턴트 클램차우더 가루와 말린 훈제 생선, 헤이즐넛 등이 인기 품목이다.

디 로렌티
DeLaurenti
▶수입 아르티장 식재료 전문점

유럽산 고급 아르티장 푸드가 한 곳에

역시 파이크 플레이스 마켓 근처에 있으며, 창업한 지 60년이 훌쩍 넘은 고급 식료품점이다. 수백 종류 이상의 와인, 치즈, 햄, 파테, 빵, 올리브 오일 등 유럽 전역에서 수입되는 아르티장 식재료와 와인을 판매한다. 고급 식재료나 색다른 아이템을 찾는 여행객이라면 가볼 만하다. 숍 한쪽에서는 델리와 카페도 운영한다.

주소 1435 1st Ave **전화** 206-622-0141 **오픈** 월~토요일 09:00~18:00, 일요일 10:00~17:00 **교통** 2nd Ave & Pike St 버스 정류장에서 도보 2분 **홈페이지** www.delaurenti.com **지도** p.80-C

파이크 & 웨스턴 와인 숍
Pike & Western Wine Shop
▶세계 와인 전문점

전 세계의 유명 와인부터 컬트 와인까지!

1975년 창업한 이래 40년이 넘게 자리를 지켜온 와인 수입 판매 전문점. 워싱턴주와 오리건주에서 생산한 와인은 물론 캘리포니아 등지의 미국산 와인, 이탈리아와 스페인, 프랑스에서 수입된 와인까지 취급한다. 한국에는 들어오지 않는 브랜드나 품종을 고르는 것이 요령. 요즘 대세인 컬트 와인(소량 생산되는 고품질 와인)도 좋은 선택이 될 것!

주소 1934 Pike Place **전화** 206-441-1307 **오픈** 월~금요일 10:00~18:30(토요일 09:30~), 일요일 12:00~17:00 **교통** 파이크 플레이스 마켓 Pike Place & Virginia St 코너에 위치 **홈페이지** www.pikeandwestern.com **지도** p.80-A

인트리그
Intrigue
▶수제 초콜릿 전문점

미식의 끝, 송로버섯을 넣은 가나슈

미식가들의 열렬한 지지를 받는 트러플(송로버섯)을 넣은 가나슈($2)가 대표 상품인 수제 초콜릿 전문점이다. 보존제를 첨가하지 않고 설탕 역시 거의 넣지 않는다. 계절에 맞춰 나오는 허브와 과일만 사용하는 것도 이곳의 철칙이다.

재료가 좋지 않으면 그 라인의 제품 생산을 아예 중단할 정도라고 한다. 트러플 바 Truffle Bar($10)나 핫 코코아 믹스 Hot Cocoa Mix($14), 허브맛 초콜릿($12)은 선물이나 기념품으로도 좋다. 미식가로 자부하는 사람이나 초콜릿 마니아라면 찾아가볼 만하다.

주소 157 S Jackson St **전화** 206-829-8810 **오픈** 월~금요일 10:00~19:00(토요일 ~18:00, 일요일 11:00~) **휴무** 없음 **교통** S Jackson St & Occidental Ave S 스트리트카 역 도보 1분 **홈페이지** www.intriguechocolate.com **지도** p.80-F

인디 초콜릿
Indi Chocolate
▶ 초콜릿 상품 전문점

먹고 마시고 바르는 신개념 초콜릿

먹는 초콜릿은 물론이고 마시고 몸에 바를 수 있는 초콜릿 제품을 선보이는 전문점이다. 카카오의 유용한 성분을 추출해 만든 보디 케어 라인, 스킨 케어 라인 중에서도 카카오 버터로 만든 보디로션($12~22)이 히트 상품이다. 술에 우려내 칵테일을 만들 수 있는 카카오 인퓨전 키트($22), 카카오에 향을 입혀 만든 초콜릿 티($10), 초콜릿으로 만든 다양한 베이커리류도 인기다. 초콜릿을 활용한 다양한 체험 프로그램도 운영하니 일정과 비용은 홈페이지에서 확인할 것.

주소 1901 Western Ave, Suite D **전화** 425-243-2089 **오픈** 일~목요일 08:00~18:00(금·토요일 ~19:00) **교통** 2nd Ave & Stewart St 버스 정류장에서 도보 7분 **홈페이지** indichocolate.com **지도** p.80-A

쇼콜로폴리스
Chocolopolis
▶ 초콜릿 편집 숍

전통 기법으로 만든 아르티장 초콜릿의 천국

전 세계에서 수입한 아르티장·스페셜 초콜릿을 판매하는 초콜릿 편집 숍이다. 전 세계에서 카카오 빈으로 유명한 도시와 브랜드의 초콜릿을 만날 수 있다. 초콜릿 애호가에게 더욱 풍부한 경험을 선물하고 싶다는 생각으로 창업했다고 한다. 오크통에 맥주를 숙성하는 양조장 홀리 마운틴 브루잉 컴퍼니(p.131)와도 가까우니 함께 둘러보아도 좋다.

주소 1631 15th Ave W, Suite 111 **전화** 206-282-0776 **오픈** 월요일 예약 손님만, 화~금요일 13:00~18:00, 토요일 11:00~15:30 **휴무** 일요일 **교통** 15th Ave W & W Armory Way 버스 정류장에서 도보 5분 **홈페이지** www.chocolopolis.com **지도** p.78-A

 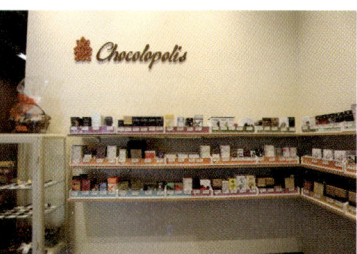

어글리 베이비
Ugly Baby
▶ 소품 및 잡화점

아기자기한 선물이나 기념품을 원한다면 여기!

이름과 달리 귀여운 아기의 얼굴이 로고인 어글리 베이비는 톡톡 튀는 아이디어가 돋보이는 소품을 판매한다. 잘 찾지 않으면 그냥 지나치기 쉬우니 보물찾기 하는 마음으로 찾아가 볼 것! 시애틀과 워싱턴주에서 활동하는 작가들의 다양한 아트 워크를 판매한다. 비누나 인형, 엽서, 인형 DIY 키트 등 작은 소품들이 주를 이룬다. 아기자기한 소품을 좋아하는 사람이라면 선물이나 기념품을 구매하기에 딱 좋은 곳.

주소 1430 Western Ave **전화** 206-696-0089 **오픈** 월~토요일 11:00~18:00(일요일 ~17:00) **교통** 2nd Ave & Pike St 버스 정류장에서 도보 7분 **홈페이지** www.uglybabyandlaru.com **지도** p.80-C

로봇 vs. 슬로스
Robot vs. Sloth
▶소품 및 잡화점

스페이스 니들 기념품은 여기서 사자
로봇과 슬로스 캐릭터를 모티브로 한 소품, 잡화를 판매한다. 첨단을 상징하는 로봇과 느릿느릿한 나무늘보가 그려진 로고가 깜찍하다. 시애틀을 상징하는 스페이스 니들이나 대관람차에 올라탄 나무늘보가 그려진 티셔츠, 에코 백, 에나멜 핀 등이 최고 인기 상품이다. 이외에도 문어, 토끼, 고양이 등 누구나 좋아할 만한 동물 캐릭터가 그려진 상품도 눈길을 사로잡는다.

주소 1535 1st Ave **전화** 206-485-7392 **오픈** 월~금요일 10:00~18:00 (토·일요일 09:00~) **교통** 2nd Ave & Stewart St 버스 정류장에서 도보 3분 **홈페이지** www.robotvsloth.com **지도** p.80-A

시애틀 앤티크 마켓
Seattle Antiques Market
▶골동품점

미국 전역에서 수집된 19세기와 20세기의 유물들
1978년에 문을 연 시애틀 앤티크 마켓은 시애틀 수족관 건너편, 고가 아래 숨은 보물상점이다. 557m² 규모를 골동품들이 꽉 채우고 있다. 미국 전역에서 수집한 잡지와 신문, 의류와 액세서리, 가구, 가전제품, 인테리어 소품 등 오래된 것이라면 없는 것이 없다. 19세기와 20세기 속으로 걸어 들어가 보는 것만으로도 흥미로운 경험이 될 것!

주소 1400 Alaskan Way **전화** 206-623-6115 **오픈** 10:00~18:00 **교통** 2nd Ave & Pike St 버스 정류장에서 도보 7분 **홈페이지** www.seattleantiquesmarket.com **지도** p.80-C

무레아 실
Moorea Seal
▶디자이너 편집 숍

시애틀 감성이 녹아든 핫 트렌드는 여기!
전 세계에서 세심하게 선별, 수집한 패션 상품들을 판매한다. 대형 럭셔리 브랜드보다는 독특하고 세련된 콘셉트로 작업하는 개인 디자이너 혹은 소상공인의 브랜드를 들여 놓았다. 시애틀 감성의 자연 친화적이면서도 현대적인 감각의 의류, 잡화, 화장품 등 장르도 다양하다.

주소 1012 1st Ave **전화** 206-728-2523 **오픈** 10:00~19:00 **교통** 2nd Ave & Seneca St 버스 정류장에서 도보 3분 **홈페이지** www.mooreaseal.com **지도** p.80-D

아마존 고
Amazon Go
▶ 무인 편의점

아마존 기술력의 집약체
아마존에서 실험적으로 오픈한 무인 편의점이다. 전용 어플리케이션을 스마트폰에 다운로드해서 매장 입장부터 계산하고 나올 때까지 사용하게 된다. 매장에 들어가 원하는 물건을 집으면 바로 해당 제품명과 가격이 스마트폰에 인식되어 디지털 장바구니에 담긴다. 제자리에 돌려 놓으면 장바구니에서도 삭제된다. 최종 결정한 품목은 등록해둔 신용카드로 바로 결제된다.
최첨단의 무인 시스템이 사람의 일자리를 대체해서 결국 실업률 증가에 한몫할 것이라는 우려도 있지만, 인력 소모를 최소화하고 재고 파악이 실시간으로 이루어지는 최첨단의 효율성 역시 경험할 수 있다. 아마존이 이뤄낸 기술 집약적 시스템을 체험해보는 기회가 될 것이다.

주소 2131 7th Ave **전화** 206-266-2992 **오픈** 07:00~21:00 **교통** Westlake Ave & 7th Ave 스트리트카 역에서 도보 3분 **홈페이지** www.amazon.com **지도** p.78-F

토토카엘로
Totokaelo
▶ 디자이너 편집 숍

어디에도 없는 독특한 아이템이 한가득
군더더기 없이 간결하면서도 차분한 느낌을 주는 스타일의 디자이너 편집 숍이다. 독립 디자이너, 혹은 소량 생산하는 공장 제품만 선정, 판매한다. 단순한 선에 임팩트 있는 컬러를 조합하거나 파격적인 패턴 프린트를 사용한 콘셉트의 디자인이 주를 이룬다. 도시적이면서도 세련된 스타일을 좋아하는 사람에게 추천한다. 뉴욕에도 매장이 있다.

주소 1523 10th Ave **전화** 206-623-3582 **오픈** 11:00~19:00 **교통** Broadway & E Pine St 스트리트카 역 & 버스 정류장에서 도보 3분 **홈페이지** totokaelo.com **지도** p.81-D

에브리데이 뮤직
Everyday Music
▶ 중고 음반 전문점

아날로그 음반 수집가들의 성지

1995년부터 38년간 운영 중인 중고 음반, DVD 전문점이다. 에브리데이 뮤직은 오리건주에 3곳, 워싱턴주에 2개 지점이 운영되고 있는데 매장마다 10만 장 이상의 CD와 LP를 전시 판매 중이다. 중고뿐 아니라 새 상품도 취급한다. 전국에서 사들이는 중고 음반이 매일 매일 입고되기 때문에 주기적으로 찾는 고정 고객들이 많다. 미국은 물론 아시아와 아프리카 등 다양한 국가에서 발매된 음반까지 구할 수 있다.

주소 1520 10th Ave **전화** 206-568-3321 **오픈** 10:00~22:00 **교통** Broadway & E Pine St 스트리트카 역 & 버스 정류장에서 도보 3분 **홈페이지** www.everydaymusic.com **지도** p.81-D

더 엘리엇 베이 서점
The Elliott Bay Book Company
▶ 서점

책을 매개로 하는 복합 문화 공간

'책을 위해 와서 경험을 위해 머무르라 Come for the Books, Stay for the Experience'라는 명언이 적힌 서점. 오바마 전 대통령이 방문해 더욱 유명해졌다. 신간과 할인 코너를 포함해 15만 권의 책이 있으며, 1년에 500명이 넘는 작가들의 책 읽기 행사 등 다양한 이벤트가 열린다. 1973년 지금의 자리에서 세 블록 정도 떨어진 곳에 처음 문을 열었다가, 2010년 지금의 자리로 옮겨왔다. 한쪽에는 전에 없던 카페도 생겼다. 매일 열리는 크고 작은 행사들의 일정 및 예약은 홈페이지에서 확인할 수 있다.

주소 1521 10th Ave **전화** 206-624-6600 **오픈** 월~목요일 10:00~22:00, 금·토요일 10:00~23:00, 일요일 10:00~21:00 **교통** Broadway & E Pine St 스트리트카 역 & 버스 정류장에서 도보 3분 **홈페이지** www.elliottbaybook.com **지도** p.81-D

레이
Rei
▶ 아웃도어용품 전문점

규모와 구성 모두 합리적인 아웃도어 멀티브랜드 숍

다양한 아웃도어 브랜드 상품을 선별해 한 자리에 모아 판매하는 플래그십 스토어다. 등산, 서핑, 요가, 캠핑 등 실내외 레포츠를 모두 망라한 의류, 잡화 등을 판매한다. 암벽 등반이나 산악자전거, 캠핑 등의 용품을 직접 체험해 볼 수 있는 코너가 마련되어 있다. 엄청난 규모와 다채로운 구성으로 관련 업체 관계자들이 견학을 올 정도다. 딱히 구매하지 않더라도 볼거리가 많으니 들러볼 것.

주소 222 Yale Ave N **전화** 206-223-1944 **오픈** 월~토요일 09:00~21:00, 일요일 10:00~19:00 **교통** Eastlake & Stewart 버스 정류장에서 도보 1분 **홈페이지** www.rei.com **지도** p.79-G

우와지마야
Uwajimaya
▶ 아시아 식료품 전문점

한국 음식이 그리울 때는 여기가 정답!

인터내셔널 디스트릭트의 정체성을 반영하는 아시아 식료품 전문점이다. 한국과 중국, 일본, 베트남 등지에서 수입한 식재료와 신선 식품을 판매한다. 여행 중에 한국산 인스턴트식품이나 주류가 그립다면 여기가 정답이다. 내부에는 한식당이 입점한 푸드 코트도 있으며 포장 음식 코너에서 파는 김밥, 한국 반찬도 활용하면 좋다.

주소 600 5th Ave S **전화** 206-624-6248 **오픈** 월~토요일 08:00~22:00, 일요일 09:00~21:00 **교통** 링크 라이트 레일 인터내셔널 디스트릭트 / 차이나타운 Intl. District / Chinatown 역, Bay A에서 도보 5분 **홈페이지** www.uwajimaya.com **지도** p.79-K

Stay

더 웨스틴 시애틀
The Westin Seattle
▶ 4성급

다운타운에 위치해 시애틀 센터와 파이크 플레이스 마켓 사이의 주요 관광지를 걸어서 갈 수 있어 편리하다. 객실에서 다운타운이 한눈에 보이는 전망을 갖춘 트윈 타워로 구성돼 있다. 객실 컨디션이 뛰어나고 수영장과 스파, 비즈니스 센터 등의 편의 시설도 잘 갖추고 있다. 고속 인터넷은 24시간 단위로 별도 요금을 지불해야 한다. 위치와 시설이 좋은 만큼 비싸다.

주소 1900 5th Ave **전화** 206-728-1000 **요금** 더블 $160~, 킹 $200~ **교통** Virginia St & 6th Ave 버스 정류장 바로 앞 **홈페이지** www.marriott.com/hotels/travel/seawi-the-westin-seattle/ **지도** p.80-A

하얏트 플레이스 시애틀 다운타운
Hyatt Place Seattle Downtown
▶ 3성급

좋은 위치와 비교적 넓은 객실이 장점인 호텔. 식당은 따로 없지만 룸서비스는 24시간 이용 가능하다. 미리 요청하면 무료 셔틀을 타고 시내의 주요 관광지를 둘러볼 수 있다. 부실한 아침과 협소한 주차 공간은 조금 아쉽다. 접근성이 좋고 객실 컨디션이 좋으며 실내 수영장 등의 부대시설이 잘 갖춰져 가족 단위 투숙객에게 인기 있는 숙소다.

주소 110 6th Ave N **전화** 206-441-6041 **요금** 스탠더드 킹 $150~, 킹 $160~ **교통** 5th Ave N & Denny Way 버스 정류장에서 도보 1분 **홈페이지** seattledowntown.house.hyatt.com **지도** p.78-F

모티프 시애틀
Motif Seattle
▶ 4성급

웨스트레이크 역에서 도보로 3분, 시애틀 미술관과 파이크 플레이스 마켓과도 도보 5분 거리에 있는 호텔이다. 컨벤션 센터와도 가깝고 시애틀을 업무 차 방문하는 사람들을 타깃으로 한 알림 서비스, 복사, 팩스, 초고속 인터넷 등 섬세한 컨시어지 서비스가 돋보인다. 비즈니스 센터와 회의 시설도 갖추고 있다. 의외로 커플에게도 인기가 많다.

주소 1415 5th Ave **전화** 206-971-8000 **요금** 싱글 퀸 $150~, 프리미어 $180~ **교통** 웨스트레이크 Westlake 역에서 도보 5분 **홈페이지** www.destinationhotels.com/motif-seattle **지도** p.80-B

쉐라톤 그랜드 시애틀
Sheraton Grand Seattle
▶ 4성급

실내 풀장, 피트니스 센터, 도심 한가운데에 위치한 뛰어난 접근성 등 장점이 많은 호텔이다. 잡화점, 페덱스, ATM, 컴퓨터 등 갖가지 편의 시설도 갖추고 있다. 음식을 미리 주문한 후 외출하면서 픽업하는 인 숏 오더 In Short Order를 이용하면 편리하다. 레스토랑으로는 더 데일리 그릴 레스토랑 The Daily Grill Restaurant, 아름다운 전망을 자랑하는 룰레 키친 & 바 Loulay Kitchen & Bar도 유명하다.

주소 1400 6th Ave **전화** 206-621-9000 **요금** 트래디셔널 $190~, 디럭스 $210~ **교통** Pike St & 6th Ave 버스 정류장 앞 **홈페이지** www.marriott.com/hotels/travel/seasi-sheraton-grand-seattle/ **지도** p.80-B

하얏트 앳 올리브 8
Hyatt at Olive 8
▶ 4성급

하얏트에서 운영하는 친환경 콘셉트의 호텔이다. 세계적인 친환경 건축 인증 제도인 LEED(Leadership in Energy and Environmental Design)로부터 인증을 받기도 했다. 객실의 채광이 뛰어나고, 입구부터 침대까지의 공간이 넓어 짐이 많은 투숙객에게 유리하다. 아침 식사는 뷔페식이 아닌 알 라 카르테 방식으로, 체크인 때 받은 바우처 금액 안에서 주문하는 방식이다. 아침과 브런치 메뉴가 잘 나오는 편으로 여행객 외의 손님들도 많이 찾는다.

주소 1635 8th Ave **전화** 206-695-1234 **요금** 디럭스 퀸 $200~, 디럭스 킹 $220~ **교통** 8th Ave & Pine St 버스 정류장에서 도보 3분 **홈페이지** www.hyatt.com/en-US/hotel/washington/hyatt-at-olive-8/seahs **지도** p.80-B

마퀸 호텔
MarQueen Hotel
▶ 3성급

전통적인 부촌, 퀸 앤에서 1918년부터 50여 년간 학교였던 건물을 호텔로 운영 중이다. 객실 내부의 앤티크 가구와 나무 바닥 등에서 고풍스러움이 돋보이는데, 오래된 호텔이다 보니 객실에 노후한 느낌은 있는 편이다. 객실에 주방이 딸려 있는 점은 좋지만, 상대적으로 편의 시설이나 아침이 부실하다는 평이다.

주소 600 Queen Anne Ave N **전화** 206-282-7407 **요금** 디럭스 킹 $130~, 디럭스 퀸 $160~ **교통** Mercer St & Queen Anne Ave N 버스 정류장에서 도보 1분 **홈페이지** www.marqueen.com **지도** p.78-B

시애틀 메리어트 워터프런트
Seattle Marriott Waterfront
▶ 4성급

다운타운의 워터프런트에 자리 잡은 호텔로, 엘리엇만이 보이는 전망 좋은 객실이 인기다. 발코니도 딸려 있어 바다와 함께 낭만을 즐기기 좋다. 시애틀의 최고 명소 파이크 플레이스 마켓, 유명 식당들이 몰려 있는 피어 57 등을 모두 걸어서 이동할 수 있는 거리다. 전망과 위치, 객실의 컨디션 등이 모두 뛰어나다. 바다가 보이는 레스토랑 훅 & 플로우 Hook & Plow도 인기다.

주소 2100 Alaskan Way **전화** 206-443-5000 **요금** 킹 $220~, 더블 $190~ **교통** 2nd Ave & Bell St 버스 정류장에서 도보 10분 **홈페이지** www.marriott.com/hotels/travel/seawf-seattle-marriott-waterfront/ **지도** p.78-F

그랜드 하얏트 시애틀
Grand Hyatt Seattle
▶ 4성급

대형 호텔들이 모여 있는 컨벤션 센터 주변에 자리 잡고 있다. 호텔 건물 아래에 허츠 렌터카, 카페, 제과점 등이 입점해 있으며 객실은 10층부터 시작된다. 사우나와 스파, 피트니스 센터 등 충실한 편의 시설이 강점이다. 주요 관광지는 물론 메이시스(p.134), 노드스트롬(p.134) 등의 대형 쇼핑몰도 가깝다.

주소 721 Pine St **전화** 206-774-1234 **요금** 스탠더드 더블 $195~, 스탠더드 킹 $170~ **교통** Pike St & Convention Pl 버스 정류장에서 도보 2분 **홈페이지** www.hyatt.com/en-US/hotel/washington/grand-hyatt-seattle/seagh **지도** p.80-B

더블유 시애틀
W Seattle
▶4성급

로비에 들어서면 1,000여 장의 스테인리스 스틸 타일로 꾸민 3층 높이의 벽난로가 시선을 압도한다. 세계적인 호텔 체인 메리어트에서 운영하는데, 오픈 전부터 기존 호텔과는 차별화된 럭셔리 부티크 콘셉트로 화제를 낳았다. 편의성과 더불어 현대적 감성을 극대화했다는 평이다. 객실은 침실은 기본이고 욕실에도 창을 내 채광에 각별히 신경 썼음을 느낄 수 있다. 반려동물과 함께 투숙할 수 있다는 점도 더 높은 점수를 받는 이유다. 단 별도로 지불해야 하는 주차 요금과 가격 대비 만족도가 떨어지는 아침 식사에 대한 불만도 있다.

주소 1112 4th Ave **전화** 206-264-6000 **요금** 원더풀 $190~, 스펙태큘러 $200~, 메가 킹 $220~ **교통** 4th Ave & Seneca St 버스 정류장 바로 앞 **홈페이지** www.marriott.com/hotels/travel/seawh-w-seattle **지도** p.80-D

더 파라마운트 호텔
The Paramount Hotel
▶3성급

1996년부터 운영하기 시작한 호텔로 객실의 청결 상태, 직원들의 숙련된 서비스에 대한 평가가 좋다. 역시 웨스트레이크 역, 컨벤션 센터, 퍼시픽 플레이스 등이 가까운 도심 한가운데 있다. 로비는 고풍스러운 앤티크 스타일로 꾸며져 있고 객실은 반대로 군더더기 없이 깔끔하고 현대적이다.

주소 724 Pine St **전화** 206-292-9600 **요금** 킹 $170~, 퀸 $200~ **교통** 8th Ave & Pine St 버스 정류장 앞 **홈페이지** www.paramounthotelseattle.com **지도** p.80-B

메이플라워 파크 호텔
Mayflower Park Hotel
▶3성급

1927년에 문을 열어 개장 100주년을 눈앞에 두었으나, 거듭된 리노베이션 속에서도 고전적인 아름다움을 이어가고 있다. 앤티크 양식으로 꾸며진 벽에 걸린 동양화가 더욱 이국적인 분위기를 연출한다. 객실 크기는 좀 작은 편이지만, 청결도와 이동성에 대한 평가가 좋다. 호텔 바로 옆에 시애틀 센터로 갈 수 있는 모노레일 역이 있다. 호텔 안의 지중해풍 레스토랑 안달루카 Andaluca, 칵테일 전문 바 올리버스 라운지 Oliver's Lounge도 유명하다.

주소 405 Olive Way **전화** 206-623-8700 **요금** 스탠더드 $160~, 디럭스 $170 **교통** 웨스트레이크 Westlake 역에서 도보 1분 **홈페이지** www.mayflowerpark.com **지도** p.80-A

워릭 시애틀
Warwick Seattle
▶3성급

1926년 뉴욕 맨해튼에 1호점을 연 이래로 전 세계에 55개의 호텔을 운영하고 있는 워릭 호텔 앤드 리조트의 시애틀 지점이다. 모든 객실에는 전용 발코니, 천장부터 바닥까지 길게 이어지는 대형 창문이 달려 있다. 실내 수영장과 피트니스 등 기본 편의 시설을 잘 갖추고 있지만 아침 식사, 인터넷, 주차 모두 별도 요금을 지불해야 한다.

주소 401 Lenora St **전화** 206-443-4300 **요금** 디럭스 킹 $120~, 프리미어 킹 $160~ **교통** Lenora St & 4th Ave 버스 정류장에서 도보 2분 **홈페이지** warwickhotels.com/seattle **지도** p.80-A

호텔 시어도어
Hotel Theodore
▶ 3성급

시애틀의 대표 호텔로 꼽히던 루즈벨트 호텔이 이름을 바꿔 달았다. 1929년 창업 당시에는 시애틀에서 가장 높고 현대적인 건물이었지만 약 90년이 지나자 낡은 이미지를 쇄신하고자 이름을 바꾼 것. 2017년 리노베이션 이후 더욱 새로운 서비스를 제공하고 있다. 반려동물 동반 숙박이 가능하며, 예술 작품을 전시한 아트리움 등을 장점으로 꼽을 수 있다. 더불어 오랜 노하우가 담긴 숙련된 서비스도 높은 평가를 받는 이유다. 루즈벨트 호텔 때부터 써오던 지붕 위의 붉은 간판이 역사적 유물로 남아 있다.

주소 1531 7th Ave **전화** 206-621-1200 **요금** 디럭스 $150~, 슈페리어 $180~ **교통** 웨스트레이크 Westlake 역에서 도보 2분 **홈페이지** hoteltheodore.com **지도** p.80-B

호텔 엔드라
Hotel Ändra
▶ 4성급

북유럽 노르딕 스타일로 꾸며진 부티크 호텔이다. 엔드라 Ändra는 '변화'를 뜻하는 스웨덴어로, 일상에서 벗어난 여행의 길 위에서 느끼는 안락한 휴식을 담아 이름 지었다. 나무로 마감한 바닥과 문, 가구와 함께 낮은 톤의 조명과 자연을 모티브로 한 인테리어가 돋보인다. 전 객실에서 무료로 무선 인터넷 서비스를 이용할 수 있다. 가족친화형 호텔로 4인실도 갖추고 있으며 반려동물 동반 투숙도 가능하다.

주소 2000 4th Ave **전화** 206-448-8600 **요금** 퀸 $200~, 슈페리어 $210 **교통** Virginia St & 4th Ave 버스 정류장에서 도보 1분 **홈페이지** www.hotelandra.com **지도** p.80-A

킴튼 호텔 모나코
Kimpton Hotel Monaco
▶ 4성급

샌프란시스코에 1호점이 있는 킴튼 호텔의 시애틀점이다. 콘셉트가 명확한 부티크 호텔로, 규모보다는 품질 높은 고객 서비스에 중점을 둔다. 시애틀점은 예술에 가깝다는 평을 듣는 아름다운 내부 인테리어와 숙련된 서비스가 돋보인다. 단, 인터넷과 주차, 아침 식사 모두 별도로 신청하고 추가 요금을 지불해야 한다.

주소 1101 4th Ave **전화** 206-621-1770 **요금** 스탠더드 $199~, 킹 $219~, 디럭스 $240~ **교통** 3rd Ave & Seneca St 버스 정류장에서 도보 3분 **홈페이지** www.monaco-seattle.com **지도** p.80-D

실버 클라우드 호텔 - 시애틀 스타디움
Silver Cloud Hotel - Seattle Stadium
▶ 4성급

시애틀 매리너스의 홈 구장인 티 모바일 파크(p.100) 바로 옆에 있어 야구 경기를 볼 요량이라면 좋은 선택이다. 모든 객실에서 무료로 와이파이 사용이 가능하고 전자레인지와 커피 메이커가 구비되어 있다. 대중교통을 이용하기에 다소 불편한 위치지만 시애틀 페리 터미널까지 무료 셔틀을 운영한다.

주소 1046 1st Ave S **전화** 206-204-9700 **요금** 킹 $199~, 퀸 $210~ **교통** 4th Ave S & S Royal Brougham Way 버스 정류장에서 도보 10분 **홈페이지** www.silvercloud.com/seattlestadium **지도** p.79-K

호텔 소렌토
Hotel Sorrento
▶ 4성급

시애틀에서 가장 오래된 부티크 호텔 중 하나로 1909년 문을 열었다. 역시 골드러시 시대의 역사적 유물이라고 할 수 있다. 이탈리아 르네상스 양식으로 지어졌으며 이탈리아 소렌토 지역의 비토리아 Vittoria라는 건물에서 모티브를 가지고 왔다고 한다. 호텔 입구의 커다란 정원, 호텔 내부를 장식한 색색의 타일과 벽난로가 호텔 소렌토의 역사와 아름다움을 고스란히 전한다.

주소 900 Madison St **전화** 206-622-6400 **요금** 디럭스 $199~, 주니어 스위트 $250~ **교통** Madison St & 9th Ave 버스 정류장에서 도보 1분 **홈페이지** hotelsorrento.com **지도** p.81-E

에이스 호텔 시애틀
Ace Hotel Seattle
▶ 2성급

1909년 건축된 빌딩을 개조해 1999년 호텔로 오픈했다. 오픈 당시 붉은 벽돌 외장과 높은 로프트 천장, 나무로 마감된 바닥에 현대적인 감각을 더한 인테리어로 화제를 낳았다. 덕분에 20~30대 젊은이들이 주 고객층이다. 공동욕실을 사용하는 객실과 전용 욕실이 딸린 객실로 나뉘는데, 시설에 비해 숙박료가 비싸다는 평도 있지만 인기가 많으니 숙박을 원한다면 예약을 서두르자.

주소 2423 1st Ave **전화** 206-448-4721 **요금** 공동욕실 룸 $129, 디럭스 $219 **교통** 1st Ave & Cedar St 버스 정류장에서 도보 3분 **홈페이지** www.acehotel.com/seattle **지도** p.78-F

더 인 앳 엘 가우초
The Inn at El Gaucho
▶ 3성급

수제 가구와 커다란 벽난로로 꾸며진 호텔. '고풍스럽다'와 '아늑하다'라는 단어가 잘 어울린다. 이 호텔의 역사는 1950년대로 거슬러 올라가지만, 레스토랑이 오픈하기 시작한 것은 2005년부터이다. 무선 인터넷은 무료로 사용할 수 있고, 아침과 주차는 별도로 신청해서 결제해야 한다.

주소 2505 1st Ave **전화** 206-728-1133 **요금** 퀸 주니어 $180~, 디럭스 킹 $227~ **교통** 1st Ave & Cedar St 버스 정류장에서 도보 2분 **홈페이지** www.innatelgaucho.com **지도** p.78-F

홀리데이 인 익스프레스 & 스윗스 시애틀 시티 센터
Holiday Inn Express & Suites Seattle City Center
▶ 3성급

뛰어난 위치에 적절한 가격, 무료 아침 식사까지 포함된 숙소다. 실내외 수영장, 피트니스 센터, 비즈니스 센터 등의 편의 시설을 갖추고 있다. 대형 브랜드 호텔로 운영과 구성 모두 체계적이다. 객실에 간이 주방이 마련되어 있다. 실속형 숙소를 찾는 여행객들에게 적절하다. 주차 요금도 다른 호텔들에 비해 저렴한 편이다.

주소 226 Aurora Ave N, Seattle **전화** 1800-80-1881 **요금** 킹 $130~, 스탠더드 $140~ **교통** Dexter Ave N & Thomas St 버스 정류장 앞 **홈페이지** www.ihg.com/holidayinnexpress **지도** p.78-F

힐튼 가든 인 시애틀 다운타운
Hilton Garden Inn Seattle Downtown
▶ 3성급

가족 친화적인 숙소로 4인 객실을 다수 보유하고 있다. 예약할 때 아침 포함 여부를 선택할 수 있다. 수영장과 피트니스 등 편의 시설도 잘 갖추고 있다. 무선 인터넷을 무료로 사용할 수 있지만, 일부 객실에서 연결 상태가 다소 불량한 경우가 있으니 참고할 것. 관광 명소, 유명 레스토랑과 카페 등 여러모로 접근성이 뛰어난 편이다.

주소 1821 Boren Ave **전화** 206-467-7770 **요금** 퀸 $159~, 킹 $169~ **교통** Howell St & Minor Ave 버스 정류장에서 도보 3분 **홈페이지** hiltongardeninn3.hilton.com **지도** p.79-G

가스라이트 인
Gaslight Inn
▶ 3성급

고급 저택이 모여 있는 캐피틀 힐에 자리 잡은 B & B(Bed & Breakfast) 스타일의 숙소다. 전용 욕실이 딸려 있는 객실과 공동욕실을 사용해야 하는 객실로 나뉜다. 아침 식사와 무선 인터넷이 숙박비에 포함된다. 작지만 수영장도 딸려 있다. 호텔과는 다른 가족적이고 아늑한 분위기의 숙소를 찾는 여행객들에게 적당하다. 단, 체크인 시간이 정해져 있어 너무 늦은 시간에 시애틀에 도착하는 경우에는 이용하기 어렵다.

주소 1727 15th Ave **전화** 206-325-3654 **요금** 1인실 $158~, 2인실 $188~ **교통** E Pine St & 15th Ave 버스 정류장에서 도보 5분 **홈페이지** www.gaslight-inn.com **지도** p.81-D

더 로열 인 시애틀
The Loyal Inn Seattle
▶ 2성급

좋은 위치, 아침 식사에 무선 인터넷 사용이 포함된 숙박비, 가족용 객실이 따로 있는 알찬 숙소. 대부분의 객실에 전자레인지와 미니 냉장고가 비치되어 있다. 다른 호텔에 비해 주차 요금(24시간 기준 $15)이 저렴한 것도 장점으로 꼽을 수 있다. 수영장이 협소하고 방음이 잘 되지 않는 단점이 있다.

주소 2301 8th Ave **전화** 206-682-0200 **요금** 스탠더드 $109~, 디럭스 $119~ **교통** Denny Way & Dexter Ave N 버스 정류장에서 도보 3분 **홈페이지** www.loyalinn.com **지도** p.78-F

벨타운 인
Belltown Inn
▶ 2성급

파이크 플레이스 마켓과 스페이스 니들의 중간쯤에 있다. 숙소 주변에 유명 베이커리와 식당, 바들이 밀집해 있다. 아침이 제공되지 않지만 객실마다 전자레인지와 미니 냉장고가 비치된 간이 주방을 활용할 수 있다. 자전거를 무료로 빌려주며, 수영장, 주차장 등의 편의 시설은 없다. 객실 1개에 2인이 최대 정원으로 홀로 여행자나 커플 여행자에게 적합하다.

주소 2301 3rd Ave **전화** 206-529-3700 **요금** 더블 $119~, 퀸 $129~, 킹 $139~ **교통** 3rd Ave & Bell St 버스 정류장에서 도보 1분 **홈페이지** www.belltown-inn.com **지도** p.78-F

더 메디터레이니언 인
The Mediterranean Inn
▶ 2성급

멋진 전경을 볼 수 있는 옥상 테라스로 큰 점수를 얻는 숙소다. 2인은 물론 4인 가족이 투숙할 수 있는 객실도 갖추고 있다. 군더더기 없이 깔끔한 객실에 책상과 냉장고, 전자레인지, 헤어드라이어 등 꼭 필요한 용품들이 구비되어 있다. 딱 숙박만 할 객실을 원하는 여행자에게 적당하다. 무선 인터넷 서비스는 무료지만 식사 서비스는 하지 않는다.

주소 425 Queen Anne Ave N **전화** 206-428-4700 **요금** 싱글 퀸 $147~, 싱글 킹 $147~, 더블(4인실) $159~ **교통** Mercer St & Queen Anne Ave N 버스 정류장에서 도보 3분 **홈페이지** www.mediterranean-inn.com **지도** p.78-B

트래블로지 시애틀 바이 더 스페이스 니들
Travelodge Seattle By The Space Needle
▶ 2성급

이름에서 알 수 있듯이 스페이스 니들 바로 옆에 자리 잡은 숙소다. 10만 원대에서 숙박과 아침 식사, 무료 무선 인터넷 서비스를 제공하는 흔치 않은 숙소다. 인근 공영 주차장을 1일 $15 정도에 이용할 수 있는 것도 장점이다. 서둘러 예약하면 할수록 저렴한 가격에 숙박 가능하다. 단! 객실이 다소 좁고 서비스 수준이 낮은 것은 단점이다.

주소 200 6th Ave N **전화** 206-962-8678 **요금** 퀸 $94~, 더블 $104~, 더블 퀸 $114~, 킹 $125~ **교통** 5th Ave N & Broad St 버스 정류장에서 도보 5분 **홈페이지** www.wyndhamhotels.comtravelodge **지도** p.78-F

11th 애비뉴 인 베드 앤드 브렉퍼스트
11th Avenue Inn Bed and Breakfast
▶ 3성급

캐피틀 힐에 자리 잡은 B & B 숙소다. 객실은 9개뿐이지만 유명 레스토랑과 식당, 숍들이 모여 있는 캐피틀 힐에 자리 잡고 있다는 점, 숙박 요금에 아침 식사와 무선 인터넷, 주차 요금까지 모두 포함되는 것이 큰 장점이다. 직원들의 친절도와 세심한 배려에 대한 평가도 좋은 숙소다. 커플 여행자에게 추천한다. 홈페이지에서만 예약 가능하다.

주소 121 11th Ave E **전화** 206-720-7161 **요금** 가넷 $109~, 다이아몬드 스위트 $129~ **교통** 링크 라이트 레일 캐피틀 힐 링크 Capitol Hill Link 역에서 도보 3분 **홈페이지** www.11thavenueinn.com **지도** p.81-D

밀드레즈 베드 & 브렉퍼스트
Mildred's Bed & Breakfast
▶ 3성급

볼런티어 공원이 있는 한적한 주택가에 자리 잡은 숙소다. 1982년에 문을 연, 총 객실 4개의 작은 B & B로 아침 식사와 무선 인터넷이 객실 요금에 포함되어 있다. 도심과 조금 거리가 있지만 10번 버스를 이용하면 20분 정도면 충분히 다닐 수 있다. 공원 산책과 함께 쉬어가는 여행을 하고 싶은 사람에게 추천한다. 미국 가정식 아침 식사가 최대 장점!

주소 1202 15th Ave E **전화** 206-325-6072 **요금** $125~ 265 **교통** 15th Ave E & E Highland Dr 버스 정류장 바로 앞 **홈페이지** www.mildredsbnb.com **지도** p.79-D

베이컨 맨션 베드 & 브렉퍼스트
Bacon Mansion Bed & Breakfast
▶ 3성급

역시 캐피틀 힐 주택가에 자리 잡은 B & B 숙소로 총 11개의 객실을 보유하고 있다. 공동욕실을 사용하는 객실과 개별 욕실이 딸려있는 객실로 나뉜다. 아침 식사는 예약할 때 포함 여부를 선택할 수 있다. 물론 가격이 추가된다. 고풍스러운 공용 휴식 공간과 서재, 신선한 과일, 머핀 등이 나오는 유럽 스타일의 아침 식사는 평가가 좋다.

주소 4528, 959 Broadway E **전화** 206-329-1864 **요금** 퀸(공동욕실, 아침 포함) $134~, 퀸(개별 욕실, 아침 포함) $154~ **교통** 10th Ave E & E Prospect St 버스 정류장에서 도보 3분 **홈페이지** www.baconmansion.com **지도** p.79-C

그린 토터스 호스텔 시애틀
Green Tortoise Hostel Seattle
▶ 2성급

파이크 플레이스 마켓 길 건너편에 위치한 호스텔이다. 최적의 위치와 상대적으로 저렴한 가격이 장점이라 할 수 있다. 다인실은 여성 전용, 남성 전용 룸과 혼성 룸이 있다. 공동욕실을 사용해야 하지만 층별로 여러 개가 있어 혼잡한 시간대만 피하면 대부분 여유롭게 사용할 수 있다. 매일 아침 간단한 아침 식사를 제공하며 주방이 개방되어 식재료를 사다가 원하는 음식을 해먹을 수 있다. 간단한 조리 용기, 식용유나 소금, 후추 정도는 구비되어 있다. 무선 인터넷을 무료로 제공하지만 이용자가 많을 때는 속도가 매우 느리니 참고할 것! 요일별로 무료 투어나 파티 등 각종 이벤트를 운영한다.

주소 105 Pike St **전화** 206-340-1222 **요금** 다인실 $33~, 퀸 베드 다인실 $66~ **교통** 2nd Ave & Pike St 버스 정류장에서 도보 3분 **홈페이지** greentortoise.net **지도** p.80-C

하이 시애틀 앳 디 아메리칸 호텔 호스텔
HI - Seattle at the American Hotel Hostel
▶ 2성급

인터내셔널 디스트릭에 자리 잡은 호스텔이다. 암트랙, 그레이하운드, 볼트 버스(포틀랜드행) 등을 이용하기에 딱 좋은 위치다. 시내 곳곳으로 이동하기 편한 링크 라이트 레일과 스트리트카, 버스 정류장과도 가깝다. 비슷한 가격대지만 나름 최근에 생겨, 그린 토터스보다 내부 컨디션이 깔끔한 편이다. 역시 아침 식사와 무선 인터넷 요금이 숙박 요금에 포함된다.

주소 520 S King St **전화** 206-622-5443 **요금** 다인실 $31~; 2인실 $75~ **교통** 링크 라이트 레일 인터내셔널 디스트릭트 / 차이나타운 Intl. District/Chinatown 역에서 도보 3분 **홈페이지** www.hiusa.org/hostels/washington/seattle/the-american-hotel **지도** p.79-K

TRAVEL TIP

깨알같이 계산하는 시애틀의 숙소!

숙소에서 아침 식사나 무선 인터넷을 당연히 무료로 제공한다고 생각했다가는 낭패를 겪을 수 있다. 시애틀에서는 별도로 요금을 청구하는 곳이 꽤 되기 때문. 주차비는 중심가일수록 비싸고 외곽으로 갈수록 저렴하다. 렌터카 이용 여부에 따라 숙소의 위치와 함께 꼼꼼히 따져보는 것이 필요하다. 중심가를 벗어나면 무선 인터넷과 아침 식사, 주차 요금이 숙박비에 포함되어 있는 곳도 많다. 예약 전에 반드시 확인할 것.

시애틀 북부
NORTH SEATTLE

중심가에서 다리를 건너 북쪽으로 가면 또 다른 느낌의 시애틀이 기다린다. 전통적으로 북유럽 이민자들이 터전을 잡은 지역이라 수십 년 전만 해도 시애틀과는 별개의 행정구역이었던 발라드, 다리 밑에 부랑자들이 모여들어 한때 우범 지역으로 꼽혔지만 지금은 어느 지역보다 힙한 프리몬트, 커다란 호수 주변에 공원과 동물원이 있는 피니 리지, 시애틀 지성의 산실인 워싱턴 대학교가 자리 잡은 유니버시티 디스트릭트가 모두 북쪽에 있다. 이 지역들을 둘러보지 않았다면 그저 관광을 했을 뿐 여행을 했다고 말하기는 어려울 것이다. 진정한 시애틀의 모습을 만나고, 여행하고 싶다면 북쪽으로 가자.

시애틀 북부 한눈에 보기

유니언 호수를 중심으로 좌우로 이어지는 물길의 북쪽, 오로라 브리지 또는 프리몬트 브리지를 건너 발라드, 프리몬트, 유니버시티 디스트릭트, 핀니 리지, 월링포드, 그린 호수 등이 포함된다. 시애틀라이트의 주거 지역이 있는 곳으로, 중심부에 비해 여유롭고 느긋한 시간을 보내기 좋다. 발라드와 핀니 리지 지역은 중심가와 대중교통이 잘 연계되어 있어 숙소를 잡기 좋다. 워싱턴 대학가와 프리몬트에는 저렴하고 맛 좋은 식당, 카페들이 많다.

발라드
Ballad

호수와 바다를 잇는 교두보, 연어 떼가 돌아오는 물길이자 북유럽인에게 제2의 고향이 바로 발라드다. 노르딕 문화가 녹아들어 그 어떤 지역보다 세련되고 여유로운 멋이 가득하다. 시애틀에서 가장 큰 주말 시장이 열리는 곳도 여기다.

프리몬트
Fremont

부랑자들이 모여들던 다리 밑에 트롤 상이 등장하면서 힙한 동네가 된 프리몬트. 도심의 과한 임대료를 견디지 못해 이곳으로 내몰린 예술가들과 워싱턴 대학교 재학생들이 살기 시작하며 더욱 힙하고 자유로운 분위기가 되었다.

핀니 리지
Phinney Ridge

그린 호수와 우드랜드 공원이 있는 핀니 리지는 전통적인 주거 지역이다. 남북, 동서로 이어지는 버스 노선이 만나는 곳인 동시에 서쪽으로는 발라드, 동쪽으로는 유니버시티 디스트릭트, 아래쪽으로는 프리몬트가 맞닿아 있다. 숙소를 잡기 좋은 곳이다.

유니버시티 디스트릭트
University District

워싱턴 대학교 앞 대학가로 가장 유행에 민감하고 도전적인 숍과 식당이 즐비하다. 미 서부의 대표 명문 워싱턴 대학교의 캠퍼스와 해리포터의 마법학교를 연상케 하는 수잘로 앤드 알렌 도서관 둘러보자. 인기 브랜드들이 모여 있는 유 빌리지는 빼놓을 수 없는 쇼핑 포인트!

월링포드
Wallingford

프리몬트와 유니버시티 디스트릭스 사이, 번잡스럽지 않으면서 맛있는 식당과 카페, 바들이 모여 있는 지역이다. 현지인들이 즐겨 찾는 맛집들이 포진해 있다. 호수와 함께 도시의 스카이라인을 조망할 수 있는 가스 웍스 파크와 강변을 따라 이어지는 자전거 도로가 유명하다.

ACCESS INFO

{ 가는 방법 }

발라드, 가스 웍스 파크와 우드 랜드 동물원 등 몇몇 관광지가 있기는 하지만 전통적으로 주거 지역이다. 시애틀 다운타운과 비교적 가깝고 주거 인구가 많아 대중교통 연계성이 좋은 지역이기도 하다. 중심가에서 메트로 버스나 링크 라이트 레일을 이용하면 발라드 브리지, 오로라 브리지, 프리몬트 브리지를 건너오게 된다.

공항에서

공항에서 링크 라이트 레일을 타면 워싱턴 대학교까지 한번에 갈 수 있다(공항~워싱턴 대학교 University of Washington 역 편도 $3.25). 메트로 버스를 이용하면 여러 번 갈아타야 하고 오래 걸린다. 발라드와 프리몬트 지역으로 갈 때는 인터내셔널 디스트릭트 / 차이나타운 Intl. District / Chinatown 역에서 내려 5번 버스로 환승하면 프리몬트를 지나 발라드, 피니 리지 지역까지도 갈 수 있다. 2시간 이내 환승은 무료다(공항~인터내셔널 디스트릭트 Intl. District 역 편도 $3).

그레이하운드 버스 터미널에서

다운타운의 그레이하운드 버스 터미널에서 시애틀 북쪽 지역까지는 약 10km 정도 거리다. 버스 터미널에서 도보 1분 거리에 있는 링크 라이트 레일 역에서 열차를 타면 워싱턴 대학교까지 한번에 갈 수 있다. 또는 버스 터미널 앞에서 28번과 5번 버스를 타면 프리몬트로, 링크 라이트 레일 D 라인을 이용하면 발라드까지 이동 가능하다.

암트랙 기차역에서

암트랙 기차의 캐스케이드 라인 Cascade Line, 혹은 코스트 스타라이트 라인 Coast Starlight Line을 타면 다운타운의 킹 스트리트 King St 역에서 내리게 된다. 역 주변 버스 정류장에서 버스나 링크 라이트 레일을 타면 북쪽 지역으로 쉽게 갈 수 있다. 프리몬트로 가려면 26, 28, 5번 버스를, 발라드로 가려면 링크 라이트 레일 D 라인을 이용하면 된다.

시애틀 내 다른 지역에서 들어가기

시애틀 중심부에서 북쪽으로 이동하는 방법은 어렵지 않다. 웨스트레이크 센터를 중심으로 거의 모든 버스 노선 정류장이 모여 있다. 북쪽으로 향하는 버스들의 대부분이 프리몬트와 발라드, 유니버시티 디스트릭로 향한다. 링크 라이트 레일 D 라인과 5번 버스는 발라드로, 40, 28번 버스는 프리몬트, 70번과 74번 버스를 타면 유니버시티 디스트릭트에 갈 수 있다. Pike St와 Pine St가 만나는 3rd Ave 근처의 버스 정류장을 이용할 것.

웨스트레이크 센터

{ 시애틀 북부 시내 교통 }

유니언 호수를 가운데 두고 서쪽으로는 발라드, 동쪽으로는 유니버시티 디스트릭트가 위치해 있다. 때문에 동서를 가로지르는 버스 라인을 이용하는 것이 북부 지역 내를 이동하는 팁이다. 44번 버스를 이용하면 발라드에서 유니버시티 디스트릭트까지 약 30분이 걸린다. 중간에 두 지역 사이의 프리몬트와 월링포드를 지난다. 중심부에 비해 한적한 북쪽 지역은 자전거 이동을 시도해볼 만하다. 주택가와 호수, 해변과 공원 등이 많아 상대적으로 여유롭고 자전거 도로도 잘 정비되어 있다.

{ 시애틀라이트의 힙은 이런 것! }
코스 1 발라드 – 우드랜드 파크

예상 소요 시간 9시간

한국에도 소개된 브런치 맛집, 더 팻 헨(p.173) / 줄 서는 게 싫다면 카페 베살루(p.175)에서 가볍게 아침

↓ D라인(3분) → 44번 환승(3분)

스칸디나비아의 정신과 문화, 노르딕 박물관(p.161)

↓ 도보 7분

시애틀 베스트 수제 버거집, 8온스 버거 & 컴퍼니(p.174)에서 육즙 가득한 점심!

　　* 일요일이라면 다른 주말 시장과는 수준이 다른 발라드 파머스 마켓의 푸드 코너 먹거리로 점심 식사를 하는 것도 좋은 방법!

↓ 도보 3분

개성 만점 숍들이 가득한 발라드 애비뉴 걷기.
카부(p.190), 리 소울(p.190), 루카 그레이트 파인즈(p.191)는 꼭 들를 것

　　* 일요일이라면 일요 파머스 마켓을 구경하자!

↓ 도보 13분 / 44번 버스 7분

호수와 바다를 오가는 배들이 만들어내는 장관, 발라드 록스(p.161)에서 6~9월 사이에 운이 좋다면 연어 떼의 귀향을 볼 수 있다!

↓ 44번 버스 11분

마이크로 브루어리 순례를 해 보자. 과음은 금물! 스톱 브루잉(p.187), 루벤스 브루스(p.187)

↓ 도보 9분

시애틀에서 가장 합리적인 가격과 싱싱함으로 사랑받는 굴 전문점, 더 월러스 앤드 더 카펜터(p.173)에서 저녁 먹기

Travel PLAN

코스 2 { 예쁘고 좋은 건 여기 다 있어! }
프리몬트
예상 소요 시간 9시간

당신의 아침 식사 스타일은? 든든하게 먹으려면 스톤 웨이 카페(p.180), 가볍게 먹으려면 이센셜 베이커리 카페(p.183)

↓ 도보 1분

트롤, 레닌, 버스를 기다리는 사람들 등 프리몬트를 지키는 동상(p.166)들을 만날 시간

↓ 도보 1분

작지만 절대 놓치면 안 되는 카페, 에스프레소 투 고(p.181)에서 수제 마시멜로를 얹은 카페 모카 마시기!

↓ 도보 1분

번트 슈거(p.193), 포티지 베이 굿즈(p.193) 등 프리몬트의 작은 기념품 가게들 순례하기

* 일요일이라면 일요 파머스 마켓을 구경하자!

↓ 도보 11분

옹기종기 모여 있는 맛집 유니다 버거(p.180), 파세오 캐리비언 푸드(p.181) 중 취향에 따라 점심 먹기

↓ 도보 13분

건강한 달콤함을 만드는 초콜릿 공장, 테오 초콜릿(p.192) 공장 투어

↓ Fremont Ave N & N 34th St에서 31번, 32번 버스(10분)

호수의 도시 시애틀을 한눈에 담기, 가스 웍스 파크(p.165)

↓ 도보 10분

프리몬트 대표 수제 맥주 양조장, 프리몬트 브루잉 컴퍼니(p.188)에서 간단한 식전주 즐기기

↓ 도보 3분

새로운 한식의 발견! 줄(p.179)에서 색다른 저녁

Travel PLAN

코스 3 { 시애틀 대학가 탐험 }
유니버시티 디스트릭트
예상 소요 시간 8시간 30분

(버섯 그레이비소스와 버터밀크 비스킷의 완벽한 조화, 모슬(p.185)에서 아침)

⋮ 도보 6분

(슬레이트 커피 로스터스(p.186)의 시그니처 메뉴로 커피 맛 탐구!)

⋮ 도보 5분

(시애틀에도 있다, 자연사 박물관! 버크 국립 역사 문화 박물관(p.167))

* 토요일이라면 토요일 파머스 마켓을 구경하자!

⋮ 도보 14분

(매일 반죽한다는 중국식 수제면, 시안 누들스(p.185). 줄 서서 기다릴 끈기가 있다면 타이 톰(p.185)에서 점심)

⋮ Brooklyn Ave NE & NE 50th St에서 70번 버스(4정거장, 14분)

(워싱턴 대학교(p.167) 탐방하기. 호그와트 마법학교를 닮은 수잘로 도서관에서 인증 사진 찍기)

⋮ 분수대 근처 Stevens Way & Benton Ln에서 362번, 또는 75번 버스(7분)

(시애틀의 모든 유명 브랜드가 여기! 유니버시티 빌리지(p.193)에서 눈과 손을 가득 채우는 쇼핑 타임)

⋮ 도보 1분

(시애틀의 명물, 레이첼스 진저 비어에서 에너지 충전 한 잔!)

⋮ 25th Ave NE & NE 47th St에서 372번 버스(5분)

(제임스 비어드 상 수상에 빛나는 셰프의 식당 살라레(p.186)에서 여유 있는 저녁 식사. 예약은 필수!)

코스 4 { 만약 일요일에 북쪽으로 간다면? }
발라드 – 프리몬트
예상 소요 시간 7시간

미처 경험하지 못한 퓨전 브런치, 브리머 & 힐탭(p.178)

도보 1분

길 건너 실험적인 카페, 슬레이트 커피 로스터스(p.186)에서 모닝 커피

44번 버스(5분)

시애틀라이트들의 먹거리 각축장, 발라드 파머스 마켓(p.162)의 화덕이 통째로 나와있는 먹거리 코너에서 점심

44번 → 5번 버스 환승(40분)

빈티지 소품들이 가득! 프리몬트 선데이 마켓(p.164)으로 무조건 2시까지는 도착할 것!

도보 1분

수제 마시멜로를 얹은 에스프레소 투 고(p.181)의 카페 모카로 당 충전 or 프리몬트 브루잉 컴퍼니(p.188)에서 피로를 날리는 낮맥

도보 18분 or 우버, 리프트 5분

일몰을 볼 수 있다면 진정 행운! 호수 앞에 자리 잡은 로맨틱한 식당, 웨스트워드(p.183)

Sightseeing

발라드 & 핀니 리지 Ballad & Phinney Ridge

바다와 호수를 잇는 안전장치
발라드 록스
Ballad Locks

수위 격차가 7m에 이르는 바다와 호수를 연결하는 갑문으로, 갑문 안으로 배가 들어오면 이동 방향에 맞춰 물의 수위를 조절해 내보낸다. 1911년부터 운영되어 왔는데 배의 안전한 이동뿐만 아니라 생태계 교란을 막아주는 역할까지 담당한다. 갑문 건너편에는 연어가 귀향할 수 있도록 어도가 설치되어 있다. 평소에는 갑문을 통해 호수와 바다를 오가는 배들을 보려는 사람들로, 연어가 귀향하는 계절에는 연어 떼가 어도를 거슬러 오르는 모습을 보려는 사람들로 붐빈다. 언제 가든 다른 곳에서는 흔히 볼 수 없는 장관을 마주할 수 있다.

주소 3015 NW 54th St 전화 206-783-7059 오픈 07:00~21:00 휴무 없음 요금 없음 교통 29번 버스 탑승, NW 54th St & 30th Ave NW에서 하차, 도보 6분 홈페이지 www.ballardlocks.org 지도 p.152-A

시애틀에 깃든 바이킹의 역사와 혼을 찾아서
노르딕 박물관
Nordic Museum

주소 2655 NW Market St 전화 206-789-5707 오픈 화·수·금~일요일 10:00~17:00, 목요일 10:00~21:00 휴무 월요일 요금 어른 $15, 노인(65세~) $12, 청소년(5~12세) $10, 매월 첫 번째 목요일 무료 입장 교통 NW Market St & 28th Ave NW 버스 정류장 앞 홈페이지 nordicmuseum.org 지도 p.152-I

도시가 형성되던 초창기, 북유럽 이민자들은 발라드 지역에 정착해 지금의 모습을 이루어냈다. 노르딕 박물관은 이러한 정체성을 함축적으로 보고 느낄 수 있는 박물관으로, 미국 내에서 가장 큰 북유럽 박물관이다. 1980년 개관한 이후 시애틀의 발라드 지역은 물론 미국 전역에 정착한 북유럽인들의 이민사와 북유럽 국가들의 역사를 소개해왔다. 동부 뉴욕을 시작으로 서부 시애틀까지 이어지는 북유럽 민족의 이민사와 관련된 역사적 사료들을 전시한다.

노르딕은 북유럽의 5개 국가를 통칭하는 말로, 단순히 지역을 아우르는 말이 아닌 그들의 개척 정신을 상징하는 의미로도 쓰인다. 전시관 한쪽에는 북유럽 민족의 긍지를 이어나가고 있는 이민자들의 증언과 삶을 담은 다큐멘터리를 상영 중이다. 2018년 5월 재개관하면서 한층 현대적이고 세련된 내외관은 물론, 디지털 영상 자료까지 추가되면서 볼거리도 더욱 많아졌다.

♥♥♥
시애틀 최대 규모의 주말 농산물 시장
발라드 파머스 마켓
Ballad Farmer's Market

1년 내내 매주 일요일 아침이면 22nd Ave와 Ballad Ave가 만나는 지점을 시작으로 140여 개의 노점이 들어선다. 유기농 채소와 해산물, 육가공품, 주류까지 없는 게 없다. 그러나 시장의 백미는 단연 먹거리 코너! 간단한 간식거리부터 한 끼 식사로 손색없는 피자나 커리, 샌드위치, 파에야 등 다국적 음식을 맛볼 수 있다. 노점에서 시작해 지금은 유명 점포를 운영하는 식당들도 아직 자리를 지키고 있다. 원형 그대로의 신선한 식재료는 물론, 수고로운 과정을 거쳐 만들어진 한 끼 식사까지 워싱턴주의 산과 들, 바다에서 시작해 주방을 거쳐 식탁 위에 오르는 모든 과정이 발라드 파머스 마켓에 있다.

주소 22nd Ave NW **전화** 206-706-0615 **오픈** 일요일 10:00~15:00 **휴무** 크리스마스, 1월 1일 **교통** NW Market St & Ballard Ave NW 버스 정류장에서 도보 2분 **홈페이지** www.sfmamarkets.com/visit-ballard-farmers-market/ **지도** p.152-I

바다를 끼고 자리 잡은 전천후 해변 공원

골든 가든스 파크
Golden Gardens Park

1907년에 공원으로 문을 연 이래 지금까지 발라드 주민들로부터 가장 사랑받는 해변 공원이다. 모래사장이 있는 해변으로 알래스카의 한류가 내려와 한여름에도 차가운 바닷물에서 수영을 즐길 수 있다. 해수욕을 즐기기 어려운 계절에는 황금빛으로 일렁이는 일몰을 보러 가자. 숲 산책로와 바비큐 구역, 반려견을 위한 전용 공간을 갖추고 있다.

주소 8498 Seaview Pl NW **전화** 206-684-7254 **오픈** 04:00~23:30 **휴무** 없음 **요금** 없음 **교통** 32nd Ave NW & NW 85th St 버스 정류장에서 도보 7분 **홈페이지** www.seattle.gov/parks/find/parks/golden-gardens-park **지도** p.6-A

자연친화적 생태학습장

우드랜드 파크 동물원
Woodland Park Zoo

1899년에 설립된 동물원. 가족 피크닉 장소로 인기다. 37ha의 광대한 부지에 각국에서 수집한 약 300종 1,100여 마리의 동물들이 자연에 가까운 상태로 살아간다. 지역이나 기후별로 사바나와 아프리카, 아시아 등으로 나뉘어 있으며, 이에 맞게 사육 환경을 조성하고 해당 지역의 문화까지 알 수 있도록 꾸몄다. 규모가 엄청나니 보고 싶은 순서를 정해 관람하는 것이 요령이다. 우드랜드 파크 동물원의 명물은 1인당 $650를 호가하는 프라이빗 투어라 할 수 있다. 동물원에 살고 있는 기린, 하마, 미어캣, 해달 등의 인기 만점 동물에게 직접 사료를 주거나 쓰다듬어 볼 수 있는 기회를 제공한다. 홈페이지의 이벤트 일정을 확인하면 더 많은 것들을 경험할 수 있으니 참고할 것.

주소 5500 Phinney Ave N **전화** 206-548-2500 **오픈** 5~9월 09:30~18:00, 10~4월 09:30~16:00 **휴무** 크리스마스 **요금** 어른 $14.95, 노인(65세~) $12.95, 어린이(3~12세) $9.95 **교통** Phinney Ave N & N 55th St 버스 정류장에서 도보 4분 **홈페이지** www.zoo.org **지도** p.153-C

스칸디나비아에서 온, 프리몬트를 지키는 수호신

프리몬트 트롤
Fremont Troll

퀸 앤과 프리몬트를 잇는 오로라 브리지 Aurora Bridge 아래에는 철근과 와이어, 콘크리트로 제작된 높이 5.5m, 무게 6톤에 달하는 거대한 트롤 동상이 숨어 있다. 트롤은 스칸디나비아 민족의 설화에 등장하는 상상 속의 괴물이다. 거인족의 후예라든가, 숲속에 사는 끈질긴 생명력의 괴물이라든가, 신에게 버림받은 거짓말쟁이 아이라는 등 트롤에 얽힌 이야기는 다채롭기 그지없지만 프리몬트의 트롤은 프리몬트를 지키는 수호신으로 불린다. 원래 이 다리 밑은 부랑자들과 마약 거래상의 온상이었지만 1990년 프리몬트 예술가 위원회에 속해 있던 4명의 지역 예술가들이 지역 정화 운동의 일환으로 트롤을 세웠고, 이후 프리몬트 트롤을 보기 위해 찾아오는 관광객과 여행자들 덕분에 우범 지역에서 관광 명소로 거듭났기 때문이다.

프리몬트 트롤은 마치 다리 위 도로를 뚫고 막 기어 내려온 것처럼 폭스바겐 비틀을 손에 움켜쥐고 있는데, 차량에는 캘리포니아 번호판이 달려 있다. 시애틀이 아닌 캘리포니아 번호판을 사용한 이유는 트롤이 만들어지던 당시 무분별하게 유입된 외부 개발 자본, 혹은 외부인에 대한 경계의 의미를 담은 것이라 한다.

주소 Troll Ave N **전화** 206-684-2489 **교통** Bridge Way N & Whitman Ave N 버스 정류장에서 도보 2분 **지도** p.153-K

대표 상품은 빈티지 소품과 공예품
프리몬트 선데이 마켓
Fremont Sunday Market

주소 3401 Evanston Ave N **전화** 없음 **오픈** 일요일 10:00~16:00 **휴무** 프리몬트 페어 주간, 크리스마스(일요일) **요금** 없음 **교통** Fremont Ave N & N 34th St 버스 정류장에서 도보 2분 **홈페이지** www.fremontmarket.com **지도** p.153-G

1990년에 설립된 이후 200여 개의 노점이 문을 여는 대규모 시장으로 입지를 굳혔다. 캐피틀 힐과 발라드 지역의 주말 시장과는 달리 골동품과 수집품, 빈티지 소품이 특화되어 있는 시장이다. 다채롭고 독창적인 독립 디자이너, 예술가, 공예가들이 만든 제품을 구할 수 있는 곳이기도 하다. 시장의 끝에는 푸드 트럭들이 자리해 백미를 장식한다. 수제 마카롱과 유기농 아이스크림과 같은 건강한 간식, 이탈리아 피자부터 한국식 불고기 샌드위치까지 취향대로 골라 보자.

공원으로 재탄생한 가스 발전소
가스 웍스 파크
Gas Works Park

시애틀에서 가장 독특하고 인기 높은 데이트 장소로 꼽힌다. 가스 발전소 부지였던 곳이 도시 개발 프로젝트의 일환으로 공원으로 재탄생한 것. 발전소로 쓰이던 녹슨 건물이 그대로 남아 있고, 호수 너머로는 시애틀의 멋진 스카이라인과 물 위를 유유히 떠다니는 배들이 한눈에 들어온다. 공원 내 위치한 케이트 힐의 탁 트인 전망과 함께 오래된 발전소가 연출해내는 독특한 분위기가 백미다.

주소 2101 N Northlake Way **전화** 206-684-4075 **오픈** 06:00~22:00 **휴무** 없음 **요금** 없음 **교통** Wallingford Ave N & N 35th St **홈페이지** www.seattle.gov/parks/find/parks/gas-works-park **지도** p.153-L

100여 년간 프리몬트와 퀸 앤을 이어온 도개교
프리몬트 브리지
Fremont Bridge

11917년 개통해 100년이 넘는 역사를 가진 다리다. 높이가 9.1m 정도로 낮아 배가 지나갈 때는 양쪽으로 올라가는 도개교로 설계했다. 도개교가 열리는 횟수는 하루 평균 36번으로 미국 내에서도 가장 자주 열린다. 다리 위는 매일 시애틀 중심부로 자전거를 타고 출퇴근하는 사람들, 거대한 장난감 같은 다리를 보러 오는 관광객들로 늘 붐빈다. 원래는 주황색이었으나 1985년 시민 투표를 거쳐 지금의 파란색과 주황색으로 재단장했다. 1982년 국가 사적지 National Register of Historic Places로 지정되었다.

주소 2101 N Northlake Way **전화** 206-684-4075 **오픈** 06:00~22:00 **휴무** 없음 **요금** 없음 **교통** Fremont Ave N & N 34th St 버스 정류장에서 도보 3분 **홈페이지** www.seattle.gov/parks/find/parks/gas-works-park **지도** p.153-K

프리몬트의 산책 포인트!
이상한 동상 이야기

예술가들이 앞장서서 도시 정화 운동을 시작한, 그야말로 예술혼이 제대로 깃든 동네 프리몬트에는 유독 '이상한' 조형물이 많다. 오로라 브리지 아래의 〈프리몬트 트롤〉을 시작으로 N 36th Ave와 Fremont Place N가 만나는 자리에 우뚝 서 있는 〈레닌 동상 Lenin Statue〉, Fremont Ave와 N 34th Ave가 만나는 버스 정류장의 〈버스를 기다리는 사람들 Waiting for the Interurban〉까지, '도대체 왜 그곳에 그 동상이?'라는 궁금증을 자아낸다. 몰라도 되지만 알고 보면 꽤 흥미로운 프리몬트의 동상들 이야기를 해보자.

잡아먹지 않아요, 프리몬트 트롤
스칸디나비아의 전설에 등장한다는 트롤이 다리 아래에서 자동차를 손에 거머쥔 채 금방이라도 솟아오를 듯 고개를 들고 있다. 꽤나 험악해 보이지만 프리몬트의 트롤은 위험하지 않다. 오히려 트롤을 만나기 위해 몰려든 관광객들 덕분에 다리 아래의 부랑자들이 사라지면서 우범 지대라는 오명을 벗을 수 있었고, 지금은 프리몬트의 주요 랜드마크가 되었다. → p.164

예술이 이념보다 더 오래 살아남는다, 레닌 동상

냉전 시대의 종말을 알린 상징적인 사건은 소련(소비에트연방공화국)이라는 이름과 레닌 동상이 사라진 것이다. 그런데 그 레닌 동상 하나가 바다 건너 미국, 그것도 프리몬트에 우뚝 서 있다. 무게 7톤, 높이 약 5m에 이르는 이 동상은 에밀 베네코프의 작품으로 제작에만 10년이 걸렸다. 하지만 1989년, 러시아의 길거리에 버려지는 운명에 처했고 그것을 미국인 루이스 카펜터 Louis Carpenter가 1996년 프리몬트로 옮겨왔다. 루이스는 '예술이 이념보다 더 오래 살아남는다'는 것을 말하고 싶었다고 한다.

누구나 예술가로 만들어주는 사람들, 버스를 기다리는 사람들

〈버스를 기다리는 사람들〉은 1979년 리처드 베이어 Richard Baier가 만든 작품이다. 6명의 사람과 개가 주인공인데 재미있는 것은 이 주인공들이 계절에 따라 옷을 갈아입는다는 것. 할로윈, 크리스마스 등에도 어김없이 그에 맞는 복장을 갖춘다. 때로는 시위를 하고 어떤 날은 결혼식을 올리기도 한다. 상업적인 메시지만 아니라면 누구나 자유롭게 꾸밀 수 있고, 일정 기간이 지난 후 원상 복구해두기만 하면 된다. 창작의 자유와 책임을 지키면 누구나 예술가가 될 수 있는 묘한 동상이다.

특별할 수 있는 자유, 로켓

1993년, 프리몬트의 거리 N 35th St 모퉁이에 난데없는 로켓이 등장했다. 모형이 아니라 1950년 냉전 시대에 만들어진 실제 로켓이다. 미 육군이 폐기하려던 것을 프리몬트 경영자협회에서 사들여 조형물로 개조한 것이다. 레이저 불빛과 연기를 뿜어내는 로켓이 서 있는 건물에는 'De Libertas Quirkas'라고 새겨져 있다. 이는 포르투갈어로 '특별할 수 있는 자유'라는 뜻이다.

유니버시티 디스트릭트 Universty District

시애틀의 가치를 지켜가는 요람
워싱턴 대학교
University of Washington(UW)

컴퓨터 관련 학과를 중심으로 항공과 해양, 산림 등의 분야에서 인재들을 배출해 내는 것으로 유명하다. 버스 노선이 캠퍼스 내부를 관통할 정도의 큰 규모로, 걸어서 돌아보기는 어렵다. 대표적인 볼거리로 꼽히는 레이니어산의 만년설이 한눈에 들어오는 드럼헬러 분수대 Drumheller Fountain와 영화 해리포터 속 호그와트 마법학교를 연상시키는 수잘로 & 앨런 도서관 Suzzallo and Allen Libraries이 있는 레드 스퀘어 Red Square를 찾아가 보자. 봄이면 캠퍼스 곳곳에 벚꽃이 만발해 장관을 이룬다.

방문자 센터
주소 022 Odegaard **전화** 206-543-9198 **오픈** 월~금요일 08:30~17:00 **휴무** 공휴일 **요금** 없음 **교통** 다운타운에서 버스 70, 49번 탑승, 15th Ave NE & NE Campus Pkw에서 하차 **홈페이지** www.washington.edu **지도** p.153-H

수잘로 & 앨런 도서관의 내부 모습

워싱턴주에서 가장 오래된 자연사 박물관
버크 국립 역사 문화 박물관
Burke Museum of Natural History and Culture

1879년 3명의 고등학생이 시작한 아마추어 자연사 클럽 '영 내추럴리스트 소사이어티 Young Naturalists Society'가 버크 국립 역사 문화 박물관의 시초다. 1962년 판사 토마스 버크 Tomas Burke가 재산을 기부, 제임스 치아렐리 James Chiarelli가 건물을 세우며 박물관이 설립되었다. 지금의 전시관은 2018년 4월 새로 지은 것으로, 더욱 세련된 외관과 첨단 기술을 접목했다. 워싱턴주의 자연사와 함께 원주민들의 문화, 생활 유산 및 인류학, 지질학, 생태학의 공예품과 표본 등 총 1,600만 점을 소장, 전시 중이다(2019년 6월 현재 휴관 중이며, 2019년 가을 개관 예정이다. 일정은 홈페이지 참조).

주소 1413 NE 45th St **전화** 206-543-7907 **오픈** 10:00~17:00, 매월 첫째 주 목요일 10:00~20:00 **휴무** 독립기념일, 추수감사절, 크리스마스이브, 크리스마스, 12월 31일 **요금** 어른 $10, 노인(65세~) $8, 청소년(5~18세) $7.5 **교통** NE 45th St & University Way NE 버스 정류장 도보 4분 **홈페이지** www.burkemuseum.org **지도** p.153-H

예술 트렌드를 가장 빠르게 반영하는 미술관

헨리 미술관
Henry Art Gallery

세계 각국의 의상과 도자기, 현대 미술품을 전시하는 미술관으로 1927년에 개관했다. 사업가인 호러스 헨리 Horace C. Henry가 워싱턴 대학교에 소장품 172점과 $97,000을 기부하면서 워싱턴 대학교 부설 공공 미술관으로 시작되었다. 사진을 비롯해 설치 예술, 뉴미디어 분야에서 영역을 넓혀 수집품이 2만 4,000점에 달한다. 시기에 맞춰 정해진 테마 아래 지역 예술가, 워싱턴 대학교 출신 예술가, 혹은 초대 예술가들의 프로젝트 전시가 순환된다. 특별전이 열리지 않는 기간에는 상설전만 관람 가능한데, 이때에는 정해진 입장료 없이 원하는 금액만 내고 관람이 가능하다. 사전에 전시 스케줄을 반드시 확인하자.

주소 University of Washington 15th Ave NE and NE 41st St **전화** 206-543-2280 **오픈** 수·금~일요일 11:00~16:00, 목요일 11:00~21:00 **휴무** 월·화요일 **요금** 일반 $10, 노인(62세~) $6 **교통** 15th Ave NE & NE Campus Pkwy 버스 정류장에서 도보 3분 **홈페이지** henryart.org **지도** p.153-H

지역 특산물의 각축장

유 디스트릭트 파머스 마켓
U-District Farmers Market

시애틀에서 가장 오래된 농산물 주말 시장 중 하나로, 1993년부터 열렸다. 품질 좋은 식재료를 구하려는 사람들이 몰려들어, 연간 방문자만 10만 명이 넘는다. 매주 토요일이면 유니버시티 디스트릭트와 맞닿은 NE 50th St와 NE 52nd St 사이에 총 60여 개의 농장주, 식품상의 노점이 들어선다. 주로 시애틀 인근 지역에서 생산되는 제철, 유기농 식재료들이 나온다. 지역 특산물로 만든 다양한 먹거리 역시 놓치지 말자. 거의 모든 완제품, 가공품 가게에서 맛보기 샘플을 내놓으니 새로운 맛을 경험하기에 이만한 곳이 또 없을 것!

주소 5031 University Way NE **전화** 206-632-5234 **오픈** 토요일 09:00~14:00 **교통** 15th Ave NE & NE 52nd St 버스 정류장에서 도보 3분 **홈페이지** seattlefarmersmarkets.org/markets/u-district **지도** p.153-D

Special

50년 전통, 대학가 최대의 축제
유니버시티 디스트릭트 스트리트 페어
University District Street Fair

매년 5월이면, 유니버시티 웨이와 만나는 NE 42nd St부터 NE 52nd St 사이 도로에서 유니버시티 디스트릭트 스트리트 페어가 열린다. 1970년부터 약 50년간 열리고 있는 이 행사는 워싱턴주의 특산품과 공예품, 먹거리들을 경험할 수 있는 대학가의 가장 큰 축제다.

1970년은 격동의 시기였다. 미국의 베트남 전쟁 참전과 캄보디아 침공에 반대하는 시위를 벌이던 켄트 주립 대학교 Kent State University 학생 4명이 정부의 무리한 진압으로 사망했고, 이에 항의하는 시위로 전국이 들끓었다. 스트리트 페어는 얼어붙은 긴장의 시기를 달래주는 전환점으로 작용하며 대성공을 거둔다. 300여 명에 이르는 공예가, 예술가들과 고급스러운 식재료를 만들어내는 아르티장(장인)이 참가해 노점을 열었고, 방문객은 5만 명에 달했다. 지금도 그 명성은 여전하다. 살거리와 볼거리는 물론 먹을거리, 게임 코너, 길거리 공연까지 풍성하고 다채롭게 펼쳐진다. 그중에서도 미국, 아시아, 아프리카와 라틴 아메리카, 지중해를 넘나드는 40여 개의 먹거리 노점은 단연 스트리트 페어의 꽃이라 할 수 있다. 천천히 걷고 구경하며 먹고 마시면서 축제의 분위기에 흠뻑 취해 보자.

주소 University Way NE & NE 42nd St~NE 52nd St **전화** 206-547-4417 **오픈** 5월(날짜는 매년 바뀌므로 홈페이지를 확인할 것) **교통** 52nd St **입구** 15th Ave NE & NE 52nd St 버스 정류장에서 도보 1분 / 42nd St **입구** 15th Ave NE & NE Campus Pkwy 버스 정류장에서 도보 2분 **홈페이지** udistrictstreetfair.org **지도** p.153-D

Special

시애틀 와인의 산실,
우딘빌 Woodinville

워싱턴주의 우딘빌 Woodinville은 2000년대에 들어서며 와인 산지로 급성장했다. 우딘빌 내에는 샤토 생 미셸 Chateau Ste Michelle과 컬럼비아 와이너리 Columbia Winery, 노벨티 힐 야누크 와이너리 Novelty Hill Januik Winery 등 유명 와이너리를 필두로 130여 개의 크고 작은 와이너리와 시음장들이 자리 잡고 있다. 이중에서 테이스팅 룸을 운영하는 와이너리는 50개 정도다. 날씨가 좋은 5월부터 포도가 익어가는 여름까지 각종 공연과 이벤트를 여는 곳이 많다. 운전에 대한 압박 없이 와인을 마시고 싶다면 최소 1박 이상의 일정을 잡거나 투어를 활용해 보자.

{ 와이너리 시음장 이용 방법 }

자동차
차량을 이용할 경우 다운타운 5th Ave에서 I-5 N으로 진입, I-405 N 도로까지 운전한 후 20B번 출구로 나간다. 이후 동쪽으로 우딘빌 표시판을 따라 이동하면 된다. 길이 막히지 않을 경우 30~40분 정도면 도착한다.

와이너리 일일 투어
운전에서 자유로울 뿐 아니라 와이너리를 여러 곳 둘러볼 수 있는 투어를 이용하면 여러모로 편리하다. 한인 여행사에서도 투어 상품을 운영 중이므로 언어에 부담을 느끼지 않고 투어를 즐길 수 있다. 참여 인원, 구성, 시간에 따라 투어 비용이 달라지므로 상세 정보는 이메일이나 전화로 직접 확인해야 한다.

와인 투어 업체
에버그린 이스케이프 www.evergreenescapes.com
배럴 와인 투어 www.barrelwinetours.com
시애틀 와인 투어 www.seattlewinetours.com
시애틀 한인 여행사(한국어 가이드) www.facebook.com/seattletravelntour

{ 우딘빌 어떻게 가야 할까? }

우딘빌에 있는 130여 개의 와이너리 중 약 50개가 시음장을 운영 중이다. 대부분 시음 비용을 내면 4~5가지의 원하는 와인을 맛볼 수 있다. 가격은 1인당 $10~15선. 시음 후 와인을 구매할 경우 와인 가격에서 시음 비용을 뺀 차액만 지불하면 된다. 문을 여는 시간은 오전 10시에서 12시 사이로 각 시음장마다 다르다. 와인과 함께 치즈나 과일, 빵을 곁들인 간단한 스낵을 판매하는 곳도 있다. 와인의 품종 또는 특징을 따져 보고 원하는 와이너리를 콕 찍어 다녀오는 것도 즐거운 시간을 만드는 비결이다.

{ 우딘빌 대표 3대 와이너리 }

샤토 생 미셸 와이너리
Chateau Ste. Michelle Winery

우딘빌뿐 아니라 워싱턴주에서도 가장 역사가 오래된 와이너리다. 매년 30만 명 이상의 방문객이 샤토 생 미셸을 찾는다. 세계 3대 화이트 와인 품종 중 하나인 리슬링 Riesling의 산지로도 유명하며, 샤토 생 미셸에서 만든 리슬링 샤르도네 Riesling Chardonnay는 많은 와인 대회에서 수상한 경력을 가지고 있다. 샤토 생 미셸 자체 투어에 참여하면 광대한 포도밭과 발효 중인 탱크, 숙성 창고, 병에 담는 과정을 견학하고 와인을 시음할 수 있다. 포도가 익어가는 여름이 되면 클래식 공연이나 와인과 어울리는 음식을 만드는 쿠킹 클래스 이벤트가 열린다.

주소 14111 NE 145th Street, Woodinville 홈페이지 www.ste-michelle.com

노벨티 힐 야누크 와이너리
Novelty Hill Januik Winery

샤토 생 미셸에서 걸어서 5분 거리에 포도 농장 노벨티 힐 Novelty Hill과 와인 메이커 야누크 Januik가 함께 운영하는 와이너리가 있다. 노벨티 힐에서 재배한 포도에 와인 메이커 야누크의 기술을 더해 와인을 생산하는 곳이다.

대표 상품은 단일 품종보다는 블렌딩 와인인데 그중에서도 와인 메이커인 앤드류 야누크 Andrew Januik의 이름을 붙인 블렌딩 와인, 스톤 케른-레드 마운틴 Stone Cairn-Red Mountain(2015)은 묵직한 보디감과 다채로운 향으로 높은 평가를 받고 있다. 와이너리에서 운영하는 디 아트 오브 푸드 앤드 와인 페어링 The Art of Food and Wine Pairing(1인 $65)에 참여하면 4가지 와인을 시음할 수 있다. 화덕에서 구워내는 수제 피자를 비롯해 와인과 어울리는 안주를 함께 낸다. 2~8명까지 소규모 단위로 운영되며, 홈페이지에서 신청 가능하다.

주소 14710 Woodinville-Redmond Road NE, Woodinville 홈페이지 www.noveltyhilljanuik.com

컬럼비아 와이너리 Columbia Winery

50여 년의 전통을 가진 와이너리로 워싱턴 대학교 교수, 비즈니스 전문가 등으로 이뤄진 10명의 친구들이 모여 1962년 공동 설립했다. 컬럼비아 밸리 Columbia Vally에 엄청난 규모의 포도밭을 소유하고 있을 뿐만 아니라 그에 걸맞은 와인 생산 라인을 자랑한다. 와인 비평가들로부터 높은 평가를 받는 카베르네 소비뇽, 샤르도네가 주력 상품이다. 우딘빌의 대표 와이너리답게 투어 프로그램도 인기가 많다. 단순한 시음이 아닌 와인을 만드는 과정을 배우는 와인 파운데이션스 Wine Foundations(1인당 $40, 60분 진행), 와인 감별 방법을 배우는 익스플로링 왓츠 인 어 글라스 Exploring What's in a Glass(1인당 $50, 90분 진행), 와인에 어울리는 치즈 고르는 법을 알려주는

{ 우딘빌 와이너리 거리 }

우딘빌의 와이너리는 대부분 오너가 직접 와인을 만들고, 최소 인원이 소규모로 운영한다. 이러한 부티크 와이너리들이 속속 생겨나면서 와이너리들이 줄지어 자리 잡은 거리가 생겨났다. 거리는 크게 서너 개 정도로 나뉘는데, 그중에서 가장 많은 와이너리가 모인 두 곳을 소개한다.

지도 woodinvillewinecountry.com/wine/maps
홈페이지 woodinvillewinecountry.com/all-listings

웨어하우스 디스트릭트 Warehouse District

웨어하우스 디스트릭트는 우딘빌에서 가장 핫한 거리다. 총 56개의 와이너리가 들어서 있다. 그중에서도 시애틀은 물론 미 서부에서 주목받는 와이너리 브랜드 이페스테 Efeste, 고먼 Gorrman, 베어 Baer 등이 자리한다.

할리우드 Hollywood

웨어하우스 디스트릭트 다음으로 많은 와이너리가 있는 거리로, 총 49개가 있다. 다른 지역보다 고급스러운 분위기의 시음장이 많은 것이 특징이다. 유명한 와이너리의 제품보다 독특한 와인을 시음하는 것에 관심이 있다면 할리우드로 가는 것이 답이다.

와인 & 치즈 페어링 Wine & Cheese Pairing(1인당 $60, 90분 진행) 등 다양한 수업을 운영 중이다. 모든 투어는 홈페이지에 게시된 이메일로 신청 가능하다.

주소 14030 NE 145th St, Woodinville **홈페이지** www.columbiawinery.com

Restaurant & Bakery

발라드 Ballad

ⓢⓢ 더 월러스 앤드 더 카펜터
The Walrus and the Carpenter
▶ 해산물 전문 레스토랑

해피 아워에 가면 더 해피한 석화 전문점

〈이상한 나라의 앨리스〉의 작가 루이스 캐럴 Lewis Carrol이 쓴 시, '바다사자와 목수 The Walrus and the Carpenter'에서 이름을 땄다. 껍질까지 함께 내는 생굴, 석화가 대표 메뉴다. 특히 오후 4~6시의 '오이스터 해피 아워'에는 석화를 40% 할인해, 1개당 $1.63~1.88 정도에 먹을 수 있다(당일 시가에 따라 다름). 빵과 버터 Bread & Butter($6)를 함께 주문하면 식사로 손색이 없다. 굴튀김 Fried Oysters($16)이나 스테이크 타르타르 Steak Tartare($16)도 추천한다. 스파클링 와인부터 맥주, 칵테일까지 해산물과 어울리는 각종 주류도 판매한다.

주소 4743 Ballard Ave NW **전화** 206-395-9227 **오픈** 16:00~22:00 **휴무** 없음 **교통** 15th & Leary North bound 버스 정류장에서 도보 5분 **홈페이지** www.thewalrusbar.com **지도** p.152-I

ⓢ 더 팻 헨
The Fat Hen
▶ 브런치 레스토랑

달걀 요리로 유명한 아침 식당

이른 아침부터 길게 줄을 서는 유명 식당이다. 원래도 유명했지만 한국 방송에 소개되면서 줄이 더 길어졌다. 메뉴는 달걀을 주재료로 한 것들이고 그중 가장 인기 있는 것은 달걀을 소스와 함께 오븐에 구워내는 3가지 종류의 에그 베이크스 Egg Bakes($11~12.25)다. 특히 카미차 Camicia를 맛볼 것. 토마토 바질 소스, 수란, 바게트 빵이 좋은 조합을 이룬다. 맛 좋은 커피와 홈메이드 페이스트리, 차, 생과일주스, 지역 와인과 맥주도 판매한다. 아침 일찍부터 점심시간까지만 운영하며 예약은 받지 않는다.

주소 1418 NW 70th St **전화** 206-782-5422 **오픈** 월~금요일 08:00~14:30(토·일요일 ~15:00) **휴무** 없음 **교통** 15th Ave NW & NW 70th St 버스 정류장에서 도보 3분 **홈페이지** thefathenseattle.com **지도** p.152-B

에그 베이크스 메뉴인 카미차

8온스 버거 & 컴퍼니
8oz Burger & Co.
▶ 수제 버거 전문점

창의적이면서도 건강한 수제 버거 전문점

2011년 문을 연 이래 시애틀을 대표하는 버거 전문점으로 자리 잡아, 캐피틀 힐(1401 Broadway)과 발라드에 지점을 운영 중이다. 지역에서, 유기농으로, 제철에 생산한다는 3가지 원칙을 지킨 식재료를 사용한다. 특히 버거를 채우는 속 재료의 창의적인 조합이 흥미롭다. 메뉴로는 16가지 종류의 버거($11~16)와 50여 가지의 칵테일, 위스키를 선보인다. 해피 아워(16:00~18:00)에는 소고기 패티에 양파 피클, 유명 치즈 브랜드인 비처스 Beecher's의 체다 치즈, 트러플오일소스로 맛을 낸 시그니처 버거 더 8온스 The 8 oz(단품 $13)를 감자튀김과 세트($12)로 판매하는데, 단품보다 저렴하게 먹을 수 있다.

주소 2409 NW Market St **전화** 206-782-2491 **오픈** 월~목요일 11:30~23:00(금·토요일 ~24:00, 일요일 ~22:00) **휴무** 없음 **교통** NW Market St & Ballard Ave NW 버스 정류장에서 도보 2분 **홈페이지** www.8ozburgerandco.com **지도** p.152-I

포케 스퀘어
Poke Square
▶ 하와이식 회덮밥 전문점

한 접시에 담은 워싱턴주의 싱싱함!

해산물 등의 고명을 직접 골라 구성해 먹을 수 있는 포케 Poke(샐러드·라이스 볼) 전문점이다. 하와이에서 먹기 시작한 포케는 신선한 채소와 싱싱한 회를 한 번에 먹을 수 있어 건강한 먹거리에 관심이 많은 시애틀라이트에게 사랑받는 메뉴다. 먼저 베이스(밥이나 샐러드 채소)를 고르고 생선(연어, 참치, 새우, 관자 등), 소스, 사이드, 토핑 순으로 5단계에 걸쳐 주문한다. 자신의 취향에 맞는 한 그릇을 만들어 보자. 가격은 스몰 $10.95, 라지 $12.95.

주소 1701 NW Market St **전화** 206-466-1798 **오픈** 11:00~20:00 **휴무** 없음 **교통** NW Market St & 15th Ave NW 버스 정류장에서 도보 2분 **홈페이지** poke-square.com **지도** p.152-J

브런즈윅 & 헌트
Brunswick & Hunt
▶ 서부 음식 전문점

서부 개척사를 담은 한 끼

미 서부 사냥꾼들이 먹던 음식을 재현한 메뉴를 선보이며 독특한 콘셉트로 인기몰이를 하는 서부 음식 전문점이다. 평일에는 저녁 식사만 가능하다. 샤쿠터리 & 치즈 Charcuterie & Cheese($16~32)가 추천 메뉴로, 메뉴 중 3~7가지를 직접 선택해 구성할 수 있는 플래터다. 주말 한정으로 브런치도 먹을 수 있다. 브런치 메뉴는 달걀, 소시지, 베이컨으로 구성된 헌터스 브렉퍼스트 Hunter's Breakfast($14), 오븐에 구운 팬케이크 더치 베이비 Dutch Baby($13)를 주문해보자.

주소 1480 NW 70th St **전화** 206-946-1574 **오픈** 화·수요일 17:00~21:00(목~토요일 ~22:00), 브런치 토·일요일 09:00~14:00 / 해피 아워 화~금요일 16:00~18:00 **휴무** 월요일 **교통** 15th Ave NW & NW 70th St 버스 정류장에서 도보 2분 **홈페이지** www.brunswickandhunt.com **지도** p.152-B

ⓢ ⓢ
비터 루트
Bitter Root
▶ 바비큐 전문점

주소 5239 Ballard Ave NW **전화** 206-588-1577 **오픈** 일~목요일 11:00~22:00 (금·토요일 ~24:00) **휴무** 없음 **교통** NW Market St & Ballard Ave NW 버스 정류장에서 도보 5분 **홈페이지** www.bitterrootbbq.com **지도** p.152-I

고기와 술의 찰떡궁합

고기와 술을 함께 즐기려는 사람들이 주로 찾는 바비큐 전문점이다. 주문한 음식은 사각형의 철제 쟁반 한 판에 모두 담아내 준다. 톨 그라스 베이커리(p.176)의 프레첼 안에 훈제한 돼지고기, 닭고기, 소고기 등을 넣어주는 샌드위치($11~15)가 주요 메뉴로, 그중에서도 훈제 고기를 오롯이 즐길 수 있는 미츠 Meats($14~29)가 인기 있다. 돼지고기, 소고기, 닭고기, 양고기 중에서 원하는 육류 하나를 고르고 2가지 사이드 메뉴를 고를 수 있다. 여러 명이 가면 모든 고기 종류를 맛볼 수 있는 플래터 메뉴인 카우보이 킬러 Cowboy Killer($62)를 주문해 보자. 바비큐와 잘 어울리는 맥주, 위스키, 칵테일도 유명하다.

ⓢ
카페 베살루
Cafe Besalu
▶ 제과점

발라드의 아침을 달콤하게 여는 제과점

수제 페이스트리와 에스프레소로 유명한 제과점으로 시애틀 베스트 베이커리 명단에 늘 이름을 올린다. 아침에 특히 붐비며, 보통 오후 2시면 문을 닫는다. 시그니처 메뉴는 크루아상과 페이스트리지만, 아침 식사로는 키시 Quiche의 인기도 빠지지 않는다. 달콤함을 좋아하는 사람이라면 크루아상 브레드 푸딩($4.25)을 추천한다. 촉촉한 속살과 바삭한 겉면에 맴도는 생강과 계피 향이 조화롭다.

주소 5909 24th Ave NW **전화** 206-789-1463 **오픈** 월~금요일 06:30~14:00(토·일요일 ~15:00) **휴무** 없음 **교통** 24th Ave NW & NW 57th St 버스 정류장에서 도보 2분 **홈페이지** cafebesalu.com **지도** p.152-A

언제나 조기 품절되는 크루아상 브레드 푸딩

더 톨 그라스 베이커리
The Tall Grass Bakery
▶제과점

느리지만 깊은 맛, 천연 발효 빵 전문점

시애틀 곳곳의 레스토랑이나 카페에 빵을 공급하는 베이커리다. 주로 식사용 빵을 사려는 현지 주민들이 찾는다. 1998년 파머스 마켓에서 시작해 2000년 발라드에 점포를 열었다. 직접 스톤 그라인더로 갈아낸 유기농 밀가루와 천연 효모종을 사용한 발효 빵이 주인공이다. 시드 브레드 Seed Bread($6)나 프랑스 시골빵으로 불리는 캄파뉴 Campagne ($6), 오트밀 & 허니 브레드 Oatmeal & Honey Bread도 인기다. 발효 빵에서만 느낄 수 있는 식감과 독특한 향이 매력적이다. 주말 파머스 마켓에서도 톨 그라스의 빵을 만날 수 있다.

주소 5907 24th Ave NW **전화** 206-706-0991 **오픈** 09:00~19:00 **휴무** 없음 **교통** 24th Ave NW & NW 57th St 버스 정류장에서 도보 2분 **홈페이지** www.tallgrassbakery.com/ **지도** p.152-A

로셀리니스 파인 케이크스 & 베이크드 굿즈
Rosselini's Fine Cakes & Baked Goods
▶제과점

더 팻 헨의 기다림에 지친다면 플랜 B

더 팻 헨의 맞은편에 위치하며, 프랑스식 빵과 과자를 내는 작은 제과점이다. 동네 사람들은 유명세를 탄 더 팻 헨의 긴 줄을 비웃기라도 하듯, 바로 앞의 이 작은 빵집을 유유히 드나든다. 페이스트리류가 주요 상품이며 크루아상($3.5)과 데니시 Danish($4), 칸레 Canele ($3) 등이 인기다. 여행자가 선택하기 좋은 메뉴는 수제 마카롱(1개당 $1.95)과 수제 캐러멜(1개당 $1.25). 비싼 감은 있지만 입안에서 살살 녹아 사라지는 순간 충분한 가치를 느끼게 될 것.

달콤하고 촉촉한 칸레

주소 1413 NW 70th St **전화** 206-706-4035 **오픈** 수~금요일 07:00~16:00(토 · 일요일 08:00~) **휴무** 월 · 화요일 **교통** 15th Ave NW & NW 70th St 버스 정류장에서 도보 3분 **홈페이지** rosellinis.com **지도** p.152-B

핫 케이크스-몰튼 초콜릿 케이커리
Hot Cakes - Molten Chocolate Cakery
▶핫 초콜릿 케이크 전문점

경험과 기술이 빚어낸 수제 초콜릿

시애틀의 유명 초콜릿 브랜드 테오 Theo 출신의 수석 쇼콜라티에가 독립해 창업한 곳. 스페인까지 건너가 배워온 기술에 오랜 경험이 녹아든 듯 깊고 진한 맛이 특징이다. 대표 메뉴는 다크 데카당스 Dark Deca dence($11)로, 뜨거운 초콜릿이 가득 찬 폭신한 초콜릿 케이크를 차가운 아이스크림과 함께 먹는다. 진한 초콜릿 셰이크도 초콜릿 마니아에게 사랑받는다. 스모크드 초콜릿 칩스 Smoked Chocolate Chips($15), 위스키 캐러멜 소스 Whiskey Caramel Sauce($25) 등의 완제품은 포장이 예뻐 선물용으로도 좋다.

주소 5427 Ballard Ave NW **전화** 206-453-3792 **오픈** 월~목요일 16:00~23:00(금요일 ~24:00), 토요일 10:00~24:00(일요일 ~23:00) **휴무** 없음 **교통** NW Market St & Ballard Ave NW 버스 정류장에서 도보 2분 **홈페이지** www.getyourhotcakes.com **지도** p.152-I

카페 피오레
Caffe Fiore
▶ 카페 & 로스터리

시애틀 최초의 유기농 원두 카페

100% 인증된 유기농 원두만을 사용하는 카페로 시애틀에만 4개 지점이 운영 중이다. 유기농에 대한 관심이 높아지기도 전인 2002년에 문을 열었다. 카페 피오레가 돈과 시간이 더 많이 들어가는 유기농 원두를 사용하는 이유는 간단하다. 일반 원두에 비해 맛이 깊고 향이 풍부하기 때문이다. 화학 비료를 쓰지 않고 원두를 키우는 것도 그런 이유 중 하나이다. 카페 라테보다 사이즈는 작지만 훨씬 풍부한 맛을 내는 팬코르 Pancor($3.65)를 추천한다. 콜드 부루나 드립 커피도 수준급이다.

주소 5405 Leary Ave NW **전화** 206-706-0421 **오픈** 월~금요일 06:00~18:00(토·일요일 07:00~) **휴무** 없음 **교통** Leary Ave NW & NW Vernon Pl 버스 정류장 바로 앞 **홈페이지** www.caffefiore.com **지도** p.152-I

미로 티
Miro Tea
▶ 차 전문점

티를 활용한 다양한 음료 메뉴

2000여 종의 차로 만드는 다양한 음료로 유명한 찻집이다. 물론 차를 그대로 즐길 수 있는 메뉴도 있다. 미로 티가 특별한 이유는 전 세계 각지에서 생산된 차를 깐깐한 선정 기준을 거쳐 들여오기 때문. 그만큼 다양하고 질 좋은 차를 갖추어 선택의 폭이 넓고 맛도 언제나 고품질을 유지한다. 차는 잔이나 티 포트로 주문할 수 있다. 질 좋은 보이차, 녹차, 홍차 등을 우유에 우려낸 다양한 티 라테($3.5~4)와 차이 라테도 유명하다. 차를 마시는데 필요한 다기 제품도 판매한다.

주소 5405 Ballard Ave NW **전화** 206-782-6763 **오픈** 월~토요일 08:00~22:00(일요일 ~20:00) **휴무** 없음 **교통** NW Market St & Ballard Ave NW 버스 정류장에서 도보 2분 **홈페이지** mirotea.com **지도** p.152-I

담브로시오 젤라토
D'Ambrosio Gelato
▶ 젤라토 전문점

이탈리아식 유기농 수제 젤라토

이탈리아식 아이스크림인 젤라토와 커피를 판매하는 전문점이다. 신선함을 유지하기 위해 당일 판매할 양만큼만 만들어 판매한다. 미국산 유기농 유제품과 사탕수수 설탕을 사용한 수제 공정으로 젤라토 베이스를 만든다. 기성 제품은 전혀 사용하지 않고, 잼이나 크림, 캐러멜까지 모두 수제 공정을 통해 만들어 낸다. 20여 가지 맛 중 원하는 것을 골라 주문해 보자. 2가지 맛은 피콜로($4.75), 3가지 맛은 메디오($6), 4가지는 그란데($7.25)라고 부른다. 와플 콘($1)에 얹어 주문할 수도 있다. 젤라토를 활용한 아포카토($6.50)도 인기다.

주소 5339 Ballard Ave NW **전화** 206-327-9175 **오픈** 월~토요일 12:00~22:00(일요일 10:00~) **휴무** 없음 **교통** NW Market St & Ballard Ave NW 버스 정류장에서 도보 3분 **홈페이지** www.dambrosiogelato.com **지도** p.152-I

ⓢⓢ 브리머 & 힐탭
Brimmer & Heeltap
▶ 비스트로 & 바

요즘 가장 핫한 브런치 레스토랑

이름 브리머 & 힐탭 Brimmer & Heeltap은 영국의 음주 용어로, 첫 모금을 마시기 전과 컵 바닥에 마지막 한 방울이 남을 때까지의 시간을 뜻한다. 주말에 판매하는 브런치 메뉴는 전통적인 서양식 아침식사에 동양적 요소를 적절히 섞은 아이디어가 돋보이는 메뉴로 특히 인기 있다. 일본 인스턴트 라면 면발에 포크 그레이비소스를 얹은 로코모코 Loco Moco($19), 반숙한 달걀 프라이, 미트볼이 빵과 함께 나오는 스카치 에그 Scotch Egg($18)를 추천한다. 커피는 드립 커피만 주문 가능한데 추가 요금 없이 계속 리필해준다. 영수증에 서비스 차지 20%가 포함되어 나오므로 따로 팁을 내지 않도록 주의할 것.

브런치 메뉴로 인기 만점! 로코모코

주소 425 NW Market St **전화** 206-420-2534 **오픈** 수~금요일 17:00~22:00, 토·일요일 09:00~14:00, 17:00~22:00 **휴무** 월·화요일 **교통** NW Market St & 5th Ave NW 버스 정류장에서 도보 1분 **홈페이지** www.brimmerandheeltap.com **지도** p.152-B

ⓢ 베라치 피자
Veraci Pizza
▶ 나폴리 피자 전문점

수제 도우와 나무 화덕의 조화

한적한 주택가에 자리한 나폴리 피자 전문점이다. 2004년부터 주말 파머스 마켓의 먹거리 코너에서 피자를 팔기 시작해 지금의 자리에 점포까지 냈다. 손으로 반죽을 치고 붉은 벽돌 화덕에 나무를 때서 1,000℃에서 피자를 구워내는데, 불 맛과 쫄깃함이 일품이다. 한 조각은 $4~5 정도, 한 판은 $10~25 정도다. 현지 맥주도 함께 판매한다.

주소 500 NW Market St **전화** 206-525-1813 **오픈** 수~월요일 11:00~21:00 **휴무** 화요일 **교통** NW Market St & 5th Ave NW 버스 정류장에서 도보 1분 **홈페이지** www.veracipizza.com **지도** p.152-B

ⓢ 봉고스
Bongos
▶ 캐리비언 음식 전문점

해변 분위기 물씬, 캐리비언 스타일의 식당

우드랜드 동물원의 위쪽, 그린 호수 인근에 자리 잡은 캐리비언 음식 전문점. 동물원 방문 일정이 있는 날 가기 좋은 위치다. 주유소가 있던 자리를 해변 분위기가 나는 색감과 인테리어로 꾸몄다. 나무로 된 작은 건물에 넓은 파티오를 만들어 실외에서 식사하기 좋다.

강한 맛과 향, 진한 소스의 캐리비언 음식을 맛볼 수 있는데, 가격도 합리적이다. 중남미식 샌드위치는 $9~10, 플래터 메뉴는 $9~14 정도다. 늘 긴 줄이 늘어서는 발라드나 프리몬트의 유명 중남미 음식점에 비해 여유로운 것도 장점이다.

주소 6501 Aurora Ave N **전화** 206-420-8548 **오픈** 수·목·일요일 11:00~21:00(금·토요일 ~22:00) **휴무** 월·화요일 **교통** Woodland Pl N & N 65th St 버스 정류장에서 도보 1분 **홈페이지** www.bongosseattle.com **지도** p.152-C

프리몬트 Fremont

카페 투르코
Cafe Turko
▶ 터키 요리

시애틀로 옮겨온 작은 터키

터키산 제품을 수입 판매하던 업체가 업종을 바꿔 2012년 개업한 터키 레스토랑이다. 식당 내부의 모든 장식품들은 흉내만 낸 것이 아닌 모두 터키에서 직접 들여온 것이다. 물론 음식도 마찬가지. 주석 잔에 담겨 나오는 터키시 커피($3.50)는 특유의 향에 매콤함이 감돈다. 향에 민감하다면 마시기 어려울 수도 있다. 가장 인기 메뉴인 베이티 케밥 Beyti Kebab($14)은 타코나 브리토를 담백하게 만든 맛이다. 여기에 스파이시 소스를 곁들이면 한국사람 입맛에 꼭 맞는 맛이 된다.

주소 750 N 34th St **전화** 206-284-9954 **오픈** 월~토요일 10:00~21:30(일요일 ~20:30) **휴무** 없음 **교통** Fremont Ave N & N 34th St 버스 정류장에서 도보 2분 **홈페이지** cafe-turko.com **지도** p.153-K

줄
Joule
▶ 한식 퓨전

4년 연속 제임스 비어드 어워드에 이름을 올린 한식당

한국계 셰프 레이첼 양이 운영하는 한식당이다. 2007년 문을 연 이래 한국 사람보다 외국인들이 더욱 사랑하는 한식당으로 자리 잡았다. 한국의 고유한 맛과 조리법을 놓치지 않으면서 건강한 식습관에 열광하는 시애틀 사람들이 좋아할 만한 포인트를 가미해 그들의 입맛을 사로잡았다. 2013년에는 미국 잡지 〈봉 아페티 Bon Appétit〉에서 베스트 레스토랑으로 선정되었고, 2015년부터 4년 연속 요리계의 오스카상이라 불리는 〈제임스 비어드 어워드 James Beard Award〉의 최종 후보에 올라 화제를 낳았다. 구운 김치를 곁들인 갈비 스테이크 'that' Short Rib Steak, Kalbi, Grilled Kimchi($25), 튀긴 떡을 고추장 소스에 볶아내는 Spicy Rice Cake, Chorizo, Pickled Mustard Green($17) 등 한식을 재해석한 메뉴가 흥미롭다. 주말 오전에는 단돈 $19에 줄의 다양한 맛을 경험할 수 있는 브런치 뷔페가 열린다.

주소 3506 Stone Way N **전화** 206-632-5685 **오픈** 월~목요일 17:00~22:00, 금요일 07:00~23:00, 토·일요일 10:00~14:00, 토요일 17:00~23:00(일요일 ~22:00) **휴무** 없음 **교통** N 35th St & Woodland Park Ave N 버스 정류장에서 도보 2분 **홈페이지** www.relayrestaurantgroup.com/restaurants/joule **지도** p.153-L

유니다 버거
Uneeda Burger
▶ 수제 버거 전문점

취향대로 골라 주문하는 맞춤 버거 전문점

나무로 마감된 빈티지한 외관부터 눈에 띄는 수제 버거 전문점이다. 상식을 깬 재료를 활용한 버거 메뉴가 인기로, 육식주의, 채식주의, 비건에게까지 친절한 콘셉트다. 메뉴에서 버거를 고른 후 재료를 추가할 수 있는데 소고기 패티는 따로 주문해야 한다. 패티를 추가하면 빵 역시 일반 토스트에서 버거 번으로 업그레이드된다. 가느다란 프렌치프라이, 블랙 포레스트 햄, 스위스 그뤼에르 치즈를 넣은 6번 무슈 Monsieur($9)가 인기 있다. 지역 맥주와 와인, 밀크셰이크도 판매한다.

주소 4302 Fremont Ave N **전화** 206-547-2600 **오픈** 11:00~21:00 **휴무** 없음 **교통** N 43rd St & Fremont Ave N 버스 정류장에서 도보 2분 **홈페이지** uneedaburger.com **지도** p.153-G

프렌치프라이의 바삭함과 햄 & 치즈의 진한 맛이 어우러져 인기 높은 무슈

스톤 웨이 카페
Stone Way Cafe
▶ 브런치 카페

가격, 맛, 양 세 마리 토끼를 잡은 한 끼

가족이 운영하는 카페. 미국식 식사 메뉴에 수제 맥주를 곁들여 즐기기 좋은 곳이다. 넉넉한 양과 적당한 가격, 넓은 내부에 자유로운 분위기까지, 누구나 쉬어가기 딱 좋다. 종일 사람이 많지만 공간이 넓어 번잡하지는 않다. 케이준 베네딕트 Cajun Benedict($9.75), 브렉퍼스트 부리토 Breakfast Burrito($9)가 인기다. 스톤 웨이 카페의 비스킷은 특히 인기가 많은데, 치즈와 어우러지는 할라피뇨의 매콤함이 가히 중독적이다. 넉넉한 한 끼를 먹고 싶다면 바로 여기!

주소 3510 Stone Way N **전화** 206-420-4435 **오픈** 월~토요일 07:00~21:00, 일요일 08:00~19:00 **휴무** 없음 **교통** N 35th St & Stone Way N 버스 정류장에서 도보 1분 **홈페이지** www.stonewaycafe.com **지도** p.153-L

할라피뇨 스콘과 볶음 감자가 함께 나오는 케이준 베네딕트

파세오 캐리비언 푸드
Paseo Caribbean Food
▶ 중남미식 샌드위치 전문점

전설적인 캐리비언 스타일의 돼지고기 샌드위치

파세오는 20년이 넘도록 시애틀의 대표 중남미식 샌드위치로 자리를 지켜 왔다. 갈색으로 잘 볶아낸 양파의 단맛과 오래 훈제한 돼지고기가 어우러지는 캐리비안 로스트 Caribbean Roast($9.75)가 최고의 메뉴! 치즈 가루를 뿌린 구운 옥수수도 빠질 수 없다. 늘 많은 손님들로 붐비지만 기다릴 만한 가치가 있다.

파세오의 최고 인기 메뉴 캐리비안 로스트

주소 4225 Fremont Ave N **전화** 206-545-7440 **오픈** 화~금요일 11:00~21:00(토요일 ~20:00, 일요일 ~18:00) **휴무** 월요일 **교통** N 43rd St & Fremont Ave N 버스 정류장에서 도보 2분 **홈페이지** www.paseorestaurants.com **지도** p.153-G

시울프 베이커리
Seawolf Bakery
▶ 제과점

형제가 운영하는 탄탄한 실력의 빵집

형제가 운영하는 제과점으로 오픈한 지 4년 만에 시애틀 내 다수의 레스토랑에 납품할 정도로 성장했다. 시울프 베이커리의 가장 큰 특징은 오픈 키친이라 빵을 만드는 전 과정이 홀에서 훤히 보인다는 점. 많은 종류의 빵을 만들기보다는 20여 가지를 제대로 만들어 판매 및 납품한다. 바게트($3.75)와 크루아상($3.75)이 대표 제품이다. 로고를 새겨 넣은 머그나 앞치마 등도 인기 품목이다.

주소 3621 Stone Way North D **전화** 206-457-4181 **오픈** 07:00~18:00 **휴무** 없음 **교통** N 35th St & Stone Way N 버스 정류장에서 도보 3분 **홈페이지** www.seawolfbakers.com **지도** p.153-L

에스프레소 투 고
Espresso To Go
▶ 카페 & 로스터리

작지만 강렬한 공간과 한 잔

프리몬트의 레닌 동상 근처에 자리한 카페인데, 무심코 지나가면 잘 보이지도 않을 만큼 작은 가게다. 그러나 문 안으로 들어서는 순간 고풍스러운 샹들리에와 진한 커피 향이 맞아준다. 커피가 저렴하고 맛도 좋지만, 최고의 메뉴는 수제 마시멜로를 띄워내는 핫 초콜릿($2.85~3.80)이다. 공간이 작아 느긋하게 앉아 있기는 힘드니 핫 초콜릿을 들고 프리몬트 거리를 산책해보자.

주소 3512 Fremont Pl N **전화** 206-633-3685 **오픈** 06:00~18:00 **휴무** 없음 **교통** Fremont Ave N & N 34th St 버스 정류장에서 도보 1분 **홈페이지** etgcoffee.com **지도** p.153-K

($)
미르 플래그 십
Miir Flag Ship
▶ 커피 & 수제 맥주

소비가 환원으로 연결되는 공간

한 잔의 커피를 마시고 물병을 구매할 때마다 누군가의 삶이 나아진다는 독특한 콘셉트의 카페 & 바. 주인인 브라이언 파페 Bryan Papé는 본인이 큰 사고를 당한 후 사회에 환원할 수 있는 사업을 구상하던 중 이 카페를 설립했다고 한다. 판매 수익의 일부를 어려운 사람들에게 직접적으로 돌려주는 펀딩을 운영한다. 카운터 컬처 로스터리의 원두를 사용한 커피와 미국 서부에서 생산하는 수제 맥주를 판매하지만, 대표 상품은 자체 디자인한 텀블러다. 누구나 시애틀에 오면 구매하는 스타벅스 텀블러보다 훨씬 스타일리시하고 의미 있는 기념품이 될 것이다.

주소 3400 Stone Way N **전화** 206-566-7207 **오픈** 월~금요일 07:00~21:00, 토 · 일요일 08:00~20:00 **휴무** 없음 **교통** N 35th St & Woodland Park Ave N 버스 정류장에서 도보 2분 **홈페이지** miir.com/flagship **지도** p.153-L

월링포드 Wallingford

($)($)
투타 벨라 나폴리탄 피체리아
Tutta Bella Neapolitan Pizzeria
▶ 나폴리 피자 전문점

화덕에 구운 정통 나폴리 피자

2004년에 시애틀의 컬럼비아 시티에 1호점을 개점한 이후 현재 5개의 점포를 운영 중이다. 다양한 이탈리안 음식을 취급하지만 나무를 땐 화덕에 구워내는 정통 나폴리식 피자가 단연 압도적인 인기를 끌고 있다. 기본적인 트래디셔널 피자($12~18)보다 투타 벨라의 시그니처인 하우스 피자($13~18)를 주문해 보자. 투타 벨라만의 안목으로 고른 식재료와 소스의 조합이 남다르다. 각 계절마다 나오는 제철 농수산물을 이용해 만드는 스페셜 피자도 좋은 선택이다. 초여름의 아스파라거스, 한여름의 토마토, 가을의 연어 등 워싱턴주의 제철 농수산물을 맛보는 기회가 될 것. 해피 아워에는 모든 종류의 10인치 피자를 $8에 판매한다.

주소 4411 Stone Way N **전화** 206-633-3800 **오픈** 일~목요일 11:00~22:00(금 · 토요일 ~23:00) / 해피 아워 15:00~16:00, 21:00~ **휴무** 없음 **교통** Stone Way N & N 45th St 버스 정류장에서 도보 1분 **홈페이지** tuttabella.com **지도** p.153-G

ⓢⓈⓈ
웨스트워드
Westward
▶ 해산물 레스토랑

호수의 일몰과 함께 즐기는 석화와 와인

유니언 호수를 끼고 자리 잡은 웨스트워드는 아름다운 전망과 싱싱한 석화(굴)로 유명한 식당이다. 저녁 시간 호수 위로 지는 해를 바라보며 로맨틱한 한 끼를 즐기려는 시애틀라이트로 북적인다. 시애틀 인근에서 캐낸 석화는 알이 큼직하고 싱싱하며, 와인과 잘 어울린다. 당일 수급 상황에 따라 판매하는 종류와 가격이 달라지는데, 보통 1개당 $3.5~4 정도이다.

주소 2501 N Northlake Way **전화** 206-552-8215 **오픈** 월·화요일 17:00~21:30(수~금요일 ~22:00), 토요일 10:00~22:00(일요일 ~21:00) **휴무** 없음 **교통** N 40th St & Sunnyside Ave N 버스 정류장에서 도보 9분 **홈페이지** westwardseattle.com/ **지도** p.153-L

ⓢ
이센셜 베이커리 카페
Essential Bakery Cafe
▶ 유기농 빵집

시애틀의 터줏대감 빵집

1994년에 문을 연 시애틀 터줏대감 격인 베이커리다. 시애틀에 총 3개의 지점이 있는데, 월링포드 매장은 빵을 구워내는 화덕을 홀에서도 볼 수 있다. 화덕의 문이 열리면 잘 구운 빵과 함께 고소한 냄새가 거리까지 흘러나온다. 유기농 재료를 사용해 전통 방식으로 만드는 빵이니 당연히 인기가 좋을 수밖에 없다. 커피 한 잔과 먹기 좋은 페이스트리류는 물론 식사용 천연 발효 빵을 찾는 사람도 많다. 각종 샌드위치($9~12)와 커피, 수프 등으로 한 끼 식사를 대신해도 좋겠다.

주소 1604 N 34th St **전화** 206-545-0444 **오픈** 월~금요일 06:00~18:00(토·일요일 07:00~) **휴무** 없음 **교통** N 35th St & Carr Pl N 버스 정류장에서 도보 2분 **홈페이지** essentialbaking.com **지도** p.153-L

ⓢ
시애틀 미아우트로폴리탄
Seattle Meowtropolitan
▶ 고양이 카페

평범한 고양이들의 특별한 후원 카페

유기된 고양이들의 보호와 입양을 목적으로 운영하는 카페다. 희귀 품종 고양이를 전시하는 듯한 한국과는 운영 방식이나 분위기가 전혀 다르다. 카페 공간과 분리된 고양이 놀이 공간(캣 라운지)은 1인당 $13를 내면 50분 동안 머물 수 있

다. 고양이와 함께 티타임을 갖고 싶다면 사전에 예약하는 것이 좋다. 사람의 수는 고양이의 수보다 적게 유지하는 것을 원칙으로 한다. 입장료에는 카페에서 판매하는 음료 한 잔이 포함된다. 카페 공간에서 고양이 그림이 그려진 라테($3.80~4.30)를 마시며 창 너머 고양이를 만나는 것 역시 좋은 옵션이다.

주소 1225 N 45th St **전화** 206-632-2330 **오픈** 화~금요일 07:00~17:00(월요일 ~18:00), 토·일요일 09:00~21:00 **휴무** 없음 **교통** N 45th St & Stone Way N 버스 정류장에서 도보 1분 **홈페이지** seattlemeowtropolitan.com **지도** p.153-G

ⓢ
조카 커피
Zoka Coffee
▶ 카페

시애틀라이트가 적극 추천하는 로스터

관광객들에게는 다소 생소하지만 현지인들은 꼭 추천하는 시애틀 태생의 커피 로스팅 브랜드다. 부티크 커피 로스트라는 콘셉트 아래, 전 세계의 농장을 직접 섭외하고 공정 거래 원칙에 따라 원두를 수입한다. 커피는 신맛보다는 고소함과 초콜릿 향이 두드러진다. 코스타리카,

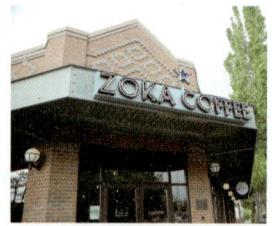

과테말라 등 유명 산지의 원두($340g $18.50~)를 비롯해 블렌딩 원두($340g $15.50~)도 구매할 수 있다.

주소 6204, 2200 N 56th St **전화** 206-545-4277 **오픈** 토~목요일 06:00~21:00(금요일 ~19:00) **휴무** 없음 **교통** N 56th St & Keystone Pl N 버스 정류장 바로 앞 **홈페이지** www.zokacoffee.com **지도** p.153-C

유니버시티 디스트릭트 & 노스이스트 시애틀 University District & Northeast Seattle ♥

ⓢ
모슬
Morsel
▶ 버터밀크 비스킷 전문점

워싱턴 대학생들의 최애 방앗간

2013년 워싱턴 대학교 인근에 있는 작은 자전거 숍을 인수해 문을 연 식당이다. 문을 열자마자 워싱턴 대학교 학생들의 입소문을 타고 인기를 끌면서 2014년 발라드에 지점을 1개 더 열었고, 2018년에는 첫 번째 매장을 확장 이전할 정도로 성공했다. 매일 긴 줄이 늘어설 정도로 인기 있는 주인공은 비스킷 & 그레이비 Biscuit & Gravy($7.25)다. 그레이비 소스에 소시지 또는 버섯을 넣은 것 중 하나를 선택할 수 있다. 기본 비스킷에 모슬에서 직접 만든 잼과 버터를 추가 주문해 보자. 달콤하고 짭짤한 오후의 간식으로 제격이다.

주소 4754 University Way NE **전화** 206-268-0154 **오픈** 08:00~15:00 **휴무** 없음 **교통** University Way NE & NE 50th St 버스 정류장에서 도보 2분 **홈페이지** www.morselseattle.com **지도** p.153-D

ⓢ
시안 누들스
Xi'an Noodles
▶ 중국식 수제 국수집

시애틀로 옮겨온 중국 산시성의 국수

중국인 화교가 운영하는 중국식 국수 전문점. 대학 졸업 후 국수를 만드는 법을 배우기 위해 면 요리의 천국이라 불리는 중국 산시성 陝西省의 시안 西安까지 찾아갔다고 한다. 매일 200kg이 넘는 반죽을 손으로 직접 치대서 만드는 널찍하고 도톰한 수제면의 쫄깃한 식감이 단연 최고로, 국물이 있는 것과 없는 것이 있다. 사람들이 가장 많이 주문하는 메뉴는 스파이시 팅글리 비프 핸드-립트 누들 Spicy Tingly Beef Hand-Ripped Noodle($9.95)이다. 넓은 면 위에 매콤한 소스와 소고기를 얹어 내는 국수로 칼칼하면서도 진한 육향이 일품이다.

주소 5259 University Way NE **전화** 206-522-8888 **오픈** 12:00~21:00 **휴무** 없음 **교통** University Way NE & NE 55th St 버스 정류장에서 도보 1분 **홈페이지** www.xiannoodles.com **지도** p.183-D

ⓢ
타이 톰
Thai Tom
▶ 태국 음식 전문점

워싱턴 대학가를 사로잡은 태국의 맛

매일 오픈 시간부터 문 닫는 시간까지 길게 늘어선 줄을 볼 수 있다. 기다릴 수 있을 만큼 맛있다는 쪽과 그 정도는 아니라는 쪽으로 호불호는 극명히 갈리지만, 각종 SNS에는 드디어 타이 톰에서 식사를 했다는 인증 포스팅이 줄을 잇는다. 눈앞에서 만들어지는 이국적인 음식과 저렴한 가격이 인기의 비결로 꼽힌다. 넓은 면을 사용하는 볶음 국수인 팟시유 Pad See Ew($8.50), 땅콩으로 고소한 맛을 내는 파낭 커리 Panang Curry($8.50)가 대표 메뉴.

주소 4543 University Way NE **전화** 206-548-9548 **오픈** 월~목요일 11:30~21:00 (금·토요일 ~22:00, 일요일 12:00~) **휴무** 없음 **교통** University Way NE & NE 45th St 버스 정류장에서 도보 1분 거리 **홈페이지** 없음 **지도** p.183-D

ⓈⓈ
살라레
Salare
▶ 미국 – 이탈리아 레스토랑

최고 셰프상을 2번이나 수상한 셰프의 저력!

오너 셰프인 에드와르도 조던 Eduardo Jordan은 요리계의 오스카상으로 불리는 제임스 비어드 어워드 James Beard Award의 최고 셰프상을 두 번이나 수상하며 미국에서 가장 핫한 셰프의 반열에 올랐다. 레스토랑 이름인 '살라레'는 소금을 의미하는 라틴어와 소금에 절이는 행위 자체를 의미하는 이탈리어라고 한다. 소금은 음식을 보존하기 위한 가장 원시적인 기술인 동시에 음식의 맛을 가장 잘 살리는 식재료라고 생각하기 때문이다. 여행자보다는 지역, 이웃의 단골이 주를 이룬다. 메뉴는 그날그날의 식재료에 따라 조금씩 변경되며, 메뉴판은 매일 새로 인쇄해 내놓는다. 기회가 된다면 가장 인기 있는 메뉴로 언제나 만나볼 수 있는 브런치 메뉴인 포크 밸리 해시 Pork Bally Hash($15)를 주문해보자. 튀긴 삼겹살에 감자, 달걀이 곁들여 나온다.

주소 2404 NE 65th St **전화** 206-556-2192 **오픈** 수~일요일 17:00~22:00, 토·일요일 브런치 10:00~13:00 **휴무** 월·화요일 **교통** NE 65th St & 23rd Ave NE 버스 정류장에서 도보 2분 **홈페이지** salarerestaurant.com **지도** p.183-D

Ⓢ
슬레이트 커피 로스터스
Slate Coffee Roasters
▶ 카페 & 로스터리

실험적인 메뉴로 시애틀 커피의 미래를 보여주는 카페

시애틀에 3개 지점이 운영 중인 슬레이트는 실험적인 커피 메뉴를 낸다. 3개의 작은 잔에 에스프레소, 스팀 우유, 라테를 각각 한 잔씩 내는 디컨스트럭티드 에스프레소 위드 밀크 Deconstructed espresso + milk($5.75)가 대표 메뉴이다. 라테 한 잔에 들어가는 에스프레소와 우유의 맛을 각각 느낄 수 있도록 고안된 메뉴다. 스타벅스가 시애틀 커피 시장의 시작점을 열었다면 슬레이트 커피는 다양성을 존중하려는 시애틀 커피의 지향점을 보여준다고 할 수 있다.

주소 5413 6th Ave NW **전화** 206-240-7174 **오픈** 월~목요일 07:00~17:00(금요일 ~18:00), 토요일 08:00~18:00(일요일 ~17:00) **휴무** 없음 **교통** NE 45th St & University Way NE 버스 정류장 앞 **홈페이지** slatecoffee.com **지도** p.153-H

Night Life

발라드 Ballad

루벤스 브루스
Reuben's Brews
▶수제 맥주 양조장

각종 수상에 빛나는 마이크로 브루어리

영국인 부부가 첫 아이 루벤 Reuben의 이름을 붙여 창립한 소규모 브루어리다. 2012년 문을 연 이래 미국 안팎의 다수의 어워즈에서 수상하는 저력을 보여주었다. 루벤스의 대표 맥주는 총 6번의 수상 경력에 빛나는 크라이키 아이피에이 Crikey IPA. 시트러스와 열대 과일의 향이 균형 있게 어우러진다. 이외에 집에서 담가 먹던 맥주에서 아이디어를 얻어 만든 로우버스트 포터 Robust Porter, 체코 스타일의 필스너 Czech-Style Pilsner, 독일식 에

일 구스 Gose 모두 각종 대회에서의 수상 경력을 자랑한다. 다양하게 맛보고 싶다면 테이스팅용 120ml(4온스 $2)를 주문해 자신만의 플래터를 만들어보자.

주소 5010 14th Ave NW **전화** 206-784-2859 **오픈** 11:00~22:00 **휴무** 없음 **교통** NW Leary Way & 11th Ave NW 버스 정류장에서 도보 4분 **홈페이지** www.reubensbrews.com **지도** p.152-J

스툽 브루잉
Stoup Brewing
▶수제 맥주 양조장

IPA와 Ale 맥주 마니아라면 여기!

이 세상의 모든 맥주잔에 자기들이 만든 에일 맥주를 채우고자 하는 마음을 담은 이름이다. 스툽 Stoup은 음료를 담는 용기를 의미하는 옛 영어라고 한다. 스툽 브루잉 역시 마이크로 브루어리들이 모여 있는 발라드의 웨스트 우드랜드 지역에 있다. 앞서 소개한 루벤스 브루스와는 3분 거리에 떨어져 있다. 다양한 종류의 맥주를 생산하는 루벤스 브루스와는 달리 IPA와 에일 계열의 맥주가 주를 이룬다. 약 15종의 맥주 중 대표 메뉴는 한정된 양만 판매하는 이기르 아이피에이 Aegir IPA이다. 노르웨이에서 들여온 퀴키 Kveik 이스트로 만드는 종류인데, 생산 시기, 판매 정도에 따라 재고가 없을 수도 있다. $2에 판매하는 148ml(5oz)의 작은 잔을 먼저 맛본 후 큰 잔을 골라 즐길 수 있다.

주소 1108 NW 52nd St **전화** 206-457-5524 **오픈** 월~목요일 15:00~21:00(금요일 ~22:00), 토요일 12:00~22:00(일요일 ~21:00) **휴무** 없음 **교통** NW Market St & 11th Ave NW 버스 정류장에서 도보 4분 **홈페이지** www.stoupbrewing.com **지도** p.152-J

발라드 비어 컴퍼니
Ballad Beer Company
▶지역 맥주 편집 바

시애틀에서 생산되는 유명 맥주들을 한자리에

발라드 비어 컴퍼니는 시애틀과 워싱턴, 미국 서부에서 생산되는 맥주를 한 장소에서 맛볼 수 있는 맥주 편집 숍이다. 총 21개 회사에서 생산되는 17종의 생맥주와 수십 가지 병맥주를 판매한다. 오크통에서 숙성한 맥주 브랜드 홀리 마운틴 Holy Moutain(p.133), 살구 에일로 유명한 피라미드 Pyramid, 가장 많이 알려진 레이니어 Raineer 등 시애틀 유명 브랜드의 맥주를 한 자리에서 만날 수 있다.

주소 2050 NW Market St **전화** 206-783-0179 **오픈** 월~목요일 12:00~23:00(금·토요일 ~24:00, 일요일 ~21:00) **휴무** 없음 **교통** NW Market St & 20th Ave NW 버스 정류장에서 도보 2분 **홈페이지** www.ballardbeercompany.com **지도** p.152-I

프리몬트 & 윌링포드 Fremont & Wallingford

프리몬트 브루잉 컴퍼니
Fremont Brewing Company
▶맥주 양조장

독특하고 향기로운 에일의 강자

2009년 문을 연 프리몬트 브루잉 컴퍼니는 아르티장 맥주를 지향한다. 좋은 제품은 좋은 가치를 지키는 데서 시작한다는 경영 윤리 아래, 깨끗한 물과 유기농 홉, 유기농 곡물만 사용해 만든다. 물은 맥주

의 95%를 차지하는 만큼, 지켜내야 한다는 생각으로 물 정화 운동에도 다양하게 참여하고 있다. 물론 맥주 맛도 좋아 동네 사랑방으로서의 역할은 물론 낮부터 밤까지 맥주를 즐기려는 사람들로 붐빈다. 이곳의 주력 맥주는 에일. 그중에서도 은은한 과일 향을 시작으로 텁텁함 없는 쓴맛으로 마무리되는 IPA, 인터어반 Interurban이 최고 인기다. 약 16종의 맥주가 탭으로 판매되며, 5가지를 골라 맛볼 수 있는 샘플링 메뉴 플라이트 Flight($12)도 있다.

주소 1050 N 34th St **전화** 206-420-2407 **오픈** 11:00~21:00 **휴무** 없음 **교통** N 35th St & Woodland Park Ave N 버스 정류장에서 도보 3분 **홈페이지** www.fremontbrewing.com **지도** p.153-K

버건디언
Burgundian
▶크래프트 비어 & 칵테일 바

브런치로 마시는 크래프트 칵테일로 유명

치킨 와플과 브런치 칵테일이 있는 술집이다. 브런치와 저녁 식사, 맥주와 칵테일까지 갖추고 있다. 22개 탭에서 따라내는 크래프트 맥주와 사이더, 허브나 과일을 우려내 만드는 크래프트 칵테일이 버건디언의 장점이다. 그중에서도 보드카

와 토마토 주스를 넣어 만든 브런치 칵테일인 버건디언 블러디 메리($9)가 최고 인기다. 치킨 와플($16)이 맛있기로도 유명하다. 매일 오후 3시부터 6시까지, 밤 9시부터 문 닫을 때까지는 파워 아워(해피 아워)로 간단한 스낵 메뉴를 저렴한 가격에 판매한다. 낮 시간의 해피 아워에는 미니 치킨 와플을 $7에 먹을 수 있다. 가벼운 낮술과 식사를 즐기는 사람들에게 적극 추천한다.

주소 2253 N 56th St **전화** 206-420-8143 **오픈** 화~목요일 15:00~22:00(금요일 ~23:00), 토요일 10:00~23:00(일요일 ~15:00) **휴무** 월요일 **교통** N 56th St & Keystone Pl N 버스 정류장에서 도보 2분 **홈페이지** www.burgundianbar.com **지도** p.153-C

Special

시애틀 맥주의 정수!
마이크로 브루어리 Best 6

미국 내에서 브루어리가 가장 많은 도시 시애틀. 무려 170개가 넘는 브루어리에서 맥주를 생산해낸다. 미국 전역으로 팔려나가는 맥주부터 시애틀 내에서만 판매하는 맥주까지 종류도 맛도 다양하다. 경쟁이 치열한 만큼 수준도 높다. 게다가 지척에 130개 이상의 브루어리가 있는 도시 포틀랜드와 각축전을 벌이는 상황이니 이 동네 사람들의 맥주에 대한 관심은 세계 최고라 해도 과언이 아니다. 그중에서도 소량 생산으로 오로지 시애틀에서만 맛볼 수 있는 맥주들은 시애틀만의 '무엇'인가를 음미하기에 차고 넘친다. 때론 청량하고 때론 향기로우며, 때론 깊은 맛으로 이 도시를 사무치게 그립도록 만들 맥주의 정수, 베스트 마이크로 브루어리가 여기 있다.

올드 스토브 브루잉 컴퍼니
Old Stove Brewing Co.

아름다운 오션 뷰와 어울리는 상큼한 에일 강추!

주소 1901 Western Ave
위치 다운타운
추천 스트라이커 시트라 페일 에일, 타이거 샤크 페일 에일, 올드 스토브 필스너
상세 정보 p.129

루벤스 브루스 Reuben's Brews

수상 경력이 입증해주는 하이 클라스 맥주

주소 5010 14th Ave NW
위치 발라드
추천 크라이키 IPA, 필스너, 로우버스트 포터
상세 정보 p.187

홀리 마운틴 브루잉 컴퍼니
Holy Mountain Brewing Company

오크통에서 숙성시킨 깊은 맛의 맥주가 최고

주소 1421 Elliott Ave W
위치 퀸 앤
추천 아서노, 어텀널 러스틱
상세 정보 p.131

옵티미즘 브루잉 컴퍼니
Optimism Brewing Company

캐피틀 힐에 자리 잡은 긍정의 맛~

주소 1158 Broadway
위치 캐피틀 힐
추천 어프레이드 오브 더 다크 라거, 비 이 주시 에일
상세 정보 p.133

스톱 브루잉 Stoup Brewing

다품종 소량 생산의 매력, 한정 판매로 인기 만점

주소 1108 NW 52nd St
위치 발라드
추천 와이 스톡 에일, 러시안 임페리얼 스타우트 등
상세 정보 p.187

프리몬트 브루잉 컴퍼니
Fremont Brewing Company

계절마다 맞는 맛이 있다, 제철 맥주를 만나자!

주소 1050 N 34th St
위치 프리몬트
추천 각 계절별로 판매되는 시즈널 맥주
상세 정보 p.188

Shopping

소닉 붐 레코드
Sonic Boom Record
▶ 중고 음반 판매점

최상의 중고 음반 수집가들에게 희소식

1997년에 2명의 청년이 문을 연 작은 레코드 가게다. 중고 음반뿐 아니라 새 음반도 판매하며 종종 인디 밴드의 공연장으로도 쓰인다. 공연 일정 및 정보는 홈페이지나 각종 소셜 네트워크 채널에서 확인할 수 있다. 캐피틀 힐의 에브리데이 뮤직(p.140)과 비교하면 작은 규모지만 알찬 컬렉션이 장점이다. 가격보다 음반의 상태가 중요하다면 이곳을 추천한다.

주소 2209 NW Market St **전화** 206-297-2666 **오픈** 월~토요일 10:00~22:00(일요일 ~19:00) **휴무** 없음 **교통** NW Market St & Ballard Ave NW 버스 정류장에서 도보 2분 **홈페이지** www.sonicboomrecords.com **지도** p.152-I

카부
Kavu
▶ 아웃도어 전문점

시애틀라이트의 가치를 담은 아웃도어 의류

1993년 창립된 아웃도어 의류 전문 브랜드다. 시애틀라이트의 긍정적이고 자연 친화적인 삶을 가치로 담았다. 티셔츠와 바지, 셔츠, 점퍼 등 기본 아이템들의 옷감이나 바느질 상태가 탁월하며 가격대도 합리적인 수준이다. 일상복으로도 입기 좋을 만큼 심플한 선의 디자인, 조화로운 색을 사용한다. 아웃도어 활동에 필요한 가방, 머플러 등의 소품도 판매한다. 시애틀에는 발라드와 다운타운 등에 3개의 직영 매장이 있다.

주소 5419 Ballard Ave NW **전화** 206-783-0060 **오픈** 10:00~19:00 **휴무** 없음 **교통** NW Market St & Ballard Ave NW 버스 정류장에서 도보 2분 **홈페이지** kavu.com **지도** p.152-I

리 소울
Re-soul
▶ 신발 편집 숍

독특한 디자인의 수제 구두 판매점

퀄리티는 기본, 독특하면서도 특별한 디자인의 신발을 만나볼 수 있는 곳. 직접 디자인, 제작한 구두와 유럽에서 들여온 신발을 판매한다. 유통 업체를 거치지 않고 제작 업체와 협력해 선별한 제품들은 리 소울을 찾아갈 만한 이유이기도 하다. 구두와 함께 지갑, 가방, 벨트 등 다양한 가죽 제품들도 판매한다.

주소 5319 Ballard Ave NW **전화** 206-789-7312 **오픈** 11:00~20:00 **휴무** 없음 **교통** NW Market St & Ballard Ave NW 버스 정류장에서 도보 5분 **홈페이지** resoul.com **지도** p.152-I

루카 그레이트 파인즈
Lucca Great Finds
▶ 선물 가게

시애틀에 온 파리지앵의 선물 가게

2001년에 문을 연 선물 가게다. 프랑스 파리의 기프트 살롱을 모티프로 했다. 주인이 수집하고 엄선한 인테리어 소품이나 선물용 제품이 주요 상품이다. 엽서나 책갈피 같은 작은 문구류부터 빈티지 소품, 수제 화장품이나 향초, 아르티장 차와 초콜릿, 인형 등 선물할 수 있는 모든 제품군을 갖추고 있다고 해도 과언이 아니다. 무엇을 살지 고민에 빠지는 건 당연한 일!

주소 5332 Ballard Ave NW **전화** 206-782-7337 **오픈** 월~금요일 11:00~18:00(토요일 ~19:00), 일요일 10:00~17:00 **휴무** 없음 **교통** NW Market St & Ballard Ave NW 버스 정류장에서 도보 4분 **홈페이지** www.luccagreatfinds.com **지도** p.152-ㅣ

댄덜라이언 버태니컬 컴퍼니
Dandelion Botanical Company
▶ 허브 전문점

허브의 A부터 Z까지, 미국식 약초방

가족이 경영하는 허브 전문점으로, 유기농과 공정 거래가 기본 운영 방침이다. 허브 차는 물론 목욕 및 피부 관리용품이나 방향제, 식품 등 허브로 만든 각종 제품을 총망라한다. 천장까지 진열된 각종 허브를 구경하는 것만으로도 마음이 편안해지는 것을 느낄 수 있다.

주소 5424 Ballard Ave NW **전화** 206-545-8892 **오픈** 10:30~19:00 **휴무** 없음 **교통** NW Market St & Ballard Ave NW 버스 정류장에서 도보 2분 **홈페이지** dandelionbotanical.com **지도** p.152-ㅣ

베뉴
Venue
▶ 아티스트 편집 숍

워싱턴주의 예술가들을 가장 가깝게 만나는 숍

건물 전체가 예술가들을 위한 작업실과 판매장으로 구성된 아티스트 편집 숍이다. 워싱턴주에 거주하는 작가만 입주가 가능하며, 작가별로 숍이 구성되어 있다. 시애틀이나 워싱턴주를 주제로 한 그림, 도자기와 같은 예술 작품뿐만 아니라 소소한 기념품도 구매할 수 있다. 판매용 모든 작품에는 작가의 이력과 사진이 함께 게시되기 때문에 물건을 사지 않더라도 지역 작가들의 작품을 관람하는 기회도 된다.

주소 5408 22nd Ave NW **전화** 206-789-3335 **오픈** 월~금요일 11:00~18:00, 토요일 10:00~17:00, 일요일 11:00~16:00 **휴무** 없음 **교통** Leary Ave NW & NW Vernon Pl 버스 정류장에서 도보 4분 **홈페이지** www.venueballard.com **지도** p.152-ㅣ

타이즈 앤 파인스
Tides N Pines
▶ 패션 편집 숍

세계에서 찾아낸 시애틀라이트 스타일

뉴욕의 모던함과 보헤미안의 자유로움을 접목한 패션 편집 숍. 가벼운 차림으로 아웃도어 레포츠를 일상처럼 즐기는 최첨단의 도시에 사는 시애틀 사람들의 라이프 스타일을 반영한 콘셉트다. 세계 곳곳에서 들여온 중소 규모의 브랜드와 워싱턴을 기반으로 활동하는 디자이너의 의류, 패션 소품들을 판매한다. 대형 쇼핑몰에서는 찾을 수 없는 아이템을 찾고 있다면 들러 보자.

주소 5410 22nd Ave NW **전화** 206-420-8119 **오픈** 월~목요일 11:00~18:00(금·토요일 ~19:00), 일요일 10:00~17:00 **휴무** 없음 **교통** NW Market St & Ballard Ave NW 버스 정류장에서 도보 3분 **홈페이지** tidesandpinesshop.com **지도** p.152-I

PCC 커뮤니티 마켓
PCC Community Markets
▶ 지역 식품 판매점

시애틀의 유기농 식료품 각축장

PCC는 시애틀을 기반으로 하는 식품 협동조합으로, 초창기에 15개의 가족이 모여 물건을 팔던 장이 지금은 워싱턴주에 총 12개의 지점을 가진 대규모 체인으로 성장하였다. 시애틀과 워싱턴주에서 생산되는 유기농 농수산물, 가공식품 등 안심 먹거리가 주요 상품이다. 농수산물은 물론이고 가공 식품 역시 무농약, 무화학첨가제를 기본 원칙으로 한다. 프리몬트 매장은 규모가 큰 편으로 끼니를 해결할 수 있는 먹거리 코너도 잘 꾸며져 있다. 이른 아침부터 자정까지 운영되니 느긋하게 구경한 후 시애틀의 먹거리로 식사를 즐겨 보자.

주소 600 N 34th St **전화** 206-632-6811 **오픈** 06:00~24:00 **휴무** 없음 **교통** Fremont Ave N & N 34th St 버스 정류장에서 도보 2분 **홈페이지** www.pccmarkets.com **지도** p.153-K

테오 초콜릿
Theo Chocolate
▶ 유기농 초콜릿 전문점

의미 있는 먹거리의 달콤함

유기농 열풍이 일기 전인 1994년부터 미국에 유기농 카카오를 공급하기 시작한 조 휘니 Joe Whinney가 2006년 설립한 유기농 초콜릿 회사다. 유기농 카카오의 수입부터 유기농 초콜릿을 직접 개발하고 판매하기까지 10년이 넘게 걸린 셈이다. 카카오를 경작하는 중남미와 아프리카 지역의 부당한 노동 착취, 가격 절하 등을 직접 경험했기에 공정 거래를 더욱 중요한 가치로 여긴다. 이러한 테오의 운영 철학은 매일 운영되는 공장 투어($10)를 통해 직접 체험할 수 있다. 초콜릿이 만들어지는 과정을 보고 들으며 5가지의 초콜릿, 2가지의 가나슈를 맛볼 수 있다. 투어는 약 1시간이 걸리며 주말은 예약이 필수이다. 요일별로 진행 시간이 다르므로 홈페이지를 반드시 확인할 것!

주소 3400 Phinney Ave N **전화** 206-632-5100 **오픈** 10:00~18:00 **휴무** 없음 **교통** N 36th St & Dayton Ave N 버스 정류장에서 도보 4분 **홈페이지** www.theochocolate.com **지도** p.153-K

번트 슈거
Burnt Sugar
▶생활용품점

아름답고 행복한 것들을 판매하는 소품점

프리몬트 로켓 아래쪽에 자리 잡은 작은 생활용품점이다. 부티크 신발 전문점으로 시작했지만 신발에 어울리는 주얼리와 가방, 의류도 함께 판매하게 되었다. 워싱턴주에서 생산된 목욕용품, 아로마 방향제 코너도 있다. 다양한 상품을 소량 판매하는 것이 특징이다. 프리몬트 로켓과 함께 가볍게 둘러보자.

주소 601 N 35th St **전화** 206-545-0699 **오픈** 월~토요일 11:00~18:00 (일요일 ~17:00) **휴무** 없음 **교통** Fremont Ave N & N 34th St 버스 정류장에서 도보 3분 **홈페이지** burntsugar.us **지도** p.153-K

포티지 베이 굿즈
Portage Bay Goods
▶선물 가게

시애틀을 상징하는 독특한 기념품

5분 안에 멋진 선물을 사야 할 사람들을 위한 선물 가게. 포티지 베이 굿즈의 콘셉트다. 작은 공간에 적당한 가격대의 자잘한 상품들이 빼곡하게 진열되어 있다. 워싱턴주에서 활동하는 작가들이 만든 워싱턴과 시애틀을 상징하는 사람, 동물, 건물, 혹은 시애틀라이트의 인생 가치를 담은 소품들이 인기다. 요즘 시애틀에서 유행하는 것이 무엇인지도 한눈에 볼 수 있다. 매월 다른 작가와 컬래버레이션을 통해 제작하는 제품에도 주목하자.

주소 621 N 35th St **전화** 206-547-5221 **오픈** 10:00~19:00 **휴무** 없음 **교통** Fremont Ave N & N 34th St 버스 정류장에서 도보 2분 **홈페이지** www.portagebaygoods.com **지도** p.153-K

유니버시티 빌리지
University Village
▶타운 쇼핑몰

먹고 마시고 사고! 라이프 스타일 쇼핑몰

120여 개의 브랜드숍과 레스토랑이 한데 모여 있는 타운 형식의 몰이다. 빅토리아 시크릿, H & M, 아메리칸 이글 등 잘 알려진 브랜드부터 룸 & 보드 Room & Board, RH 갤러리 RH Gallery 등 가구 숍, 브랜디 멜빌 Brandy Melville, 스카치 & 소다 Scotch & Soda 등의 의류 숍, 토털 잡화 브랜드 포터리반 키즈 Pottery Barn Kids 등 요즘 시애틀에서 가장 핫한 숍들이 들어서 있다. 몰리 문스 홈메이드 아이스크림(p.125), 레이첼스 진저 비어(p.129), 파스타 앤 코, 피아티 레스토란테 등 유명 식음료점도 입점해 있어 쇼핑과 식사를 한 자리에서 해결하기 좋다.

주소 2623 NE University Village St Suite 7 **전화** 206-523-0622 **오픈** 월~토요일 09:30~21:00, 일요일 11:00~18:00 **휴무** 없음 **교통** Montlake Blvd NE & NE 45th St 버스 정류장에서 도보 5분 **홈페이지** www.uvillage.com **지도** p.153-D

Special

똑똑한 쇼퍼 홀릭들의 선택
시애틀 프리미엄 아웃렛 Seattle Premium Outlets

밴쿠버에서도 찾아오는 시애틀 대표 아웃렛

시애틀 최대 쇼핑 스폿으로 손꼽히는 시애틀 프리미엄 아웃렛. 종일 돌아봐도 부족할 정도로 대규모 공간에 130여 개에 달하는 브랜드숍이 입점해 있다. 단일 건물이 아니라 광대한 규모의 땅 위에 마치 마을처럼 다양한 상점들이 들어서 있다. 아디다스와 같은 스포츠 브랜드를 비롯, 캘빈 클라인, 버버리와 같은 명품 브랜드, 홀리스터 Hollister, 아메리칸 이글 같은 대중적인 미국 브랜드까지 할인된 가격으로 구매할 수 있다. 식음료 코너도 잘 마련되어 있다. 푸드 코트 안의 안내 데스크에서 회원 가입을 하면 쿠폰 북도 준다.

주소 10600 Quil Ceda Blvd, Tulalip **전화** 206-523-0622 **오픈** 월~토요일 10:00~21:00(일요일 ~19:00) **휴무** 국경일, 공휴일 **홈페이지** www.premiumoutlets.com

{ 시애틀 프리미엄 아웃렛 가는 법 }

시애틀 프리미엄 아웃렛은 시애틀에서 벗어난 외곽에 있다. 더 정확히 말하자면 시애틀 중심부에서 북쪽으로 약 60km 떨어진 툴랄립 Tulalip에 속한다. 대중교통으로 가려면 환승에 환승을 거듭해 편도 2시간, 왕복 4시간 이상이 걸린다. 왕복 교통수단을 제공하는 일일 투어 상품이나 유료 셔틀 서비스를 활용하는 것이 현명하다. 여러 명이 우버 한 대를 공유하는 방법도 있다. 호스텔에서 묵거나 동행이 있는 경우 유용하다. 시애틀에 이어 포틀랜드로 여행한다면, 굳이 시애틀 프리미엄 아웃렛을 찾아가지 말고 도시 전체가 면세 구역인 포틀랜드에서 쇼핑할 것을 권장한다.

렌터카나 우버를 공유

북아메리카 지역 여행자들이 정보를 공유하는 네이버 카페 미여디(미국여행디자인, cafe.naver.com/nyctourdesign)의 '동행 구함' 페이지, 혹은 스마트폰 동행 어플리케이션 설레여행(ko,seren trip.net)을 이용하면 실시간으로 동행을 구할 수 있다. 가입 후 원하는 날짜에 렌터카나 우버를 공유할 수 있는 동행을 찾아보자. 이미 올라와 있는 게시물을 검색하는 것도 방법이다.

차이나타운의 셔틀 서비스

주말에는 페어몬트 올림픽 호텔 Fairmont Olympic Hotel(지도 p.80-D) 앞에서 오전 10시 40분에 출발하는 숍 빅 페이 레스 Shop Big Pay Less 셔틀 서비스를 이용할 수 있다. 아웃렛까지는 약 50분 정도 걸리니, 아무리 길이 막혀도 12시 전에는 도착한다. 아웃렛을 떠나는 시간은 오후 5시 30분이다. 홈페이지에서 예약해야 탑승 가능하다.
요금 $68 **홈페이지** www.shopbigpayless.net

툴랄립 카지노 셔틀 서비스

프리미엄 아웃렛 바로 옆의 카지노로 가는 셔틀 버스를 이용하는 방법이다. 토요일을 제외한 평일과 일요일에 운행된다. 시애틀 컨벤션 센터(지도 p.80-B)에서 오전 10시, 인터내셔널 디스트릭트/차이나타운에서 오전 10시 20분에 출발한다. 교통 상황에 따라 좀 차이가 있지만 1시간 정도 걸리며 12시 전에 아웃렛에 도착한다. 시애틀로 출발하는 시간은 오후 4시. 단, 카지노로 향하는 버스이므로 만 21세 이상만 탑승이 가능하며 신분증을 지참해야 한다. 만일의 사태에 대비해 예약하는 것이 좋다.
요금 $10 **홈페이지** www.tulaliresortcasino.com/Resort/LeisureTravelAndToursLuxeline

Stay

호텔 발라드
Hotel Ballard
▶ 4성급

차별화된 고급스러움이 콘셉트인 부티크 호텔로, 발라드의 고풍스러움을 한껏 살렸다. 주말 파머스 마켓이 열리는 발라드의 중심부, 핫한 레스토랑, 숍과도 가까운 위치다. 옥상 테라스와 레스토랑, 피트니스 등의 편의 시설과 수영장도 잘 갖추고 있다. 높은 청결도와 서비스 수준까지 기대할 수 있는 만큼 가격대도 높은 편이다. 호텔 앞 버스 정류장에서 40번 버스를 타면 도심까지 30분 정도 걸린다.

주소 5216 Ballard Ave NW **전화** 206-789-5012 **요금** 스탠더드 킹 $230~, 킹 스위트 $330~ **교통** Leary Ave NW & NW Vernon Pl 버스 정류장에서 도보 2분 **홈페이지** www.hotelballardseattle.com **지도** p.152-I

발라드 인
Ballard Inn
▶ 3성급

유럽풍의 우아함과 1900년대의 빈티지 스타일의 조화가 아름다운 부티크 호텔이다. 1902년에 지어져 아메리칸 스칸디나비아 은행으로 쓰이던 건물을 개조해 1920년부터 호텔로 운영 중이다. 디럭스 킹을 제외한 객실은 공동욕실을 사용해야 하며 부대시설이 없는 것은 단점이라 할 수 있다. 발라드의 핫 플레이스가 모두 모인 곳에 위치한 장점과 2인 10만 원대 저렴한 가격을 좋아할 여행자에게 추천한다.

주소 5300 Ballard Ave NW **전화** 206-789-5011 **요금** 더블(공동욕실) $89~, 디럭스 킹 $159~ **교통** Leary Ave NW & NW Vernon Pl 버스 정류장에서 도보 2분 **홈페이지** www.ballardinnseattle.com/en-us **지도** p.152-I

스테이브리지 스윗스 시애틀
Staybridge Suites Seattle
▶ 4성급

2015년에 문을 연 호텔로 각 객실에 주방이 완비되어 있다. 전 구역에서 무료로 무선 인터넷을 사용할 수 있으며 반려동물과의 동반 숙박도 가능한 곳이다. 실내외 수영장과 피트니스 등의 편의 시설도 잘 갖추고 있으며 가까운 지역을 중심으로 무료 셔틀도 운영한다. 시애틀 중심부를 고집하지 않는다면 여러모로 합리적인 선택이다. 2인실부터 8인실까지 갖춰져 가족 단위 여행객이 머물기에도 좋다.

주소 3926 Aurora Ave N **전화** 206-632-1042 **요금** 퀸 스튜디오 스위트 $129~, 원 베드룸 킹 스위트 $149~, 투 베드룸 스위트 $157~ **교통** Aurora Ave N & N 38th St 버스 정류장에서 도보 6분 **홈페이지** www.ihg.com/staybridge/hotels/gb/en/reservation **지도** p.153-G

호텔 호텔 호스텔
Hotel Hotel Hostel
▶ 2성급

시애틀 북부 지역에서 거의 유일한 호스텔. 프리몬트 번화가에 위치해 프리몬트 지역의 관광 명소들을 모두 걸어서 갈 수 있다. 다인실부터 2인실, 4인실까지 있으며 대부분의 객실은 공동욕실을 사용한다. 개별 욕실이 딸린 객실을 사용하고 싶다면 예약 시 반드시 확인해야 한다. 공동 주방이 있고 간단하지만 아침 식사도 제공한다. 전 구역에서 무선 인터넷 무료.

주소 3515 Fremont Ave N **전화** 206-257-4543 **요금** 다인실 $31~, 2인실 $109~, 4인실 $127~ **교통** Fremont Ave N & N 34th St 버스 정류장에서 도보 2분 **홈페이지** thehello.com/locations/hotel-hotel-fremont **지도** p.153-K

마르코 폴로 모텔
Marco Polo Motel
▶ 2성급

발라드와 유니버시티 디스트릭트 중간 지역인 프리몬트에 자리한 전형적인 미국식 숙소다. 편의 시설보다는 이동이 편리한 장소에 적절한 가격대의 숙소를 찾는 여행자에게 추천한다. 호텔에 딸린 주차 공간을 무료로 이용할 수 있으며 남북으로 이어지는 오로라 로드에 근접해 있어 렌터카 여행을 염두에 두고 있다면 고려해볼 만한 호텔이다.

주소 4114 Aurora North **전화** 206-633-4090 **요금** 스탠더드 퀸 $72~, 클래식 $99~ **교통** Fremont Ave N & N 41st St 버스 정류장에서 도보 5분 **홈페이지** www.marcopolomotelseattle.com **지도** p.153-G

탈라리스 콘퍼런스 센터
Talaris Conference Center
▶ 3성급

워싱턴 대학교의 동쪽, 로럴허스트 Laurelhurst 지역에 자리한 호텔이다. 커다란 호수를 끼고 있으며 고즈넉한 주변 환경이 가장 큰 장점이다. 객실 요금에 아침 식사가 포함되어 있으며 주차가 가능하고 무료 인터넷 서비스를 이용할 수 있다. 수영장이 없고 객실별 청소 상태가 균일하지 않은 것은 단점. 또한 시애틀 북부 지역을 중심으로 돌아볼 요량이라면 나쁘지 않은 위치이지만, 도심까지 대중교통으로 이동하려면 반드시 한 번 이상 갈아타야 한다(웨스트레이크 역까지 메트로 버스와 링크 라이트 레일을 이용해서 가려면 환승 1회, 40분 소요). 시애틀 다운타운을 여행하려면 렌터카를 이용할 것을 추천한다.

주소 4000 NE 41st St **전화** 206-268-7000 **요금** 퀸 $120~, 더블 $127~, 디럭스 $135~ **교통** Sand Point Way NE & 38th Ave NE 버스 정류장에서 도보 6분 **홈페이지** www.talariscc.com **지도** p.6-B

실버 클라우드 호텔
Silver Cloud Hotel
▶ 3성급

시애틀에 총 4개 지점을 운영하고 있는 실버 클라우드 호텔의 유니버시티 지점으로, 타운 쇼핑몰인 유니버시티 빌리지 바로 위쪽에 있으며 워싱턴 대학교에서는 800m 정도 떨어져 있다. 링크 라이트 레일 워싱턴 대학교 University of Washington 역까지 무료 셔틀을 운영한다. 숙박 요금에 무선 인터넷과 아침 식사가 기본으로 포함되어 있다. 가족보다는 커플 혹은 2인 여행자에게 추천한다. 호텔 전 구역이 금연 구역으로 지정되어 있으니 참고할 것!

주소 5036 25th Ave NE **전화** 206-526-5200 **요금** 킹 $149~, 투 퀸 베드 $169~ **교통** 25th Ave NE & NE Blakeley St 버스 정류장에서 도보 2분 **홈페이지** www.silvercloud.com **지도** p.153-D

유니버시티 인
University Inn
▶ 3성급

미국 서부를 중심으로 10여 개의 체인점을 운영 중인 스테이 파인애플 그룹에서 운영하는 호텔이다. 청결한 내부와 친근한 서비스에 더해 수영장 및 기본 편의 시설을 잘 갖추고 있어 평가가 좋다. 워싱턴 대학교와 유니버시티 디스트릭트까지 걸어서 이동 가능하고 중심가까지 환승 없이 한번에 갈 수 있는 위치 역시 장점이라 할 수 있다. 아침 식사와 무선 인터넷도 숙박 요금에 포함되어 있다.

주소 4140 Roosevelt Way NE **전화** 206-632-5055 **요금** 트래디셔널 퀸 $123~, 디럭스 퀸 $153~, 프리미어 킹(4인실) $189~ **교통** 11th Ave NE & NE 42nd St 버스 정류장에서 도보 2분 **홈페이지** www.staypineapple.com/university-inn-seattle-wa **지도** p.153-H

워터타운 호텔
Watertown Hotel
▶ 3성급

유니버시티 인과 함께 스테이 파인애플 그룹에서 운영하는 호텔이다. 유니버시티 인보다 고급스러운 콘셉트로 객실 공간이 비교적 넓고 바닥을 우드 톤으로 마감해 여유롭고 밝은 분위기를 느낄 수 있다. 여러 명이 함께 투숙할 수 있는 객실이 많아 가족 단위 여행객들에게도 인기가 좋다. 반려동물과 동반 숙박이 가능하며, 호텔 전 구역에서 무료로 무선 인터넷 서비스를 이용할 수 있다.

주소 4242 Roosevelt Way NE **전화** 206-826-4242 **요금** 스튜디오 킹 $124~, 스튜디오 스위트 $153~ **교통** 11th Ave NE & NE 42nd St 버스 정류장에서 도보 2분 **홈페이지** www.staypineapple.com/watertown-hotel-seattle-wa **지도** p.153-H

레지던스 인 바이 메리어트 유니버시티 디스트릭트
Residence Inn by Marriott University District
▶ 3성급

같은 3성급 호텔에 비해 다소 비싸지만 그만큼 다양한 편의시설과 숙련된 서비스를 제공한다. 수영장과 피트니스, 전 객실에서 무료 인터넷 사용이 가능하며, 전자레인지와 냉장고를 갖추고 있다. 맛집으로 소문난 버터밀크 비스킷 전문점 모슬(p.185), 타이 음식점 타이 톰(p.185)과도 가깝다. 가까운 대학가는 물론이고 대중교통을 이용하면 중심가로 이동하기도 좋다.

주소 4501 12th Ave NE **전화** 206-322-8887 **요금** 스튜디오 킹 $124~, 스튜디오 투 퀸 $144~, 퀸 스위트 $209~ **교통** 11th Ave NE & NE 45th St 버스 정류장에서 도보 2분 **홈페이지** www.marriott.com/hotels/travel/seaud-residence-inn-seattle-university-district/ **지도** p.153-D

유니버시티 모텔 스윗스
University Motel Suites
▶ 2성급

적당한 가격과 가성비 좋은 실내 컨디션, 서비스로 좋은 평가를 받는 숙소다. 다소 사용감이 있지만 넉넉한 규모의 객실에 식탁과 식기, 전자레인지가 비치된 간이 주방이 딸려 있어 가족 단위의 여행객에게 인기가 좋다. 북부 지역은 물론이고 다운타운까지 한번에 이동할 수 있는 버스 정류장도 가깝다. 편의 시설보다 합리적인 가격대에 대중교통 이용이 편리한 위치를 원하는 여행객에게 추천한다. 기본 서비스에 충실한 만큼 수영장이나 피트니스 같은 부대시설은 기대하지 말 것!

주소 4731 12th Ave NE **전화** 206-522-4724 **요금** 킹 스위트 $100~, 디럭스 킹 스위트 $110 **교통** 11th Ave NE & NE 50th St 버스 정류장에서 도보 2분 **홈페이지** www.universitymotelsuites.com **지도** p.153-D

시애틀 남부

SOUTH SEATTLE

시애틀 중심부와 타코마 국제공항 사이의 지역이다. 알키 해변 Alki Beach이 있는 웨스트 시애틀, 역사적인 건축물들이 남아 있는 조지타운, 살기 좋은 동네로 알려진 컬럼비아 시티 등이 자리 잡고 있다. 볼거리가 많은 지역은 아니지만 시애틀라이트의 여유로운 삶이 녹아 있다. 여행 기간이 넉넉하다면 조지타운의 트레일러 주말 시장과 시애틀에서 단연 1위로 꼽히는 빵집, 컬럼비아 시티 베이커리를 찾아가 보자. 한국과는 또 다른 도시의 일상을 경험하는 시간이 될 것이다.

시애틀 남부 한눈에 보기

시애틀 중심가의 남쪽에 자리 잡은 지역으로, 1800년대 후반 철도 노선의 등장과 함께 도시화, 산업화가 진행되었다. 컬럼비아 시티, 조지타운, 웨스트 시애틀, 비콘 힐 등이 주요 지역이라 할 수 있다. 교통이나 여러 편의시설을 고려하면 오래 머물기보다는 하루 정도 둘러보는 것을 추천한다. 단, 차량을 렌트해 여행할 계획이라면 이 지역에서 숙박 요금에 주차비가 포함된 숙소를 찾아보자.

웨스트 시애틀
West Seattle

시애틀의 시초, 시애틀에서 가장 오래된 동네로 꼽힌다. 웨스트 시애틀의 자랑인 알키 해변은 4km에 달한다. 알키 해변은 유럽 정착민들이 최초로 도착했던 곳으로 알려져 있다. 해변 공원에서 주말을 보내려는 시애틀라이트들의 소풍 장소로 더 유명하다.

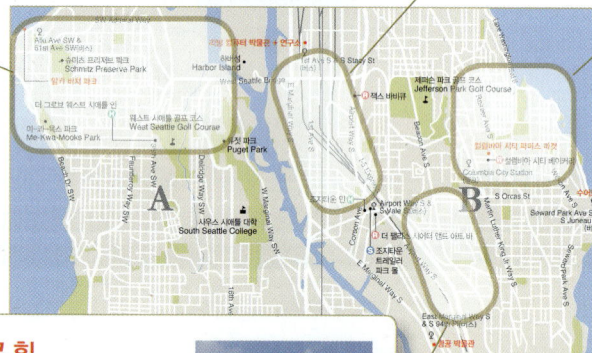

사우스 비콘 힐
South Beacon Hill

제2차 세계대전 당시 전투기들이 뜨고 내리던 활주로와 공항이 건설되었다. 보잉 필드의 역사와 다양한 항공기, 전투기들을 볼 수 있는 비행기 박물관, 재소자들의 손을 빌어 1909년 세워진 제퍼슨 파크 등의 볼거리가 있다.

조지타운 & 인더스트리얼 디스트릭트
Georgetown & Industrial District

1875년 시애틀과 타코마를 잇는 철도의 시작점이었던 조지타운과 공업 지대로 조성된 인더스트리얼 디스트릭트. 시애틀의 산업화에 주요 역할을 담당하며 성장한 지역이다. 1970년대 이후부터는 넓은 공간을 저렴하게 사용하려는 예술가들이 모여들어 오래된 붉은 벽돌의 공장 건물들 사이사이가 더욱 독특한 분위기를 내뿜는다.

컬럼비아 시티
Columbia City

힙한 동네로 급부상하고 있는 컬럼비아 시티. 1800년대 후반, 철도가 건설되며 산업 지구로 발전했으나 제2차 세계대전 이후 쇠퇴하면서 한때 우범 지역으로 전락했었다. 지금은 꾸준한 도시 정화 운동을 통해 시애틀에서 가장 살기 좋은 지역 중 하나로 사랑받고 있다.

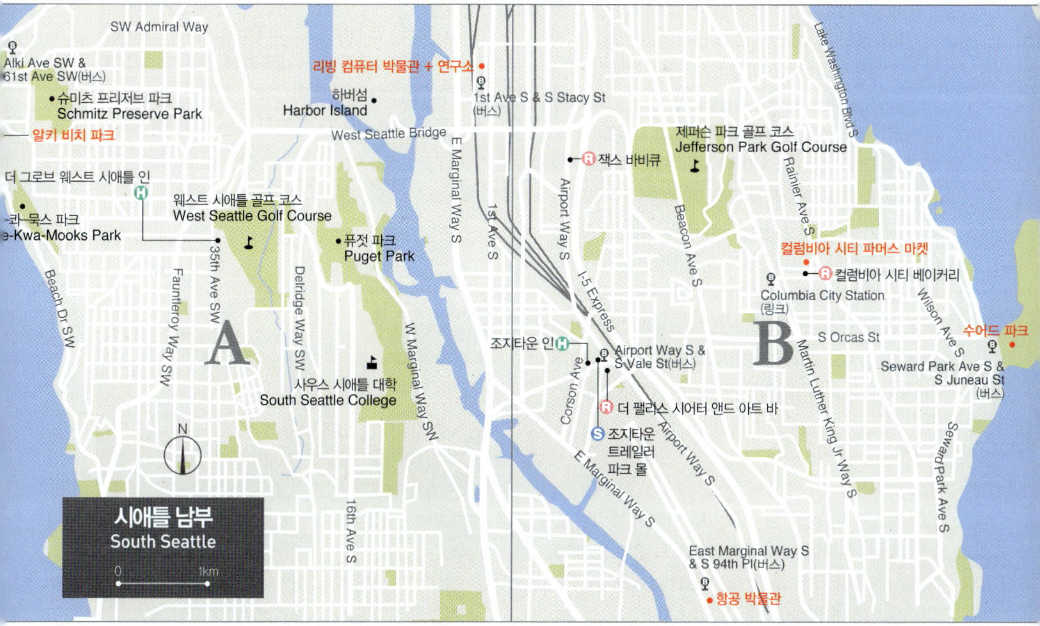

Access INFO

{ 가는 방법 }

시애틀 남부는 시애틀의 산업화, 공업화의 중심 지역이라 할 수 있다. 중심가와 타코마 국제공항 사이에 있으나 대중교통은 다소 불편하다. 어떤 교통수단을 이용할 수 있는지 꼼꼼히 확인하고 시간 여유를 가지고 이동하자.

공항

시애틀 남부는 중심부에 비해 공항과는 가깝지만 대부분 한 번에 가기 어렵다. 어디를 가든 링크 라이트 레일을 타고 가다가 메트로 버스로 갈아타야 한다. 컬럼비아 시티는 링크 라이트 레일 컬럼비아 시티 Columbia City 역에서 내렸다가 목적지까지 가는 버스를 이용하면 된다. 조지타운으로 이동하는 경우도 방법은 같다. 링크 라이트 레일을 탑승한 후, 투퀼라 인터내셔널 불러바드 Tukwila International Blvd 역에서 내려 124, 107번 메트로 버스로 환승한다.

그레이하운드 버스

그레이하운드 버스 터미널에서 남부 지역까지는 차량을 이용하면 10~20분 정도 걸린다. 그레이하운드 버스에서 내린 다음 대중교통을 이용해서 남부로 갈 경우 웨스트 시애틀, 조지타운, 컬럼비아 시티 모두 링크 라이트 레일을 이용해 인근의 역까지 이동한 후 버스로 환승해야 한다. 대부분 한 번 이상 환승한다. 다운타운에서 그레이하운드 버스 터미널보다 버스를 더 편하게 이용하려면 링크 라이트 레일 인터내셔널 디스트릭트 Intl. District 역에서 가까운 그레이하운드 버스 정류장(303 S Jackson St, 킹 스트리트 역 내 위치)에서 내리면 좋다.

암트랙 열차

암트랙 열차를 타고 킹 스트리트 역에서 내리면 인근의 버스 정류장에서 남부 지역으로 향하는 버스를 탈 수 있다. S Jackson St & 5th Ave S에서 7번 버스를 타면 컬럼비아 시티로, 3rd Ave S & S Main St에서 124번을 타면 조지타운, 21번을 타면 웨스트 시애틀로 간다. 목적지에 따라 이용할 버스는 달라지지만 남부로 향하는 버스를 탑승하기 가장 쉬운 위치다.

다른 지역에서 이동하기

시애틀 중심부의 웨스트 레이크 센터 주변 버스 정류장에서 남쪽으로 향하는 거의 모든 버스 라인을 이용할 수 있다. 컬럼비아 시티는 7번, 조지타운으로는 124번, 비콘 힐로는 150번 버스를 타고 한 번에 이동할 수 있다. 웨스트 시애틀의 알키 해변으로 가려면 56번과 37번을 탑승하자. 시간은 40분에서 1시간 정도 걸린다. 발라드나 프리몬트 지역에서 출발할 경우 중심가로 이동해서 환승해야 한다.

{ 시애틀 남부 시내 교통 }

각 구역별 이동이 가장 까다로운 지역이다. 조지타운과 컬럼비아 시티의 직선 거리는 멀지 않지만 북쪽 지역처럼 동서를 잇는 교통편이 없어 중심가로 거슬러 올라갔다가 다시 내려와야 한다. 이동의 불편함을 고려해 컬럼비아 시티, 조지타운, 웨스트 시애틀은 하루 일정으로 잡지 않는 것이 좋다.

Travel PLAN

코스1 { 난 달라, 어디에도 없는 시애틀 일정 }
조지타운 – 비행기 박물관(토·일요일 일정 / 렌터카 및 우버 권장)
예상 소요 시간 7시간

- 숙소 조식, 또는 숙소 근처에서 아침 식사를 든든하게
  - 3rd Ave & Pike St에서 124번 버스(36분)
- 사진 촬영할 수 있는 비행기를 원해? 항공 박물관(p.205)
  - 124번 버스(15분)
- 주말에만 열리는 깜짝 벼룩시장, 조지타운 트레일러 파크 몰(p.211)
  - 도보 1분
- 오래된 공장 건물이 많은 역사 지구의 고풍스러운 멋! 조지타운 걷기
  - 124번 버스(8분)
- 시애틀식 훈제 고기 전문점, 잭스 바비큐(p.210)로 점심!
  - SODO Busway & S Spokane St에서 50번 버스(22분)
- 마이크로소프트 & 애플의 어제와 오늘, 리빙 컴퓨터 박물관 + 연구소(p.206)
  - 21번 버스(20분)
- 저녁 식사는 다운타운에서!

코스2 { 느릿느릿, 조금 멀어도 괜찮아 }
컬럼비아 시티 – 수어드 파크
예상 소요 시간 5시간

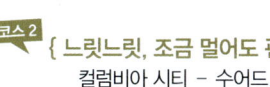

- 시애틀라이트가 엄지를 치켜세우는 컬럼비아 시티 베이커리(p.210)에서 샌드위치와 커피로 하루 시작! 점심 식사를 위한 빵도 구매
  - S Alaska St & 35th Ave S에서 50번 버스(17분)
- 워싱턴 호수와 머서섬의 그림 같은 풍경이 펼쳐지는 수어드 파크(p.204)에서 준비해온 빵을 꺼내 한가로운 피크닉 즐기기
  - 5번 버스(17분)
- 수요일이라면 놓칠 수 없는 현지인 생활 엿보기, 컬럼비아 시티 파머스 마켓 구경(매주 수요일 15:00)
  - 도보 1분
- 컬럼비아 시티 거리 산책

컬럼비아 시티 Columbia City

뉴욕 센트럴 파크와 견주어도 손색없는 아름다움
수어드 파크
Seward Park

워싱턴 호수의 남쪽 끝, 베일리반도의 대부분을 차지하는 공원으로 뉴욕의 센트럴 파크를 디자인한 옴스테드 형제의 또 다른 작품이다. 호수 산책로를 따라 하늘로 쭉쭉 뻗은 나무들, 하늘을 거울처럼 비추는 호수와 그 위로 지는 해가 한 폭의 그림 같다. 대머리독수리를 비롯한 다양한 조류의 서식지이기도 하다. 공원 방문객을 위한 방문자 센터를 시작으로 수영을 즐길 수 있는 모래사장과 바비큐장을 갖추고 있다.

주소 5900 Lake Washington Blvd S **전화** 206-684-4396, 206-652-2444 **오픈** 공원 06:00~22:00, 방문자 센터 화~토요일 10:00~17:00 **휴무** 없음 **요금** 없음 **교통** Seward Park Ave S & S Juneau St 버스 정류장에서 도보 3분 **홈페이지** sewardpark.audubon.org **지도** p.201-B

매주 수요일에 열리는 반짝 시장
컬럼비아 시티 파머스 마켓
Columbia City Farmers Market

3월에서 10월까지 매주 수요일에 열리는 농산물 시장이다. 주중에 열리는 만큼 오후 3시부터 7시까지 퇴근 시간에 맞춰 반짝 운영된다. 주민들을 상대로 싱싱한 농수산물, 가공 식품, 저녁 찬거리가 주를 이룬다. 관광객이 없는 생활밀착형 시장으로 거품 없는 가격에 좋은 품질의 농수산물을 구매할 수 있다.

주소 37th Ave S & Edmunds St **전화** 206-632-5234 **오픈** 매주 수요일 15:00~19:00(3~10월) **교통** 링크 라이트 레일 컬럼비아 시티 Columbia City 역에서 도보 3분 **홈페이지** seattlefarmersmarkets.org/markets/columbia-city **지도** p.201-B

비콘 힐 Beacon Hill

항공 역사 100년을 한 자리에
항공 박물관
The Museum of Flight

주소 9404 E Marginal Way S **전화** 206-764-5700 **오픈** 10:00~17:00 (매월 첫째 주 목요일 ~21:00) **휴무** 추수감사절, 크리스마스 **요금** 어른 $24, 어린이(5~17세) $15 / 매월 첫째 주 목요일 15시 이후 무료 **교통** East Marginal Way S & S 96th Pl 버스 정류장에서 도보 3분 **홈페이지** www.museumofflight.org **지도** p.201-B

항공·우주선에 관련된 역사 유물과 자료를 보존하기 위해 1965년 설립되었다. 175개 이상의 항공기 및 관련 사적을 보유, 전시 중이다. 총 6개 층의 전시관에 50여 대의 실물 항공기가 전시되어 있어 세계에서 가장 큰 항공 우주 박물관으로 꼽힌다. 레오나르도 다빈치의 스케치를 토대로 제작한 글라이더부터 최첨단 우주 탐사 역사의 한 장을 장식한 머큐리, 아폴로 17호 등의 우주선 모형도 전시 중이다. 항공기와 관제탑 내부는 물론 파일럿 체험, 약 9,000m 상공을 경험하는 프리미엄 아이360 등의 체험 프로그램(1인 $9)도 운영한다.

조지타운 & 인더스트리얼 디스트릭트 Georgetown & Industrial District

♥♥♥
살아 있는 컴퓨터 역사 체험관
리빙 컴퓨터 박물관 + 연구소
Living Computers : Museum + Labs

컴퓨터의 개념과 역사의 시작을 전시하는 레벨 2, 빈티지 컬렉션

단순한 전시가 아닌 직접 작동해보고 원리를 이해할 수 있는 체험형 박물관이다. 초창기에는 마이크로소프트의 창업자인 빌 게이츠와 폴 앨런이 개인적으로 소장하고 있던 빈티지 컴퓨터들을 전시하기 위한 공간으로 기획되었다. 지금은 거대한 크기의 초기 컴퓨터부터 인공지능 및 자율 주행 자동차 등 최첨단 기술이 접목된 최신 장비들을 관람, 체험할 수 있다. 애플이 1977년에 발표한 첫 개인용 컴퓨터 애플 2 Apple II, 윈도우와 맥이 출시되기 이전의 전략 컴퓨터, 초기의 컴퓨터 게임 등 컴퓨터의 역사를 온몸으로 체험하고 즐기는 시간이 될 것이다.

주소 2245 1st Ave S **전화** 206-342-2020 **오픈** 수~일요일 10:00~17:00 **휴무** 월·화요일 **요금** 일반 $16, 어린이(0~5세) 무료 / 매월 첫째 주 목요일 17:00~20:00 무료 **교통** 1st Ave S & S Stacy St 버스 정류장에서 도보 3분 **홈페이지** livingcomputers.org **지도** p.201-A

웨스트 시애틀 West Seattle

♥♥

휴식처가 된 시애틀 개척사의 시작점
알키 비치 파크
Alki Beach Park

시애틀 사람들이 가장 좋아하는 휴식처 중의 하나다. 엘리엇만을 사이에 두고 다운타운의 모습을 감상할 수 있다. 날씨가 좋은 5~7월에는 일광욕을 즐기려는 사람들로 일주일 내내 붐빈다. 사실 이곳은 시애틀의 기초를 다진 아서 A. 데니 Arthur A Denny와 일행 22명이 1851년 11월 13일 처음 발을 디딘 역사적인 장소이기도 하다. 그들을 기리는 기념비도 남아 있다. 해변에 위치한 자전거 대여 숍 Wheel Fun Rentals(2530 Alki Ave SW)에서 자전거를 빌려 해변 도로를 달려 보는 것도 좋다.

주소 1702 Alki Ave SW **전화** 206-684-4075 **오픈** 04:00~23:30 **휴무** 없음 **요금** 없음 **교통** Alki Ave SW & 61st Ave SW 버스 정류장에서 하차 **홈페이지** www.seattle.gov/parks/find/parks/alki-beach-park **지도** p.201-A

외곽 지역

♥♥♥

만년설로 뒤덮인 시애틀의 지붕
레이니어산 국립공원
Mountain Rainier National Park

1년 내내 다채로운 모습을 보여주는 레이니어산은 현지인들에게도, 여행자들에게도 사랑받는 명소다. 봄에는 들꽃을 보러, 여름과 가을에는 자연과 함께하는 캠핑을 즐기러, 겨울에는 눈꽃을 보기 위해 사람들의 발걸음이 이어진다. 1년 내내 만년설을 볼 수 있지만, 레이니어산의 숨겨진 명물인 반영 호수(리플렉션 레이크 Reflection Lake)와 눈을 함께 즐기려면 한겨울의 끝, 봄의 시작쯤 산을 찾는 것이 좋다. 연중 이용 가능한 입구는 니스퀄리 한 군데이며, 나머지 입산로는 계절에 따라 통제되거나 닫힌다.

주소 55210 238th Avenue East, Ashford **전화** 360-569-6608 **오픈** 상시(니스퀄리 입구 기준) **휴무** 없음(니스퀄리 입구 기준) **요금** 1인당 $15, 차량 1대당 $35(15인승까지), 오토바이 1대당 $25 **교통** 시애틀에서 I-5를 타고 남쪽으로 내려가다가 127번 출구로 나간 후 SR512번 국도로 진입, 다시 SR7을 타고 달리다가 706번 도로 진입 후 17분 정도 운행하면 니스퀄리 입구에 닿는다(약 2시간 소요). **홈페이지** www.nps.gov/mora

Special

만년설의 신비를 간직한 시애틀의 지붕
레이니어산 당일치기 여행

시애틀에 북유럽인들이 도착해 개발을 시작하기 전까지는 이름조차 알려지지 않았던 레이니어산. 많은 세월이 지났지만 원시의 모습과 초기 개척자들의 흔적이 남아 있는 레이니어산은 시애틀 여행에서 빼놓을 수 없는 명소다. 쇼핑과 먹거리의 천국 시애틀에서 만나는 또 다른 파라다이스, 레이니어산을 놓치지 말자.

가는 방법
레이니어산까지 연결된 대중교통이 없으므로, 렌터카나 일일 투어를 이용해야 한다. 우선 렌터카로 이동하기는 비교적 쉽다. 미국은 한국과 교통 신호 체계가 비슷하고 주행 방향이나 운전대 위치도 같기 때문. 단, 한국에 비해 속도위반 및 신호위반을 엄격하게 단속한다는 점에 유의할 것. 또, 레이니어산 곳곳에서 인터넷 신호가 자주 끊어지기 때문에 미국 운전이 처음인 사람에게는 렌터카를 추천하기 어렵다. 한국의 내비게이션에 익숙한 사람일수록 운전하다가 당황스러울 것이다. 이런저런 우려가 많다면 일일 투어를 권장한다. 시애틀 시내에서 출발해 저녁 시간 전까지 돌아오는 일정이다.

소요 시간 및 식사
시애틀 중심가에서 레이니어산 국립공원의 니스퀄리 입구까지 걸리는 시간은 대략 2시간 정도. 투어는 오전 9시에 시애틀에서 출발해 돌아오기까지 8~9시간 정도 걸린다. 공원 내에는 식사를 할 만한 장소가 마땅치 않으므로 아침과 저녁은 시내에서 먹고 점심은 미리 준비해 가기를 추천한다. 아침 일찍 여는 식당에서 포장 주문하거나 마트에 들러 포장 음식을 사는 것이 좋다.

일일 투어 코스 1(총 9시간 소요)
1년 내내 활용할 수 있는 코스다. 연중 운영되는 니스퀄리 입구를 시작으로 레이니어산 국립공원의 명소들을 둘러보게 된다. 날씨가 맑고 바람이 적은 날엔 나라다 폭포가 만들어내는 무지개와 리플렉션 호수에 비친 레이니어산을 감상할 수 있는 절호의 찬스다.

시애틀 웨스트레이크 센터 → 자동차 이동(2시간) → 니스퀄리 → 30분 → 나라다 폭포 → 5분 → 파라다이스 쉼터 → 2분 → 헨리 엠 잭슨 방문자 센터 → 7분 → 리플렉션 호수 → 20분 → 램파트 리지 트레일 걷기 → 2시간 → 시애틀 웨스트레이크 센터

일일 투어 코스 2(총 9시간 소요)
선 라이즈 지역까지 안전하게 이동할 수 있는 특정 기간(6월 말~9월 말)에만 갈 수 있는 일정이다. 추천 예시처럼 리플렉션 호수와 램파트 리지 트레일 Rampart Ridge Trail에 들러도 좋지만, 오로지 선 라이즈만 둘러봐도 잊을 수 없는 일정이 될 것.

시애틀 웨스트레이크 센터 → 자동차 이동(2시간 20분) → 선라이즈 비지터 센터 → 1시간 30분 → 리플렉션 호수 → 7분 → 헨리 엠 잭슨 방문자 센터 → 23분 → 램파트 리지 트레일 걷기 → 2시간 → 시애틀 웨스트레이크 센터

TRAVEL TIP

시애틀을 여행하는 시기가 6월 말, 7월 초에서 9월 말 사이라면 이때만 입산할 수 있는 선라이즈 Sunrise를 가 보자. 이 지역은 해발 1,950m에 자리하며, 아름다운 드라이브 코스와 방문자 센터에서 보이는 뛰어난 전망을 자랑한다. 한여름에만 반짝 개방하는 선라이즈에서 캠핑이나 하이킹을 즐기려고 1년을 기다리는 시애틀라이터들이 수두룩하다.

{ 주요 명소 }

선라이즈 Sunrise

레이니어산 북쪽에 위치한 지역으로 해발 1,950m 에 자리 잡은 선라이즈 방문자 센터 Sunrise Visitor Center가 있는 곳이다. 연중 6월 말, 7월 초부터 9월 말까지만 길이 열린다. 파라다이스 지역에 비해 약 300m 이상 높고 봄과 가을에도 눈이 쌓여 있기 때문이다. 고산대 식물이 자라고 야생화가 만발하는 초원과 캐스케이드 산맥의 산등성이가 이어지는 장관을 마주할 수 있다.

나라다 폭포 Narada Falls

니스퀄리강을 따라 이어지는 도로를 달리다 보면, 작은 주차 구역 안에 차들이 멈춰선 것을 볼 수 있다. 바로 니스퀄리강의 숨은 보석, 나라다 폭포를 보려고 멈춰 선 사람들이다. 산 위의 눈과 빙하가 녹아 흘러내린 약 50m 높이의 나라다 폭포를 보려면 차에서 내려 작은 다리를 지나 조금 걸어 내려가야 한다. 다리 위에서부터 시원한 물소리가 먼저 반긴다. 햇빛 좋은 날에는 폭포 위로 걸쳐진 일곱 빛깔의 띠, 무지개를 볼 수 있다.

파라다이스 Paradise

해발 1,647m 지점의 파라다이스는 레이니어산의 개척자 중 한 명인 롱마이어 가족이 이 지역에 만발한 야생화로 뒤덮인 모습이 천국처럼 아름답다고 붙인 이름이다. 이곳에는 헨리 엠 잭슨 방문자 센터 Henry M Jackson Visitor Center가 있다. 만년설을 가깝게 볼 수 있는 것은 물론 방문자 센터에서 각종 기념품을 사거나 간단히 요기를 할 수 있다.

리플렉션 호수 Reflection Lake

바람이 적고 해가 좋은 날 아침이라면, 니스퀄리 입구에서 바로 리플렉션 호수로 이동해 보자. 호수의 이름에 걸맞게 만년설로 뒤덮인 레이니어산의 산봉우리가 마치 거울처럼 호수에 담긴다. 겨울에는 꽁꽁 언 호수 위로 눈이 쌓여 볼 수 없는 광경이니 참고할 것!

램파트 리지 트레일 Rampart Ridge Trail

램파트 리지 트레일은 총 2시간 길이의 산책로로, 국가 사적지로 지정된 롱마이어 지역에 있다. 레이니어산 개척자로 알려진 제임스 롱마이어 James Longmire와 그 가족이 살았던 곳이다. 트레일을 따라 롱마이어 가족이 1888년에 지은 온천 요양 시설의 흔적이 남아 있다. 트레일 입구에 로지(숙박 업소)와 작은 숍, 롱마이어 박물관, 주차장이 갖춰져 있다.

Restaurant & Bakery

컬럼비아 시티 Columbia City

ⓢ 컬럼비아 시티 베이커리
Columbia City Bakery
▶ 제과점

명실상부, 시애틀 1위의 빵집

제임스 비어드 상을 네 번이나 수상한 에반 안드레스가 운영하는 빵집. 3명의 제빵사로 시작해 지금은 수십 명의 제빵사들이 종일 분주하게 빵을 만들어낸다. 시애틀의 웬만한 레스토랑에서 먹은 빵이 맛있다면 컬럼비아 시티 베이커리의 제품이라는 말이 있을 정도다. 저온 숙성, 자연 발효 빵이 대표적이지만 달콤한 과자류까지 맛이 좋다.

주소 4865 Rainier Ave S **전화** 206-723-6023 **오픈** 화~금요일 07:00 ~19:00(토~월요일 ~17:00) **휴무** 없음 **교통** 링크 라이트 레일 컬럼비아 시티 Columbia City 역에서 도보 6분 **홈페이지** www.columbiacitybakery.com **지도** p.201-B

조지타운 & 인더스트리얼 디스트릭트 Georgetown & Industrial District

ⓢⓢ 잭스 바비큐
Jack's BBQ
▶ 훈제 고기 요리 전문점

텍사스 정통 훈제 바비큐의 시애틀식 변신

텍사스 스타일의 훈제 고기 요리를 내는 식당이다. 6m나 되는 거대한 훈연기에서 16시간 동안 낮은 온도로 익힌 브리스킷, 포크립, 소시지 등을 사용한 메뉴가 주를 이룬다. 훈제 고기에 2가지 사이드 메뉴를 곁들인 플레이트 Plates류($16~18)의 메뉴와 샌드위치($13.75)가 인기다. 시애틀산 수제 맥주는 필수다.

주소 3924 Airport Way S **전화** 206-467-4038 **오픈** 일·월요일 11:00 ~14:00(화~목요일 ~20:00, 금·토요일 ~21:00) **휴무** 없음 **교통** Airport Way S & S Andover St 버스 정류장에서 도보 2분 **홈페이지** jacksbbq.com **지도** p.201-B

ⓢⓢ 더 팰리스 시어터 앤드 아트 바
The Palace Theater and Art Bar
▶ 카페 & 바

빈티지 감성 가득한 복합 문화 공간

낮에는 커피, 밤에는 칵테일을 팔고 종종 음악 공연과 드래그 퀸 쇼, 예술 전시가 열리는 복합 문화 공간. 오래된 공장 건물들 사이로 옛 시절의 향수와 빈티지한 멋을 살린 조지타운과도 매우 잘 어울리는 장소다. 가죽으로 마감한 테이블, 벽돌의 질감이 그대로 살아 있는 벽과 거기에 걸린 빈티지 장식들 사이로 커피 한 잔, 혹은 칵테일 한 잔을 놓고 앉아 있으면 스스로도 꽤나 세련된 느낌이 든다.

주소 5813 Airport Way S **전화** 206-420-3037 **오픈** 월요일 07:00~15:00 (화·수요일 ~18:00, 목·금요일 ~19:00), 토요일 09:00~17:00(일요일 ~18:00) / 공연이 있는 날은 공연 시간을 기준으로 변경됨. **휴무** 없음 **요금** 공연 관람료는 홈페이지 확인 **교통** Airport Way S & S Doris St 버스 정류장에서 도보 3분 **홈페이지** www.palaceartbar.com **지도** p.201-B

Shopping

조지타운 트레일러 파크 몰
Georgetown Trailer Park Mall
▶ 주말 벼룩시장

시애틀에서 가장 독특한 콘셉트 몰
7개의 트레일러로 구성된 작은 시장으로 주말에만 문을 연다. 트레일러마다 콘셉트가 다르다. 디자인 의류, 수공예 액세서리, 허브용품, 빈티지 소품 등 다른 곳에서는 보기 힘든 독특한 아이템들이 가득하다. 단, 제품에 대한 자부심이 대단해 사진 촬영에 매우 민감하다. 사진 촬영 전 반드시 사전에 양해를 구하자. 규모가 작은 편이니 큰 득템보다는 소소한 재미가 있는 시장이다.

주소 5805 Airport Way S **전화** 없음 **오픈** 토요일 11:00~18:00(일요일 ~16:00) **휴무** 월~금요일 **교통** Airport Way S & S Doris St 버스 정류장에서 도보 2분 **홈페이지** www.georgetowntrailerpark.com **지도** p.201-B

Stay

조지타운 인
Georgetown Inn
▶ 2성급

다운타운에서 버스로 약 30분, 공항에서는 50분 정도 걸리는 거리에 있다. 도심에 비해 저렴한 가격과 버스를 타면 환승 없이 닿을 수 있는 위치가 장점이라 할 수 있다. 가족 친화적 호텔로 4인 객실, 주방이 딸린 객실을 선택할 수 있다. 조지타운의 독특한 분위기를 느낄 수 있는 식당과 바, 조지타운 트레일러 파크 몰 등이 가깝다. 무선 인터넷, 아침 식사는 무료로 제공된다.

주소 6100 Corson Ave S **전화** 206-762-2233 **요금** 디럭스 퀸 $109~, 디럭스 더블(4인) $129~ **교통** S Bailey St & Carleton Ave S 버스 정류장에서 도보 2분 **홈페이지** www.georgetowninnseattle.com **지도** p.201-B

더 그로브 웨스트 시애틀 인
The Grove West Seattle Inn
▶ 2성급

미국 드라마에서 보던 전형적인 미국식 숙박업소다. 도심까지는 래피드 라이드 C 라인이나 21번 버스를 이용하면 한 번에 갈 수 있으며 30분 정도 걸린다. 공항까지는 55분 정도 걸린다. 번잡스럽지 않은 동네 분위기에 적당한 거리, 적당한 가격의 숙소를 별도의 부가 비용 없이 이용하고 싶은 사람에게 추천한다. 아침 식사와 객실 무선 인터넷, 주차장을 무료로 제공한다.

주소 3512 SW Alaska St **전화** 206-937-9920 **요금** 스탠더드 퀸 $119~, 더블 $129~ **교통** SW Alaska St & 35th Ave SW 버스 정류장 바로 앞 **홈페이지** www.grovewestseattle.com **지도** p.201-A

산과 바다가 맞닿은 올림픽반도의 신비한 자연 탐험
올림픽 국립공원 Olympic National Park

시애틀에서 서쪽으로 퓨젓만 너머에 자리 잡은 올림픽반도, 그 중앙에 올림픽 국립공원이 있다. 3,628km²의 거대한 면적, 해발 2,500m에 달하는 높이를 자랑하는 미 북서부의 대표적인 국립공원이다. 1938년 국립공원으로 지정되었고 1981년에는 유네스코 세계자연문화유산으로 등재되며 국제적인 명소로 거듭났다. 연중 비가 많이 오는 온대 우림, 잘 보존된 원시 자연과 최고봉인 올림픽 피크를 둘러싼 산등성이를 따라 펼쳐지는 만년설, 60여 개의 빙하, 11개의 강이 만들어내는 장관이 감동을 자아낸다. 최근에는 영화 <트와일라잇>의 촬영지로 알려지며 찾는 사람들이 늘어나고 있다.

요금 개별 교통수단 이용 시 자동차 1대(15인승 이하) $30, 오토바이 1대 $25 / 개별 입산 시 어른 1인당 $15 홈페이지 www.nps.gov/olym/index.htm
※ 위의 입장료는 비상업적 목적의 차량, 개인에 한하며, 7일간 유효
올림픽 국립공원 내 도로 이용 안내 홈페이지 www.nps.gov/olym/planyourvisit/current-road-conditions.htm

● **올림픽 국립공원 방문자 센터**
주소 3002 Mount Angeles Road, Port Angeles **전화** 360-565-3130 **오픈** 6~8월 09:00~17:00, 9~6월 09:00~16:00 **휴무** 추수감사절, 크리스마스

{ 올림픽 국립공원 교통편 }

시애틀에서 올림픽 국립공원까지 가는 방법은 크게 2가지가 있다. 페리를 타고 올림픽반도 북서쪽에 위치한 베인브리지 아일랜드를 거쳐 가는 방법과 육로로 남부를 돌아 올림픽반도 남서쪽으로 진입하는 방법이다. 어떤 방법을 이용하든 렌터카 이용이 필수다. 특히 올림픽 공원의 대표적 장관인 허리케인 리지, 호 레인 포레스트까지 가기 위해서는 자동차가 유일한 방법이다. 몇몇 명소는 지역 내 버스를 이용할 수도 있지만 명소 간 연결편이 없어 추천하기 어렵다.

● 페리로 베인브리지 거쳐 가기

피어 52에서 베인브리지 아일랜드로 향하는 워싱턴 스테이트 페리 Washington State Ferries를 탑승한다. 카페리로 자동차를 싣고 가려면 미리 예약하는 것이 좋다. 새벽부터 밤까지 운행하며 보통 40~60분 간격이다. 계절별로 첫 페리와 마지막 페리 운행 시간이 달라지므로 시간표를 반드시 확인하자. 베인브리지 아일랜드까지는 약 35분 정도 걸린다.

베인브리지 아일랜드에 도착하면 WA-305, US-101 N으로 이어지는 도로를 따라 올림픽반도 북서쪽부터 시계 반대 방향으로 일정을 짜는 것이 효율적이다. 노르웨이 마을로 알려진 폴스보와 허리케인 리지, 크레센트 호수 순으로 돌아보게 된다.

워싱턴 스테이트 페리 Washington State Ferries 매표소 Seattle Ferry Toll Booth
주소 801 Alaskan Way **전화** 206-464-6400 **오픈** 05:30~02:10, 1일 약 20회 운행 **요금** 자동차 $22.90~, 어른 $8.50, 청소년(6~18세) $4.25 **홈페이지** www.wsdot.wa.gov/ferries

● 남부 도로를 타고 육로로 이동하기

시애틀 남쪽 I-5 S도로를 타고 남쪽으로 타코마 국제공항을 지나 올림피아 시티를 거쳐 US-101 N 도로로 돌아간다. 페리를 타는 것보다 시간은 오래 걸리지만 육로는 자유롭게 이동하며 일정을 조율할 수 있는 장점이 있다. 단, 여정을 최소 1박 이상으로 길게 계획했을 때 추천한다. 올림픽반도 동쪽의 루비 해변을 시작으로 호 레인 포레스트, 크레센트 호수가 시계 방향으로 이어진다.

{ 올림픽 국립공원 추천 일정 }

올림픽 국립공원의 면적은 서울의 6배에 이르기 때문에 하루 만에 돌아보는 것은 불가능하다. 공원 내 대표적인 명소인 허리케인 리지와 호 레인 포레스트 간의 거리만 해도 자동차로 2시간 30분이 걸린다. 예상한 일정에 따라 가고 싶은 장소와 동선을 미리 정하고 움직이는 것이 좋다. 시애틀 남쪽으로 육로로만 이용할 경우 이동 시간이 길어 하루에 소화하기 힘들다.

● 1일 코스

| 시애틀 ···▶ 페리 이동 / 35분 소요 ···▶ 베인브리지 아일랜드 ···▶ 2시간 ···▶ 허리케인 리지 ···▶ 1시간 ···▶ 크레센트 호수 ···▶ 1시간 40분 ···▶ 폴스보(노르웨이 마을) ···▶ 1시간 30분 ···▶ 시애틀 |

포트 앤젤레스에서 식사를 하고 일몰 시간에 맞춰 시애틀로 돌아오는 페리를 탈 것을 추천한다. 겨울에는 안전상의 문제로 도로가 폐쇄될 수 있으므로 출발 전 반드시 확인해야 한다.

TRAVEL TIP

올림픽 국립공원 1박 2일 투어

투어를 이용하면 운전에 대한 부담은 물론 일정 고민 없이 국립공원을 둘러볼 수 있다. 기후와 계절의 영향을 많이 받는 지역이므로 출발 전 확인할 사항이 많은 데다 초행길의 경우 시간 안배도 쉽지 않기 때문이다. 공원 곳곳에 인터넷과 전화가 끊기는 지역이 많은 것도 큰 부담이 될 수 있다. 대부분의 안내문은 영어로 되어 있으므로, 관련 역사와 숨은 에피소드에 관심이 많은 여행자라면 경험 많은 가이드와 함께하는 것이 더 좋은 선택이 될 것이다.

시애틀 여행사(현지 한인 여행사)
비용 2인 1실 $310, 3인 1실 $290, 1인 1실 별도 문의 **소요 시간** 09:00~다음날 19:30 **포함 사항** 시애틀 숙소 픽업 및 드롭 오프, 호텔 1박, 차량, 가이드, 국립공원 입장료, 페리 승선료, 바비큐 1회, 각종 부가세 및 팁 **일정** 루비 해변, 호 레인 포레스트, 리알토 해변, 크레센트 호수, 허리케인 리지, 후드 캐널 브리지, 폴스보, 베인브리지 페리 **예약** 070-7883-3046(한국에서), 425-218-0570(미국에서) **홈페이지** www.seattlelee.com

● **1박 2일 코스**

- 1일 시애틀 ··· 육로 이동, 3시간 ··· **루비 해변** ···
  50분 ··· **호 레인 포레스트** ··· 1시간 ··· **리알토 해변**
- 2일 크레센트 호수 ··· 1시간 ··· 허리케인 리지 ···
  40분 ··· 포트 앤젤레스 ··· 1시간 15분 ··· 폴스보 ···
  페리 35분 ··· 베인브리지 ··· 시애틀

1박 2일 일정으로 이동할 경우 육로와 페리를 모두 이용할 것을 추천한다. 첫날 남쪽 육로를 이용하면 시계 방향으로 올림픽반도를 쭉 돌아보게 된다. 숙박은 리알토 해변과 가까운 포크스에서 할 것을 추천한다. 둘째 날 시애틀로 돌아올 때는 바이킹 마을이라고 불리는 폴스보를 거쳐 베인브리지 아일랜드에서 페리를 이용하자. 일몰 시간에 맞춰 퓨젓만을 가르며 보게 될 도시의 전경과 만년설로 감동 충만한 마무리가 될 것이다.

{ 올림픽 국립공원 주요 명소 }

호 레인 포레스트 Hoh Rain Forest

뱀파이어가 살 것 같은 원시림
영화 〈트와일라잇〉에서 뱀파이어인 에드워드가 벨라를 안고 신비로운 숲을 내달리던 장면이 여기서 촬영되었다. 호 레인 포레스트는 온대 우림으로, 수십 미터에 달하는 나무와 그 위를 뒤덮은 이끼가 함께 살아온 원시림이다. 연간 3,500~4,300mm의 강수량 덕에 쭉쭉 뻗어 오른 나무들이 장관을 이룬다. 얕은 뿌리와 비에 젖은 땅 때문에 나무가 쓰러지는 경우가 많은데 숲에서 치워내지 않는다. 쓰러진 나무는 숲의 자양분으로 쓰이며 다른 씨앗을 틔우고 다른 생명을 탄생시키는 역할을 하기 때문. 자연의 탄생과 성장, 순환을 그대로 볼 수 있는 경이로운 자연 속을 걸어보자.

주소 18113 Upper Hoh Rd, Forks

● **호 레인 포레스트 방문자 센터**
주소 18113 Upper Hoh Rd, Forks **전화** 360-374-6925 **오픈** 3~12월 금~일요일 10:00~16:00(계절별, 기상 상황에 따라 운영 시간이 변경) **휴무** 1·2월

루비 해변 Ruby Beach

일몰에 붉게 물든 보석빛 바다
국립공원을 둘러싼 해안을 따라 아름다운 백사장들이 줄을 잇는다. 루비 해변은 해질 무렵 붉게 물든 바다가 마치 루비처럼 아름다운 곳이다. 꼭 일몰 시간에 맞춰 가지 못했다고 해도 실망하지 말 것. 유목들이 밀려와 만들어내는 이색적인 풍경, 바다 위에 떠 있는 크고 작은 섬들이 마치 한 폭의 그림처럼 펼쳐진다.

리알토 해변 Rialto Beach

에드워드 날 구해줘! 벨라의 바다

신비롭고 몽환적인 아름다움이 가득한 리알토 해변은 라 푸시 인디언 보호 구역 La Push Indian Reservation 내에 있다. 영화 〈트와일라잇〉에서 숨어버린 에드워드를 불러내기 위해 벨라가 몸을 던졌던 바다이기도 하다. 라 푸시는 에드워드 대신 벨라를 구해준 늑대인간 제이콥이 살던 동네이다. 파도에 떠밀려온 유목 위에 앉아 영화 속 바다의 소리와 빛을 느껴보자. 리알토 해변 역시 일몰이 만들어내는 비경으로 유명하다.

주소 Mora Rd, Forks(모라 로드의 끝)

허리케인 리지 Hurricane Ridge

허락받은 방문자만이 누릴 수 있는 장관

올림픽 국립공원에서 자동차로 오를 수 있는 가장 높은 전망대(1,598m). 주차장과 방문자 센터가 있는 곳에서부터 약 2.5km 걸어 올라가면 남쪽으로는 눈과 빙하로 뒤덮인 산봉우리들이 쭉 이어지고, 북쪽으로는 후안 데 푸카 Juan de Fuca 해협과 멀리 캐나다의 빅토리아까지 한눈에 들어온다. 낮게는 1,800m, 높게는 2,000m가 넘는 산봉우리들이 한여름에도 녹지 않는 눈에 덮여 하얗게 빛나며 마치 병풍처럼 펼쳐지는 모습이 생경하면서도 잊지 못할 장관을 만들어낸다. 1년 내내 휘몰아치는 강풍에 시시각각 변하는 구름, 모였다가 금세 흩어지는 안개 역시 또 다른 감동을 자아낸다. 기후와 계절의 영향으로 여름에만 매일 개방되며 겨울에는 전면 통제된다. 봄과 가을의 경우 그날그날 날씨에 따라 개방 여부가 정해지고, 공식 홈페이지에서 확인할 수 있다.

주소 3002 Mt Angeles Rd, Port Angeles

크레센트 호수 Crescent Lake

초승달 호수에 남은 명사들의 이야기

빙하기에 생성된 자연 호수인 크레센트는 워싱턴 주에서 가장 깊은 호수(수심 200m)이기도 하다. 푸른 물감을 풀어놓은 듯한 물빛, 한여름에도 얼음장처럼 차가운 수온, 이름처럼 초승달 모양의 호수를 둘러싼 나지막한 산들. 크레센트가 유명한 이유는 여러 가지가 있지만 무엇보다 호수에 얽힌 이야기들이 가장 흥미롭다. 이 지역을 올림픽 국립공원으로 지정했던 루즈벨트 대통령이 머물렀던 숙소가 바로 이 호수 앞에 있다. 평소 사냥을 즐겼던 그가 잡은 사슴은 머리가 박제되어 '루즈벨트의 사슴'이라는 이름으로 숙소 로비에 남아 있다. 또 세기의 배우 마릴린 먼로가 두 번째 남편 조 디마지오 Joe DiMaggio와 함께 시간을 보냈던 곳이기도 하다. 한편, 마릴린 먼로가 죽은 채로 발견되었던 날 밤, 이곳에 머물던 케네디 대통령의 남동생인 로버트 F. 케네디가 공중전화 박스에서 꽤 오랜 시간을 보냈던 것이 밝혀지며 마릴린 먼로와의 염문설에 불을 지피기도 했다. 지금은 공중전화 박스가 대부분 철거되었지만 로버트 F. 케네디가 사용했다는 것은 아직도 남아 있다.

주소 416 Lake Crescent Rd, Port Angeles

솔 덕 온천 Sol Duc Hot Springs

여행의 피로를 풀어줄 핫 스폿

시애틀라이트의 사랑을 한 몸에 받고 있는 야외 온천. 솔 덕은 인디언 말로 '불꽃처럼 치솟는 물'이라는 뜻이라고 한다. 1912년에 개장한 이래, 지금은 온천탕 3개와 일반 탕 1개로 구성돼 운영 중이다. 가장 낮은 수온은 37℃, 가장 뜨거운 미네랄 온천탕의 수온은 약 40℃이다. 일반 수영장의 온도 계절에 따라 10~30℃ 내외로 따뜻하게 유지한다. 올림픽 국립공원 초입에 자리해 시애틀에서 당일치기로 찾는 사람도 적지 않다(편도 3시간 소요). 온천을 이용하려면 반드시 수영복을 지참해야 하고, 타월과 라커는 무료로 제공한다. 10월 말부터 이듬해 3월 중순까지는 휴장한다.

주소 12076 Sol Duc Hot Springs Rd., Port Angeles **위치** 솔 덕 핫 스프링스 리조트(Sol Duc Hot Springs Resort) 내 **전화** 888-896-3818 **오픈** 3월 말~5월 중순·9월 초~10월 말 09:00~20:00, 5월 말~9월 초 09:00~21:00 **요금** 어른 $15, 어린이(4~12세) $11, 3세 이하 무료

{ 올림픽 국립공원 주변 도시 }

폴스보 Poulsbo

바이킹의 후예가 세운 도시

시애틀에서 페리를 타고 베인브리지 아일랜드 Bainbridge Island를 거쳐 올림픽반도로 향하는 길목에 폴스보가 있다. 1800년대 후반 바이킹의 후손인 노르웨이 사람들이 큰 군락을 이뤄 정착한 곳이다. 스칸디나비아 스타일의 건축은 물론 생활 소품, 식음료 등의 전통을 지금까지 이어오고 있다. 지금은 이것이 큰 관광 자원이 되어 수많은 사람들이 올림픽 국립공원과 함께 들러보는 명소가 되었다.

포트 앤젤레스 Port Angeles

올림픽반도의 관문

올림픽반도의 관문 도시로 불리는 곳이다. 시애틀에서 페리를 이용해 베인브리지 섬을 거쳐 왔다면 꼭 들르게 되는 지역이다. 후안 데 푸카 Juan de Fuca 해협을 사이에 두고 캐나다 브리티시컬럼비아주의 주도 빅토리아 Victoria와 마주보고 있는 항구 도시로, 여기서 캐나다로 가는 배를 탈 수 있다. 허리케인 리지, 크레센트 호수와도 가까워 북서부 지역 일정을 소화할 때 거점 도시가 된다. 허리케인 리지 방문 전후에 식사할 수 있는 식당, 또는 숙박 시설도 찾을 수 있다. 포트 앤젤레스를 관통하는 US-101 도로를 중심으로 10여 개의 호텔이 있다.

포크스 Forks

전형적인 미국 시골 마을

높은 건물도 화려한 네온사인도 없는 전형적인 미국 시골 마을이다. 영화 〈트와일라잇〉에서 여주인공 벨라가 애리조나를 떠나 이사 온 동네가 바로 포크스다. 루비 해변과 리알토 해변의 중간쯤 위치한다. 역시 올림픽 국립공원을 돌아보며 숙박과 식사를 해결할 수 있다. 10여 개의 숙소가 올림픽 국립공원을 찾는 방문객들을 상대로 성업 중인데 여름과 공휴일을 제외하면 합리적인 가격대에 숙박 가능하다.

TRAVEL TIP

올림픽 국립공원 내 숙박

올림픽 국립공원 내의 숙소는 솔 덕 핫 스프링스 리조트를 포함해 4곳으로, 국립공원 내에서 가장 아름답고 고즈넉한 위치에 자리 잡고 있다. 1년 내내 운영되는 곳은 레이크 퀴놀트 로지 Lake Quinault Lodge 한 곳뿐이며, 레이크 크레센트 로지 Lake Crescent Lodge를 비롯한 나머지는 일정 기간에만 문을 연다. 자세한 숙소 정보 및 예약 관련 내용은 홈페이지 www.olympicnationalparks.com/lodging/olympic-lodging-experience/에서 확인할 것.

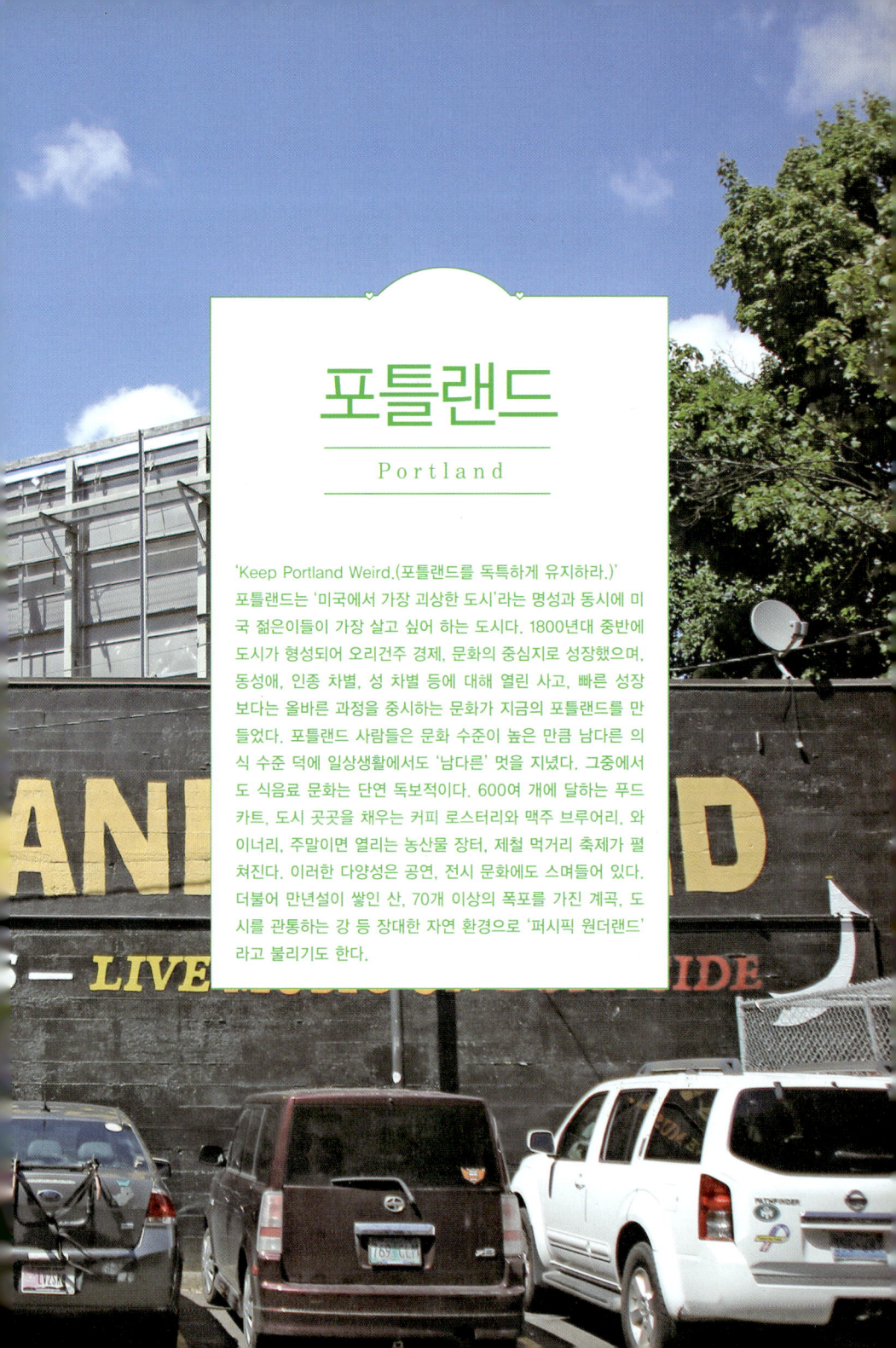

포틀랜드
Portland

'Keep Portland Weird.(포틀랜드를 독특하게 유지하라.)'
포틀랜드는 '미국에서 가장 괴상한 도시'라는 명성과 동시에 미국 젊은이들이 가장 살고 싶어 하는 도시다. 1800년대 중반에 도시가 형성되어 오리건주 경제, 문화의 중심지로 성장했으며, 동성애, 인종 차별, 성 차별 등에 대해 열린 사고, 빠른 성장보다는 올바른 과정을 중시하는 문화가 지금의 포틀랜드를 만들었다. 포틀랜드 사람들은 문화 수준이 높은 만큼 남다른 의식 수준 덕에 일상생활에서도 '남다른' 멋을 지녔다. 그중에서도 식음료 문화는 단연 독보적이다. 600여 개에 달하는 푸드 카트, 도시 곳곳을 채우는 커피 로스터리와 맥주 브루어리, 와이너리, 주말이면 열리는 농산물 장터, 제철 먹거리 축제가 펼쳐진다. 이러한 다양성은 공연, 전시 문화에도 스며들어 있다. 더불어 만년설이 쌓인 산, 70개 이상의 폭포를 가진 계곡, 도시를 관통하는 강 등 장대한 자연 환경으로 '퍼시픽 원더랜드'라고 불리기도 한다.

베스트 오브 포틀랜드

카페 천국 포틀랜드
잊지 못할 한 잔의 커피 찾기

스텀프타운 커피 로스터스(p.275, p.331)를 필두로 로스터리 카페만 서른 곳에 이른다. 로스터리 수의 몇 배나 되는 카페가 존재하는 것은 두말할 것도 없다. 원두의 산지, 로스팅의 강도, 커피를 내리는 방식에 따라 맛이 천차만별이니 눈이 번쩍 뜨일 나만의 커피를 찾아보자.

빈티지와 앤티크의 보고!
시간의 멋을 사기

아날로그와 나눔의 가치를 높이 평가하는 포틀랜드. 중고 음반점이나 중고 서점에서 보물찾기 하듯 절판된 음반과 책을 찾아 보자. 요즘 핫한 레트로 패션 아이템을 찾는다면 중고 의류점을 찾아가자. 어디서든 시간 여행을 떠난 듯한 기분은 덤이다.

포틀랜드 맥주의 클래스
수제 맥주 공장 탐방

오리건주의 수제 맥주 브루어리는 281개에 이르고, 그중 77개가 포틀랜드에 있다. 포틀랜드의 맥주 브루어리들은 대부분 시음장과 투어를 운영한다. 맥주가 그저 마시고 취하는 것보다 하나의 문화로 자리 잡은 포틀랜드의 수제 맥주를 만나 보자.

끊이지 않는 이벤트의 도시에서
축제 즐기기

포틀랜드에는 1년 내내 축제와 이벤트가 가득하다. 작게는 매주 주말 번사이드 브리지 아래에서 열리는 플리 마켓, 크게는 세계적인 블루스 연주자, 가수들이 참가하는 워터프런트 블루스 페스티벌까지 다양하다. 머무는 기간 동안에 열리는 축제, 이벤트를 확인하는 건 필수다. → p.50

매주 주말이면 인산인해를 이루는 포틀랜드 새터데이 마켓

포틀랜드 **221**

알고 보니 쇼핑 천국
면세 지역 포틀랜드

포틀랜드는 미국 내에서도 세일스 택스 Sales Tax(판매세)가 면제되는 몇 안 되는 면세 지역이다. 힘들게 아웃렛을 찾아가 이월 상품을 싸게 구매하는 번거로움 없이 신제품을 저렴한 가격에 구매할 수 있다는 뜻이다. 다운타운 중심가의 쇼핑몰은 물론 부티크 숍 어디서든 면세 혜택을 마음껏 누려볼 것.

창업의 성지
푸드 카트 맛보기 순례

젊은이들의 소규모 창업을 지원하기 위해서 시작된 포틀랜드의 푸드 카트는 현재 약 600여 개에 달한다. 푸트 카트에서 시작해 유명 레스토랑을 차렸다는 성공 스토리는 포틀랜드에서는 흔한 일이다. 기다리는 줄이 긴 집을 공략하는 것이 실패하지 않는 비결!

규모나 판매 품목 등 모든 면에서 단연 일등인 포틀랜드 파머스 마켓

주민들의 소박한 공연이 이어지는 할리우드 파머스 마켓

팜 투 테이블의 원조
파머스 마켓 돌아보기

먹거리에 대한 포틀랜더의 관심은 코미디의 소재가 될 정도로 유별나다. 그들의 고집을 직접 눈으로 확인할 수 있는 자리가 바로 사우스 웨스트 파크에서 열리는 주말 농산물 시장, 포틀랜드 파머스 마켓(p.258)이다. 생산자가 직접 판매하는 것을 원칙으로 하며, 엄청난 규모와 인파를 자랑한다.

포틀랜드 최고의 명소

피톡 맨션
Pittock Mansion

1900년대 대부호의 저택에서 조망하는 포틀랜드의 오늘

해발 고도 300m의 언덕(웨스트 힐스)에 자리 잡은 대저택으로 포틀랜드 시내를 한눈에 담을 수 있는 최고의 명소다. 저택의 주인이었던 헨리 피톡 Henry Pittock은 오리건주 최대의 발행 부수를 자랑하는 신문 〈오리거니언 Oregonian〉의 창립자다. 그는 이 르네상스 양식 석조 저택을 1914년 완공했다. 서재와 음악실, 침실과 거실, 놀이방 등 40여 개의 방에는 1900년대 언론 재벌이었던 그의 일상이 고스란히 남아 있다. 호화로움의 정점은 주방과 화장실로, 당시에는 흔치 않았던 냉장고와 냉온수 샤워기, 전화기까지 갖추고 있다.

피톡 맨션은 오랜 시간 동안 포틀랜드 사교의 중심이었으며 부유함의 상징으로 여겨졌다. 100년의 영화를 뒤로 하고 피톡가의 가세가 기울며 방치되다가 철거의 위기에 처했지만, 역사적인 장소를 지키려는 시민들의 모금으로 보존될 수 있었다. 1974년부터는 국가 사적지로 지정되어 관리되고 있다.
→ p.263

입구 뒤편 정원을 지나면 탁 트인 전망이 펼쳐진다.

5~6월이면 장미향으로 가득 차는 피톡 맨션의 정원

피톡 맨션 화려함의 정점, 음악실

더 그로토
The Grotto

신과의 약속을 지키기 위해 세워진 절벽 성당

33m 높이의 절벽을 배경으로 봉안된 마리아와 예수의 피에타 상, 절벽 위 명상 예배실에서 바라보는 기막힌 절경, 종교 예술 작품과 수목으로 아름답게 꾸며진 어퍼 레벨 가  든 Upper Level Garden이 모두 한 명의 신부, 앰브로즈 메이어 Ambrose Mayer의 집념이 낳은 결실이다. 앰브로즈 신부가 어렸을 때 어머니가 동생을 낳으며 사경을 헤매자, 그는 어머니와 아기를 살려준다면 하느님을 위해 큰일을 해내겠다고 기도한다. 결국 어머니와 동생은 극적으로 목숨을 건졌고, 성장한 신부는 그 약속을 지키기 위해 아름답고 신비로운 성당, 그로토를 세웠다. 1924년, 채석장이 동굴 성당으로 변신했고 1984년에는 국립 성당으로 지정되기에 이른다.

그로토 성당에는 매년 30만 명이 넘는 사람들의 발걸음이 이어진다. 신부를 기리기 위해 만들어진 절벽 위 명상 예배실(Meditation Chapel)은 전면이 유리로 만들어져 감동적인 전망을 선사한다. 캐스케이드 산맥과 컬럼비아강이 한눈에 보이며, 날씨가 좋으면 레이니어산까지 모습을 드러낸다. → p.315

탁 트인 전망으로 압도하는 명상 예배실

절벽 아래 봉안된 피에타상 앞으로는 야외 예배당이 마련되어 있다.

후드산
Mt. Hood

포틀랜드의 지붕이자 오리건에서 가장 높은 휴화산
최고 높이 해발 3,429m로 오리건주에서 가장 높은 산이자 만년설이 쌓인 휴화산으로, 1780년대 마지막 화산 활동이 보고된 바 있다. 1950년 이후 잦은 지진이 관측되면서 캐스케이드 산맥에서 다시 활동할 가능성이 가장 높은 휴화산으로 꼽힌다. 그럼에도 불구하고 포틀랜더들은 캠핑과 산행, 물놀이를 위해 즐겨 찾는다.
12개의 봉우리와 빙하로 이뤄진 산에는 6개의 스키장이 있다. 그중에서 해발 1,800m의 팀버 라인 Timberline은 1년 내내 스키를 탈 수 있는 유일한 스키장으로 유명하다.
후드산의 원래 이름은 와이이스트 Wy'east로 원주민인 멀트노마족 Multnomah Tribe의 전설에서 유래한 이름이라고 한다. 위대한 신령 사할라 Great

멀트노마 폭포 Multnomah Falls

Spirit Sahale의 두 아들은 한 여자와 사랑에 빠져 쟁탈전을 벌이다가 숲과 마을을 불태우기에 이른다. 격노한 사할라는 두 아들과 여인을 산으로 만들었는데, 두 아들 중 하나의 이름이 와이이스트이다. 1792년 10월 29일 영국인들이 처음 발견했고, 영국 해군 중 가장 존경받는 장군 사무엘 후드 Samuel Hood경의 이름을 산에 붙여 후드산이라 불리게 된다. 최근 들어 산의 원래 이름을 되찾아 주려는 운동이 일고 있다. → p.316

후드 리버 타운 Hood River Town의 카페

후드산으로 가는 길에 만나는 컬럼비아 협곡의 절경

워싱턴 파크
Washington Park

포틀랜드 대표 명승지 집합소

포틀랜드에서 가장 오래된 공원으로, 1871년 부지 매입 이후 지금의 규모와 구성을 갖추기까지 100년에 가까운 시간이 걸렸다. 1888년 포틀랜드 동물원(현 오리건 동물원)을 시작으로 세계 임업 센터(1905년), 포틀랜드 어린이 박물관(1946년), 호이트 수목원(1931년), 인터내셔널 로즈 테스트 가든, 재패니스 가든(1962년)을 순차적으로 설립하며 지금의 모습이 되었다. 특히 동물 복지에 힘을 쏟고 있는 오리건 동물원과 일본계 포틀랜더들이 정원 조성에 자발적으로 참여한 재패니스 가든(일본 정원)이 최고의 명소다. 오랜 시간과 노력을 들여 이뤄낸 만큼 워싱턴 파크의 전체 크기는 그냥 큰 정도가 아니다. 공원 내에서도 따로 교통수단을 이용하지 않으면 하루는 고사하고 며칠이 걸려도 다 돌아볼 수 없을 정도다. 오리건 동물원까지 맥스 라이트 레일 블루 라인으로 이동한 후, 동물원 앞에서 출발해 공원 내 주요 관광지를 순환 운행하는 무료 셔틀(5~9월까지 운영)이나 63번 버스를 이용하자. 성수기를 제외한 기간에는 렌터카로 이동하는 것을 추천한다. → p.264

오리건 동물원

공원 안을 순환 운행하는 증기기관차

일본계 포틀랜더들의 자발적인 참여로 조성된 재패니스 가든

캐넌 해변은 물론 오리건주의 랜드 마크로 꼽히는 헤이스택 록

캐넌 해변
Cannon Beach

내셔널 지오그래픽이 인정한 세계적인 아름다움

포틀랜드 도심에서 약 130km, 차로 1시간 30분 거리에 위치한 해변. 내셔널 지오그래피가 뽑은 '세계의 해변 21'에 선정될 정도로 미국은 물론 세계적으로도 아름다움을 인정받은 명소다.

캐넌 해변의 백미는 1500만 년 전에 용암이 굳어 만들어졌다는 거대한 현무암 바위 헤이스택 록 Haystack Rock으로, 오리건주의 대표적인 랜드마크다. 물안개에 가려진 흐릿한 모습도, 파란 하늘과의 조화도 모두 신비롭기 그지없다. 바닷물이 뒤로 물러나는 썰물 때가 되면 걸어서 헤이스택 록까지 갈 수 있다. 하지만 생태계 보존을 위해 헤이스택 록으로 출입은 통제된다. 또한 철새들의 안식처이자 다양한 해양 생물의 서식처로 보존, 관리 중이므로 어떤 것도 만지거나 채집해서는 안 된다.

캐넌 비치 타운은 ABC 방송국이 선정한 미국에서 가장 멋진 해변 마을 8곳에 이름이 올랐다. 관광객을 상대로 하는 타운임에도 불구하고 수준 높은

미술관, 골동품점, 수제 맥주 브루어리, 카페, 레스토랑 등이 많다. 당일치기로 다녀올 수 있는 거리이긴 하지만 일정을 넉넉하게 잡아 해변 마을의 낭만을 만끽해도 좋다. → p.267

윌래밋 밸리 와이너리스
Willamette Valley Wineries

세계가 인정한 맛, 포틀랜드 피노 누아르의 산실

포틀랜드에서 자동차를 타고 남쪽으로 약 40분을 달리면, 포틀랜드는 물론 오리건주와 미국 서부 와인의 산실이라 불리는 윌래밋 밸리가 펼쳐진다. 총 길이 약 250km, 7,800ha에 달하는 이 지역에는 500여 개의 와이너리가 있다. 바다와 산 사이에서 자란 포도의 풍미는 일품이다. 그중에서도 포틀랜드의 피노 누아르는 프랑스 부르고뉴산과 견주어도 손색없는 맛을 자랑한다. 너무 더워도, 너무 추워도, 너무 비가 많이 와도 제대로 된 맛이 나지 않는다는 품종 피노 누아르가 자라기에 최적의 기후인 것. 또한 엄청난 숫자의 와이너리들은 소모적인 경쟁을 하기보다는 하나의 연합을 이루어 와인과 함께 즐길 수 있는 음식, 액티비티, 투어, 농장 체험 등을 운영한다. 특히 포도가 익어가는 여름철에는 주요 빈야드 Vineyard(포도밭)에서 간단하게나마 포도 수확과 와인 생산 체험도 가능하다.

대중교통으로는 찾아가기 어려우므로, 개별적으로 원하는 와이너리나 빈야드를 찾아가려면 렌터카가 필수다. 시음과 투어 체험을 제공하는 와이너리에 대한 정보는 협회 홈페이지에서 얻을 수 있다. → p.267

오리건 와인 컨트리 www.oregonwinecountry.org

포틀랜드 새터데이 마켓
Portland Saturday Market

아트 워크부터 먹거리까지, 주말을 달구는 노천 시장
3월부터 크리스마스까지 주말마다 번사이드 브리지의 서쪽 끝, 워터프런트 공원과 인근 공터에 대규모 시장이 선다. 1974년에 설립된 이래 정기적으로 열리는 미국 최대 규모의 노천 시장, 포틀랜드 새터데이 마켓이다. 주말 한때를 시장에서 보내려는 현지인과 관광객들의 발길까지 보태져 늘 인산인해를 이룬다.

시장에는 매주 250여 개에 달하는 노점이 들어서는데, 수공예품, 생활 소품, 예술품, 의류, 식료품, 패션 소품까지 없는 게 없다. 물론 시장 구경의 가장 큰 재미인 먹거리도 빠지지 않는다. 포틀랜드에서 활동하는 다양한 작가들의 작품, 디자인 생활 소품들을 구경하다 보면 시간 가는 줄 모른다. 특히 포틀랜드를 주제로 만든 독특한 기념품이 많아 여행자들은 선물을 사기 좋다. 윌래밋강을 배경으로 설치된 야외무대는 각종 공연으로 채워진다. 우천 시에는 규모가 축소되거나 일부만 개장하며, 크리스마스 전 7일간은 평일에도 문을 연다. → p.255

포틀랜드 최고의 액티비티 & 투어

핑크 트롤리 사이트싱 투어
Pink Trolley Sightseeing Tour

포틀랜드를 처음 찾은 여행자에게 추천하는 투어다. 그레이 라인이라는 관광 회사에서 운영하는 핑크 트롤리 사이트싱 투어 Pink Trolley Sightseeing Tour는 시내만 도는 시티 투어와 주변 국립공원과 폭포 등의 관광지를 함께 보는 다양한 프로그램들이 있다. 이중에서 홉온 홉오프 트롤리 Hop-On Hop-Off Trolley는 컬러풀한 분홍색 트롤리가 포틀랜드 서쪽 중심의 관광지 13곳을 순환 운행한다. 파이어니어 스퀘어를 시작으로 워싱턴 파크 내 명소 5곳, 파월스 시티 서점이 있는 펄 디스트릭트,

에어리얼 트램 등이 포함된 코스다.
홉온 홉오프라는 말 그대로, 승하차를 반복하면서 운행 시간 안에 원하는 시간만큼 한 장소에 머무를 수 있다. 포틀랜드의 대중교통에 익숙하지 않거나 일정이 짧은 여행자에게 유용하다. 티켓은 1일권과 2일권이 있으며 1일권을 두 번 사는 것보다 2일권을 사는 것이 훨씬 저렴하다. 하루에 모든 관광지를 돌아보기는 어려우니 어떤 티켓으로 투어를 할지 미리 계획을 세우자.

포틀랜드 홉온 홉오프 트롤리 Portland Hop-On Hop-Off Trolley
요금 1일권 어른 $37, 어린이(6~12세) $19 / 2일권 어른 $49, 어린이 $25 / 5세 이하 무료 **운행** 9~6월 10:00~16:00, 파이어니어 스퀘어에서 출발, 60분 간격으로 운행 / 7~8월 09:00~16:00 40분 간격으로 운행 **승차** S.W. Broadway와 S.W. Yamhill가 만나는 길 **매표소** 750 SW Broad way **전화** 503-241-7373 **홈페이지** www.graylineofportland.net

---

TRAVEL TIP

알아두면 유용한 홈페이지
트래블 포틀랜드

포틀랜드 관광청에서 운영하는 홈페이지로, 포틀랜드 여행에 관한 각종 정보가 잘 정리되어 있다. 인증된 숙소, 식당, 투어 등에 대한 정보는 물론이고 최신 정보가 꾸준히 업데이트된다. 특히 날씨, 도로, 현지 변동 사항 등이 빠르게 공지되어 여행일에 임박해 일정에 참고하기 좋다. 관광청에서 제작한 지도와 가이드북(영문판) 역시 무료로 다운로드 받을 수 있다.

홈페이지 www.travelportland.com

포틀랜드 세그웨이 투어
Portland Segway Tour

세그웨이 판매 및 투어 전문 업체인 네이션 투어스 Nation Tours에서 진행하는 도심 투어다. 처음에는 세그웨이의 제품 테스트를 비롯해 고객의 의견을 듣기 위해 시작한 체험 프로그램이 지금은 포틀랜드를 비롯한 9개 도시에서 투어를 운영하게 되었다. 지난 십여 년간 제품 업그레이드는 물론, 투어도 업그레이드되어 포틀랜드를 찾는 여행자들에게 인기 만점 투어로 자리 잡았다. 자전거 도로가 잘 발달되어 있는데다가 자연친화적 운송 수단에 관심이 많은 포틀랜드를 친환경적으로 둘러볼 수 있는 최고의 방법이 아닐 수 없다. 투어는 90분과 120분짜리가 있고, 각각 하루에 2회씩 운영된다. 가이드로부터 탑승 방법, 안전 교육을 받은 후 투어가 시작되며, 윌래밋 강변을 따라 형성된 공원과 포틀랜드의 다리, 다운타운, 펄 디스트릭트 등 도심을 돌아본다.

세그웨이 네이션 포틀랜드 Segway Nation Portland
요금 어른 90분 $49, 120분 $69 **소요 시간** 90분, 120분 **포함 사항** 탑승 방법 및 안전 교육, 세그웨이 대여, 가이드 **주소** 120 SW Harvey Milk St **전화** 503-444-1530 **홈페이지** nationtours.com/oregon/portland-segway-tours **페이스북** @SegwayPortlandOregon

푸드 카트 투어
Food Cart Tour

600대의 푸드 카트가 성업 중인 포틀랜드의 별난 음식 문화를 경험하는데 이만한 투어가 없다. 가장 인기 있으면서 선택지가 다양한 투어이기도 하다. 그중에서도 포틀랜드의 푸드 카트 문화를 수년간 연구해 온 음식 평론가 브렛 부르마이스터 Brett Burmeister가 운영하는 투어가 대표적이다. 푸트 카트의 역사, 성장 조건에 대한 재미있는 이야기들을 들으면서 시식까지 할 수 있다. 단, 가을 겨울에는 운영하지 않는다.

1년 내내 운영되는 잇 어드벤처스 푸드 투어스 Eat Adventures Food Tours도 평가가 좋다. 차량을 이용한 드라이브 투어는 이스트 번사이드 스트리트에서 서쪽의 호손 불러바드까지 유명 푸드 카트를 망라한 코스를 제공한다. 지역에 따른 특징과 역사 이야기도 함께 들을 수 있다.

브렛 부르마이스터 푸드 카트 투어 Brett Burmeister Food Cart Tour
요금 어른 $60, 12세 이하 무료 **소요 시간** 약 2시간 **예약 및 문의** 홈페이지 참고 **홈페이지** www.foodcartsportland.com/tours **트위터** @PDXfoodcarts

잇 어드벤처스 푸드 투어스 Eat Adventures Food Tours(드라이빙 투어)
요금 어른 $89 **소요 시간** 약 3시간 **투어 진행** 수~일요일 **예약 및 문의** 503-317-0404 **홈페이지** www.eatadventures.com **트위터** @EatAdventures

브루어리 투어
Brewery Tour

오리건주의 맥주 브루어리 중 1/3에 달하는 77개 브루어리가 포진한 포틀랜드에서 빼놓을 수 없는 일정이다. 브루어리가 너무 많아 어디를 가야 할지 고민된다면 투어에 참여해 보자. 수상 경력이 있는 브루어리, 역사적인 의미가 있는 브루어리, 혹은 독특한 콘셉트의 브루어리를 골라 투어로 구성한 여행 상품이 많다. 특히 일정은 짧은데 유명 브루어리를 섭렵하고 싶은 경우 꽤나 유용하다. 일정이 넉넉하다면 대중교통으로 찾아갈 수 있는 도심의 브루어리보다는 대중교통으로는 가기 어려운 외곽의 브루어리가 포함된 상품을 고르는 것이 요령!

비어 퀘스트 워킹 투어 Beer Quest Walking Tour
요금 어른 $55 **소요 시간** 3시간 **포함 사항** 11가지 맥주 시음 **투어 진행** 토·일요일 14:00~17:00 **홈페이지** beerquestpdx.com/tours **예약 및 문의** 503-389-8300 **페이스북** @beerquestpdx

포틀랜즈 마이크로 브루어리 투어
Portland's Microbrewery Tour
요금 어른 $70 **소요 시간** 4시간 30분(픽업 시간 포함) **포함 사항** 숙소 앞 픽업 및 드롭 오프, 차량, 마이크로 브루어리 3곳 방문, 식사와 시음 **투어 진행** 매일 18:00~22:30 **예약 및 문의** 503-475-0226 **홈페이지** ecotours-of-oregon.com/portland-microbrewery-tour

와이너리 투어
Winery Tour

와이너리 투어의 꽃은 시음이다. 윌래밋 밸리 Willamett Vally를 따라 이어지는 와이너리와 포도 농장을 방문해 이 지역의 와인 역사와 품종, 맛을 탐방하는데 시음을 빼놓을 수 없다. 와이너리 투어는 운전할 걱정 없이 포도 향기와 와인에 취하는 일정을 즐기기 위한 선택이다. 포틀랜드의 와이너리 투어는 시애틀보다 훨씬 많고, 다양한 구성으로 투어 상품이 개발되어 있다. 대다수가 일일 투어로 진행되며, 투어 비용에는 운전사와 가이드, 차량 이동, 시음은 물론 와인과 함께 먹을 수 있는 간단한 음식 가격이 포함되어 있다.

그레이프 이스캐이프스 퍼블릭 투어스
Grape Escape's Public Tours
요금 어른 $125 **소요 시간** 11:00~17:00(약 6시간) **포함 사항** 포틀랜드 다운타운 픽업 및 드롭 오프, 점심 식사, 와이너리 3곳 방문 및 시음 **투어 진행** 토요일 **예약 및 문의** 503-283-3380 **홈페이지** grapeescapetours.com/joinable-tours

와일드우드 어드벤처스 윌래밋 밸리 와인 테이스팅
Wildwood Adventures Willamett Vally Wine Tasting
요금 어른 $139 **소요 시간** 10:00~17:00 **포함 사항** 포틀랜드 다운타운 픽업 및 드롭 오프, 와이너리 및 포도농장 5곳 방문 및 시음, 점심 식사 **투어 진행** 금·토·일요일 **예약 및 문의** 503-396-3929 **홈페이지** www.wildwoodtours.com/tours **인스타그램** @Wildwood Adventures

오리건 코스트 투어
Oregon Coast Tour

오리건주는 바다가 아름답기로 유명할 뿐만 아니라 바다를 끼고 형성된 마을 역시 매력이 넘친다. 이 해안을 따라 돌아보는 서부 해안 투어는 여행사별로 코스가 대부분 비슷하다. 다운타운을 출발해 선셋 하이웨이 Sunset Highway를 거쳐, 이콜라 주립 공원 Ecola State Park을 들렀다가 캐넌 해변으로 향한다. 이후 캐넌 해변 남쪽에 위치한 네카니 Neahkahnie 전망대를 지나게 된다. 이 전망대는 네이카니산 Mt. Neahkahnie을 오르는 도로에서 가장 높은 지점에 설치된 간이 전망대다. 오리건주 해변에서는 1년 내내 고래 관찰이 가능하지만, 12월 중순부터 1월까지(남쪽으로 이동), 3월 말부터 6월까지(북쪽으로 이동)가 관찰하기 가장 좋다. 이때는 1만 8,000마리에 달하는 회색 고래들이 해안 가까이를 지나가, 운이 좋다면 전망대에 설치된 망원경을 통해 볼 수 있다.

전망대 산책이 끝나면 마지막으로 오즈월드 주립 공원 Oswald West State Park 산책과 공원 내 쇼트 샌드 해변 Short Sand Beach을 들렀다가 포틀랜드로 돌아오게 된다. 여행사, 투어 해당일의 날씨 상황에 따라 진행 순서와 방문 장소가 달라지기도 한다.

와일드우드 어드벤처스 오리건 코스트 투어
Wildwood Adventures Oregon Coast Tour
요금 어른 $129 **소요 시간** 09:00~17:00 **포함 사항** 다운타운 내 숙소 앞 픽업 및 드롭 오프, 차량 이동, 운전사 & 가이드 **투어 진행** 금~월요일, 수요일 **예약 및 문의** 503-396-3929 **홈페이지** www.wildwoodtours.com/tours/oregon-coast-tour **인스타그램** @WildwoodAdventures
※ www.viator.com에서 일정과 예산에 따른 다양한 투어를 비교 검색할 수 있다.

헤이스택 록과 해변이 한눈에 내려다보이는 이콜라 주립 공원

윌래밋강 투어
Willamette River Tour

포틀랜드 중앙을 관통하는 윌래밋강을 배를 타고 가로지르는 투어. 배 위에서 포틀랜드의 역사는 물론 윌래밋 강변을 잇는 10개의 다리와 강에 대한 설명을 들을 수 있다. 2~3시간 정도 걸리는 보트 투어는 다운타운을 중심으로 윌래밋강을 돌아보는 정도이고, 4시간 이상이 걸리는 데이 투어의 경우 컬럼비아강까지 거슬러 올라가 협곡을 돌아보고 오기도 한다.

속도가 빠른 스피드 보트를 이용하는 스릴 만점 투어도 있지만, 배 위에서 한가롭게 식사를 즐기며 유람하는 상품도 있다. 각각 장단점이 있으나 뱃멀미가 걱정된다면 오히려 빠르게 달리는 스피드 보트가 낫다. 크루즈의 경우 흔들림은 적지만 예민한 사람이라면 식사가 어려울 수도 있다.

포틀랜드 스피릿 Portland Spirit
윌래밋강을 유람하며 식사할 수 있는 다이닝 크루즈
요금 어른 브런치 크루즈 $52, 런치 크루즈 $44, 디너 크루즈 $74 **투어 진행** 브런치 크루즈 일요일 11:30, 런치 크루즈 월~토요일 11:30, 디너 크루즈 매일 18:30 **소요 시간** 2시간 30분(보딩 시간 포함) **전화** 503-224-3900 **홈페이지** www.portlandspirit.com/portlandspirit.php **페이스북** @PortlandSpiritCruises

윌래밋 제트보트 익스커전스 Willamette Jetboat Excursions
지붕 없는 제트 보트를 타고 윌래밋강을 가르는 스릴 만점 투어. 5~9월까지만 운영한다.
요금 어른 2시간 $46, 1시간 $33 **투어 진행** 2시간 투어 1일 1회 14:45, 성수기(6~9월초) 2회 진행 11:45, 16:30, 1시간 투어 성수기 1일 1회 14:45 **전화** 503-231-1532 **홈페이지** willamettejet.com/tours

> ### TRAVEL TIP
>
> **영어를 못해 투어를 신청하기 꺼려진다면?**
>
> 포틀랜드에도 한국어로 투어를 진행하는 여행사가 있다. 주로 푸드 카트, 수제 맥주, 와인, 커피 투어 등을 운영하는데, 개인 맞춤형 투어라 인원이나 요일, 상황에 따라 일정과 금액이 달라진다. 문의는 이메일이나 페이스북을 통해 받으며, 한국어도 지원한다. 특히 포틀랜드의 식음료 문화에 관심 많은 사람이라면 더욱 유용한 투어가 될 것!
>
> 푸디 드링키 투어스 Foodie Drinkie Tours
> **홈페이지** www.foodiedrinkietours.com
> **예약 & 문의** info@foodiedrinkietours.com
> **페이스북** @foodiedrinkie

포틀랜드 가는 법

포틀랜드를 항공편으로 가려면 반드시 경유 노선을 이용해야 한다. 인천에서 포틀랜드까지 연결하는 직항편이 없기 때문이다. 시애틀을 비롯한 다른 도시를 거쳐 항공편, 버스, 기차로 들어갈 수 있다.

{ 항공편 }

경유 항공편 – 인천에서 포틀랜드로

현재 인천에서 포틀랜드까지 한 번에 가는 항공편은 없다. 대한항공, 아시아나, 에어캐나다, 델타항공, 유나이티드항공 등이 중간 거점 도시를 거쳐 포틀랜드로 가는 경유 항공권을 판매한다. 만약 미국 내 도시를 경유하는 항공권이라면 무조건 첫 번째 도착지에서 입국 심사를 받아야 하며, 짐도 찾아 다시 체크인해야 하니 주의하자. 최종 도착지를 포틀랜드로 발권한 경우라도 마찬가지다. 입국 심사와 짐 찾는 시간을 감안해 항공편 간 시간을 안배할 것. 입국 심사 시 특히 유의할 점은 p.362 참조.

미국 내 도시에서 포틀랜드로

미국의 주요 도시에서 포틀랜드로 가는 항공편을 이용할 수 있다. 우선 가까운 시애틀을 비롯해 서부의 대도시인 샌프란시스코, 로스앤젤레스, 라스베이거스, 동부의 뉴욕과 보스턴에서 포틀랜드로 가는 직항 항공을 이용할 수 있다. 캐나다의 밴쿠버에서도 가능하다. 에어캐나다, 유나이티드항공, 콘티넨털항공, 델타항공, 알래스카항공 등이 포틀랜드 국제공항에 취항 중이다.

{ 공항에서 포틀랜드 시내로 이동하기 }

다운타운에서 북동쪽으로 14km 떨어진 포틀랜드 국제공항 Portland International Airport(PDX)은 오리건주의 관문 역할을 한다. 오리건주를 방문하는 사람들의 90%가 포틀랜드 공항을 통해 들어온다. 공항은 5개의 터미널로 구성됐으며, 다운타운으로 연결되는 트라이멧 Trimet 정류장은 콩코스 B를 지나 왼쪽에 있다. 이외에 공항 셔틀과 택시, 우버 등을 이용할 수 있다.

트라이멧 맥스 라이트 레일(레드 라인)
Trimet MAX Light Rail(Red Line)

공항에서 도심까지 이동하는 가장 저렴한 교통편이다. 포틀랜드 대중교통 시스템인 트라이멧이 운영하는 맥스 라이트 레일의 레드 라인이 도심과 공항을 잇는다. 다운타운의 파이어니어 코트하우스 스퀘어까지 약 45분 정도 걸린다.
공항 1층의 안내판을 따라가면 맥스 라이트 레일로 연결되는 입구가 나오며, 입구에 승차권 판매기가 있다. 다운타운까지 승차권 가격은 편도 $2.5(어른 기준)이다. 레드 라인은 Hollywood NE 42nd Ave를 지나 다리 건너편 올드 타운, 차이나타운, 다운타운, 워싱턴 파크까지 이어지는 노선이다.

운행 시간 월~일요일 04:56~01:41 요금 어른 $2.50, 청소년(7~17세) $1.25 홈페이지 trimet.org/schedules/maxredline.htm

블루 스타 다운타운 익스프레스 에어포트 셔틀
Blue Star Downtown Express Airport Shuttle

호텔에 투숙한다면 유용한 수단이다. 공항에서 메리어트 호텔, 에이스 호텔, 호텔 루시아 등 약 20개에 이르는 호텔을 연결 운행하며 공항에서 30분에 다 1대씩 출발한다. 승차권은 온라인으로 예약하거나 현장에서 구매할 수 있다. 포틀랜드 공항을 통해 인-아웃 예정인 여행객이라면 왕복권을 구매하는 것이 유리하다.

운행 시간 월~일요일 04:10~19:00(공항 기준 출발) 요금 편도 $14, 왕복 $24 홈페이지 www.bluestarbus.com/downtown-express.php 전화 800-247-2272(예약)

택시 Taxi

공항에서 시내 주요 호텔까지는 대중교통이 잘 되어 있어 이동하기가 편하기 때문에 굳이 짐 때문에 택시를 이용할 필요는 없다. 그러나 인원이 많거나 빠르고 편리하게 이동하고 싶다면 택시는 최고의 수단이다. 요금은 택시 회사나 운행 도로에 따라 편차가 있지만, 공항에서 파이오니어 스퀘어까지 적게는 $35~50 정도 나온다. 포틀랜드의 택시 회사들은 대부분 별도의 어플리케이션을 만들어 우버처럼 운영하는 경우가 많다.

운행 시간 24시간 요금 다운타운 기준 기본요금+세금+서비스 요금 20% 홈페이지 broadwaycab.com, flattrans.com(별도의 어플리케이션을 사용할 수 있으며, 사전 예약과 운임을 확인할 수 있다.)

{ 철도편 }

암트랙 기차의 노선 중, 캐나다 밴쿠버 - 시애틀 - 타코마 - 포틀랜드 - 유진을 잇는 캐스케이드 호, 시애틀 - 포틀랜드 - 로스앤젤레스를 잇는 코스트 스타라이트 호를 이용할 수 있다. 시애틀 - 포틀랜드 구간은 3시간 30분 정도 걸리지만 로스앤젤레스 - 포틀랜드 구간은 30시간이나 걸린다. 기차 여행 자체에 의미를 두는 게 아니라면 비용이나 시간 모두 추천하기 힘든 방법이다.

암트랙 유니언 역 Amtrak Union Station
주소 800 NW 6th Ave 전화 800-872-7245 운행 시간 06:00~23:00 홈페이지 www.amtrak.com/stations/pdx 지도 p.264-C

{ 버스 }
인근 도시에서 포틀랜드로

미국 서부의 주요 대도시에서 포틀랜드로 향하는 버스를 탈 수 있다. 문제는 소요 시간이다. 미국은 우리가 상상하는 것 이상으로 크다. 유타주의 솔트레이크 시티에서 포틀랜드까지는 17시간(1일 1회, $119), 콜로라도주 덴버에서 출발하는 버스는 29시간(1일 2회, $187~)이나 걸린다. 그나마 좀 가까운 캘리포니아주 샌프란시스코에서 16시간(1일 3회, $100~), 로스앤젤레스에서 21시간(1일 4회, $120~)으로 역시 만만치 않다. 비수기 평일이라면 항공권 가격과 큰 차이가 나지 않으므로 시기에 따라 이동 수단을 선택하는 것이 요령이다.

그레이하운드 포틀랜드 버스 정류장
Greyhound Portland Bus Station
주소 2846 NE 8th Ave 전화 800-231-2222 운행 시간 05:30~13:30, 15:00~12:30 홈페이지 www.greyhound.com 지도 p.264-C

시애틀에서 포틀랜드로

시애틀에서 포틀랜드까지 버스로 이동하는 방법은 두 가지다. 그레이하운드 버스 정류장에서 포틀랜드행 그레이하운드 버스를 타거나, 우와지마야 쇼핑센터 앞에서 볼트 버스 Balt Bus를 이용하면 된다. 시애틀에서 출발하는 그레이하운드는 월요일에서 토요일까지는 1일 3회($21~) 운행하며, 일요일에만 4회 운행한다. 소요 시간은 평균 4시간 정도. 인터내셔널 디스트릭트 Int. District의 우와지마야 앞에서 출발하는 볼트 버스는 1일 6회 운행하며 소요 시간과 서비스 수준은 그레이하운드와 차이가 없다. 가격은 $19로 조금 저렴하다. 둘 중 어느 것이든 원하는 시간대에 출발하는 버스를 선택하면 된다.

볼트 버스 Balt Bus
탑승 장소 시애틀 인터내셔널 디스트릭트 내 5th Ave South & S Dearborn St 전화 877-265-8287 운행 시간 08:00, 10:30, 11:30, 12:30, 14:00, 18:45 홈페이지 www.boltbus.com (예약 및 발권) 유의 사항 탑승 시 반드시 신분증과 승차권을 모두 제시해야 함(스마트폰 저장 이미지 가능) 지도 p.247-B

포틀랜드 시내 교통

포틀랜드는 체계적인 대중교통 시스템을 갖춘 도시로, 시내의 명소는 어디든 대중교통으로 갈 수 있다. 도심 외곽으로 갈 경우라도 2시간 이내(렌터카 기준)의 거리라면 환승을 통해 대중교통으로 이동이 가능하다.

{ 트라이멧 TriMet }

포틀랜드의 대중교통 시스템을 통틀어 트라이멧 TriMet이라 부른다. 트라이멧은 버스, 맥스 라이트 레일, WES 커뮤터 레일 Commuter Rail(통근용 열차)로 구성된다. 원래는 구간제로 운영되던 요금 방식이 2017년 폐지되었고, 동시에 특정 구간에서 무료로 이용 가능하던 혜택도 사라졌다. 대신 포틀랜드 시내라면 어디든지 동일 요금으로 갈 수 있을 뿐만 아니라 무료 환승 시간도 2시간에서 2시간 30분으로 늘어났다.

트라이멧 버스 Trimet Bus

포틀랜드 중심가와 외곽을 잇는 80여 개의 버스 노선이 운행 중이다. 중심가를 달리는 버스는 15분 간격으로 배차되며, 일부 노선은 24시간(20번, 번사이드/스타크 행) 운행한다. 익스프레스를 제외한 포틀랜드 내 모든 버스 노선은 동일 요금으로 운행된다. 예를 들어 어른의 경우 $2.5에 2시간 30분, $5에 1일 동안 추가 요금 없이 환승이 가능하다.

각 버스 정류장에는 디지털 스크린이 설치되어 실시간 버스 운행 정보를 알 수 있다. 중심가를 벗어나면 버스 정류장에 승차권 판매소가 없는 경우가 많다. 버스 탑승 시 승차권을 기사에게 구매할 수 있지만 현금만 사용 가능하며, 거스름돈은 주지 않는다. 가급적이면 충전식 교통카드인 홉 패스트패스 Hop Fastpass(다음 쪽 참조)를 이용하는 것이 좋다.

홈페이지 trimet.org/bus/index.htm

맥스 라이트 레일 MAX Light Rail

맥스 MAX(Metropolitan Area Express)는 일종의 경전철로 포틀랜드 중심가는 물론, 외곽의 도시들을 연계하는 교통수단이다. 현재 총 5개 노선이 운행 중이며 맥스 라이트 레일이 정차하는 역 주변에는 세부 지역으로 이어지는 버스 정류장이 있는 경우가 많다. 다운타운에서 동서남북 어디로든 이동하기 편리한 라인은 블루, 레드 라인이다. 블루 라인은 동쪽 그레스햄부터 할리우드 스트리트를 타고 다운타운을 지나 서쪽 워싱턴 파크까지 이어진다. 레드 라인은 워싱턴 파크부터 공항까지 동서를

있는다. 요금은 버스와 마찬가지로 시간별 정액제이므로, 홉 패스트패스를 이용하는 것이 편리하다.

운행 시간 04:00~01:40(노선별, 요일별로 다름. 홈페이지 참고) **홈페이지** trimet.org/max/index.htm **노선도** trimet.org/maps/img/railsystem.png

포틀랜드 스트리트카 Portland Streetcar

2001년 서비스를 시작한 포틀랜드 스트리트카는 현재 2개 노선이 운행 중이다. A 루프 Loop와 B 루프 Loop는 같은 노선을 각각 시계 방향과 반시계 방향으로 순환 운행한다. 펄 디스트릭트와 올드 타운, 다운타운이 모두 연계되어 중심가를 이동할 때 매우 유용하다. NS 라인 North South Line은 윌래밋강 서쪽, 노브힐과 다운타운, 사우스 워터프런트를 잇는다. 스트리트카 전용 승차권을 구매한 경우 다른 교통수단으로 환승하려면 추가 요금을 내야 한다. 하지만 홉 패스트패스로 스트리트카를 탑승하면 정액제 해당 시간 내 무료 환승이 가능하다.

운행 시간 월~금요일 05:30~23:30, 토요일 07:30~23:00, 일·공휴일 07:30~22:30

요금

	어른 (19세~64세)	청소년 (6세~18세)	유아(0~5세), 노인(65세~)
1회 승차권	$2.00	$1.00	무료
1일권	$5.00	$2.50	

홈페이지 portlandstreetcar.org

TRAVEL TIP

홉 패스트패스 Hop Fastpass

홉 패스트패스는 트라이멧의 충전식 교통카드 시스템이다. 트라이멧에서 운영하는 맥스 라이트 레일, 통근 열차, 버스는 기본이고 포틀랜드 스트리트카도 똑같은 혜택으로 이용할 수 있다.

사용법은 교통수단에 탑승할 때마다 초록색 리더기에 카드를 탭 Tap(접촉)해서 인식시키는 방식이다. 정류장이나 역에도 리더기가 있으면 미리 탭하고 나서 탑승해도 된다. 단, 우리나라처럼 내릴 때 카드를 인식시킬 필요는 없다.

요금제는 시간대별 정액제인데, 정해진 시간 내에는 몇 번을 갈아타더라도 정해진 요금만 차감된다. 예를 들어 어른 요금의 경우, 2시간 30분용 패스는 $2.5, 1일 패스(다음날 새벽 3시까지 유효)는 $5만 요금이 차감되는 식이다. 플라스틱 카드 가격은 $3이며, 구매 시 금액을 충전해서 사용할 때 요금이 차감되는 방식이다. 충전 금액은 $5부터 $250까지 가능하다.

포틀랜드에서 5일 이상 머물 예정이라면 홉 패스트패스를 이용할 것을 권장한다. 홉 패스트패스 카드는 파이어니어 코트하우스 스퀘어에 있는 방문자 센터, 세븐일레븐 편의점, 대형 마켓(세이프웨이 Safeway, 프레드 마이어 Fred Meyer)에서 구매, 충전할 수 있다. 단, 현금으로만 결제 가능한 곳이 많으니 미리 현금을 준비해가는 것이 좋다. 스마트폰에 어플리케이션을 다운받아 온라인 결제를 통해 구매, 충전하면 더욱 편리하다. 자세한 이용 방법은 홈페이지를 참고하자.

트라이멧 티켓 오피스
위치 파이어니어 코트하우스 스퀘어 방문자 센터 내 **오픈** 월~금요일 08:00~17:30 **홈페이지** myhopcard.com/home

Special

여행자보다 포틀랜더 되기
포틀랜드를 즐기는 10가지 방법

1 관광 명소보다 힙한 거리 걷기

솔직히 포틀랜드는 볼거리가 많은 동네는 아니다. 유럽은 물론 가까운 시애틀과 비교해도 규모나 유명세가 두드러지는 명소를 찾기 힘들다. 포틀랜드 사람들이 추천하는 볼거리는 '거리'다.
부티크 상점이 몰려 있는 노브힐, 소규모 브루어리가 몰려 있는 펄 디스트릭트, 갤러리와 벽화로 유명한 앨버타 스트리트, 힙스터들이 가장 사랑하는 거리라는 호손 불러바드. 그다지 유명하지 않은 관광지를 찾기보다 발걸음이 닿는 거리 곳곳이 최고의 볼거리가 될 것이다.

2 주말에는 파머스 마켓으로

포틀랜드 사람은 여기 다 모인 건가 싶을 정도로 북적이는 장소가 바로 주말 파머스 마켓이다. 겨울에는 열리지 않는 장터도 있지만 대부분의 시장이 1년 내내 포틀랜더의 식탁을 책임진다. 장터 먹거리 코너에서 아예 식사를 해결하는 사람들도 있고, 일주일 동안 먹을 식재료를 사가는 사람들도 있다. 그저 마실 삼아 구경 나오는 사람들도 물론 있다. 제철 과일이나 수제 가공식품 등 현지 사람인 양 장 보는 재미를 느껴보자.

3 별난 식당 찾아가기

정해진 메뉴 없이 그날의 식재료에 따라 메뉴가 결정되는 식당), 주말에 다른 식당에 자리를 빌려 문을 여는 팝업 브런치 전문점, 태국에 반해 버린 미국 사람이 만드는 태국 요리 전문점 등 알고 보면 포틀랜드에는 별난 식당 천지다. 맛도 맛이지만 재미있는 이야기로 더 즐거운 식당 하나쯤은 꼭 찾아가 보자. 이미 맛있는 것 천지인 포틀랜드에서 식당의 특별한 승부수는 이야깃거리가 된지 오래니까.

4 아침 식사보다는 브런치

포틀랜드 사람들이 브런치를 얼마나 사랑하는지는 이미 식상할 정도로 잘 알려져 있다. 주말 아침이면 씻지도 않고 집 앞 브런치 식당을 찾아가 브런치를 먹는 모습은 포틀랜더의 상징과 같은 모습이 되어 버렸다. 이른 아침도 늦은 저녁도 아니니 잔뜩 기름진 튀김이나 고기를 먹는 것도 별난 일이 아니다. 호텔 조식보다는 동네 골목 어딘가 여유로운 식당의 브런치 메뉴를 찾아 포틀랜더처럼 게으른 아침을 보내보자.

5 유행을 앞서가는 중고 패션

누군가는 노숙자와 힙스터를 구분하기 힘들다는 농담을 할 만큼 포틀랜더들의 패션은 유난스럽다. 빈티지와 레트로를 오가는 포틀랜더들의 패션은 중고 의류점에서부터 시작한다. 1920년대부터 1980년, 1990년대를 소환하는 구제 아이템과 최신 유행을 적절히 조합하는 센스가 포틀랜더의 최신 유행이다.

6 오래된 것의 가치를 찾는 쇼핑

세계에서 가장 큰 중고 서점이 있는 포틀랜드는 책뿐만 아니라 건물까지도 재활용의 미덕을 실천하는 도시다. 신상품도 좋지만 시간을 머금은 것의 가치를 더욱 소중히 여기는 도시의 분위기 탓이기도 하다. 남에게는 쓰레기일 수도 있는 무엇을 자신만의 보물로 찾아내는 쇼핑을 할 줄 아는 것, 포틀랜더의 미덕이다.

7 과음 말고 낮술

아침과 점심만 파는 식당에 웬 술인가 싶겠지만, 포틀랜드에서는 흔한 일이다. 브런치 칵테일 메뉴가 따로 있을 정도로 포틀랜드 사람들은 낮술을 즐긴다. 점심시간쯤 문을 열어 저녁 10시가 되기

전에 문을 닫는 술집도 흔하다. 이 작은 도시에는 수백 개의 맥주 양조장, 와이너리가 널려 있는데다가 직접 배달 가능한 지역에만 판매하는 별난 술 공장들이 꽤나 많다. 과음하지 말고 기분 좋을 만큼만 낮술을 즐겨 보자.

8 호텔보다는 에어비앤비

포틀랜드에는 시애틀보다 저렴한 가격에 컨디션 좋은 에어비앤비 시설이 많다. 훌륭한 대중교통 시스템까지 활용하면 굳이 도심의 호텔을 이용할 것 없이 상대적으로 저렴한 숙박 시설을 이용할 수 있다.
특히 윌래밋강 동쪽 지역은 주택가가 많아 개인 주택에 머물며 포틀랜드 사람들의 인심을 느끼기 안성맞춤이다. 파월 불러바드나 디비전 스트리트, 이스트 번사이드와 가까운 지역이 딱 좋다.

9 모두가 행복해지는 시간, 해피 아워

포틀랜드 거의 대부분의 식당, 술집이 해피 아워를 운영한다. 가성비가 최고인 해피 아워 점포를 소개하는 기사가 쏟아질 정도다. 해피 아워에 저렴하게 음식이나 술을 맛보고 그중에서 마음에 드는 것은 그 외의 시간에 찾아가 제대로 먹는 경우가 흔하다. 이것이 바로 알뜰한 포틀랜더가 되는 지름길이랄까?

10 노숙자에게 음식 나눠주기

포틀랜드 거리에서 흔하게 볼 수 있는 장면 중 하나가 노숙자들에게 음식을 나눠주는 사람들의 모습이다. 대형 마트나 식당 앞에 노숙자가 많은 이유이기도 하다. 식당에서 싸 가지고 나온 남은 음식을 주기도 하고, 마트에서 사온 음료수를 거저 주기도 한다. 포틀랜더의 나눔에는 언젠가 나도 어려움에 처할 수 있으니 서로 도와야 한다는 생각이 깔려 있다. 물론 노숙자에게 두려움을 느낀다면 그냥 지나쳐도 된다.

포틀랜드 서부

WEST PORTLAND

'장미의 도시'라 불리는 친환경 도시 포틀랜드의 진면목을 엿볼 수 있는 지역이다. 남북을 가로지르는 윌래밋 강, 도시를 감싼 듯 조성되어 있는 푸른 숲과 정원, 맑은 날이면 만년설로 뒤덮인 모습을 드러내는 후드산. 빽빽한 고층빌딩과 교통 체증이 두드러지는 흔한 도시와는 다른 모습이다. 주요 관공서가 밀집한 지역이지만 여행자에게 인기 있는 관광 명소도 대부분 이 지역에 몰려 있다. 포틀랜드 하면 연상되는 에이스 호텔, 파월스 시티 서점, 스텀프타운 커피, 부두 도넛을 비롯해 최고의 명소로 꼽히는 피톡 맨션과 워싱턴 파크도 여기에 있다. 포틀랜드 시내의 명소를 중심으로 여행 일정을 계획한다면 강을 건너 동쪽으로 갈 일이 없을 정도다.

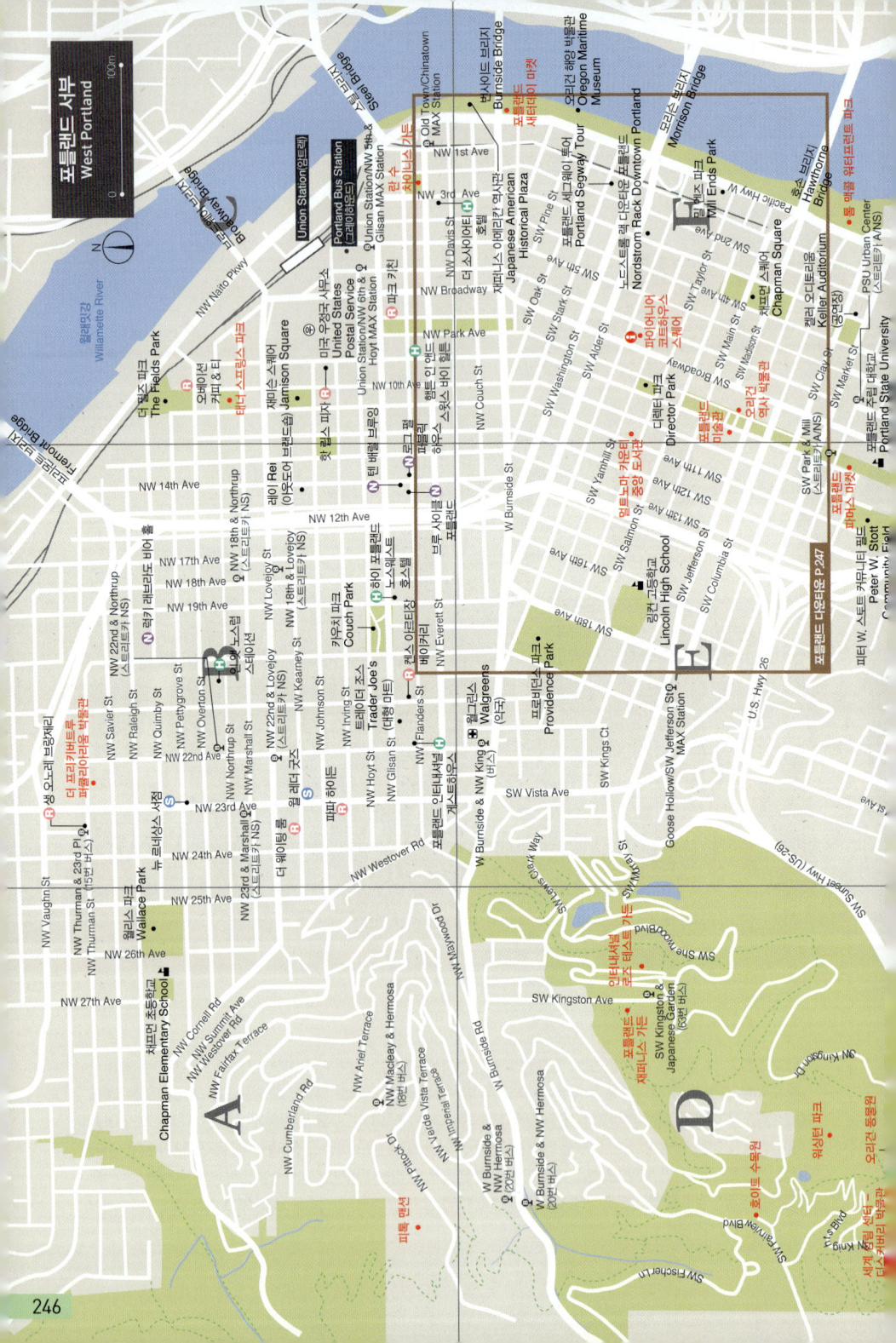

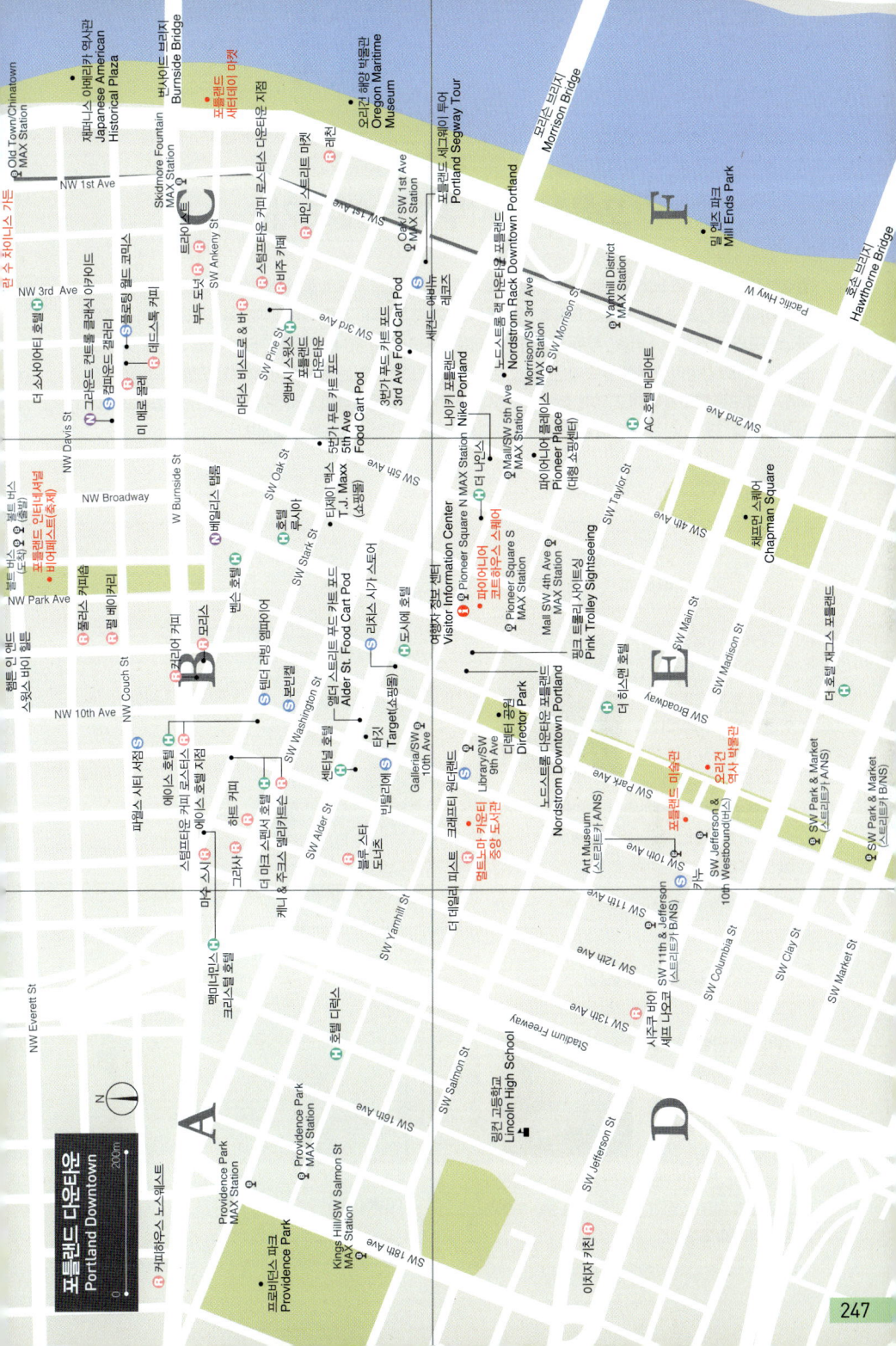

포틀랜드 서부 한눈에 보기

윌래밋강의 서쪽으로 노스웨스트, 사우스웨스트 지역을 포틀랜드 서부로 묶어 소개한다. 다운타운, 올드 타운(차이나타운), 노브 힐, 펄 디스트릭트, 워싱턴 파크가 포함된다. 각종 매체의 지면을 장식하는 에이스 호텔과 스텀프타운 커피 로스터스, 부두 도넛이 다운타운에 자리 잡고 있다. 한국의 가로수길을 연상케 하는 노브 힐, 레트로 감성이 충만한 올드 타운, 복합 문화 공원이라 할 수 있는 워싱턴 파크까지, 포틀랜드하면 연상되는 거의 모든 명소들이 이 지역에 집중되어 있다. 거의 모든 대중교통의 시작점이자 대형 쇼핑몰도 모두 이 지역에 있다. 단, 그만큼 숙박 요금은 비싸다. 저렴한 숙소를 원한다면 포틀랜드 서부는 피하는 것이 좋다.

노브 힐
Nob Hill

20세기 초 빅토리아 양식의 저택이 즐비한, 전통적인 부촌이라 할 수 있다. 예나 지금이나 여성들에게 가장 인기 있는 번화가로 디자이너 부티크 숍과 유명 레스토랑, 카페가 즐비하다. 특히 NW 21st St에서 23rd St 사이가 가장 핫하다.

워싱턴 파크
Washington Park

장미꽃이 만발하는 6월부터 늦여름까지 가장 아름다운 워싱턴 파크. 호이트 수목원, 와일드 우드 산책로를 찾아 걷기만 해도 휴식이 된다. 오리건 동물원과 일본식 정원, 장미원까지 돌아보며 종일 머물러도 좋다.

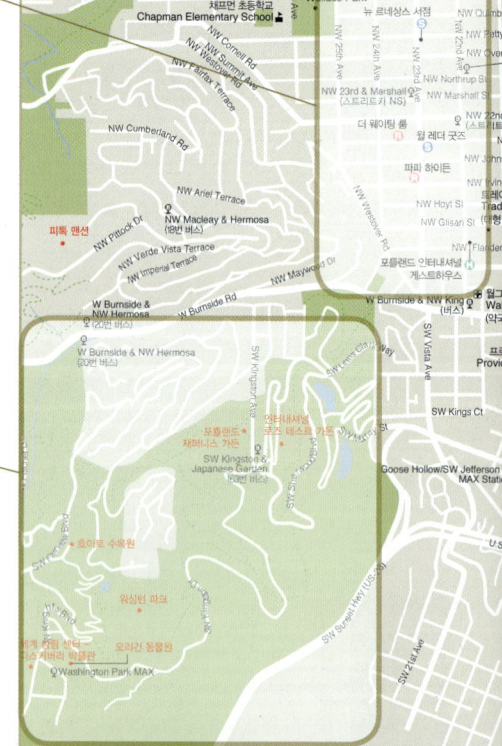

펄 디스트릭트
Pearl District

힙한 레스토랑과 카페, 숍들이 들어서면서 포틀랜드 서부에서 가장 세련된 지역으로 거듭났다. 오래된 산업용 건물을 보수, 보완해 재활용하는 친환경 개발이 성공적으로 이뤄지며 새로운 도시 재개발 모델로 주목받고 있다.

올드 타운 & 차이나타운
Old Town & Chinatown

번 사이드 브리지의 서쪽 끝과 만나는 지역으로, 주말 시장과 부두 도넛이 유명하다. 비교적 늦게 조성된 다운타운과는 다른 독특한 분위기를 지닌다. 오래된 번화가로 흘러간 시간을 담은 멋에 차이나타운의 중국식 문화까지 더해져 산책의 묘미가 남다르다.

사우스 웨스트 파크
South West Park

다운타운 한가운데 자리한 사우스 웨스트 파크. 공원을 중심으로 도서관과 역사 박물관, 미술관이 모여 있다. 엄청난 규모의 주말 파머스 마켓도 이곳에서 열린다. 여행자라면 빼놓을 수 없는 스폿!

Access INFO

{ 가는 방법 }

포틀랜드 서부 지역은 포틀랜드 교통의 심장부라 할 만하다. 대부분의 대중교통 수단이 다운타운이 있는 포틀랜드 서부 지역을 기점으로 움직인다. 그레이하운드 버스 정류장과 암트랙 기차역이 서는 역이 모두 다운타운 북쪽에 자리 잡고 있다. 공항은 강 건너 동북쪽에 위치해 거리가 좀 있지만, 다운타운으로 이동하는 것이 가장 편리하고 방법도 다양하다.

공항에서

공항에서 포틀랜드 서부의 다운타운까지 거리는 약 15km 정도로, 맥스 라이트 레일을 이용하는 것이 가장 빠르고 저렴한 방법이다. 공항 1층의 안내판을 따라가면 정류장을 쉽게 찾을 수 있다. 가격은 어른 편도 $2.50. 서쪽 지역 중심가의 맥스 라이트 레일 역은 모두 지상에 위치해 짐 운반할 걱정 없이 다닐 수 있다. 시내 호텔에서 숙박할 경우 블루 스타 다운타운 익스프레스 공항 셔틀(p.238)을 이용하면 빠르고 편리하게 호텔 앞까지 바로 이동할 수 있다. 정차하는 호텔을 미리 확인할 것.

그레이하운드 버스 정류장에서

오리건주 내를 연결하는 시외버스, 그레이하운드 버스가 서는 포틀랜드의 버스 정류장은 올드 타운 지역에 있다. 파이어니어 코트하우스 스퀘어까지 11블록 정도 떨어진 위치다. 버스 정류장은 Union Station / NW 5th & Glisan Max 역이 바로 연결되어 맥스 라이트 레일을 탑승할 수 있다. 맥스 라이트 레일의 그린, 옐로, 오렌지 이렇게 세 라인을 모두 이용할 수 있다.

암트랙 기차역에서

포틀랜드 버스 정류장 바로 위에는 암트랙 기차가 정차하는 유니언 역 Union Station이 있다. 암트랙 캐스케이드 라인 Cascade Line과 코스트 스타라이트 라인 Coast Starlight Line을 이용할 여행자들이 이 역을 이용하게 된다. 기차역에서 걸어서 2분 거리인 유니언 역 Union Station / NW 6th & Hoyt MAX 역에서 맥스 라이트 레일의 그린, 옐로 라인을 이용하거나 NW Broadway & Hoyt 정류장에서 17번 버스를 타면 10분 정도에 다운타운으로 갈 수 있다.

포틀랜드 내 다른 지역에서 이동하기

강 너머 동쪽에서 서쪽 지역으로 이동할 때는 대로에서 버스를 타는 것이 가장 편리하다. E Burnside St에서 20번, SE Belmont St에서 15번, SE Hawthorne Blvd에서 14번, SE Division St에서 2번 버스를 타면 동과 서로 이동 가능하다. 동쪽 강변 인근 지역에서는 Grand Ave나 Martin Luther King Jr Blvd에서 스트리트카 루프 라인을 탑승하면 된다. 순환 노선이므로 어느 방향으로 타든 포틀랜드 서부의 다운타운까지 이어진다.

{ 포틀랜드 서부 시내 교통 }

메트로 버스

다운타운과 올드 타운, 펄 디스트릭트, 노브 힐 등 남북으로 이어진 주요 지역은 스트리트카 NS 라인을 이용하는 것이 효율적이다. 주요 관광지는 물론 유명 번화가를 모두 거쳐 간다. 워싱턴 파크는 맥스 라이트 레일 블루 라인과 레드 라인을 이용하면 한 번에 갈 수 있다. 다시 말해 남북으로 이동할 때는 스트리트카 NS 라인을, 동서로 이동할 때는 맥스 라이트 레일을 이용할 것!

{ 어디든 걸어갈 수 있는 하루 }
다운타운 – 올드타운 – 워터프런트 파크
예상 소요 시간 9시간

가장 포틀랜드답게 시작하는 아침 식사, 비주 카페(p.269) or 스텀프타운 커피 로스터스(p.275)

도보 1분

인증 사진 스폿! 부두 도넛(p.275)

도보 5분

포틀랜드에서 만나는 동양의 미, 란 수 차이니스 가든(p.258)

도보 10분

세계 최대의 중고 서점, 파월스 시티 서점(p.288)

도보 2분

포틀랜드에서 가장 독특한 식당, 카페 체험! 모리스(p.270) & 커리어 커피(p.274)

도보 2분

포틀랜드 산 제품이 가득! 텐더 러빙 엠파이어(p.290) & 본빈켈(p.291)

도보 8분

아날로그의 재미 만화책방과 중고 음반 가게 구경하기, 플로팅 월드 코믹스(p.289) & 세컨드 애비뉴 레코즈(p.288)

도보 7분

느긋한 오후 산책, 톰 맥콜 워터프런트 파크(p.256)

도보 30분

윌래밋강과 다운타운을 한눈에 담는 방법, 에어리얼 트램(왕복 8분)

스트리트카 NS 라인 20분

눈앞에서 조리되는 수제 파스타로 저녁 식사, 그라사(p.272)

Travel PLAN

코스 2 { 포틀랜드의 명소 탐방 }
노브힐 – 워싱턴 파크 – 펄 디스트릭트
예상 소요 시간 8시간

포틀랜더가 추천하는 브런치 식당, 생 오노레 브랑제리(p.281)

도보 1분

세련된 부티크 숍들이 가득! 노브힐 거리 걷기

NW 23rd & Marshall에서 스트리트카 탑승(5분)

또 다른 매력이 가득한 펄 디스트릭트 걷기

도보 1분

붉은 벽돌 건물 안 피자집, 핫 립스 피자(p.279)에서 점심

스트리트 카 → 맥스 라인(30분)

워싱턴 파크의 자랑, 오리건 동물원(p.264)

공원 셔틀 또는 63번 버스(14분)

포틀랜드 재퍼니스 가든(p.265)에서 차분하고 고요하게 걷기

63번 버스(15분)

미국인이 요리하는 아시안 퓨전 식당, 이치자 키친(p.270)

코스 3. 토요일 맞춤 일정
{ 토요일이라 더욱 특별한 포틀랜드 }
다운타운 – 워터프런트
예상 소요 시간 10시간

신선함이 가득! 시장 구경도 하고 아침도 먹고! 포틀랜드 파머스 마켓(p.258)

　도보 6분

특별 전시가 더욱 흥미로운 포틀랜드 미술관(p.255)

　도보 8분

포틀랜드에서 꼭 맛 봐야 할 하트 커피(p.278) or 블루 스타 도너츠(p.274)에서 에너지 충전

　도보 7분

다양한 행사가 끊이지 않는 주말, 파이어니어 코트하우스 스퀘어(p.254)

　맥스 라인 10분 / 도보 13분

모든 사람들의 발길이 향하는 곳, 포틀랜드 새터데이 마켓(p.255)

시장 먹거리 코너에서 점심 고르기

　도보 1분

톰 맥콜 워터프런트 파크에서 포틀랜더처럼 소풍 즐기기

　20번 버스(14분) / 도보 20분

브루 사이클 포틀랜드(p.283)로 자전거 맥주 투어에 참여해 보기

　도보 1분

텐 배럴 브루잉(p.287)이나 로그 펄 퍼블릭 하우스(p.286)에서 시원한 맥주와 함께 저녁 식사

Sightseeing

다운타운 Downtown

주차장에서 포틀랜드의 거실이 된 광장
파이어니어 코트하우스 스퀘어
Pioneer Courthouse Square

주말은 물론 평일에도 다채로운 행사들이 이어진다.

시워드 존슨의 〈우산을 쓴 신사〉

주소 701 SW 6th Ave **전화** 503-223-1613 **오픈** 05:00~24:00 **요금** 없음 **교통** SW 6th & Yamhill North bound 버스 정류장 바로 앞 / 맥스 라이트 레일 파이어니어 스퀘어 사우스 Pioneer Square South MAX Station 바로 앞 **지도** P.246-F

다운타운의 중심부에 위치한 파이어니어 코트하우스 스퀘어는 원래 주차장이었던 땅이다. 1875년 포틀랜드의 시장이었던 닐 골드슈미트 Neil Goldschmidt는 주차장을 소유한 마이어 & 프랭크 Meier & Frank 백화점에게 시민들을 위한 공공 광장을 조성하겠다며 땅을 팔 것을 제안한다. 이 뜻이 알려지자 시민들은 자발적인 참여와 모금을 통해 전폭적으로 지지하기에 이른다. 결국 1984년, 이 주차장은 광장으로 바뀌어 일반에게 공개되었다. 광장 바닥을 메우고 있는 7만여 개의 블록에 기부자의 이름이 새겨져 있다.

이 광장은 때론 축제의 장으로, 때로는 시민 집회의 장소로 사랑받으며 포틀랜드의 거실이라는 별칭을 얻었다. 연일 크고 작은 이벤트가 끊이지 않는다. 주민 참여와 기업 후원, 정부의 적극적인 지원이 뒷받침된 결과다. 광장 안에는 트라이멧 정액권 및 교통카드 판매소가 있으며, 북쪽에 오리건주의 첫 번째 스타벅스 매장도 있다. 관광객들에게는 유명 조각가인 시워드 존슨 Seward Johnson의 작품 〈Allow me〉, 일명 〈우산을 쓴 신사〉 동상이 특히 인기다.

♥♥♥
쇼핑과 공연으로 채우는
주말 일정은 바로 여기!
포틀랜드 새터데이 마켓
Portland Saturday Market

이름은 토요 시장이지만, 일요일에도 문을 여는 주말 시장이다. 3월부터 크리스마스 전까지 매주, 250여 개에 달하는 노점이 들어서는 미국 최대 규모의 노천 시장이다. 수공예품, 생활 소품, 예술품, 의류, 패션 소품, 지역 특산물까지 없는 게 없다. 여행자들에게는 포틀랜드를 주제로 한 상품들이 많아 기념품을 사기에 딱 좋은 장소다. 그중에서도 포틀랜드 명소, 와이너리, 브루어리 등을 테마로 한 트럼프 카드, 여행자들이 가져가기 좋은 작은 사이즈의 천연 잼, 지역 예술가가 직접 그림을 그려 넣은 티셔츠 등을 눈여겨 볼만하다. 쇼핑에 관심이 없어도 시장 곳곳에서 펼쳐지는 무료 공연을 즐기다 보면 한나절이 눈 깜짝할 사이에 지나갈 것이다.

주소 2 SW Naito Pkwy **전화** 503-222-6072 **오픈** 3~12월 24일 토요일 10:00~17:00, 일요일 11:00~16:30 / 크리스마스 주간 월~금요일 11:00~17:00, 토요일 10:00~, 일요일 · 크리스마스이브 11:00~15:30 **교통** 맥스 라이트 레일 Skidmore Fountain MAX Station에서 도보 1분 / W Burnside & Burnside Bridge 버스 정류장에서 도보 3분 **홈페이지** www.portlandsaturdaymarket.com **지도** p.246-F

♥♥
북미 대륙 미술의 어제와 오늘
포틀랜드 미술관
Portland Art Museum

1892년 7명의 문화계 지도자들이 만든 협회에서 시작된 미술관이다. 미국에서 일곱 번째, 오리건주에서는 가장 오래된 미술관이다. 북미 대륙 원주민들의 예술 작품, 동양 예술 및 유물, 모네, 르누아르, 피카소 등의 유럽 조각과 회화 등 총 4만 2,000점에 이르는 작품을 소장 중이다. 이중에서도 미국 회화와 사진 전시는 반드시 챙겨보자. 미국 건국 초기의 초상화가인 길버트 스튜어드 Gilbert Stuart, 19세기 미국의 대자연을 화폭에 담은 앨버트 비어슈타트 Albert Bierstadt, 부드러운 화풍의 조지 이네스 George Inness 등 대표적인 초기 미국 화가들의 작품을 만날 수 있다. 사진 전시관에서는 1800년대부터 현재에 이르는 포틀랜드의 변모 과정을 전시한다.

주소 1219 SW Park Ave **전화** 503-226-2811 **오픈** 화 · 수 · 토 · 일요일 10:00~17:00(목 · 금요일 ~20:00) **휴무** 월요일 **요금** 어른 $20, 노인(62세~) $17, 청소년(~17세) 무료 **교통** SW 10th & Jefferson 스트리트카 역 바로 앞 **홈페이지** portlandartmuseum.org **지도** P.246-F

여름이 제철인 공원, 각종 축제의 장
톰 맥콜 워터프런트 파크
Tom McCall Waterfront Park

주소 NW Glisan St **전화** 503-823-7529 **오픈** 상시 **교통** 맥스 라이트 레일 Oak St / SW 1st Ave Eastbound MAX Station에서 도보 2분 **홈페이지** www.portlandoregon.gov **지도** P.246-F

서울이 고가도로를 제거하고 청계천을 얻었다면, 포틀랜드는 1974년 하버 드라이브 도로를 철거하고 톰 맥콜 워터프런트 공원을 얻었다. 이 공원은 도로 철거를 통해 자연 친화적인 도시를 형성한 좋은 모델로 평가받으며 2012년 10월, 미국 10대 공공장소로 선정되기도 했다.
스틸 브리지 Steel Bridge부터 마큄 브리지 Marquam Bridge까지 이어지는 2.3km 길이의 강변 공원은 대표적인 도시 휴식처다. 강변을 따라 마련된 자전거 도로는 아침저녁 출퇴근길로도 애용된다. 또한 여름이면 워터프런트 블루스 페스티벌, 오리건 맥주 축제, 게이 & 레즈비언 페스티벌, 장미 축제 등 1년 내내 다채로운 행사가 열리며 더욱 생기가 넘친다.

대중교통 수단으로 시작된 케이블카
포틀랜드 에어리얼 트램
Portland Aerial Tram

2007년 완공된 케이블카로 톰 맥콜 워터프런트 파크의 남쪽, 사우스 워터프런트 South Waterfront와 OHSU(Oregon Health & Science University 오리건 보건 과학 대학)의 메인 캠퍼스를 잇는다. 현지 사람들은 교통수단으로 이용하지만 관광객들은 멋진 전망을 보기 위해 이용한다. 포틀랜드 시내와 윌래밋강, 맑은 날에는 후드산과 세인트헬레나산까지 볼 수 있다. 해지는 시간에 맞춰 타면 더욱 잊지 못할 절경을 보게 될 것. 편도 3분 정도 걸리며, 편도 티켓은 따로 판매하지 않는다. 편도 이용 시에는 홉 패스트패스 Hop Fastpass만 사용 가능하다.

주소 3303 SW Bond Ave **전화** 503-494-8283 **오픈** 월~금요일 05:30~21:30, 토요일 09:00~17:00 **휴무** 일요일(여름 성수기에 한시적으로 일요일도 운영), 국경일 **요금** 왕복권 일반 $4.90, 6세 이하 무료 **교통** SW Moody & Gibbs 스트리트카 역에서 도보 1분 **홈페이지** www.gobytram.com **지도** P.7-E

100년 역사의 오리건주 최대의 중앙 도서관
멀트노마 카운티 중앙 도서관
Multnomah County Central Library

포틀랜드가 속한 멀트노마 카운티 인구의 60%가 등록해 미국 내에서 뉴욕 중앙 도서관 다음으로 많은 이용자가 등록한 도서관이다. 인문, 사회, 문학, 잡지 등 폭넓은 분야에 걸쳐 방대한 양의 서적을 소장하고 있다. 그중에서도 어린이 도서관과 예술 문화 코너가 특화된 것이 눈에 띈다. 독립 출판물이 많은 포틀랜드의 특징을 반영하는 독립 출판 잡지 코너도 따로 마련되어 있다.

1864년 설립된 '포틀랜드 도서관 협회 The Library Association of Portland'가 멀트노마 카운티 중앙 도서관의 시초였다. 협회는 이곳저곳 자리를 옮겨 운영하다가 1913년에 지금의 도서관 건물을 지어 정식 개관했다. 건물은 18~19세기에 미국에서 유행하던 조지아 양식으로 여러 개의 기둥과 외형이 대칭을 이루는 구조, 1층 중앙에서 양 옆으로 나선형을 그리며 오르는 계단, 길고 높은 아치형 창문이 특징이다. 이 구조는 개보수를 거치면서도 고스란히 유지되어 1979년에는 국가 사적지로 등록되었다.

주소 801 SW 10th Ave **전화** 503-988-5123 **오픈** 월요일 10:00~20:00(화·수요일 12:00~, 목~토요일 ~18:00, 일요일 ~17:00) **휴무** 국경일, 공휴일 **교통** SW 11th & Taylor 스트리트카 역에서 도보 1분 **홈페이지** multcolib.org **지도** P.247-E

생동감 넘치는 오리건주의 역사 체험관
오리건 역사 박물관
Oregon Historical Society Museum

오리건주의 역사를 다각도의 관점에서 접근하는 데 목적을 둔 역사 박물관이다. 1898년 문을 연 이래 미국 원주민의 유물 및 자료, 서부 개척 시대 당시의 사적들, 자연 환경 변화와 측정에 따른 자료, 생태계 관련 자료 등 8만 5,000점에 달하는 자료를 소장하고 있다.

자료의 양이 워낙 방대하기 때문에 사회적, 계절적 이슈에 맞게 소장품을 순환 전시한다. 19세기 후반부터 20세기 초반 당시의 포틀랜드와 오리건주의 모습을 엿볼 수 있는 3층의 상설 전시관이 백미다. 사진, 영상 자료와 함께 역사적 의미가 있는 특정 공간을 실물 크기로 재현해 놓았다.

주소 1200 SW Park Ave **전화** 503-222-1741 **오픈** 월~토요일 10:00~17:00(일요일 12:00~) **휴무** 국경일, 공휴일 **요금** 어른 $5, 청소년 및 어린이 무료 **교통** SW Jefferson & Broadway 버스 정류장에서 도보 1분 **홈페이지** www.ohs.org/museum **지도** p.247-E

포틀랜더의 먹거리 사랑이 만들어가는 장터
포틀랜드 파머스 마켓
Portland Farmers Market

주소 1831 SW Pedestrian Trail **전화** 503-241-0032 **오픈** 매주 토요일 11~3월 09:00~14:00, 4~10월 08:30~14:00 **교통** SW Park & Mill 스트리트카 역에서 도보 2분 **홈페이지** www.portlandfarmersmarket.org/our-markets/psu **지도** p.246-E

매주 토요일, 포틀랜드 주립 대학교 옆 사우스 웨스트 파크 내에서 열리는 농산물 장터는 미국 최대 규모를 자랑한다. 판매자 부스만 해도 200여 개, 성수기 토요일에는 하루 약 2만 명의 방문자가 찾을 정도다.

시장은 오리건주에서 생산되는 농수산물과 가공 식품, 먹거리 코너로 구성된다. 농수산물과 가공 식품의 경우 생산자가 직접 판매하는 것을 원칙으로 한다. 농부가 자부심을 갖고 판매하는 상품은 싱싱함은 기본이며 품질이 남다르다. 구매자와 직접 대면하며 소통하는 것도 좀 더 나은 생산과 판매를 가능하게 해왔다고 한다.

봄 여름 가을, 철마다 주요 판매 상품이 달라지는 것도 이 장터의 특색이라 할 수 있다. 대량 재배되는 식재료 없이 소규모지만 정성들여 키운 제철 식재료만 가득한 시장. 유기농은 물론 제철 식재료를 선호하는 포틀랜더들의 까다로움이 낳은 결과다.

올드 타운 & 차이나타운 Old Town & Chinatown

포틀랜드에 이식된 중국의 명원(名園), 졸정원
란 수 차이니스 가든
Lan Su Chinese Garden

2000년 9월, 차이나타운에 문을 연 중국식 정원. 모델로 삼은 곳은 1988년 자매 도시를 맺은 중국 쑤저우에 위치한 4대 명원 중 하나로, 중국 강남에서 가장 아름다운 정원 중 하나라는 졸정원 拙政園이다. 작은 부지 안에는 중국식 정자와 인공 연못, 회랑, 다실 등이 흰색 담장에 둘러싸여 있다. 쑤저우 현지에서 초빙한 기술자 65명의 도움을 받아 건축물은 물론 원내 호수까지 아름답게 재현해냈다. 정원에 심어진 400종이 넘는 식물 중 90%는 중국산이다. 이는 외국 동식물은 미국으로 들여오는 것을 금지하는 현행법이 시행되기 이전에 오리건주에 유입된 것을 찾아내 정원으로 옮긴 것이다. 보통 오전 11시~오후 1시까지 1시간 간격으로 무료 투어를 운영한다. 영어로 설명하는 투어지만 쉬운 단어들로 진행되니 크게 걱정하지 말고 참여해보자.

주소 239 NW Everett St **전화** 503-228-8711 **오픈** 3월 15일~10월 14일 10:00~19:00 / 10월 15일~3월 14일 10:00~16:00 **휴무** 추수감사절, 크리스마스, 1월 1일 **요금** 어른 $10, 노인(62세~) $9, 학생(6~18세) $7, 4인 가족 할인권 $28 **교통** 맥스 라이트 레일 Old Town/Chinatown MAX Station에서 도보 1분 **홈페이지** lansugarden.org **지도** p.247-C

포틀랜드 최대의 음악 축제
워터프런트 블루스 페스티벌 Waterfront Blues Festival

매년 독립기념일(7월 4일)을 끼고 3일에서 5일 동안 진행되는 축제로, 포틀랜드는 물론 미 북서부에서 가장 큰 음악 축제로 꼽힌다. 1988년 노숙자들을 지원하는 행사로 시작해 매년 수백만 달러를 모금함과 동시에 수익금을 노숙자나 저소득층 지원에 사용해 더욱 의미 있다.

톰 맥콜 워터프런트 파크 Tom McCall Waterfront Park 내 상설 무대 네 곳에서 150회 이상의 블루스 라이브 공연이 펼쳐진다. 포틀랜드 대표 맥주, 먹거리 부스 역시 설치되어 돗자리나 의자를 준비해 와 종일 축제를 즐기는 사람이 많다. 특히 7월 4일에는 독립 기념일 기념 불꽃놀이가 열려 가장 많은 사람들이 축제를 찾는다.

입장 가능한 날짜, 앉을 수 있는 자리, 식음료 쿠폰 포함 여부에 따라 입장권 및 패스 가격에 차이가 있다. 현장에서도 구매할 수 있지만 역시 사전 온라인 예매가 저렴하다. 해당 기간에 여행할 예정이라면 홈페이지를 통해 축제 기간 확인은 물론 입장권 및 패스도 사두자. 단, 사전에 허가 받지 않은 대형 촬영 장비(렌즈 길이 10cm 이상)는 반입이 불가능하니 참고할 것.

주소 NW Glisan St **예약** 1-800-820-9884 **교통** 맥스 라이트 레일 Oak Street / SW 1st Ave Eastbound MAX Station에서 도보 2분 **홈페이지** www.waterfrontbluesfest.com **지도** p.246-F(톰 맥콜 워터프런트 파크)

Special

잇고 또 잇는 연결의 상징
다리의 도시 포틀랜드

포틀랜드의 여러 별칭 중 하나가 '다리의 도시'다. 포틀랜드를 관통하는 윌래밋강 위에는 큰 배가 지날 때마다 들어 올려지는 승개교와 도개교를 포함해 10개의 다리가 있다. 모양도 제각각, 개성도 제각각이다. 그중에서 시내에 위치한 다리는 7개로 여행 중 동서로 이동하며 건너거나 강변 공원을 따라 걸으며 보게 된다.

프리몬트 브리지
Fremont Bridge

개통 1973년 **길이** 382.5m

윌래밋강의 다리 중 가장 최근 개통된 다리다. 다리 중간 무지개 모양의 아치가 특징인 다리로, 아치의 무게만 6,000톤에 이른다. 설치 당시만 해도 기네스북에 오를 만큼 엄청난 무게였다고 한다.

모리슨 브리지
Morrison Bridge

개통 1958년 **길이** 87m

국가 사적지로 등록된 다리다. 포틀랜드의 모든 다리에 아름답게 불을 밝히는 운동을 하는 비영리 단체인 윌래밋 라이트 브리게이드 Willamette Light Brigade가 1987년 첫 불을 밝힌 다리로도 유명하다. 원래는 1887년 목조로 건설되었으나 1958년 지금의 다리로 교체되며 자동차도 다니게 되었다. 포틀랜드에서 가장 많이 이용되는 다리 중 하나며 오리건주에서 가장 큰 기계 구조물로 꼽힌다.

스틸 브리지
Steel Bridge

개통 1912년 **길이** 64m

1888년 건설된 다리를 1912년 재건설하는 과정에서 강철을 이용했고, 이 때문에 스틸 브리지라는 명칭을 얻었다. 층 구조로 만들어진 도개교로 하단은 철도, 상단은 차량이 이동한다. 배가 지나갈 때 하단과 상단이 각각 따로 움직이며 시간차를 두고 열리는 방식으로, 세계에서 유일한 도개교다.

브로드웨이 브리지
Broadway Bridge

개통 1913년 **길이** 85m

포틀랜드에서 가장 긴 도개교. 양쪽이 다 위로 올라가는 다리로는 세계에서 가장 길다. 다이안 레인 Diane Lane이 FBI 요원으로 출연한 영화 〈킬 위드 미 Kill with Me〉에도 등장한다.

번사이드 브리지
Burnside Bridge

개통 1912년 **길이** 64m

Burnside St를 동서로 잇는 번사이드 브리지 역시 스틸 브리지와 같은 방식의 도개교로 상, 하층으로 설계되었다. 다리의 이름은 포틀랜드의 역사적인 실업가이자 상류 사교계를 주름 잡았던 다니엘 위먼 번사이드 Daniel Wyman Burnside에서 따왔다. 다리 공사에 필요한 자금을 조달하는데 공헌한 것으로 알려져 있다.

호손 브리지
Hawthorne Bridge

개통 1910년 **길이** 74m

세계 최초의 수직 승개교. 다리 중간에 선 2개의 기둥을 따라 다리 일부분이 수직으로 상승하는 독특한 방식으로 뱃길이 열린다. 하루에 3번, 8시간 간격으로 다리가 올라가고, 배가 이동할 때도 다리를 들어 올려 뱃길을 연다. 이렇게 도개교가 작동하는 횟수는 월 평균 120회 정도다. 하루 자전거 5,000대, 버스 800대를 통해 약 1만 7,400명의 사람이 이 다리를 이용한다.

마쿰 브리지
Marquam Bridge

개통 1966년 **길이** 134m

오리건주에서 처음으로 설계된 2층짜리 자동차 전용 다리다. 다리 양끝은 캐나다, 미 북서부, 멕시코를 잇는 I-5 고속도로와 연결된다. 하루에 14만여 대의 차량이 이 다리를 이용한다. 오리건주에서 최대 이동량이다.

펄 디스트릭트 & 노브 힐 Pearl District & Nob Hill

포틀랜드 제 1호 부티크 공원
태너 스프링스 파크
Tanner Springs Park

펄 디스트릭트의 환경 친화 도시 계획 중 하나로 조성된 부티크 생태 공원으로 2005년에 문을 열었다. 2003년 초, 펄 디스트릭트에서는 독일의 유명 디자인 회사, 포틀랜드 지역의 조경 회사들과 함께 지역 워크숍을 통해 오래된 습지를 공원으로 조성하는 계획을 세웠다. 그 결과 습지의 생태계를 잘 보여주는 아트 월, 습지 위를 산책할 수 있는 나무 데크 등을 설치해 실험적이면서도 성공적인 친환경 공원의 사례로 꼽히게 되었다. 펄 디스트릭트 일정 중 들러 직접 확인해보자.

주소 NW 10th Ave & Marshall Streetzwl **전화** 503-823-7529 **오픈** 05:00~24:00 **교통** NW 10th & Northrup 스트리트카 역 바로 앞 **홈페이지** www.portlandoregon.gov/parks **지도** p.246-C

세상에 이런 일이! 진실 혹은 거짓 체험관
더 프리키버트루 퍼큘리아리움 박물관
The Freakybuttrue Peculiarium and Museum

1967년에 설립된 개인 박물관으로 도시의 기괴한 소문, 전설에 대한 수집품을 전시한다. 작지만 놀이공원의 귀신의 집에 온 듯 흥미로운 소장품이 가득하다. 미국 북서부에서 전해 내려오는 전설 속의 설인 인형, 외계인 해부 모형, 상상 속 동물들의 형상 등이 인기다. 방송에서 보던 진실 혹은 거짓을 직접 눈으로 체험해 볼 기회다. 할로윈 기간에 여행한다면 더욱 기막힌 타이밍이 될 것이다.

주소 2234 NW Thurman St **전화** 503-227-3164 **오픈** 월~목요일 11:00~18:00, 금~일요일 10:00~20:00 **휴무** 추수감사절, 크리스마스, 1월 1일 **요금** $5 **교통** NW 23rd & Thurman 버스 정류장에서 도보 2분 **홈페이지** www.peculiarium.com **지도** p.246-B

워싱턴 파크 Washington Park

♥♥♥
다운타운이 한눈에 들어오는
대부호의 저택

피톡 맨션
Pittock Mansion

워싱턴 파크의 북쪽, 고가의 저택들이 모여 있는 웨스트 힐스에 자리 잡은 대저택 피톡 맨션. 오리건주 최대 일간지 〈오리거니언 Oregonian〉의 창립자 헨리 피톡 Henry Pittock이 소유했던 저택으로, 1900년대 포틀랜드 재벌의 일상을 엿볼 수 있다. 당시에는 흔치 않았던 냉장고와 냉·온수 샤워기, 전화기 등을 그대로 보존했다. 1964년 시에서 매입, 1965년부터 일반에게 공개하기 시작했고 1974년부터는 국가 사적지로 지정되어 관리되고 있다. 사교의 중심이었던 음악실과 도시의 전경이 내려다보이는 주방, 당시 최신식 시설을 갖춘 샤워실 등의 볼거리와 장미 정원 너머 다운타운이 한눈에 들어오는 최고의 전망을 놓치지 말 것!

주소 3229 NW Pittock Dr **전화** 503-823-3623 **입장료** 어른 $12, 노인(65세~) $11, 청소년(6~18세) $9 **오픈** 10:00~16:00(6월 ~17:00) **휴무** 1월, 추수감사절, 크리스마스 **교통** W Burnside & NW Barnes 20번 버스 정류장에서 도보 14분 / NW Macleay & Hermosa 18번 버스 정류장에서 도보 12분 **홈페이지** pittockmansion.org **지도** p.246-A

박물관부터 동물원까지 갖춘 복합 휴식 공간
워싱턴 파크
Washington Park

주소 4033 Southwest Canyon Road 전화 503-319-0999 오픈 05:00~22:00 휴무 각 관광지별 휴무는 있으나 공원은 1년 내내 개방 교통 맥스 라이트 레일 블루, 레드 라인 Washington Park MAX Station이 공원 내부에 위치 홈페이지 explorewashingtonpark.org 지도 p.246-D

포틀랜드의 서쪽, 세계의 숲을 체험할 수 있는 세계 삼림 센터 디스커버리 박물관 World Forestry Center - Discovery Museum, 일본인이 디자인한 재퍼니스 가든 Japanese Garden, 560종에 이르는 장미가 피는 인터내셔널 로즈 테스트 가든 International Rose Test Garden, 미국에서 최초로 새끼 코끼리가 탄생한 오리건 동물원 Oregon Zoo이 모두 워싱턴 파크를 구성하고 있다. 단순한 공원이 아니라 배우고 걷고 쉬는 복합 휴식 공간이라 할 수 있겠다. 지금의 모습을 갖추기까지는 100년에 가까운 시간이 걸렸다고 한다. 공원까지는 맥스 라이트 레일의 레드와 블루 라인을 타면 쉽게 닿을 수 있으며, 엄청난 규모의 공원 내 이동은 무료 셔틀이나 63번 버스를 이용하면 된다. 단, 무료 셔틀은 여름 성수기에만 운영하니 참고할 것.

● 오리건 동물원 Oregon Zoo

기후 및 자연 조건에 따라 조성된 자연 친화적 동물원

영국인 이민자 리처드 나이트 Richard Knight가 1882년 윌래밋 강변에 세운 약국이 오리건 동물원 설립의 시작이라는 것을 아는 사람은 많지 않다. 선원들이 항해 중 데리고 온 동물들을 치료하던 리처드는 뒷마당에 보호하던 곰 2마리를 비롯한 여러 동물들을 좀 더 체계적으로 관리하기 위해 정부에 편지를 보내 동물원 조성을 제안했다. 시 정부가 이를 받아들여 1888년 동물원이 생겨나게 되었다. 동물원은 이후 점차 규모를 늘려 1962년 미국에서 새끼 코끼리가 처음 태어난 동물원으로 알려지며 연간 150만 명이 방문하는 포틀랜드의 명소가 되었다.

지금은 약 260종 2,200마리의 동물을 만나 볼 수 있다. 알래스카의 툰드라, 동남아시아의 정글 등 5가지 기후 및 자연 조건을 반영해 최대한 실제 자연 환경에 가깝게 조성했다. 동물들의 동선이나 생활양식 역시 자연 상태에 가깝게 운영하기 때문에 동물들이 활동하는 모습을 볼 수 없을 때도 있다. 그날그날 동물들의 컨디션에 따라 관람 내용이 달라지는 동물원 복불복을 느껴보자.

주소 4001 Southwest Canyon Road 전화 503-226-1561 오픈 3~8월 09:30~18:00(9~2월 ~16:00) 휴무 홈페이지를 통해 당일 공지함 요금 어른 $17.95, 노인(65세~) $15.95, 어린이(3~11세) $12.95 교통 맥스 라이트 레일 워싱턴 파크 Washington Park MAX Station 바로 앞 홈페이지 oregonzoo.org 지도 p.246-D

●포틀랜드 재퍼니스 가든
Portland Japanese Garden

산세를 그대로 활용해 일본의 멋을 담은 5색 정원

주소 611 SW Kingston Ave **전화** 503-223-1321 **오픈** 9월 30일~3월 11일 월요일 12:00~16:00(화~일요일 10:00~) / 3월 12일~9월 29일 월요일 12:00~19:00(화~일요일 10:00~) **요금** 어른 $16.95, 노인(65세~) $14.50, 어린이(6~17세) $11.50 **교통** SW Kingston & Japanese Garden 63번 버스 정류장 바로 앞 / 맥스 라이트 레일 오리건 동물원 Oregon Zoo MAX Station에서 무료 셔틀로 이동 **홈페이지** japanesegarden.org **지도** p.246-D

1962년부터 포틀랜드 정부 관계자, 학계 학자를 중심으로 워싱턴 파크 안에 일본식 정원을 조성하자는 논의가 시작되었다. 동물원이 자리를 옮기자 그 자리에 도쿄 농업대학의 타쿠마 도노 Takuma Tono 교수가 설계한 일본식 정원을 조성하기 시작했고, 1967년 일반에게 공개했다. 입구를 지나 산비탈을 걸어 올라가면 연못을 중심으로 산책 정원, 자연 정원, 모래와 돌 정원, 평지 정원과 등 일본을 대표하는 5가지 양식의 정원과 함께 찻집, 기념품점, 일본 문화 교육관 및 전시관이 펼쳐진다. 2017년 또 한 번의 확장 공사를 통해 문화 마을이 추가되며 더욱 짜임새 있고 볼거리 많은 명소로 거듭나게 되었다. 일본에서 건축 자재를 직접 들여오는 등 일본식 정원의 참 멋을 살리기 위한 노력이 돋보인다.

●세계 삼림 센터-디스커버리 박물관
World Forestry Center- Discovery Museum

나무와 인간의 연결 고리를 확인하는 시간

주소 400 SW Kingston Ave **전화** 503-823-3636 **오픈** 07:30~21:00 **교통** SW Kingston & Japanese Garden 63번 버스 정류장 바로 앞 / 맥스 라이트 레일 오리건 동물원 Oregon Zoo MAX Station에서 무료 셔틀로 이동 **홈페이지** www.portlandoregon.gov/parks **지도** p.246-D

인간의 생존에 중요한 역할을 하는 숲의 생애 주기, 환경오염과 지구 온난화로 인한 환경 파괴의 문제점과 심각성을 체험할 수 있는 전시관이다. 누구나 나무의 중요성과 보존의 이유를 실감할 수 있도록 꾸몄다. 체험 중심 박물관이라 가족 단위 여행객에게 특히 인기가 많다. 박물관 주변에 조성된 산책길, 수목원을 함께 방문하면 더욱 좋은 경험이 될 것.

● 인터내셔널 로즈 테스트 가든
International Rose Test Garden

100년의 향기를 지켜온 포틀랜드의 상징

'장미의 도시' 포틀랜드를 상징하는 정원이다. 언론 재벌이었던 헨리 피톡의 아내가 설립한 장미 협회에서 1917년 조성했다. 포틀랜드 최고의 전망대라 할 수 있는 피톡 맨션보다 다소 낮은 위치지만 포틀랜드 중심가를 조망할 수 있다. 총 560종, 약 1만 주에 가까운 장미를 가꿔 무료로 개방한다. 장미가 한창 만발하는 5~6월이 되면 언덕 전체가 진한 장미 향기로 뒤덮이며, 5월 1일~마지막 주 월요일까지는 매일 오후 1시에 무료 투어를 운영한다. 별도의 예약 없이 시간에 맞춰 도착하면 참여 가능하다.

주소 400 SW Kingston Ave **전화** 503-823-3636 **오픈** 07:30~21:00 **교통** SW Kingston & Japanese Garden 63번 버스 정류장 바로 앞 / 맥스 라이트 레일 오리건 동물원 Oregon Zoo MAX Station에서 무료 셔틀로 이동 **홈페이지** www.portlandoregon.gov/parks **지도** p.246-D

● 호이트 수목원 Hoyt Arboretum

2,000여 종의 나무로 만든 살아 있는 박물관

1928년에 설립된 호이트 수목원은 살아 있는 나무 박물관이다. 약 3.2km의 산책로를 걸으며 식물의 다양성과 중요성을 직접 느낄 수 있도록 조성되었다. 총 2,300여 종의 식물 6,000여 개체가 자라고 있는데 그중 63종은 취약종이거나 멸종 위기에 처한 것들이다.

수목원 산책로는 숲이 깊어지거나 날이 어두워지면 길을 잃기 쉽다. 초행길인 여행자의 경우 혼자 가지 않는 것이 좋다. 매일 정오부터 90분간 숲 전문가와 동행하는 가이드 투어(1인 $3)를 추천한다. 사전 예약 필요 없이 당일 투어 시작 전 방문자 센터에서 신청하면 된다. 매주 토요일에는 테마가 있는 투어를 진행하기도 한다. 투어 진행 여부나 일정은 계절, 날씨에 따라 유동적이므로 공식 홈페이지를 확인하도록 하자.

주소 4000 SW Fairview Blvd **전화** 503-865-8733 **오픈** 수목원 05:00~21:30, 방문객 센터 월~금요일 09:00~16:00, 토·일요일 11:00~15:00 **교통** 맥스 라이트 레일 오리건 동물원 Oregon Zoo MAX Station에서 무료 셔틀로 이동 / 4000 Block SW Fairview (Arboretum) 63번 버스 정류장 하차 **홈페이지** www.hoytarboretum.org **지도** p.246-D

외곽 지역

거대한 현무암과 바다가 빚어내는 비경
캐넌 해변
Cannon Beach

오리건주의 해변 북부에서 가장 유명한 캐넌 해변. 이 해변을 명소로 만든 것은 캐넌 해변 한가운데 우뚝 솟은 한 덩어리의 거대한 현무암 바위, 헤이스택 록 Haystack Rock이다. 70m에 이르는 이 바위는 세계에서 세 번째로 높은 단일 암체(단일 조직으로 된 거대한 돌)로 꼽는다.
바닷가를 중심으로 형성된 캐넌 비치 타운도 ABC 방송국이 선정한 미국에서 가장 멋진 해변 마을 8곳 중 하나로 뽑힐 만큼 아름답다. 대중교통으로도 갈 수 있지만, 일정에 캐넌 해변이 포함된 오리건 코스트 투어 Oregon Coast Tour(p.235)를 이용하면 인근 지역의 명소까지 둘러보며 하루를 알차게 꾸릴 수 있으니 참고할 것.

캐넌 해변 방문자 센터
주소 207 N Spruce St, Cannon Beach **전화** 503-436-2623 **오픈** 09:00~17:00 **교통** ● **자동차** US-26번 도로를 따라 서쪽으로 1시간 30분 ● **대중교통** Portland Bus Station에서 노스웨스트 포인트 NorthWest Point 노선을 타고 Canon Beach Midtown 버스 정류장에서 하차(4 정거장, 2시간 30분 소요, 티켓 $19.50, 캐넌 비치행 출발 09:15, 포틀랜드행 출발 19:00) **홈페이지** www.cannonbeach.org

---

포틀랜드 와인 산업의 시작과 끝
윌래밋 밸리 와이너리스
Willamette Valley Wineries

총 길이 약 250km, 넓이 7,800ha에 달하는 지역에 500여 개의 와이너리가 있는 윌래밋 밸리. 포틀랜드 와인의 재료인 포도가 자라는 포도밭은 물론, 와인을 제조하는 와이너리까지 모두 한곳에 들어서 있다.
윌래밋 밸리의 포도는 프랑스 부르고뉴 지방의 것과 견줄 만큼 평이 좋다. 그중에서도 피노 누아르 Pionot Noir가 대표 품종으로 꼽힌다. 윌래밋 밸리 와이너리를 찾는다면 꼭 맛봐야 할 와인이라는 뜻.
포도가 익어가는 여름철에는 포도 수확 체험을 진행하거나 선선한 포도밭에서 음악회를 여는 곳도 있다. 각 와이너리의 이벤트 정보를 제공하는 홈페이지(www.oregonwinecountry.org)를 확인하자.

윌래밋 밸리 방문자 협회
The Willamette Valley Visitors Association
주소 420 NW 2nd St, Corvallis **전화** 866-548-5018 **오픈** 월~금요일 09:00~17:00 **휴무** 토·일요일 **교통** I-5번 고속도로를 따라 약 1시간 30분 소요 **홈페이지** www.oregonwinecountry.org

Special

달아오른 여름을 식혀줄
포틀랜드의 술 축제

매년 6월이 되면 포틀랜드는 마치 뜨거운 여름을 식힐 준비라도 하듯 청량감 터지는 2개의 술 축제를 준비한다. 요즘은 벨기에보다 포틀랜드라는 말이 있을 정도로 포틀랜드의 수제 맥주가 대단한 인기몰이 중이다. 포틀랜드는 물론 전 세계의 맥주가 한자리에 모여 맥주 마니아들을 설레게 하는 '포틀랜드 인터내셔널 비어페스트', 오리건주의 사과로 만든 각종 사이더를 맛볼 수 있는 '포틀랜드 사이더 서밋'을 찾아가 보자. 물론 전 세계 각지에서 포틀랜드로 찾아온 달고 시고, 쌉쌀한 다양한 맛의 사이더 역시 만날 수 있다.

포틀랜드 인터내셔널 비어페스트
Portland International Beerfest

수제 맥주의 천국 포틀랜드 최대의 맥주 축제

매년 6월, 3일간 진행되는 국제 맥주 축제다. 포틀랜드가 속한 오리건주는 물론 미국과 멀리 유럽의 유명 맥주 브랜드까지 참가해 총 200종 이상의 맥주를 맛볼 수 있다.

축제 입장은 무료이지만, 동물 구호 단체에게 전달할 기부금($5)을 받는다. 맥주 축제를 즐기려면 맥주 시음 티켓(구매 시 기념 맥주잔 증정)을 사야 한다. 티켓 가격은 티켓 수와 구매 시기에 따라 다르다. 예를 들어, 시음 티켓 15장 가격은 온라인 구매 시 얼리버드(축제 시작 2주 전) 스페셜로 $25이며, 이 기간 이후에는 $30로 가격이 오른다. 축제 기간 현장에서는 시음 티켓 10장을 $30에 판매하므로, 무조건 온라인 예매가 유리하다. 일찍 구매할수록 저렴한 가격에 축제를 즐길 수 있다는 뜻. 참고로 맥주 1잔은 티켓 1장과 1:1 교환하는 방식이 아니라, 맥주 종류에 따라 티켓 1~7장을 내야 한다. 본인의 주량과 기호를 잘 따져 티켓을 사자. 축제 일자는 해마다 바뀌므로 홈페이지에서 확인할 것.

주소 210 NW Park Ave **예약** 503-902-4666 **교통** NW Everett & Park 77번 버스 정류장에서 도보 1분 **홈페이지** www.portland-beerfest.com **지도** p.247-B

포틀랜드 사이더 서밋 Portland Cider Summit
전 세계의 사이더가 모여드는 축제

미 북서부 지역의 특산품 중 하나인 사이더 Cider를 주제로 하는 축제다. 매년 6월, 펄 디스트릭트의 북쪽 더 필즈 파크에서 3일간 열린다.

오리건주의 제조업자가 만든 100여 종의 사이더가 출품되며, 이외에도 캘리포니아, 뉴햄프셔, 뉴욕 등 미국은 물론 캐나다, 영국, 프랑스, 스페인 등 세계 여러 나라의 사이더도 맛볼 수 있다. 사과와 다른 과일, 허브를 함께 넣어 새로운 맛을 시도해 본 사이더와 곁들여 먹기 좋은 포틀랜드 대표 먹거리도 만날 수 있다. 정확한 날짜와 위치는 홈페이지에 공지하며, 티켓도 맥주 축제와 마찬가지로 온라인에서 더욱 저렴하게 구매할 수 있다. 15개 시음 티켓과 입장료, 작은 사이더 잔을 포함한 가격이 온라인에서는 $40, 현장에서는 $45에 현금 결제만 가능하다.

주소 1099 NW Overton St, The Fields Park **교통** NW 10th & Northrup 스트리트카 역에서 도보 1분 **홈페이지** www.cidersummitnw.com/portland-1 **지도** p.246-C

Restaurant & Bakery

다운타운 & 올드 타운 Downtown & Old Town

$ $

비주 카페
Bijou Cafe
▶ 프랑스 가정식

포틀랜드 스타일의 원칙에 충실한 한 끼

오랜 경험을 바탕으로 한 숙련된 서비스와 적정한 가격대, 맛있는 음식을 먹을 수 있는 식당이다. 포틀랜드에서 나고 자란 캐슬린 Kathleen과 보니 Bonnie가 오너인데, 두 사람은 어린 시절 엄마가 해주던 음식에서 영감을 받아 식당을 열었다고 한다. 다른 포틀랜드의 식당들과 마찬가지로 지역 농가의 제철, 유기농 식재료 등을 사용하는 것을 원칙으로 한다. 감자와 함께 소고기, 연어 등을 볶아내는 해시 Hash($14~16)가 인기다. 해시는 계절에 따라 제철 농수산물을 재료로 하는 스페셜 메뉴가 추가된다. 입구의 보드에 스페셜 메뉴가 공지되니 주시할 것. 아침과 점심만 먹을 수 있다.

시그니처 메뉴인 해시

주소 132 SW 3rd Ave **전화** 503-222-3187 **오픈** 08:00~14:00 **휴무** 없음 **교통** 맥스 라이트 레일 SW 5th & Oak MAX Station에서 도보 3분 **홈페이지** bijoucafepdx.com **지도** p.247-C

$ $

마더스 비스트로 & 바
Mother's Bistro & Bar
▶ 미국 가정식

세상 어디든 엄마의 손맛이 최고!

마더스 비스트로 & 바는 오너 셰프인 리사 슈로더 Lisa Schroeder의 꿈이 실현된 공간이다. 1992년 당시 워킹 맘이었던 리사는 많은 사람들이 엄마의 손맛을 그리워한다는 데 착안해, '엄마가 차려주는 밥상'을 콘셉트로 한 비스트로 바를 열었다. 세상에서 가장 맛있는 음식은 결국 엄마의 밥이라는 사실은 포틀랜드 윌래밋 푸드 위크의 '올해의 식당', '베스트 브런치', '베스트 런치' 등 수많은 수상 경력이 증명해준다. 아침부터 저녁까지 내는 식당이지만 기본적인 미국식 아침 식사 메뉴를 먹기 좋은 곳으로 추천한다. 달걀을 사용한 아침 메뉴는 $10~13.

주소 212 SW Harvey Milk St **전화** 503-464-1122 **오픈** 화~목요일 07:00~21:00(금요일 ~22:00), 토요일 08:00~22:00(일요일 ~14:30) **휴무** 월요일 **교통** 맥스 라이트 레일 Oak/ SW 1st Ave MAX Station에서 도보 1분 **홈페이지** www.mothersbistro.com **지도** p.247-C

모리스
MAURICE
▶프랑스 & 스칸디나비아

메뉴판까지도 신선한 포틀랜더의 한 끼

셰프 크리스틴 디 머레이 Kristen d Murray가 운영하는 소규모 레스토랑이다. 2013년 문을 연 이후 가장 포틀랜드다운 시도를 하는 식당으로 극찬을 받아왔다. 모리스에는 정해진 메뉴가 따로 없다. 매일 아침 제철에 나는 신선하고 좋은 품질의 식재료를 수급해오고 그에 따라 당일 메뉴가 결정된다. 문을 열기 전 보드와 종이에 직접 써 놓은 메뉴판까지도 신선한 곳이다. 또한 주방은 완전한 개방형으로 주문한 음식이 만들어지는 과정을 볼 수 있다. 섬세하고 정성스러운 셰프의 손길을 직접 느낄 수 있을 것이다. 음식에 대한 전문 지식을 갖춘 서버가 그날의 음식과 맞게 준비한 와인과 차를 추천해 준다. 당일 메뉴에 대한 친절한 설명은 기본이다.

주소 921 SW Oak St **전화** 503-224-9921 **오픈** 화~요일 10:00~16:00 **휴무** 월요일 **교통** NW 10th & Couch 스트리트카 역에서 도보 2분 **홈페이지** www.mauricepdx.com **지도** p.247-B

이치자 키친
Ichiza Kitchen
▶아시아 퓨전

상상 외의 메뉴가 나오는 아시안 퓨전

구스 할로에 위치한 이치자 키친은 메인 셰프가 하와이 출신 미국인이라는 것이 믿기지 않을 만큼 맛있는 아시안 퓨전 음식을 낸다. 이름만 들으면 일본 식당으로 오해하기 쉽지만 일본, 한국, 중국, 베트남, 태국 등 여러 아시아 요리와 융합된 메뉴를 낸다.

꾸준히 판매되는 메뉴도 있지만 대부분의 메뉴가 계절에 따라 바뀐다. 디저트는 정해진 메뉴판이 없을 정도다. 그중에서 바질페스토를 올린 김치 군만두 Kimchi Gyoza($7)는 꾸준히 판매되는 몇 안 되는 메뉴 중 하나로, 김치는 직접 담근다고 한다. 여름에는 냉우동을 내기도 하고, 한때는 김치와 특제 고추장 소스를 얹은 비빔 당면을 팔기도 했다. 어떤 신기한 메뉴가 손님을 기다릴지 모르는 설렘이 있는 식당이다.

주소 1628 SW Jefferson St **전화** 503-702-8374 **오픈** 화~일요일 12:00~22:00 **휴무** 월요일 **교통** SW Jefferson & 16th St 버스 정류장에서 도보 1분 **홈페이지** www.ichizakitchen.com **지도** p.247-D

계절 메뉴인 비빔당면

시주쿠 바이 셰프 나오코
ⓢⓢ
Shizuku By Chef Naoko
▶ 일본 가정식

건강을 지키는 일본식 자연 밥상

2008년 일본인 셰프 타무라 나오코가 문을 연 일본 가정식 레스토랑이다. 나오코는 어린 시절 학교 급식을 먹고 나면 늘 건강에 문제가 생겼는데, 어머니가 유기농 재료로 만든 도시락 덕분에 알레르기나 피부염 등의 트러블에서 벗어났다고 한다. 이 경험을 통해 화학조미료나 화학비료를 멀리한 먹거리의 중요성을 깨닫게 됐고, 현재 포틀랜드에서 자라는 제철, 유기농 식재료를 사용한 가정식 레스토랑을 운영 중이다. 점심시간에는 '우마미 런치'라는 런치 세트와 국수를 주력 메뉴로 낸다. 매운 홍합 국수 Spicy Pacific NE Mussel Noddle($16)도 인기다. 저녁은 목, 금, 토요일에 오마카세($65)로 운영하는데 미리 예약해야 맛볼 수 있다.

주소 1235 SW Jefferson St **전화** 503-227-4136 **오픈** 점심 수~토요일 11:30~14:00, 저녁 목~토요일 18:00~21:00 **휴무** 일~화요일 **교통** SW 11th & Jefferson 스트리트카 역에서 도보 2분 **홈페이지** www.shizukupdx.com **지도** p.247-D

돈가스와 샐러드, 미소 된장, 밥으로 구성된 우마미 런치 세트

더 데일리 피스트
ⓢ
The Daily Feast
▶ 미국 가정식

30년을 이어온 자부심의 미국 가정식

30년 동안 한 자리를 지켜온 아침 식사 식당. 빨리 나오고 저렴하며 단골 친화 서비스로 자리를 굳혔다. 미국 가정식을 내는 다른 식당과는 차별화된 흔치 않은 메뉴가 큰 특징이다. 직접 반죽하고 튀겨낸 옥수수 칩이라든가 전통 스타일의 잉글리시 머핀, 재료를 아끼지 않고 만드는 건강 과일 주스 등을 내놓으며 자타 공인 미국 서부의 마지막 가정식이라 자부할 정도다. 직접 만든 옥수수 칩에 달걀과 아보카도를 올린 칠라킬레스 ChilaQuiles($10.50)가 최고 인기다. 점심 메뉴로는 수제 패티로 만든 각종 버거($10~12)를 추천한다.

주소 837 SW 11th Ave **전화** 503-206-7838 **오픈** 월~금요일 07:00~15:00, 토·일요일 08:00~14:00 **휴무** 없음 **교통** SW 11th & Taylor 스트리트카 역에서 도보 1분 **홈페이지** thedailyfeastpdx.com **지도** p.247-E

케니 & 주크스 델리카트슨
Kenny & Zuke's Delicatessen
▶ 유대식 델리

유대인 전통 방식으로 만든 한 끼
유대인 전통 방식의 델리로, 직접 만든 파스트라미 Pastrami(햄의 일종)를 넣은 샌드위치가 시그니처 메뉴다. 식당 이름은 포틀랜드 외곽, 힐스데일 Hillsdale의 가장 오래된 브런치 식당에서 따 왔다고 한다. 시골 밥상의 건강함과 신선함, 정직함을 전하고자 하는 마음을 담았다. 케니 & 주크스의 인기 메뉴는 아침 식사로 달걀 2개, 파스트라미 2조각, 랏케스 Latkes 2개가 함께 나오는 222($13,25)다. 참고로 랏케스는 고기와 감자 등을 다져서 튀겨낸 유대인 전통 요리다. 월~금요일 오전 11시부터 오후 2시 사이에는 하프 샌드위치와 사이드 메뉴를 세트로 $9.75에 판매한다. 매장 내에 별도의 베이글 매대도 있다.

주소 1038 Southwest Harvey Milk Street **전화** 503-222-3354 **오픈** 월~목요일 07:00~20:00(금요일 ~21:00), 토요일 08:00~21:00(일요일 ~20:00) **휴무** 없음 **교통** SW 11th & Al der 스트리트카 역에서 도보 2분 **홈페이지** www.kennyandzukes.com/delicatessen/ **지도** p.247-B

동그란 것이 바로 랏케스

그라사
Grassa
▶ 파스타 전문점

착한 가격에 맛보는 장인의 수제 파스타
장인이 만드는 수제 파스타 전문점 그라사. 콘셉트만 보면 꽤나 비쌀 것 같지만 저렴하고 양도 넉넉한 파스타를 먹을 수 있는 곳이다. 제각각 다른 모양의 파스타에 신선한 제철 식재료를 듬뿍 넣어 만든 덕에 식당은 늘 문전성시를 이룬다. 입장과 동시에 입구에서 주문하고, 번호표를 받아 자리에 앉아 기다리는 시스템이다. 맥 & 치즈에 구운 통삼겹살을 얹은 포크 밸리 맥 & 치즈 Pork Belly Mac & Cheese($13)가 특히 인기다. 해산물을 좋아하는 사람이라면 오징어 먹물을 넣고 반죽한 파스타에 싱싱한 조개를 넣은 스퀴드 잉크 키타라 Squid Ink Chitarra($14)를 주문해 보자.

주소 2360, 1205 SW Washington St **전화** 503-241-1133 **오픈** 11:00~22:00 **휴무** 없음 **교통** SW 11th & Alder 스트리트카 역에서 도보 3분 **홈페이지** grassapdx.com **지도** p.247-B

ⓢⓢ 마수 스시
Masu Sushi
▶ 스시, 롤 전문점

톡톡 튀는 아이디어가 빛나는 스시와 롤

2004년 문을 연 마수 스시는 톡톡 튀는 아이디어가 빛나는 스시로 유명한 곳. 거리에 서 있는 작은 입간판을 따라 좁은 계단을 올라가면 마치 깜짝 놀래 주려고 작정이라도 한 듯 높은 천장과 커다란 창문, 탁 트인 홀이 나타난다. 붉은 벽돌로 마감한 벽과 식당 한가운데에 놓인 칵테일 바가 묘한 분위기를 자아낸다. 이름도 무시무시한 데스 오브 스시 Death Of Sushi($18) 롤은 연어와 장어, 게살을 아보카도와 함께 말아 통으로 튀긴 후 날치알과 쪽파, 장어 소스를 얹어낸다. 든든한 한 끼로도 좋고, 사케에 안주 삼아 먹기에도 손색이 없다.

주소 406 SW 13th Ave **전화** 503-221-6278 **오픈** 월~목요일 11:30~23:00(금요일 ~24:00), 토요일 16:00~24:00(일요일 ~22:00) **휴무** 없음 **교통** SW 11th & Alder 스트리트카 역에서 도보 3분 **홈페이지** masusushi.com **지도** p.247-B

ⓢ 미 메로 몰레
Mi Mero Mole
▶ 멕시코 음식점

멕시코의 진짜 길거리 음식

멕시코인들이 즐겨 먹는 길거리 음식이 미 메로 몰레의 콘셉트다. 멕시코의 대표 길거리 음식인 기사도스 Guisados가 주력 메뉴. 기사도스는 집밥 스타일로 오래 끓인 스튜, 혹은 찜 요리이다. 보통 닭고기나 소고기, 혹은 양고기 등을 전통 소스와 함께 오랜 시간 뭉근히 끓여 맛을 낸다. 그중에서도 미멜라 치킨 팅가 Memela Chicken Tinga($8.75)를 주문해 보자. 도톰하게 구워낸 토르티야 위에 으깬 팥을 바른 후, 치폴레 토마토소스를 넣어 만든 치킨 기사도스를 올려 내는 요리다. 우리에게 친근한 타코나 나초도 판매한다. 미 메로 몰레의 모든 토르티야는 멕시코산 닉스타말 Nixtamal(옥수수의 일종)을 직접 갈아 만든다고 하니 무엇이든 토르티야를 사용한 메뉴를 주문해보는 것이 좋겠다.

주소 32 NW 5th Ave **전화** 971-266-8575 **오픈** 월~목요일 07:30~21:00(금요일 ~22:00), 토요일 12:00~22:00(일요일 ~21:00) **휴무** 없음 **교통** 맥스 라이트 레일 NW 5th & Couch MAX Station에서 도보 3분 **홈페이지** mmmtacospdx.com **지도** p.247-C

치킨 기사도스를 올린 미멜라 치킨 팅가

ⓢ ⓢ

레천
Lechon
▶남아메리카식 브런치

주소 113 SW Naito Pkwy 전화 503-219-9000 오픈 점심 월~금요일 11:00~14:00 / 저녁 일~월요일 16:30~21:00(화~목요일 ~22:00, 금·토요일 ~23:00) / 해피 아워 월~금요일 16:30~17:30, 토·일요일 15:00~17:00 휴무 없음 (크리스마스 주간과 연말연시 운영시간 변경) 교통 맥스 라이트 레일 Oak/ SW 1st Ave MAX Station에서 도보 2분 홈페이지 lechonpdx.com 지도 p.247-C

장작을 때서 만드는 흔치 않은 남아메리카의 맛

아르헨티나, 칠레, 파라과이 등의 음식을 내는 음식점이다. 2014년에 문을 열어 아직은 새내기 레스토랑으로 알려졌지만, 내공은 고수 부럽지 않다는 평이다. 그도 그럴 것이, 가스스토브가 아닌 장작을 때서 만들기 때문에 맛과 풍미가 남다르다. 특히 28일 동안 드라이 에이징을 거친 립아이를 고수가 들어간 남미식 버터와 곁들여 먹는 스테이크($42)가 단연 최고다. 나머지 메뉴들은 모두 $7~30 사이로 저렴한 편이다. 음식에 들어가는 피클이나 소스 역시 레스토랑에서 직접 만들고 담근 것으로 사용한다. 한 달에 한 번 미리 예약한 손님 한정으로 세계 이곳저곳의 요리로 채워진 일요일 저녁 만찬 이벤트를 연다(온라인 문의 요망).

블루 스타 도너츠
Blue Star Donuts
▶고메 도넛 전문점

주소 1155 SW Morrison St #102 전화 503-265-8410 오픈 07:00~20:00 휴무 없음 교통 SW 11th & Alder 스트리트카 역에서 도보 3분 홈페이지 www.bluestardonuts.com 지도 p.247-B

건강을 생각한 미식 도넛

현지인들이 추천하는 도넛 전문점이다. 도넛을 불량 식품이 아닌 제대로 된 요리로 승화시키려는 노력이 담긴 곳으로, 모든 재료에 열려 있는 도넛의 신세계라 할 수 있다. 역사나 지역에서 제철에 나는 식재료를 사용하며 계절 한정 스페셜 도넛 덕에 늘 새로운 맛을 볼 수 있다. 그러니 다음에 갔을 땐 지난번에 먹었던 도넛이 메뉴에서 사라지는 일도 당연한 곳. 그날 생산한 도넛이 다 팔리면 문을 닫기 때문에 주말에는 서둘러 가는 것이 좋다.

커리어 커피
Courier Coffee
▶카페 & 로스터리

주소 923 SW Oak St 전화 503-545-6444 오픈 월~금요일 07:00~18:00, 토~일요일 09:00~17:00 휴무 없음 교통 NW 10th & Couch 스트리트카 역에서 도보 2분 홈페이지 www.couriercoffeeroasters.com 지도 p.247-B

당신이 와서 마시거나, 자전거를 달려 배달하거나!

포틀랜드의 레스토랑이나 베이커리 직원들이 적극 추천하는 진정한 현지 커피 강자다. 커리어의 커피는 중간 정도의 로스팅으로 스텀프타운의 커피보다 고소하고 은근한 단맛이 느껴진다. 오너는 직접 로스팅한 원두를 자전거로 배달했던 조엘 돔레이스 Joel Domreis다. 사업이 성장했지만 조엘은 여전히 커피 로스팅과 배달만 맡고, 매장 관리나 커피 제조는 직원들의 몫이다. 구매자에게 직접 배달할 수 있는 양만을 로스팅하고, 직접 배달할 수 있는 거리에 있는 장소에만 판매한다는 원칙이 있다. 온라인 판매를 하지 않기 때문에 원두를 사려고 직접 찾아오는 손님들이 꽤 많다.

부두 도넛
Voodoo Doughnut
▶ 도넛 전문점

불량 식품 본연의 자세
포틀랜드하면 바로 부두 도넛을 얘기할 정도로 이 도넛 가게의 유명세는 대단하다. 24시간 영업을 하는데도 불구하고 기다리는 줄은 줄어들지 않는다. 독특한 모양과 몸서리칠 정도의 단맛이 부두 도넛을 포틀랜드에 오면 꼭 한번 들러야 하는 명소로 만들었다. 그중 가장 인기 있는 것은 부두 인형을 본따 만든 부두 돌 Voodoo Doll($1.95)로, 사람 모양의 도넛 위에는 초코를 바르고 안에는 라즈베리 젤리로 채웠다. 시판되는 초코 볼이나 초코 쿠키를 잔뜩 올린 도넛도 인기다. 마치 "그래 난 불량식품이다, 그게 뭐 어때서? 맛만 좋구만!"이라고 항변하듯 알록달록한 비주얼이 매우 유혹적이다.

주소 22 SW 3rd Ave **전화** 503-241-4704 **오픈** 상시 **휴무** 없음 **교통** 맥스 라이트 레일 Skidmore Fountain MAX Station에서 도보 3분 **홈페이지** www.voodoodoughnut.com **지도** p.247-C

스텀프타운 커피 로스터스
Stumptown Coffee Roasters
▶ 카페 & 로스터리

포틀랜드 커피 세계화의 주역
1999년 시작된 포틀랜드 대표 커피 브랜드다. 포틀랜드에 총 5개의 점포가 있다. 스텀프타운에서 로스팅한 커피는 동부의 뉴욕까지 이름을 알렸을 뿐만 아니라 포틀랜드를 커피의 도시로 알리는데 큰 몫을 했다. 스텀프타운에서는 스페셜티급의 원두만을 선별해 직접 로스팅해 판매한다. 커피 특유의 고소한 향과 어우러지는 쌉쌀한 맛이 특징적이다. 다운타운에는 2개 지점이 운영 중인데 여행자들은 에이스 호텔 지점을 많이 찾지만 여유롭게 커피를 즐기고 싶다면 다운타운 지점을 추천한다. 두 곳 모두 아날로그 감성에 충실하면서도 감각적인 내부가 인상적이다.

● 다운타운 지점
주소 128 SW 3rd Ave **전화** 855-711-3385 **오픈** 월~금요일 06:00~19:00, 토·일요일 07:00~19:00 **휴무** 없음 **홈페이지** www.stumptowncoffee.com **교통** 맥스 라이트 레일 SW 5th & Oak MAX Station에서 도보 3분 **지도** p.247-C

● 에이스 호텔 지점
주소 1026 SW Harvey Milk St **전화** 503-224-9060 **교통** 맥스 라이트 레일 Skidmore Fountain MAX Station에서 도보 3분 **지도** p.247-B

Special

세계 각국의 맛, 여기 모여!
파인 스트리트 마켓 Pine Street Market

2016년에 문을 연 파인 스트리트 마켓은 포틀랜드의 역사적인 건물에 위치한 식당가이다. 건물은 1886년에 지어진 캐리지 & 배기지 빌딩 Carriage & Baggage Building으로, 1900년대 초까지는 마차 보관 시설로 사용되었다고 한다. 이후 자동차가 말을 대체하기 시작하자 창고로 이용되다가, 1969년부터 1981년까지는 스파게티 공장으로, 1980년대 초반부터는 1층에 악명 높은 나이트클럽이 운영되기도 했다. 국가 사적지로 등재되어 내외부 골격은 그대로 두고, 개보수를 거쳐 파인 스트리트 마켓이라는 이름으로 문을 열었다. 많은 사람들이 이 역사적인 건물에서 한 끼를 먹기 위해 이곳을 찾는다. 높은 천장과 넓은 홀이 있지만, 늘 좁게 느껴질 정도이다. 총 8개의 음식점이 푸드 코트 형태로 입점해 있는데, 모든 식당들은 이미 다른 곳에 이름난 본점이 있는 맛집들이다. 미국, 이탈리아 요리는 물론 일식과 한식까지 한자리에서 즐길 수 있다. 각 점포마다 영업 시간이 다르니 주의할 것!

주소 126 SW 2nd Ave **교통** 맥스 라이트 레일 Oak / SW 1st Ave MAX Station에서 도보 2분 **홈페이지** www.pinestreetpdx.com **지도** p.247-C

블레스 유어 하트 버거스
Bless Your Heart Burgers

전통적인 미국식 버거와 감자튀김을 파는 곳. 칵테일과 함께 1990년대 스타일을 즐기기 좋다.

전화 503-719-4221 **오픈** 11:00~22:00

김 종 스모크 하우스
Kim Jong Smokehouse

한국의 길거리 음식과 한국식 바비큐 식당으로 유명한 식당. 비빔밥과 고기 덮밥이 주요 메뉴다.

전화 503-477-9364 **오픈** 일~목요일 11:00~21:00(금·토요일 ~22:00)

쿠레
KURE

건강 음료를 판매하는 코너. 유기농 주스와 스무디, 디톡스 음료 등을 취급한다. 간단한 식사 메뉴로는 여러 가지 재료를 한 그릇에 담아 파는 보울 Bowl이 있다.

전화 855-777-5873 **오픈** 일~금요일 09:00~15:00(토요일 ~20:00)

마루킨 라멘
Marukin Ramen

일본 도쿄에 본점을 둔 마루킨 라멘의 포틀랜드 지점이다. 수제 면으로 만든 라멘이 주 메뉴로 파인 스트리트 마켓에서 단연 인기가 최고다.

전화 503-224-0798 **오픈** 11:00~22:00

올림피아 프로비전스 퍼블릭 하우스
Olympia Provisions Public House

소시지와 초리소 등 육가공품으로 유명한 올림피아 프로비전스 퍼블릭 하우스에서 운영하는 곳이다. 독일식 소시지와 프레첼을 맛볼 수 있다.

전화 971-386-2199 **오픈** 월~금요일 11:00~22:00(토·일요일 10:00~)

폴로 브라보
Pollo Bravo

셰프 조쉬 스코필드 Josh Scofield가 스페인과 멕시코 요리에서 영감을 받아 차린 타파스 바. 빠르고 저렴하게 스페인 음식을 즐길 수 있다.

전화 503-477-8999 **오픈** 일~목요일 11:00~22:00(금·토요일 ~23:00)

체커보드 피자
Checerboard Pizza

푸드 코트에 빠질 수 없는 것이 피자다. 제임스 비어드 상 수상자인 켄 포키시 Ken Forkish가 운영하는 곳으로, 18인치에 다다르는 커다란 피자를 낸다.

전화 503-299-2000 **오픈** 일~목요일 11:00~21:00(금·토요일 ~22:00)

위즈방 바
Wizbang Bar

포틀랜드의 아이스크림 브랜드인 솔트 & 스트로에서 운영하는 아이스크림 바. 푸드 코트에서 무엇을 먹든 디저트는 이곳에서 먹을 요량인 사람들로 붐빈다.

전화 503-384-2150 **오픈** 일~목요일 12:00~22:00(금·토요일 ~23:00)

하트 커피
Heart Coffee
▶ 카페 & 로스터리

원두 본연의 맛을 중요하게 생각하는 로스팅

포틀랜드에 총 3개 지점이 영업 중인 하트 커피. 2009년 10월에 문을 연 이래 점점 명성을 더해가고 있는 로스터리 중 하나다. 핀란드 출신인 프로 스노보드 선수 뷔레 일리루오마 Wille Yli-Luoma가 오너다. 원두에 맞는 로스팅의 정도를 찾아내는 것을 중요하게 생각하는 로스터리로, 강배전이나 약배전이라는 말을 쓰지 않는다. 맛과 향에 따라 하트 커피만의 이름을 붙여 판매한다. 로스팅 과정을 직접 볼 수 있는 있는 이스트 번사이드 지점(2211 E Burnside St)이 가장 인기가 많지만 여행자들에게는 접근성이 좋은 다운타운 지점을 추천한다.

주소 537 SW 12th Ave **전화** 503-224-0036 **오픈** 월~금요일 07:00~18:00(토·일요일 08:00~) **휴무** 없음 **교통** SW 11th & Alder 스트리트카 역에서 도보 2분 **홈페이지** www.heartroasters.com **지도** p.247-B

키오스코
Kiosko
▶ 카페

커피 맛의 신세계, 멕시칸 커피

스몰 타임 로스터스 Small Time Roasters에서 운영하는 첫 번째 카페. 멕시코인 커플이 운영하는 스몰 타임 로스터스는 2016년 지인들에게 로스팅 원두를 판매하다가 포틀랜드의 에어비앤비 사무실에 지속적으로 원두를 공급하게 되면서 자신들의 카페를 열었다. 키오스크의 커피는 멕시칸 스타일로, 계절에 따라 럼이나 계피, 혹은 초콜릿을 섞어 독특한 맛의 커피를 선보인다. 2호점 콘 레체 Con Leche는 엘리자베스 파크 옆, 3호점 라 펠리타 La Perlita는 펄 디스트릭트에 있다.

주소 1816 SW River Dr **오픈** 07:00~16:00 **휴무** 없음 **교통** SW River Parkway & Moody 스트리트카 역에서 도보 3분 **홈페이지** www.altfiroasters.com **지도** p.7-E

데드스톡 커피
Deadstock Coffee
▶ 베이커리 & 카페

고상한 척은 넣어둬, 우리는 쩌는 커피만 팔아!

과거 나이키의 신발 디자이너였던 이안 윌리엄스 Ian Williams가 운영하는 카페다. 카페 이곳 저곳에는 멋진 나이키 신발이 그의 경력을 증명하듯 걸려 있다. 데드스톡 커피는 '고상한 척 하지 않는 엄청나게 맛있는 커피 Snob-Free Coffee, Coffee Should be Dope'를 지향한다. 커피와 달달한 차, 레모네이드를 섞은 리브로날드 파머 Lebronald Palmer나, 쿨에이드 Kool Aid(분말주스)와 커피를 섞어 만든 녹색 커피 차지 업 Charge Up 등이 좋은 예라 할 수 있다. 실험적인 도전을 할 용기가 없다면 기본 커피를 주문해도 좋다. 이안이 직접 로스팅한 원두로 내리는 커피는 군더더기 없이 깔끔한 맛이 특징이다.

주소 408 NW Couch St **전화** 971-220-8727 **오픈** 월~금요일 07:30~16:00, 토요일 09:00~17:00, 일요일 10:00~16:00 **휴무** 없음 **교통** 맥스 라이트 레일 NW 5th & Couch MAX Station에서 도보 1분 **홈페이지** www.dead stockcoffee.com **지도** p.247-C

펄 디스트릭트 Pearl District

($) 핫 립스 피자
Hot Lips Pizza
▶친환경 피자 전문점

주소 721 NW 9th Ave #150 **전화** 503-595-2342 **오픈** 11:00~22:00 **휴무** 없음 **교통** NW 10th & Johnson 스트리트카 역에서 도보 1분 **홈페이지** www.hotlipspizza.com **지도** p.246-C

건강한 식재료는 기본, 맛까지 장착한 친환경 피자

1984년 문을 연 피자 전문점으로 포틀랜드에 총 5개의 점포를 운영하고 있다. 지역 농장에서 매일 배달되는 식재료 손질부터 피자 굽기까지 전 과정을 직접 하며, 가공된 식재료는 절대 쓰지 않는 것을 원칙으로 한다. 이처럼 건강한 식재료도 물론이지만 가장 큰 인기의 비결은 바삭바삭한 도우다. 피자는 3가지 크기 중 선택해서 주문할 수 있으며 가장 작은 사이즈인 10인치는 대략 $10선, 가장 큰 14인치는 $20 정도 한다.

($) 풀러스 커피 숍
Fuller's Coffee Shop
▶미국식 아침 식사 전문점

주소 136 NW 9th Ave **전화** 503-222-5608 **오픈** 화~금요일 06:00~15:00, 토요일 07:00~14:00(일요일 08:00~) **휴무** 월요일 **교통** NW 10th & Couch 스트리트카 역에서 도보 2분 **홈페이지** fullers-coffee-shop-portland.sites.tablehero.com **지도** p.247-B

80년 터줏대감 아침밥집

전형적인 미국식 아침 식사를 내는 식당으로 1941년 문을 열었다. 같은 자리를 80년이 넘도록 지켜온 내공이 돋보인다. 지역 단골들이 워낙 많아 아침 시간이면 늘 붐빈다. 맛은 기본, 넉넉한 양과 저렴한 가격의 삼박자가 인기의 비결이다. 소시지를 촉촉한 팬케이크에 감싸 버터와 먹는 피그 인 어 블랭킷 Pig in a Blanket($7.50), 사람들이 가장 많이 찾는다는 리치 크리미 오믈렛 Rich Creamy Omelettes($9.95)을 주문해 보자. 음료까지 마셔도 1인당 $15를 넘지 않는다. 싱싱한 굴튀김도 한 접시에 $8.50면 먹을 수 있다.

소시지를 팬케이크에 감싼 피그 인 어 블랭킷

($)($) 파크 키친
Park Kitchen
▶창작 요리 전문점

주소 422 NW 8th Ave **전화** 503-223-7175 **오픈** 저녁 화~토요일 17:00~21:00, 해피 아워 화~토요일 17:00~18:00 **휴무** 일·월요일 **교통** NW 10th & Glisan 스트리트카 역에서 도보 3분 **홈페이지** parkkitchen.com **지도** p.246-C

국적 불명 창작 요리를 내는 도전적인 식당

노스웨스트 파크 앞, 노란색 외관이 인상적인 식당이다. 규모는 작지만 포틀랜더의 사랑을 듬뿍 받는 곳이다. 이국적인 조리법과 양념으로 만들어내는 창작 요리가 주를 이룬다. 정해진 메뉴 없이 계절과 제철 식재료에 따라 메뉴가 수시로 바뀐다. 이탈리아식 라비올리가 나오기도 하고 토르티야를 활용한 멕시코 요리를 내기도 한다. 무엇을 먹든 적당한 가격에 좋은 맛의 음식을 내니 한 번쯤 설레는 마음으로 찾아볼 것!

ⓢ
오베이션 커피 & 티
Ovation Coffee & Tea
▶ 카페

유러피언 에스프레소와 모로칸 민트 티의 만남

여러 종류의 스콘과 모로칸 에스프레소 음료를 즐길 수 있는 곳. 독특한 향의 민트 차와 커피, 우유가 도무지 어울릴 것 같지 않지만 꽤 맛있는 차를 만들어 낸다. 아침부터 문을 닫는 시간까지 꾸준히 사람들의 발길이 이어지는 이유다. 에스프레소와 드립 커피 등의 커피 메뉴도 있지만, 에스프레소와 모로칸 차를 섞은 모로칸 라테($4.25)를 주문해보자. 모로칸 스타일의 주전자에 담아 주는데 아주 뜨거우니 주의할 것. 함께 판매되는 베이커리류도 간단하게 아침 식사를 즐기려는 사람들에게는 안성맞춤이다.

주소 941 NW Overton St **전화** 503-719-7716 **오픈** 월~금요일 06:00~18:00, 토·일요일 07:00~17:00 **휴무** 없음 **교통** NW 10th & Northrup 스트리트카 역에서 도보 2분 **홈페이지** www.ovationpdx.com **지도** p.246-C

ⓢ
펄 베이커리
Pearl Bakery
▶ 아르티장 베이커리

유명 레스토랑들이 격찬하는 소량 생산 빵집

1997년 문을 연 제과점. 포틀랜드의 유명 레스토랑인 클라이드 커먼 Clyde Common, 어반 파머 Urban Farmer, 브로더 카페 Broder Cafe(p.328) 등 유명 레스토랑에서 펄 베이커리의 빵을 사용하는 것을 자랑스럽게 생각할 정도로 이름난 빵집이다. 몸집을 키우는 성장을 지양하고 고품질의 빵을 소량 생산하는 작은 아르티장 빵집으로 남는 것이 목표라고 한다. 크루아상과 브리오슈 외에도 3가지 방법으로 발효한 발효 빵들이 인기다.

주소 102 NW 9th Ave **전화** 503-827-0910 **오픈** 월~금요일 06:30~17:30, 토요일 07:00~17:00, 일요일 08:00~16:00 **휴무** 없음 **교통** NW 10th & Couch 스트리트카 역에서 도보 1분 **홈페이지** pearlbakery.com **지도** p.247-B

노브 힐 Nob Hill

더 웨이팅 룸
The Waiting Room
▶ 미국 가정식

힙스터 문화가 녹아든 레스토랑

미국의 하드 코어 밴드 푸가지 Fugazi의 노래 '더 웨이팅 룸 The Waiting Room'에서 식당 이름을 땄다. 1980~1990년대의 음악과 스케이트보딩이 유행하던 때의 분위기를 살린 실내외 인테리어가 돋보인다. 식당 안의 모든 가구는 지역 예술가들과 협업해 수공으로 만든 것이다. 간단한 플레이트 메뉴를 선보이며, 더 돈 The Don($15)과 같은 독특한 메뉴도 인기의 요인이다. 더 돈은 단짠의 기막힌 조화가 돋보이는 이 집의 시그니처 메뉴. 커다랗게 튀긴 도넛 위에 아이싱 슈거와 프라이드치킨이 올려 나온다. 옥수수 가루를 섞은 반죽을 동그랗고 작게 튀긴 콘 밀 허시 퍼피스 Cornmeal Hush Puppies($8)도 인기 메뉴 중 하나다.

주소 2327 NW Kearney St **전화** 503-477-4780 **오픈** 화~토요일 16:00~22:00, 일요일 10:00~14:00 **휴무** 월요일 **교통** NW 22nd & Lovejoy 스트리트카 역에서 도보 2분 **홈페이지** www.thewaitingroompdx.com **지도** p.246-B

시그니처 메뉴, 더 돈

파파 하이든
Papa Haydn
▶ 디저트 전문점

오후의 피로를 녹이는 디저트

1978년 작은 케이크 전문점으로 시작해 노브 힐에서 손꼽히는 디저트 전문점이자 레스토랑이 되었다. 이름은 18세기의 작곡가 하이든에서 따왔다. 가장 인기리에 판매되는 케이크 베이크드 알래스카 Baked Alaska($9.75)는 바나나 아이스크림과 하단의 티 아이스크림, 바닥의 초콜릿 과자가 어우러져 뛰어난 식감과 맛을 자랑한다. 화이트 와인에 오렌지와 라임, 베리류의 과일을 듬뿍 넣어 청량감과 과일향이 풍부한 상그리아 블랑카 Sangria Blanca($12)를 곁들이면 오후의 피로가 스르륵 녹아 없어진다. 식사도 좋지만 늦은 오후, 여행으로 쌓인 피로를 녹이러 찾기 좋은 곳이다.

주소 701 NW 23rd Ave **전화** 503-228-7317 **오픈** 월~목요일 11:30~22:00(금・토요일 ~24:00), 일요일 10:00~22:00 **휴무** 없음 **교통** NW 23rd & Irving 15번 버스 정류장에서 도보 1분 **홈페이지** www.papahaydn.com **지도** p.246-B

생 오노레 브랑제리
St. Honoré Boulangerie
▶ 베이커리

주소 2335 NW Thurman St **전화** 503-445-4342 **오픈** 06:30~20:00 **휴무** 없음 **교통** NW Thurman & 23rd Pl 15번 버스 정류장 바로 앞 **홈페이지** www.sainthonorebakery.com **지도** p.246-B

포틀랜더들이 입을 모아 칭찬하는 프랑스 빵집

고등학교 졸업 후 프랑스 루앙 Rouen에 있는 제빵 학교에 입학, 이후 제빵에 인생을 바친 제빵사 도미니크 Dominique가 운영하는 제과점이다. 2003년 문을 연 이후 수많은 경연대회에서 수상한 경력을 추가하면서 포틀랜드 대표 베이커리로 자리 잡았다. 브리오슈 안에 사우어 크림과 달걀노른자를 넣은 브리오슈 코코테 Brioche Cocotte ($11.25)는 꼭 먹어볼 것. 따스하면서도 상큼한 맛이 일품이다.

켄스 아르티장 베이커리
Ken's Artisan Bakery
▶ 아르티장 베이커리

제임스 비어드 상이 주목한 페스트리 맛집

포틀랜드를 소개하는 다양한 매체에 베스트 베이커리로 소개되며 점점 유명세를 타고 있는 제과점 중 하나다. 오븐 베이킹의 장인 켄 포키쉬 Ken Forkish가 운영하며, 나무를 땐 오븐에 빵을 구워낸다. 파이와 쿠키, 크루아상, 계절 과일을 올린 타르트와 페이스트리가 유명하다. 오늘의 수프 스페셜도 빼놓을 수 없는 인기 메뉴. 이른 아침부터 빵 굽는 냄새와 함께 활기찬 아침을 시작하는 포틀랜더들을 만날 수 있다.

주소 338 NW 21st Ave **전화** 503-248-2202 **오픈** 월~토요일 07:00~18:00, 일요일 08:00~17:00 **휴무** 없음 **교통** NW 21st & Lovejoy 스트리트카 역에서 도보 5분 **홈페이지** kensartisan.com **지도** p.246-B

커피하우스 노스웨스트
Coffeehouse Northwest
▶ 카페 & 로스터리

바리스타의 기술로 명성을 얻은 카페

2004년 문을 연 카페로 커피계의 스타 바리스타 애덤 맥고번 Adam Mcgovern이 운영한다. 커피의 맛을 결정하는 여러 요소 중 하나가 바리스타의 실력이다. 스텀프타운의 원두를 사용하는 카페는 많지만, 그 중에서도 독보적인 바리스타 기술로 주목받았다고 한다. 스텀프타운 커피가 포틀랜드를 대표하는 로스팅 브랜드라면 커피하우스 노스웨스트는 포틀랜드 바리스타의 수준을 보여주는 카페다. 문을 연 지 6년 만인 지난 2010년부터는 스텔링 커피 로스터 Sterling Coffee Roaster(518 NW 21st Ave)도 함께 운영하고 있다.

주소 951 W Burnside St **전화** 503-248-2133 **오픈** 월~금요일 06:30~18:00, 토·일요일 07:30~17:00 **휴무** 없음 **교통** W Burnside & NW 19th St 버스 정류장에서 도보 1분 **홈페이지** www.facebook.com/coffeehousenw **지도** p.247-A

사우스포틀랜드 서부 Southwest Portland

지지스 카페
Gigi's Cafe
▶ 프랑스 와플 전문점

푸드 카트에서 시작한 프랑스식 와플 맛집

고프르 고메 Gaufre Gourmet라는 이름의 푸드 카트로 시작한 식당이다. 고프르는 바삭하면서 쫄깃한 식감의 프랑스식 와플을 뜻하는 프랑스어다. 푸드 카트에서 4년간 쌓은 경험을 바탕으로 사우스웨스트 지역의 힐스데일에 점포를 열었다.

농장에서 공수한 신선한 재료와 직접 만든 시럽을 올린 와플이 시그니처 메뉴다. 버터와 달걀을 듬뿍 넣은 브리오슈 반죽에 와플을 굽기 직전 펄 슈거를 넣는다. 구워지는 동안 설탕이 녹으면서 달콤한 맛을 내며, 캐러멜라이즈 코팅으로 높은 밀도와 쫄깃한 질감을 갖게 된다. 와플로 만든 다양한 아침 식사 메뉴가 가장 인기다. 가격대는 $6~14. 포틀랜드와 시애틀의 핫한 먹거리 중 하나인 치킨 와플($14) 역시 지지스의 와플로 만들면 더욱 특별한 맛을 낸다.

스크럼블 에그와 베이컨을 넣은 와플 브렉퍼스트 새미
Waffle Breakfast Sammy

주소 6320 SW Capitol Hwy **전화** 503-977-2233 **오픈** 일~목요일 08:00~15:00(금·토요일 ~20:00) **휴무** 없음 **교통** SW Capitol & Sunset 버스 정류장에서 도보 2분 **홈페이지** www.gigiscafepdx.com

---

TRAVEL TIP

맥주를 재미나게 마시는 포틀랜드만의 방법

브루 사이클 포틀랜드 Brew Cycle Portland

여러 명이 운전하는 재미난 자전거를 타고 포틀랜드의 유명 브루어리를 돌며 맥주를 마시는 투어가 있다. 친환경 도시 포틀랜드와 맥주의 도시 포틀랜드의 모습을 한 번에 체험할 수 있는 방법이라 할 수 있다. 2시간 30분 동안 3개의 브루어리에서 시음을 하는 프로그램인데, 팀원들과 함께 열심히 페달을 밟아야 모든 장소에 들를 수 있다. 맥주가 더욱 시원하고 달달하게 느껴지는 건 당연한 일! 비가 와도 달리며, 우비는 각자 준비해야 한다. 여러 개의 루트가 있어 예약 시 선택 가능하다.

주소 1425 NW Flanders St **전화** 971-400-5950 **오픈** 월~토요일 10:30~19:00(일요일 11:00~) **휴무** 없음 **요금** 일~목요일 $30, 금·토요일 $35 **교통** NW 10th & Glisan 스트리트카 역에서 도보 5분 **홈페이지** www.brewgrouppdx.com/brewcycle **지도** p.123-A

포틀랜드 소규모 창업과 미식의 시작점
푸드 카트 Food Cart

포틀랜드는 다양한 문화를 가진 도시다. 그중 하나로 600개가 넘는 푸드 카드로 대변되는 포틀랜드의 음식 문화를 꼽을 수 있다. 포틀랜드 최초의 푸드 카트는 1910년 조셉 가토 Joseph Gatto가 끄는 손수레였다고 한다. 이후 그가 손수레를 내려놓고 건물로 이동하며 1990년대 말까지 푸드 카트를 찾아보기 어려웠지만, 2000년부터 중심가를 시작으로 푸드 카트가 생겨나기 시작했다. 2001년에는 175개의 푸드 카트가 한자리에 모인 거리가 형성되었다. 2007~2010년에는 중심가에서 노스이스트 지역으로 점차 영역을 넓히며 그 수가 40% 이상 폭발적으로 증가했다. 당시 경기 불황 속에서 저렴하게 새로운 음식을 먹어볼 수 있다는 것이 장점으로 작용했다. 수많은 푸드 카트 중 일부는 엄청난 인기 몰이를 하며 상점을 내는 성공 사례를 만들어내기도 했다. 물론 상점을 내고도 가장 가까이에서 소비자들의 반응을 살필 수 있는 푸드 카트는 그대로 유지하는 경우도 많다. 2012년부터는 푸드 카트가 경기를 부양하고 청년 실업을 해결하는 대안으로 인정받으며 정부에서도 창업을 적극 지원하고 있다. 포틀랜드의 미식 문화를 주도하는 동시에 빠르게 변하는 음식 트렌드를 반영하는 푸드 카트에서 바로 오늘의 포틀랜드 음식 문화를 체험해보자.

엘더 스트리트 푸드 카트 포드
Alder Street Food Cart Pod

포틀랜드에서 푸드 카트가 가장 많이 모인 곳. 유명한 점포들이 많다.

추천 상점 The Whole Bowl(포케 전문점), Bing Me(중식, 전병), Dump Truck(딤섬 전문점) **위치** 639 SW 10th Ave, 스트리트카 역에서 도보 1분 **지도** p.247-B

3번가 푸드 카트 3rd Ave Food Cart Pod

채식주의자들을 위한 멕시코, 이집트, 태국, 베트남 요리를 만나볼 수 있는 곳

추천 상점 El Masry Egyptian Cuisine(이집트 음식), Stretch The Noodle(중국식 수타면) **위치** SW 3rd Ave & SW Stark St, 맥스 라이트 레일 Oak / SW 1st Ave MAX Station에서 도보 2분 **지도** p.247-C

포틀랜드 주립 대학교 푸드 카트
Portland State University Food Cart Pod

포틀랜드 주립 대학 근처 Southwest 4th Ave와 College St가 만나는 지역. 푸드 카트로 시작해 점포까지 낸 유명 푸드 카트들이 여럿 있다.

추천 상점 The Portland Soup Company(수프 전문점), Nong's Khao Man Gai(태국식 닭고기덮밥) **위치** S.W. Fourth Ave. & College St, 맥스 라이트 레일 PSU South/SW 6th & College MAX Station 앞

5번가 푸드 카트 5th Ave Food Cart Pod

태국과 한국, 모리셔스 등 이국적인 푸드 카트가 모인 곳.

추천 상점 Korean Twist(한식 퓨전), Chez DoDo(모리셔스 음식) **위치** 324 SW 5th Ave, 맥스 라이트 레일 SW 5th & Oak MAX Station에서 도보 2분 **지도** p.247-B

카토피아 푸드 카트 Cartopia Food Cart Pod

윌래밋강 동쪽. 사우스이스트 지역에 있는 푸드 카트로 저녁 식사 중심으로 운영된다. 아기자기한 구성이 돋보이는 곳.

추천 상점 Pyro Pizza (나무 오븐 피자), Chicken and Guns(장작구이 통닭), Potato Champion(푸틴 전문점) **위치** 1207 SE Hawthorne Blvd, SE 12th & Madison 버스 정류장 도보 3분 **지도** p.303-F

Night Life

다운타운 & 올드 타운 Downtown & Old Town

베일리스 탭룸
Bailey's Taproom
▶ 맥주 전문점

오리건주 최고 맥주를 맛보고 싶다면 여기!

26개의 탭을 보유한 수제 맥주 전문점이다. 포틀랜드와 오리건주에서 생산되는 수제 맥주를 엄선해 159리터(1배럴)씩만 들여놓고, 다 팔리면 다른 상품으로 교체하는 시스템으로 운영한다. 정통 필스너부터 IPA, 에일, 사이더는 물론 오크통에서 숙성한 맥주까지 구성이 꽤 탄탄해 언제든 입에 맞는 맥주를 고를 수 있다. 다만 논 쿠커리 바 Non-Cookery Bar이기 때문에 음식 메뉴는 취급하지 않는다. 그 대신 먹고 싶은 안주를 싸 들고 갈 수 있으니 염려할 필요는 없다.

주소 213 SW Broadway **전화** 503-295-1004 **오픈** 12:00~24:00 **휴무** 없음 **교통** 맥스 라이트 레일 SW 6th & Pine MAX Station에서 도보 2분 **홈페이지** www.baileystaproom.com **지도** p.247-B

트라이스트
Tryst
▶ 필리핀 레스토랑 & 바

포틀랜드 주류와 필리핀 음식의 컬래버레이션

1800년대 후반에 지어진 건물 1층에 자리 잡은 레스토랑 겸 바. 오리건주와 포틀랜드 지역에서 생산되는 와인, 맥주를 취급하지만 곁들이는 음식은 필리핀을 비롯한 아시안 스타일 메뉴로 믹스 매치가 돋보이는 곳이다. 여러 재료를 직접 우려내 만드는 수제 칵테일도 인기가 좋다. 이따금 디제잉이나 라이브 공연을 열기도 한다. 부두 도넛이 바로 옆이라 술 한잔하고 도넛으로 입가심하는 사람들을 쉽게 볼 수 있다. 해피 아워에는 맥주와 와인, 칵테일을 $1씩 저렴하게 판매한다.

주소 19 SW 2nd Ave **전화** 503-477-8637 **오픈** 화·수요일 17:00~24:00(목요일 16:00~), 금요일 16:00~02:00(토요일 14:00~), 일요일 16:00~24:00 **휴무** 월요일 **교통** 맥스 라이트 레일 Skidmore Fountain MAX Station에서 도보 2분 **홈페이지** www.bartryst.com **지도** p.247-C

그라운드 컨트롤 클래식 아케이드
Ground Kontrol Classic Arcade
▶게임 바

클래식 게임과 함께 과거로 소환!

1980~1990년대를 풍미한 오락 기계로 꾸며진 펍이다. 100여 개의 클래식 비디오 게임과 40여 대의 핀볼 게임기가 있다. 비디오 게임의 황금시대를 그리워하는 게임 마니아라면 꼭 들러봐야 할 성지와 같은 곳이다. 이외에도 게임 대전, 공연, 디제잉 등 이곳만의 즐길 거리를 제공한다. 주말에는 보통 디제잉이 열리는데, 홈페이지를 통해 사전에 공지 및 예약을 받으니 주말에 방문할 예정이라면 반드시 홈페이지를 확인할 것. 핫도그, 샌드위치, 나초 등 간단한 음식을 판매하며 병맥주와 칵테일을 주문할 수 있다.

주소 115 NW 5th Ave **전화** 503-796-9364 **오픈** 12:00~02:00 **휴무** 없음 **교통** 맥스 라이트 레일 NW 6th & Davis MAX Station에서 도보 1분 **홈페이지** groundkontrol.com **지도** p.123-A

펄 디스트릭트 Pearl District

로그 펄 퍼블릭 하우스
Rogue Pearl Public House
▶수제 맥주 펍

셀 수 없는 수상 경력이 증명하는 맥주

포틀랜드뿐만 아니라 시애틀에서도 인기리에 판매되고 있는 맥주 브랜드 로그 에일에서 운영하는 펍 매장이다. 1988년 설립된 이후 2년 만에 각종 맥주 어워드에서 상을 휩쓸고 있다. 2018년에는 초콜릿과 헤이즐넛으로 맛을 낸 맥주 모카 포터 Mocha Porter로 유나이티드 스테이트 비어 테이스팅 챔피언십 United States Beer Tasting Championship에서 우승을 거머쥐었다. 이외에 진한 독일식 라거인 데드 가이 Dead Guy, 17세기 영국에서 브라운 에일에 헤이즐넛을 가미해 마시기 시작한 헤이즐넛 브라운 넥타 Hazelnut Brown Nectar를 적극 추천한다. 모두 맛보고 싶다면 4가지 맥주를 맛볼 수 있는 샘플러 메뉴($8)를 주문할 것. 해피 아워에는 최고 인기 맥주인 데드 가이를 $3에 판매하며, 매주 월요일에는 모든 맥주의 파인트 사이즈(약 500ml)를 $2에 마실 수 있다.

주소 1339 NW Flanders St **전화** 503-222-5910 **오픈** 일~목요일 11:00~23:00(금·토요일 ~24:00) **휴무** 없음 **교통** NW 10th & Glisan 스트리트카 역에서 도보 4분 **홈페이지** www.rogue.com **지도** p.247-C

텐 배럴 브루잉
10 Barrel Brewing
▶수제 맥주 양조장

포틀랜드의 일상을 마시다

2006년, 쌍둥이 형제가 창업한 브루어리. 포틀랜더의 라이프스타일을 접목한 콘셉트의 맥주로 유명하다. 포틀랜드를 둘러싼 자연 환경, 아웃도어 활동, 계절적 특징 등을 맥주에 담았다. 맥주를 담은 병과 캔의 독특한 디자인만 봐도 이미 맥주 맛이 느껴질 정도. 퇴근 후 마셔야 할 것 같은 필스너 아웃 오브 오피스 Out of Office, 눈 위를 달리며 마셔야 할 것 같은 윈터 에일 프레이 포 스노 Pray For Snow 등 총 10여 가지의 맥주를 생산한다. 계절 한정으로 판매되는 맥주가 많기 때문에 상시 생산되는 건 일곱 종류 정도다. 오리건주를 비롯해 워싱턴주와 멀리 캐나다 밴쿠버까지도 팔려나간다.

주소 1411 NW Flanders St **전화** 503-224-1700 **오픈** 일~목요일 11:00~23:00(금·토요일 ~24:00) **휴무** 없음 **교통** NW 10th & Glisan 스트리트카 역에서 도보 4분 **홈페이지** 10barrel.com **지도** p.246-B

럭키 래브라도 비어 홀
Lucky Labrador Beer Hall
▶수제 맥주

●노스웨스트 지점
주소 1945 NW Quimby St **전화** 503-517-4352 **오픈** 월~수요일 11:00~23:00, 목~토요일 11:00~24:00, 일요일 12:00~22:00 **휴무** 없음 **교통** NW 21St & Pettygrove 77번 버스 정류장에서 도보 5분 **홈페이지** luckylab.com **지도** p.246-B

●사우스웨스트 지점
주소 7675 SW Capitol Hwy **전화** 503-244-2537 **교통** SW Capitol & 33rd St 44번 버스 정류장에서 도보 2분

태양열을 모아 만드는 맥주

태양열을 집열해 만드는 수제 맥주 브랜드로, 포틀랜드 내에 4개의 시음장과 펍을 가지고 있다. 그중 노스웨스트와 사우스웨스트 지역에 2개 매장이 자리한다. 모두 중심가에서 벗어난 위치에 있지만 독특한 분위기라 찾는 사람이 많다. 노스웨스트 지점은 예전에 공장으로 쓰던 건물을 그대로 살렸고, 사우스웨스트 지점은 유리 공예로 꾸며 마치 교회를 연상케 한다. 전 공정을 태양열을 이용해 만드는 수제 맥주는 담백하면서도 깊은 맛이 특징이다. 초콜릿 향이 은은한 전통 스타일의 페일 에일 블루 도그 Blue Dog, 배럴당 1파운드의 홉을 넣어 강한 맛이 특징인 슈퍼 도그 Super Dog를 강력 추천한다.

Shopping

파월스 시티 서점
Powell's City of Books
▶ 서점

세계 최대 규모의 독립 서점

1970년 헌책방으로 시작한 파월스 시티 서점은 포틀랜드를 대표하는 독립 서점이자 세계 최대 규모의 독립 서점이다. 100만 권의 장서를 보유 중이며, 중고 서적은 물론 신간, 각종 독립 출판물들을 판매한다. 엄청난 양의 책은 특이하게도 색깔별로 섹션을 정해 진열한다. 주목할 만한 서적에는 일일이 손으로 쓴 메모를 달아둔 것도 이색적이다. 포틀랜드 동부 3723 SE Hawthorne Blvd에도 엄청난 규모의 지점을 운영하고 있다.

주소 1005 W Burnside St **전화** 800-878-7323 **오픈** 09:00~23:00 **교통** NW 10th & Couch 스트리트카 역에서 도보 2분 **홈페이지** www.powells.com **지도** p.247-B

세컨드 애비뉴 레코즈
2nd Avenue Records
▶ 중고 레코드 숍

음반 발매 트렌드에 따라 변화해 온 전문점

1982년 포틀랜드 시내에 독립적으로 운영되는 음반 가게로 시작했다. 처음 문을 열었을 때는 록, 펑크, 메탈, 랩, 1960년대 소울 & 펑크, 재즈, 블루스, 레게, 스카빌라, 서핑 등 다양한 장르의 신보와 카세트테이프를 판매하는 음반점이었다. 최근 들어 디지털 음반 발매가 대세가 되자, 지금은 빈티지와 중고 레코드를 찾는 사람들의 보물창고 노릇을 톡톡히 하고 있다.

주소 400 SW 2nd Ave **전화** 503-222-3783 **오픈** 월~금요일 11:00~20:00, 토요일 12:00~18:00, 일요일 10:00~20:00 **교통** 맥스 라이트 레일 Oak / SW 1st Ave MAX Station에서 도보 2분 **홈페이지** www.2nda.venuerecords.com **지도** p.247-C

리치스 시가 스토어
Rich's Cigar Store
▶담배·잡화점

도시의 탄생과 함께 해온 담배 가게

124년을 맞는 리치스는 단순한 가게가 아닌 포틀랜드 역사의 한 페이지를 둘러보는 느낌을 주는 가게다. 1894년에 처음 문을 연지 1년 만에 대홍수가 일어나 가게를 잃었으나, 온 가족이 힘을 합쳐 키워내면서 도시와 함께 성장해왔다. 세계 곳곳에서 들여온 시가와 파이프, 일간지, 주간지 등을 판매한다. 그 중에서도 고급스러운 파이프 담뱃대를 구경하는 재미가 쏠쏠하다.

가게 곳곳에 리치스의 역사를 엿볼 수 있는 오래된 잡지나 빈티지 제품을 전시한다.

주소 820 SW Alder St **전화** 503-228-1700 **오픈** 월~금요일 09:00~19:00, 토요일 10:00~17:00, 일요일 09:00~18:00 **교통** Galleria/SW 10th Ave 스트리트카 역에서 도보 2분 **홈페이지** www.richscigarstore.com **지도** p.247-B

컴파운드 갤러리
Compound Gallery
▶스트리트 패션 편집 숍

현재 포틀랜드 스트리트 패션을 한자리에

포틀랜드의 스트리트 패션을 알고 싶다면 컴파운드 갤러리로 가면 된다. 2002년 일본인 카츠 Katsu 씨가 오픈한 가게로, 나이키의 본고장인 포틀랜드의 진면목과 함께 높은 안목으로 선별한 스니커즈, 모자, 의류를 만날 수 있다. 더불어 주변 지역에서 활동하는 디자이너들의 실험적인 스트리트 웨어, 스케이트 브랜드들이 포틀랜드 시장에 진입할 수 있도록 돕는 역할도 하고 있다.

주소 107 NW 5th Ave **전화** 503-796-2733 **오픈** 월~금요일 11:00~20:00(토요일 ~20:00), 일요일 12:00~18:00 **교통** 맥스 라이트 레일 NW 5th & Couch MAX Station 앞 **홈페이지** compound gallery.com **지도** p.247-C

플로팅 월드 코믹스
Floating World Comics
▶만화책 전문점

포틀랜드에서 가장 잘 나가는 만화책방

유명한 마블 MARVEL 시리즈부터 현지의 독립 출판 만화까지 총망라해 판매하는 만화책 전문점이다. 2006년 개업 이래 미국 내 다양한 만화 관련 행사에 참가하거나 후원해 왔고 지역 만화가들이 책을 낼 수 있도록 독립 출판사도 함께 운영하고 있다. 포틀랜드만의 신선하고 독특한 그림체를 가진 작가들을 만날 수 있는 좋은 공간이다. 미국 내에서뿐만 아니라 전 세계적으로 인기 있는 일본 만화의 번역판도 쉽게 볼 수 있다. 매주 수요일에는 주간 연재되는 단행본 만화들이 지속적으로 업데이트된다. 어른용 만화 외에도 아이들을 위한 동화, 만화 코너도 준비되어 있다.

주소 400 NW Couch St **전화** 503-241-0227 **오픈** 11:00~19:00 **교통** 맥스 라이트 레일 NW 5th & Couch MAX Station에서 도보 2분 **홈페이지** floatingworldcomics.com **지도** p.247-C

카누
Canoe
▶디자인 문구 및 소품 전문점

뛰어난 안목이 돋보이는 문구점

일본과 북유럽의 편집 숍에서 영감을 얻어 문을 연 가게다. 공장에서 대량 생산되는 제품이 아닌 장인의 손에서 시간을 들여 천천히 완성된 제품군이 돋보인다. 아름다운 디자인을 바탕으로 매일 사용하고 즐길 수 있는 간단하고 기능적인 제품을 판매한다. 유행을 타지 않으면서도 가까이 오래 두고 사용할 수 있는 문구류, 가죽 소품들이 주를 이룬다. 특별한 사람을 위한 선물을 고르기 좋은 곳이다.

주소 1233 SW 10th Ave **전화** 503-889-8545 **오픈** 10:00~18:00 **교통** Art Museum 스트리트카 역 바로 앞 **홈페이지** canoe.design **지도** p.247-E

텐더 러빙 엠파이어
Tender Loving Empire
▶음반 레이블 & 소품 숍

작가들의 다음 작품을 지원하는 상점

음악 관련 소품, 선물용품을 판매하는 선물 가게다. 2007년에 문을 열고 지금까지 2,000명에 이르는 예술가, 400명이 넘는 음악가와 함께 작업해왔다. 단지 판매를 위해 문을 연 상점이 아니라 예술가들이 경제적인 문제로 인

해 작품 활동을 포기하는 일이 없도록 자리를 지켜온 것. 지역 음악가들의 LP와 CD, 예술가들의 일러스트로 만들어진 액자나 엽서, 브로치들이 점포를 채우고 있다. 지역 공예가의 캔들이나 방향제 등 작은 소품들도 판매한다. 부피가 작은 것들이 많아서 포틀랜드 여행을 기념할 선물들을 사기에 좋은 곳!

주소 412 SW 10th Ave **전화** 503-548-2925 **오픈** 10:30~18:30 **교통** SW 10th & Alder 스트리트카 역에서 도보 3분 **홈페이지** tenderlovingempire.com **지도** p.247-B

브락팍스
BlaqPaks
▶수제 아웃도어용품점

포틀랜드 장인들이 모여 만드는 아웃도어용품

포틀랜드에서 활동하는 아웃도어용품 장인들의 제품을 모아 판매하는 곳이다. 일상생활에도 실용적인 아웃도어용품을 즐겨 쓰는 포틀랜더들의 취향을 알아볼 수 있다. 이곳은 공방이자 판매장으로,

장인들이 열심히 제품이 만드는 과정을 직접 볼 수 있는 것이 매력적이다. 굳이 물건을 사지 않더라도 포틀랜드의 수제 공방을 방문하는데 의미를 두면 더욱 흥미로운 쇼핑이 될 것이다. 금속이나 가죽 공예 제품 브랜드들과 공방, 판매대를 공유해 의외의 수확을 거둘 수도 있다.

주소 315 SW Montgomery St Suite 120 **전화** 971-280-5083 **오픈** 월~금요일 10:00~18:00, 토요일 10:00~16:00, 일요일 11:00~16:00 **휴무** 일요일 **교통** SW Harrison St 스트리트카 정류장에서 도보 7분 **홈페이지** blaqpaks.com **지도** p.7-E

크래프티 원더랜드
Crafty Wonderland
▶수공예품 편집 숍

주소 808 SW 10th Ave **전화** 503-224-9097 **오픈** 월~토요일 10:00~18:00, 일요일 11:00~18:00 **교통** SW 11th & Taylor 스트리트카 역에서 도보 2분 **홈페이지** craftywonderland.com **지도** p.247-E

포틀랜드 작가의 수공예 작품은 모두 여기!
2006년에 시작된 공예품 전문점이다. 예술가인 캐시 Cathy와 토리에 Torie가 한 달에 한 번씩 다른 작가들과 함께하는 아트 크래프트 마켓 Art+Craft Market을 열던 것에서 시작했다. 예술가들에게 기회를 주는 장소로 숍을 공유하고 있으며, 여행자들이 사기 좋은 스티커와 엽서, 브로치부터 액세서리와 작은 소품들이 주를 이룬다. 포틀랜드를 상징하는 기념품을 사고 싶다면 적극 추천한다. 개최할 때마다 250여 개의 벤더가 참가하는 아트 크래프트 마켓은 높아진 인기 덕에 1년에 두 번 여는 대규모 축제로 발돋움했다. 행사의 개최 기간과 상세 정보는 홈페이지를 통해 알 수 있다.

본빈켈
Woonwinkel
▶인테리어 소품 전문점

주소 935 SW Washington St **전화** 503-334-2088 **오픈** 월~금요일 11:00~19:00, 토·일요일 10:00~19:00 **교통** SW 10th & Alder 스트리트카 역에서 도보 2분 **홈페이지** www.woonwinkelhome.com **지도** p.247-B

뉴 모던을 주제로 만들어진 편집 숍
본빈켈은 네덜란드어로 '살아 있는 가게'라는 뜻이다. 전 세계의 독립 디자이너들이 제작한 크고 작은 인테리어 소품들을 들여와 판매한다. 그중에서도 미국 서부 신진 디자이너들의 제품을 많이 판매하는 것으로 유명하다. 비누나 방향제, 입욕제 등 여행자들이 사기 좋은 제품도 많다. 특히 각설탕 모양의 입욕제 슈거 큐브 Sugar Cube($24)가 인기다. 여행 중 피로를 씻어내기에도, 특별한 사람을 위한 선물용으로도 추천할 만하다.

빈탈리에
Vintalier
▶ 빈티지 여성 의류 전문점

빈티지 입문자부터 마니아까지 만족

유명 패션 블로거가 주인인 여성 의류 전문점으로 2013년 펄 디스트릭트에 문을 열었다. 바쁜 현대 여성들을 대신해 좋은 품질의 빈티지 의류를 선별, 배달해 준다는 콘셉트이다. 빈티지를 처음 경험하는 사람이 입어도 잘 어울리는 제품부터 마니아들을 만족시킬 만한 아이템까지 갖추며 입소문을 탔고 2017년에는 다운타운으로 자리를 옮겼다. 오프라인 매장은 물론 온라인에서도 빈탈리에의 제품을 살 수 있다.

주소 1013 SW Morrison St **전화** 503-222-0148 **오픈** 월~토요일 11:00~19:00(일요일 ~17:00) **교통** 맥스 라이트 레일 Galleria/SW 10th Ave MAX Station에서 도보 1분 **홈페이지** www.vintalier.com **지도** p.247-B

뉴 르네상스 서점
New Renaissance Bookshop
▶ 서점 & 잡화점

건강한 정신 생활에 도움을 주는 서적 전문점

자연 치유, 동양 철학, 명상 등과 관련된 책들을 판매하는 서점이다. 건강한 일상생활에 도움이 되는 방법에 관심이 높았던 제이미 Jamey와 다렐인 포터 Darlene Potter 부부가 주인이다. 서적은 물론 관련 소품, 액세서리 등을 판매한다. 저자 강연, 사인회 외에도 아유르베다나 실질적인 명상 연습을 배우길 원하는 사람들을 대상으로 간단한 클래스나 워크숍도 진행한다. 많을 때는 한 달에 33개의 이벤트가 열리기도 한다.

주소 1338 NW 23rd Ave **전화** 503-224-4929 **오픈** 월~목·토요일 10:00~21:00, 금요일 ~21:30, 일요일 ~20:00 **교통** NW 23rd & Marshall 스트리트카 역에서 도보 2분 **홈페이지** www.newrenbooks.com **지도** p.246-B

윌 레더 굿즈
Will Leather Goods
▶ 가죽 전문점

오래 사용할 수 있는 품질과 디자인의 가죽 제품

미국 서부 지역에 8개의 매장이 있는 가죽 전문 브랜드 윌 Will의 포틀랜드 매장이다. 가죽을 가장 안정적으로 가공하고 형태를 유지하는 꼼꼼한 공정으로 정평이 나 있다. 창업자인 윌 에들러 Will Adler는 여러 나라를 여행하며 얻게 된 가죽 가공 아이디어를 제품에 접목해 그만의 컬렉션을 만들었다. 대부분 소가죽을 사용한 제품들로 작은 액세서리부터 지갑, 신발, 가방 등 가죽으로 만들 수 있는 것들은 다 있다. 단순하고 심플한 디자인으로 유행을 타지 않는 것이 제일 큰 장점이다.

주소 816 NW 23rd Ave **전화** 503-290-7479 **오픈** 월~토요일 10:00~21:00(일요일 ~20:00) **교통** NW 22nd & Lovejoy 스트리트카 역에서 도보 3분 **홈페이지** www.willleathergoods.com **지도** p.246-B

Stay

에이스 호텔
Ace Hotel
▶ 3성급

1912년에 건축된 오래된 건물을 개축해 2007년 문을 연 호텔이다. 뛰어난 감각과 참신한 콘셉트가 돋보인다. 킨포크와 힙스터로 포틀랜드가 주목을 받으면서 함께 유명해졌다. 79개의 객실은 제각각 개성 넘치는 색감의 인테리어와 장식품들로 꾸며져 있다. 포틀랜드의 감성과 감각, 분위기를 느끼기에는 더없이 좋은 선택이 될 것. 도심에 있어 대중교통을 이용하거나 명소로 이동하기 편리하다. 단, 수영장이나 피트니스 같은 호텔 편의 시설은 기대하기 어렵다.

주소 1022 SW Stark St **전화** 503-228-2277 **요금** 스탠더드 더블 $165~, 스탠더드 백 $155~, 베이직 셰드 트리플 $95~ **교통** SW 10th & Alder 스트리트카 역에서 도보 3분 **홈페이지** www.acehotel.com/portland **지도** p.247-B

햄튼 인 앤드 스윗스 포틀랜드
Hampton Inn And Suites Portland
▶ 4성급

세계적인 호텔 브랜드 힐튼이 운영하는 호텔로 펄 디스트릭트에 있다. 좋은 위치와 수영장과 피트니스 등의 부대시설을 갖춘 호텔을 선호하는 여행자에게 추천할 만한 호텔이다. 객실 요금에 아침 식사와 무료 와이파이가 모두 포함되어 있지만 주차료는 따로 부담해야 한다.

주소 354 NW 9th Ave **전화** 503-222-5200 **요금** 킹 룸 $110~, 퀸 룸 $110~ **교통** NW 10th & Glisan 스트리트카 역에서 도보 2분 **홈페이지** hamptoninn3.hilton.com/en/hotels/oregon/hampton-inn-and-suites-portland-pearl-district-PDXPDHX/index.html **지도** p.246-C

도시에 호텔
Dossie Hotel
▶ 4성급

뛰어난 인테리어 감각은 물론 넉넉한 객실 크기, 친절한 서비스가 돋보이는 부티크 호텔. 숙면을 취할 수 있도록 침구와 조명, 객실 분위기 조성에 세심한 배려를 아끼지 않았다. 포틀랜드의 거실이라 불리는 파이어니어 스퀘어와 가까워 대중교통 이용과 명소 방문에 유리하다. 호텔 카운터에 문의하면 자전거도 무료로 빌려준다.

주소 750 SW Alder St **전화** 503-294-9000 **요금** 스탠더드 더블 $150~, 프리미엄 킹 $157~ **교통** 맥스 라이트 레일 Pioneer Square North MAX Station에서 도보 2분 **홈페이지** dossierhotel.com **지도** p.247-B

호텔 디럭스
Hotel Deluxe
▶ 4성급

1912년 문을 연 호텔 말로리 Hotel Mallory가 시초이며 1940년과 2004년 대대적인 리모델링을 거쳐 지금의 호텔 디럭스가 되었다. 오래된 호텔이기 때문에 지니는 단점도 있지만 역사적인 호텔만의 장점인 고풍스러움과 숙련된 서비스에 대한 평가가 좋다. 도심과 가까우면서 상대적으로 조금 낮은 숙박 요금이 장점이다.

주소 729 SW 15th Ave **전화** 503-219-2094 **요금** 디럭스 $97~, 프리미엄 $104~, 스튜디오 스윗 $142~ **교통** 맥스 라이트 레일 Providence Park MAX Station에서 도보 3분 **홈페이지** www.hoteldeluxeportland.com **지도** p.247-A

킴튼 리버 플레이스 호텔
Kimpton River Place Hotel
▶ 4성급

워터프런트 공원의 남쪽, 윌래밋강 바로 앞에 자리 잡고 있는데 마치 귀족의 저택을 연상시키는 외경에 루프 탑에서 보이는 아름다운 전망으로 유명하다. 날씨가 맑은 날이면 후드산까지 한눈에 들어온다. 뛰어난 전망과 더불어 청결도나 객실에 대한 만족도도 높은 곳이다. 예약 시 무선 인터넷 사용과 아침 식사 서비스는 객실 요금과는 별도로 따로 신청해야 한다.

주소 1510 SW Harbor Way **전화** 503-228-3233 **요금** 디럭스 코트야드 $168~, 디럭스 킹 $198~ **교통** SW Harrison Street 스트리트카 역에서 6분 **홈페이지** www.riverplacehotel.com

AC 호텔 메리어트
AC Hotel By Marriott
▶ 3성급

오리건주 출신 작가들의 작품으로 내부를 꾸민 호텔. 글로벌 호텔 브랜드 메리어트에서 운영한다. 유럽 스타일에 스페인의 화려한 색감을 결합한 세련미가 눈에 띈다. 편의 시설과 객실별 어메니티가 잘 구비되어 있다. 호텔 내 전 구역에서 무선 인터넷을 무료로 사용 가능하다. 단, 객실 예약 시 아침 식사 포함 여부를 확인하자. 다운타운에 위치해 개별 차량 없이도 대중교통을 이용하기 좋은 위치다.

주소 888 SW 3rd Ave **전화** 503-223-2100 **요금** 원 베드 킹 $159~, 더블 퀸 $179~ **교통** 맥스 라이트 레일 Yamhill District MAX Station에서 도보 2분 **홈페이지** www.marriott.com/hotels/travel/pdxar-ac-hotel-portland-downtown/ **지도** p.247-F

엠버시 스윗츠 포틀랜드 다운타운
Embassy Suites Portland Downtown
▶ 4성급

총 276개의 객실을 보유한 대형 호텔 중 하나다. 올드 타운 내 1912년 건축된 건물을 호텔로 리모델링했다. 오래된 호텔의 우아함과 현대적인 편안함이 결합된 서비스를 선보인다. 실내 수영장과 피트니스 시설, 스파와 사우나, 비지니스 센터 등 편의 시설을 잘 갖추고 있다. 모든 객실이 스위트 Suite 타입으로 구성되어 있는 것도 특징이다. 가족 단위 여행객이 머물기에 좋다.

주소 319 SW Pine St **전화** 503-279-9000 **요금** 스튜디오 스위트 $149~, 킹 스위트 $169~ **교통** W Burnside & SW 2nd St 버스 정류장에서 도보 3분 **홈페이지** embassysuites3.hilton.com **지도** p.247-C

더 호텔 재그스 포틀랜드
The Hotel Zags Portland
▶ 4성급

로비는 물론 객실까지 지역 작가들의 작품으로 꾸며져 갤러리를 연상케 한다. 호텔 정원의 〈살아있는 벽 Living Wall〉은 오리건주의 자생 식물로 뒤덮여 있고 그 앞에는 불을 땔 수 있는 화덕을 만들었다. 세련된 분위기의 로비와 자연 친화적인 정원이 어우러지며 낭만적이면서도 독특한 분위기를 만들어낸다. 프랑스와 이탈리아 메뉴를 내는 호텔 내 레스토랑 넬 센트로 Nel Centro도 평가가 좋다. 맥스 라이트 레일 역은 물론 버스 정류장과도 가까워 대중교통을 이용하기 쉽다.

주소 515 SW Clay St **전화** 503-484-1084 **요금** 프리미어 시티 킹 $112~, 억세서블 시티 킹 $157~ **교통** SW 5th & Market 스트리트카 역 & 버스 정류장에서 도보 3분 **홈페이지** www.thehotelzags.com **지도** p.247-E

더 나인스
The Nines
▶ 4성급

2008년, 백화점이었던 마이어 & 프랭크 빌딩을 대대적으로 재단장해 9개 층을 객실로 꾸민 호텔이다. 총 331개의 객실 중 13개가 스위트룸으로, 객실 수만 따지고 보면 포틀랜드에서 다섯 번째로 큰 호텔로 꼽힌다. 레스토랑, 카페 외에도 풀 바가 달린 도서관도 갖추고 있다. 도서관의 장서는 포틀랜드의 유명 서점 파웰스 시티 서점에서 기증했다고 한다. 각 객실은 포틀랜드 출신 작가들의 현대 예술 컬렉션으로 꾸몄다.

주소 525 SW Morrison St **전화** 877-229-9995 **요금** 수피리어 킹 $173~, 디럭스 킹 $273~ **교통** 맥스 라이트 레일 Mall /SW 5th Ave MAX Station 바로 앞 **홈페이지** www.thenines.com **지도** p.247-E

맥미너민스 크리스털 호텔
McMenamins Crystal Hotel
▶ 3성급

1911년 알마 호텔 Alma Hotel로 지어진 건물을 대대적으로 복구해 2011년 맥미너민스 크리스털 호텔로 문을 열었다. 이전에는 클럽, 게이 목욕탕, 게이 바 등으로 사용되었다고 하는데, 지금은 포브스지에 베스트 호텔로 소개될 만큼 유명한 호텔이 되었다. 다운타운과 펄 디스트릭트, 올드 타운에 접해 있어 도심을 관광하기에 최적의 위치라 할 수 있다. 단, 객실 규모가 다소 작은 것이 단점이다.

주소 303 SW 12th Ave **전화** 503-972-2670 **요금** 스탠더드(공동욕실) $89~, 킹 스위트 $149~ **교통** W Burnside & SW 13th St 20번 버스 정류장 바로 앞 / SW 11th & Alder 스트리트카 역에서 도보 3분 **홈페이지** www.mcmenamins.com **지도** p.247-B

더 벤슨, 어 코스트 호텔
The Benson, a Coast Hotel
▶ 4성급

포틀랜드의 유명 자산가 사이먼 벤슨 Simon Benson이 지은 호텔로 1912년에 문을 열었다. 포틀랜드에 세계적인 수준의 호텔을 짓기 원했던 벤슨의 소망과 노력이 그대로 반영되어, 미국의 명사들이 포틀랜드에 오면 머무는 곳이 되었다. 클린턴 전 대통령, 팝의 전설 마돈나, 세계적인 지휘자 루치아노 파바로티, 비틀즈의 폴 매카트니 등이 머물렀던 것으로 알려져 있다. 객실은 총 287개며 1986년에는 미국 사적지로 등록되었다.

주소 309 SW Broadway **전화** 503-228-2000 **요금** 클래식 킹 $147~, 디럭스 킹 $167~, 주니어 킹 $197~ **교통** 맥스 라이트 레일 SW 6th & Pine MAX Station에서 도보 2분 **홈페이지** www.coasthotels.com **지도** p.247-B

더 히스맨 호텔
The Heathman Hotel
▶ 4성급

1927년에 문을 연 호텔로 더 벤슨 호텔, 센티널 호텔 등과 함께 포틀랜드의 역사적인 호텔로 꼽힌다. 로비에 걸린 앤디 워홀의 작품을 시작으로 객실을 장식한 명화들이 유명해, 미술학도에게 더더욱 인상적인 호텔이 될 곳이다. 히스맨 호텔이 소장 중인 작품은 그림, 사진을 비롯해 250여 점에 이른다. 외부는 눈에 띄지 않지만 안으로 들어서는 순간 고품격이라는 말을 온몸으로 실감할 수 있다.

주소 1001 SW Broadway **전화** 503-241-4100 **요금** 디럭스 퀸 $133~, 디럭스 킹 $169~, 프리미어 킹 $179~ **교통** SW Salmon & Park 버스 정류장에서 도보 2분 **홈페이지** heathmanhotel.com **지도** p.247-E

호텔 루시아
Hotel Lucia
▶ 4성급

호텔 루시아 역시 포틀랜드의 역사와 함께 해온 호텔 중 하나다. 원래 1909년에 임페리얼 호텔 Imperial Hotel로 시작해, 2001년 프로비넌스 호텔스 그룹이 인수해 개축하면서 루시아로 이름을 바꿔 달았다. 이때 퓰리처상 수상자인 사진작가 데이비드 흄 커널리 David Hume Kennerly의 작품을 통해 흑백 사진 컬렉션으로 호텔을 장식하게 된다. 2003년 국가 사적지로 지정되었으나 리모델링을 통해 편리함과 모던함을 더했다.

주소 400 SW Broadway **전화** 503-225-1717 **요금** 디럭스 퀸 $144~, 프리미엄 퀸 $153~, 프리미엄 킹 $170~ **교통** 맥스 라이트 레일 SW 6th & Pine MAX Station에서 도보 3분 **홈페이지** hotellucia.com **지도** p.247-B

더 마크 스펜서 호텔
The Mark Spencer Hotel
▶ 4성급

다운타운과 펄 디스트릭트 중간, 최적의 위치에 자리한다. 포틀랜드 파머스 마켓, 파월스 시티 서점, 파이오니어 스퀘어 등의 명소와 가깝다. 도심에 위치한 호텔치고는 숙박료도 저렴한 편이다. 일부 객실에 작지만 취사를 할 수 있는 간단한 주방도 갖추고 있어 장기 체류하는 여행객에게 인기다. 숙박료에 아침 식사와 애프터눈 티, 무선 인터넷 이용 요금이 모두 포함되어 있다.

주소 409 SW 11th Ave **전화** 503-224-3293 **요금** 디럭스 킹 $149~ 디럭스 킹(주방) $159~, 프리미어 킹(주방) $169~ **교통** SW 10th & Alder 스트리트카 역에서 도보 4분 **홈페이지** www.markspencer.com **지도** p.247-B

센티널 호텔
Sentinal Hotel
▶ 4성급

센티널 호텔은 2개의 역사적 건물로 구성된 호텔이다. 동관은 1909년 문을 연 수어드 호텔 The Seward Hotel, 서관은 엘크스 로지 Elks Lodge라는 호텔이었다. 두 호텔은 1994년 병합되었다. 이후 2012년 프로바넌스 호텔스 그룹 Provenance Hotels Group에 인수되며 대대적인 리모델링을 거쳐 2014년 센티널 호텔로 다시 한 번 이름을 바꾸게 됐다. 호텔 건물은 모두 국가 사적지로 등록되어 있다. 오랜 역사만큼 분위기는 고풍스럽지만 객실의 규모는 다소 작은 편이다. 하지만 빈틈없는 청소 상태, 수준 높은 서비스, 교통이 편리한 위치 등 좋은 호텔의 조건은 모두 갖추고 있다.

주소 614 Southwest 11th Avenue **전화** 503-224-3400 **요금** 디럭스 $127~, 프리미어 $151~ **교통** SW 11th & Alder 스트리트카 역에서 도보 1분 **홈페이지** www.sentinelhotel.com **지도** p.247-B

인 앳 노스럽 스테이션
Inn at Northrup Station
▶ 3성급

노브 힐의 최대 번화가인 23rd Ave에서 걸어서 5분 거리에 있다. 스트리트카 역이 바로 앞에 있어 중심가와 이스트 지역으로 가기도 편리하다. 전 객실이 스위트 타입으로 구성되어 있으며 모든 기본 서비스용품을 제공한다. 별도의 추가 요금 없이 아침 식사와 무선 인터넷 사용, 주차장 이용이 가능하다.

주소 2025 NW Northrup St **전화** 503-224-0753 **요금** 스탠더드 스튜디오 $109~, 퀸 스튜디오 $139~ **교통** NW 21st & Northrup 스트리트카 역 앞 **홈페이지** www.northrupstation.com **지도** p.246-B

더 소사이어티 호텔
The Society Hotel
▶ 2성급

홀로 여행자를 위한 도미토리부터 그룹 여행객을 위한 대형 객실까지 다양한 형태의 객실을 제공하는 2성급 호텔이다. 1881년, 선원들을 대상으로 문을 열었지만 경기 침체가 계속되며 소유주가 여러 번 바뀌었다. 2013년 이 지역 출신의 여러 청년들이 모여 대대적인 개선 및 개보수를 해서 더 소사이어티 호텔이 탄생했다. 도심에서 저렴한 가격에 포틀랜드의 문화를 경험할 수 있는 숙소다.

주소 203 NW 3rd Ave **전화** 503-445-0444 **요금** 다인실 $35~, 스탠더드(공동욕실) $75~, 프라이빗 스위트 $121~ **교통** 맥스 라이트 레일 Old Town/Chinatown MAX Station에서 도보 2분 **홈페이지** www.thesocietyhotel.com **지도** p.247-C

하이 포틀랜드 노스웨스트 호스텔
HI Portland Northwest Hostel
▶ 호스텔

미국 내 유명 호스텔 브랜드, 하이 호스텔의 포틀랜드 지점이다. 모든 객실은 공동욕실이며, 4인실부터 8인실로 구성되어 있다. 무선 인터넷, 개인 사물함을 제공하고, 객실 요금에 간단한 아침 식사가 포함된다. 호스텔의 주방도 늘 개방되어 있어 정해진 시간에 한해 마음껏 사용할 수 있다. 각종 무료 투어 프로그램도 운영 중이다. 포틀랜드에서 가장 세련된 거리 노브 힐, 맥스 라이트 레일 역과도 가깝다.

주소 479 NW 18th Ave **전화** 503-241-2783 **요금** 도미토리 $28~, 더블 베드(공용욕실) $74~, 프라이빗 스위트 $114 **교통** NW 18th & Lovejoy 스트리트카 역에서 도보 5분 / NW Glisan & 19th Ave 77번 버스 정류장 앞 **홈페이지** www.nwportlandhostel.com **지도** p.246-B

포틀랜드 인터내셔널 게스트하우스
Portland International Guesthouse
▶ 게스트하우스

공동 주택 개념의 게스트하우스로 가정집을 개조했다. 총 6개의 객실을 무인 시스템으로 운영 중이며, 모든 객실은 3개의 욕실을 함께 사용한다. 무선 인터넷과 주방을 자유롭게 이용할 수 있으며 아침 식사는 주스나 시리얼이 미리 준비되어 있다.

주소 2185 NW Flanders St **전화** 503-224-0500 **요금** 2인실 $75~95 **교통** NW 23rd & Flanders 15번 버스 정류장에서 도보 3분 **홈페이지** www.pdxguesthouse.com **지도** p.246-B

TRAVEL TIP

포틀랜드 여행을 더욱 힙하게 만들 숙소 고르기

윌레멧 강 동쪽은 거의 모든 관광 명소가 몰려 있는 서쪽 지역에 비해 숙박비가 저렴하다. 동쪽 지역에서 숙소를 고를 때는, 서쪽 다운타운까지 한 번에 버스 이동 가능한 곳으로 하는 것이 좋다. 예를 들어 파이어니어 코트 하우스 스퀘어에서 9번 버스로 쭉 연결되는 사우스 이스트 파월 불러바드 SE Powell Blvd라든가, 다운타운까지 15번 버스로 한 번에 이동할 수 있는 사우스 이스트 벨몬트 스트리트 SE Belmont st에서 숙소를 찾아보자. 대표적인 젊은이들의 거리로 꼽히는 호손 불러바드 SE Hawthorne Blvd도 14번 버스를 타면 다운타운까지 쉽게 갈 수 있다. 서쪽 중심가로의 이동이 쉬울 뿐만 아니라 크고 작은 아트숍, 빈티지 쇼핑, 다국적 맛집들이 포진해 있는 호손 불러바드, 디비전 스트리트를 걸으며 진짜 포틀랜드의 멋을 만끽할 수 있다. 뿐만 아니라 렌터카 여행자 역시 갓길 주차장을 무료로 이용할 수 있는 동쪽 지역이 더욱 유리한 선택이 될 것이다.

포틀랜드 동부
EAST PORTLAND

포틀랜드를 대표하는 힙스터 키워드, '킨포크 Kinfork'의 시작은 어디일까? 이 답은 포틀랜더들 사이에서도 의견이 분분하지만, 유행을 따르기보다는 만드는 트렌드 메이커, 느리지만 제대로, 불편하더라도 자연과 가깝게 살려는 노력이 일상에 녹아 있는 동쪽 지역이 더욱 가깝지 않을까? 서쪽에서 윌래밋강을 건너와 맞닥뜨린 첫 느낌은 강변을 따라 이어지는 철길과 공업 지대가 다소 삭막하다는 점이다. 하지만 조금만 더 동쪽으로 발걸음을 옮기면 거리 전체가 거대한 갤러리가 되어 다가온다. 오래된 건물을 친환경 공법으로 재활용한 거리들, 여기저기 즐비한 갤러리와 도심 속 와이너리, 브루어리는 우리가 상상하는 그 포틀랜드에 훨씬 가깝다. 다리를 건너 동쪽으로 가야 하는 이유다.

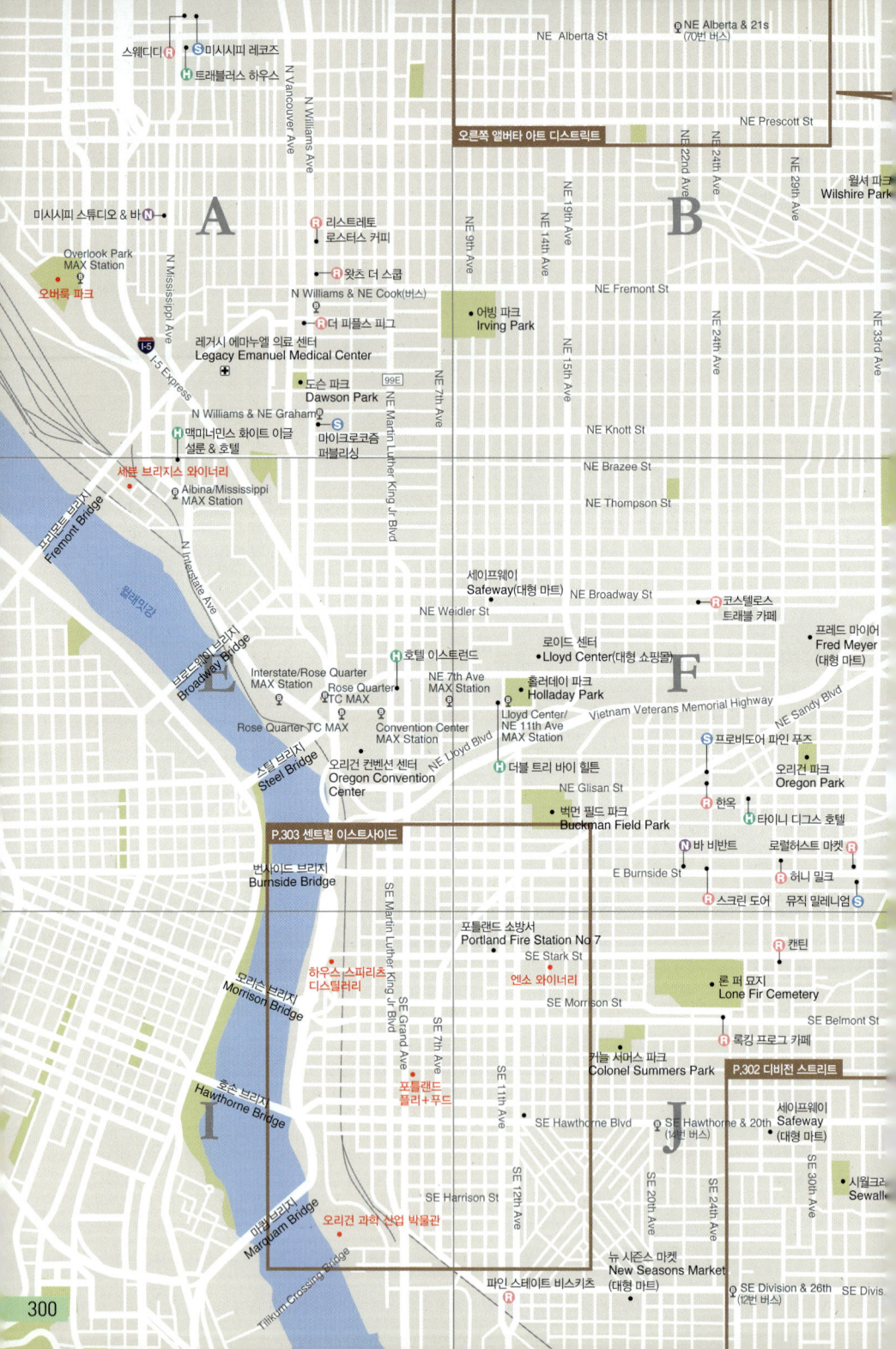

포틀랜드 동부 한눈에 보기

윌래밋강의 동쪽 지역으로, 대로를 따라 번화가들이 형성되어 있다. 앨버타 스트리트, 호손 불러바드, 디비전 스트리트, 이스트 번사이드 스트리트 등을 따라 마이크로 브루어리, 커피 로스터스, 아트 숍 등이 줄지어 들어섰다. 따로 환승할 필요 없이 서쪽 중심가로 이동할 수 있는 대로에서 가까운 숙소를 찾아 보자. 길을 따라 자리 잡은 아기자기한 카페, 식당, 아트 숍들을 순례하며 여유로운 포틀랜더의 삶을 만끽해보고 싶은 여행자에게는 더 없이 좋은 선택이 될 것이다.

미시시피 애비뉴 & 윌리엄스 애비뉴
Mississippi Ave & Williams Ave

보이시 Boise라고 불리는 지역으로 거리 전체가 '빈티지'라는 말로 표현된다. 오래된 건물을 허물지 않고 친환경 공법 리모델링으로 옛 멋을 살린 레스토랑, 술집, 숍들이 쭉 늘어서 있다.

센트럴 이스트사이드
Central Eastside

이스트 번사이드 스트리트에서 남쪽으로 호손 불러바드 사이의 지역으로 강변을 따라 형성된 번화가다. 10년 전까지만 해도 산업 지대의 건조한 느낌이 전부였지만 포틀랜드의 힙스터의 문화가 융합되며 새롭게 거듭나고 있다.

앨버타 스트리트
Alberta Street

Alberta St와 만나는 NE 14th P부터 31st Ave까지 형성된 번화가를 앨버타 아트 디스트릭트 Alberta Art District라 부른다. 크고 작은 갤러리와 거리 곳곳을 메운 그라피티 사이를 걷는 것만으로 예술적인 감성이 차오를 것!

이스트 번사이드 & 로럴허스트
East Burnside & Laurelhurst

상업 지대와 주거 지역이 함께 있는 복합 지대다. 강가를 따라 철로가 달리고, 동쪽으로는 커다란 로럴허스트 파크가 자리 잡았다. 전혀 예상치 못한 장소에 오래된 영화관과 아르티장 식료품을 파는 편집 상점들이 한데 어우러져 있다.

호손 불러바드
Hawthorne Blvd

힙스터의 시작은 여기서부터라고 우겨도 좋을 만큼 오래된 극장, 빈티지 숍, 레스토랑과 바들이 줄을 잇는다. 블루 스타 도너츠, 파월스 시티 서점, 텐더 러빙 엠파이어 등 포틀랜드의 대표 숍들이 포진해 있다.

디비전 & 클린턴
Division & Clinton

다운타운에서는 볼 수 없는 독특한 분위기의 다국적 레스토랑들이 즐비하다. 주택가들 사이에 요란스럽지 않게 들어선 숍들이 더욱 아기자기한 분위기를 자아낸다.

Access INFO

{ 가는 방법 }

커다란 대로를 중심으로 맥스 라이트 레일과 버스가 달리고, 강변을 따라 서쪽에서 넘어온 스트리트카 정류장들이 자리 잡고 있다. 대부분의 버스 노선이 동서 혹은 남북으로 연결되므로 큰 도로 몇 개의 버스 노선, 환승역을 파악하면 대중교통을 이용한 이동이 훨씬 수월해진다.

공항에서

포틀랜드 국제공항은 도시 북동쪽에 자리 잡고 있다. 맥스 라이트 레일의 레드 라인을 탑승하면 동쪽 지역 중심부를 지나게 된다. 동에서 서로 이동하면서 주요 대로를 지나가므로 원하는 지점에서 내려 버스나 스트리트카로 환승하면 쉽게 목적지에 닿을 수 있다. 예를 들어 NE 82nd Ave에서 내려 72번 버스를 타면 앨버타 스트리트(약 1시간)로, Hollywood / NE 42nd Ave에서 내려 75번 버스로 환승하면 호손 불러바드 번화가(약 50분)로 향한다.

그레이하운드 버스 정류장에서

포틀랜드의 버스 정류장은 그레이하운드와 오리건주 내를 연계하는 시외버스가 발착하는 곳으로, 윌래밋강 서쪽의 올드 타운에 있다. 그레이하운드 버스 정류장에서 두 블록 떨어진 NW Everett & 5th Ave 버스 정류장에서 4번(미시시피 방향), 8번(앨버타 방향), 35번(미시시피 방향), 44번(윌리엄스 방향), 77번(할리우드 방향) 버스를 타면 이동할 수 있다.

암트랙 기차역에서

버스 정류장 바로 위쪽에 있다. 동쪽 지역으로 가는 대중교통편은 스트리트카를 이용하는 것이 가장 편리하다. 걸어서 5분 거리에 위치한 NW 9th Ave & NW Lovejoy St에서 스트리트카 A 루프 Streetcar A Loop를 탑승하자. 브로드웨이 브리지를 건너 남쪽 방향으로 이스트 센트럴을 지나 틸리쿰 크로싱 브리지로 다시 서쪽으로 돌아오는 노선이다.

다른 지역에서 이동하기

서쪽 지역에서 동쪽으로 이동할 때는 한 번에 갈 수 있는 지역과 환승을 거듭해야 하는 지역이 있다. 스트리트카 루프 라인을 이용하거나 동서를 가르는 맥스 라이트 레일 레드, 블루 라인을 이용하는 것이 동쪽의 번화가로 향하는 가장 빠른 방법이다.
스트리트카나 맥스 라이트 레일이 닿지 않는 지역은 여러 번 갈아타야 하는 경우가 많다. 알려진 번화가로 이동하려면 번사이드 스트리트에서 12번이나 19번, 호손 불러바드에서 14번, 디비전 스트리트에서 2번 버스를 이용할 수 있다. 다운타운에서 8번 버스를 타면 앨버타 디스트릭트까지 30분 정도 걸린다.

{ 포틀랜드 동부 시내 교통 }

동쪽 지역은 바둑판 모양으로 잘 정비되어 있어 이동이 쉬운 편이다. 센트럴 이스트사이드 지역은 스트리트카가 남북으로 달린다. 동서로 뻗는 호손 불러바드(14번), 이스트 번사이드(20번), 디비전(2번), 벨몬트(15번), 파월(9번) 등의 도로, 남북으로 이어지는 사우스이스트 11~12번가(70번), 차베스 불러바드(75번), 사우스 이스트 60번가(71번) 등을 잘 활용하자.

코스 1 { 인스타를 채울 먹방 & 빈티지 쇼핑 }

호손 불러바드 – 디비전 스트리트

예상 소요 시간 7시간

북유럽의 건강한 집밥, 브로더 카페(p.328)에서 아침 식사

⋮ 도보 3분

빵순이들은 절대 그냥 지나칠 수 없는 리틀 티 아메리칸 베이커(p.329)에 들러 빵 쇼핑

⋮

다국적 문화가 스며든 거리, 디비전 스트리트 걷기

⋮ 도보 25분(리틀 티 아메리칸 베이커~스텀프타운 커피)

포틀랜드 대표 커피, 스텀프타운 커피 로스터스 1호점(p.331)에서 느긋하게 커피 한 잔

⋮ SE 50th & Division에서 14번 버스 → SE Hawthorne & 37th에서 하차(총 12분)

본점과는 또 다른 매력, 파월스 시티 서점(p.288) 호손 지점(지도 p.302-B)

⋮ 도보 3분

호손 불러바드에서는 역시 빈티지지! 중고 음반 전문점 잭팟 레코즈(p.345)

⋮ 도보 4분

빈티지와 레트로를 사랑하는 포틀랜더의 옷장, 중고 의류 숍 하우스 오브 빈티지(p.345) 아기자기한 숍들이 즐비한 호손 불러바드 산책하기

⋮ 도보 25분(하우스 오브 빈티지~라르도)

김치가 가득 들어간 훈제 돼지고기 샌드위치로 든든한 저녁, 라르도(p.332)

⋮ 도보 15분

독특한 칵테일과 라이브 공연이 공존하는 디그 어 포니(p.335)에서 하루를 마무리

코스 2 { 별난 거리에서 보물찾기 }
미시시피 애비뉴 – 앨버타 스트리트
예상 소요 시간 8시간

- 다국적 문화가 공존하는 프라우드 메리 카페(p.326)에서 아침 시작!

　도보 1분

- 거리 자체가 갤러리, 앨버타 스트리트 거리 산책

　도보 1분

- 독특한 출판물이 가득! 문화 예술 서적 전문점, 모노그래프 서점(p.344)

　도보 1분

- 별난 쇼핑 스폿, 여기는 꼭! 앨버타 스튜디오(p.346), 골드 더스트(p.346)

　72번 버스(10분)

- 스웨덴에서 온 건강한 식탁, 스웨디디(p.323)

　도보 1분

- 포틀랜드 인디 음악의 둥지, 미시시피 레코즈(p.343)

　도보 13분

- 미시시피 애비뉴 걷기

　도보 10분

- 언제나 고기는 옳다! 훈제고기 전문점 더 피플스 피그(p.323)에서 저녁 식사

　도보 10분

- 미시시피 스튜디오스 & 바(p.339)의 공연으로 하루 마무리하기!

 { 마음도 허리춤도 느슨하게! }
이스트 번사이드 - 센트럴 이스트
예상 소요 시간 9시간

단짠의 정석, 치킨 와플을 맛볼 시간! 스크린 도어(p.320)

도보 9분

기다리지 않고 먹을 수 있다, 부두 도넛 투!(주소 1501 NE Davis St, 지도 p.303-B)

E Burnside & SE 16th에서 20번 버스(3분)

엄청난 양의 음반을 만나다! 뮤직 밀레니엄(p.342)

도보 1분

전문 육가공점 로럴허스트 마켓(p.321)에서 샌드위치 사기

도보 1분

로럴허스트 파크(p.313)에서 준비한 샌드위치 먹으며 소풍 즐기기!

E Burnside & NE Floral에서 20번 버스(26분)

오리건주를 대표하는 위스키 브랜드, 하우스 스피리츠 디스틸러리(p.312)의 시음장 방문

도보 5분

포틀랜드의 또 다른 유명 커피, 워터 애비뉴 커피(p.319)에서 독특한 커피 맛보기

도보 1분

오크통에서 숙성된 수제 맥주 맛보기, 헤어 오브 더 도그 브루잉(p.337)

도보 10분

러시아 가정식과 보드카 칵테일 한 잔으로 저녁 식사, 카친카(p.318)

 { 주말에만 가능해서 더욱 특별한 하루 }
메디슨 사우스(더 그로토) – 센트럴 이스트
예상 소요 시간 10시간

■ 주말에만 문을 여는 팝업 브런치 가게 허니 밀크(p.320)

　↓ NE Sandy & Lawrence에서 12번 버스(13분)

■ 토요일이라면? 동네 사람들이 만드는 정겨운 시장 할리우드 파머스 마켓(p.314)으로

　↓ 12번 버스(15분)

■ 절벽 아래 피에타 상과 절벽 위에 정원이 있는 신비로운 성당, 더 그로토(p.315)

　↓ 도보 1분

■ 한국인 언니들의 힘이 돋보이는 식당 카메오 카페 이스트(p.327)에서 점심

　↓ NE 82nd & Sandy에서 72번 버스 → 맥스 라이트 레일 옐로 라인 환승(45분)

■ 주말에만 문을 여는 와인 시음장, 세븐 브리지스 와이너리(p.314)

　↓ Albina/Mississippi MAX Station에서 맥스 라이트 레일 옐로 라인 탑승(17분)

■ 강 건너 서쪽 동네로 잠깐 마실 가기, 포틀랜드 새터데이 마켓(p.255)

　↓ 도보 1분

■ 다리의 도시 체험! 번사이드 브리지(p.261) 건너기

　↓ 다리 건너는 시간 약 15분 / 노블 랏까지는 총 20분

■ 뛰어난 전망과 맛으로 유명한 옥상 식당, 노블 로트(p.322)에서 저녁 식사

※ 마지막 주 일요일이라면 오전 11시에서 오후 4시 사이 일정 중 하나를 포틀랜드 벼룩시장으로 대체해 보자!

센트럴 이스트사이드 Central Eastside

만들어 팔고, 특이한 걸 사는 힙스터들의 장
포틀랜드 플리 + 푸드
Portland Flea + Food

한 달에 한 번, 매월 마지막 주 일요일에 열리는 벼룩시장이다. 규모가 큰 편은 아니지만 다양한 볼거리보다는 포틀랜드에서 활동하는 신진 디자이너들의 의류, 잡화, 소품들을 가장 가깝게 만날 수 있다. 포틀랜드 힙스터 문화의 정수를 느낄 수 있는 곳이라고도 할 수 있다. 모여드는 사람들의 면면을 구경하는 것도 큰 재미다. 시장 가까이에 유명 커피 로스터리, 레스토랑들이 자리 잡고 있다.

주소 SE Salmon St & SE 6th Ave **오픈** 매월 마지막 주 일요일 11:00~16:00 **교통** SE Grand & Taylor 스트리트카 역에서 도보 3분 **홈페이지** www.pdxflea.com **지도** p.303-C

뭐든 직접 해보는 재미, 체험형 박물관
오리건 과학 산업 박물관
Oregon Museum of Science and Industry(OMSI)

포틀랜드의 거의 모든 박물관은 어린이에게 최적화되어 있다. 오리건 과학 산업 박물관도 다르지 않다. 1944년에 개관한 이 박물관에는 직접 체험해 볼 수 있는 전시가 무려 200여 개나 있다. 어린이를 위한 공룡 화석들, 초기 컴퓨터 모델들, 지진을 체험할 수 있는 전시관이 가장 인기다. 박물관의 백미는 윌래밋강에 정박되어 있는 USS 블루백 Blueback 잠수함으로, 잠수함 내부는 가이드 투어를 신청해야만 관람 가능하다. 투어 일정은 데스크에 문의할 것. 거대한 스크린으로 박진감 넘치는 영화를 상영하는 옴니 맥스 3D 영화관은 누구나 좋아할 만하다.

주소 1945 SE Water Ave **전화** 503-797-4000 **오픈** 09:30~19:00 **휴무** 없음 **요금** 어른 $14.50, 노인(63세~) $11.25, 청소년(3~13세) $9.75 **교통** SE Water/OMSI 스트리트카 역에서 도보 3분, 맥스 라이트 레일 OMSI / SE Water MAX Station에서 도보 5분 **홈페이지** omsi.edu **지도** p.303-E

포틀랜드표 어반 와이너리의 진수!
엔소 와이너리
Enso Winery

주소 1416 SE Stark St **전화** 503-683-3676 **오픈** 월~목요일 16:00~22:00(금요일 ~23:00), 토요일 13:00~23:00(일요일 ~22:00) / 해피 아워 월~금요일 16:00~18:00 **휴무** 없음 **교통** SE 12th & Stark 70번 버스 정류장에서 도보 3분 **홈페이지** www.ensowinery.com **지도** p.303-B

포틀랜드 동부를 대표하는 핸드 크래프트 문화를 따라 전통 방식으로 와인을 만드는 와이너리다. 포틀랜드의 유명 수제 브랜드와 협업하고 있다. 수가공육으로 유명한 올림피아 프로비전스 Olympia Provisions의 소시지와 햄, 치즈 바의 치즈, 리틀 티 아메리카 베이커의 빵, 우드 블록 초콜릿을 와인과 함께 낸다. 6가지 와인을 $15에 맛볼 수 있는 테이스팅 메뉴를 주문해보자. 붉은 벽돌과 나무로 꾸며진 테이스팅 룸에서 분위기 있는 한 잔과 포틀랜드의 맛을 음미해보자. 레드와 화이트, 진판델까지 다양한 종류의 와인 중에서 블렌딩 와인을 특히 추천한다. 시음장을 찾아가기 힘들다면 포틀랜드 내 여러 대형 마트에서 캔과 병으로 살 수 있다. 캔으로 판매하는 와인의 맛도 훌륭하다.

위스키 마니아들을 위한 시음장
하우스 스피리츠 디스틸러리
House Spirits Distillery

2004년 코발리스 Corvallis에 설립되었던 양조장으로 2005년 포틀랜드로 옮겨와 둥지를 틀었다. 센트럴 이스트사이드의 공업 지구 안에 증류소를 만들고 위스키를 생산한다. 포틀랜드 정부의 적극적인 지원을 받아 점점 공장 규모와 생산량이 증가하고 있다. 시음장에서는 하우스 스피리츠의 주요 위스키와 진, 보드카, 럼 모두를 맛볼 수 있는 투어 프로그램을 진행한다. 자세한 투어 스케줄 확인과 예약은 홈페이지에서 가능하다.

주소 65 SE Washington St **전화** 503-235-3174 **오픈** 일~목요일 12:00~19:00(금·토요일 ~20:00) **휴무** 없음 **요금** 디스틸러리 투어 & 테이스팅 $30 **교통** SE M L King & Stark 스트리트카 역에서 도보 4분 **홈페이지** www.westwardwhiskey.com **지도** p.303-A

이스트 번사이드 & 디비전 East Burnside St & Division

미국 서부에서 가장 아름다운 공원
로럴허스트 파크
Laurelhurst Park

1919년 태평양 연안 공원 협회가 뽑은 미 서부에서 가장 아름다운 공원이다. 1909년 포틀랜드시가 부지를 매입, 수년에 걸쳐 공원으로 조성했다. 역시 뉴욕의 센트럴 파크를 디자인한 옴스테드 Olmsted 형제가 운영하는 조경 회사에서 공원 디자인과 초기 기획을 맡았다. 한때 소가 물을 마시거나 목욕을 하던 웅덩이는 호수로 거듭났고, 단순한 목초지였던 곳들은 소풍을 즐길 수 있는 공간으로 변해 다목적 공원이 되었다. 2001년 도시 공원으로는 처음으로 국가 사적지로 등록되었다. 공원도 공원이지만 공원을 둘러싼 고풍스런 고택들이 산책의 즐거움을 더한다.

주소 SE Cesar E Chavez Blvd & Stark St **전화** 503-823-2525 **오픈** 05:30~22:30 **교통** E Burnside & SE Floral 20번 버스 정류장에서 도보 4분 **홈페이지** www.portlandoregon.gov/parks **지도** p.301-G

공원이 된 포틀랜드 수도 시스템 역사의 시작점
마운틴 테이버 파크
Mt. Tabor Park

휴화산인 테이버산에 위치한 공원으로 안에 3개의 커다란 저수지가 있다. 저수지는 도시가 형성되던 1890년대부터 이용해 왔으며, 포틀랜드 수도 역사의 시작점이기도 하다. 공원은 이 저수지들을 끼고 자연스럽게 형성되었다. 전문가가 참여해 디자인한 보통 공원들과의 차이점이다. 저수지 이용 초기에 지은 오래된 관리 사무소가 남아 있고, 저수지를 포함한 공원 전체가 국가 사적지로 지정되어 있다. 커다란 저수지를 따라 산책이나 자전거 라이딩을 즐기는 사람들이 많다. 현지 사람들이 적극 추천하는 일몰 포인트이기도 하다.

주소 SE Salmon St **전화** 503-823-7529 **오픈** 05:00~24:00 **교통** SE 60th & Hawthorne 70번 버스 정류장에서 도보 2분 **홈페이지** www.portland oregon.gov/parks **지도** p.301-L

노스이스트 포틀랜드 Northeast Portland

포틀랜드 대표 다리 7개를 테마로 만든 와인
세븐 브리지스 와이너리
Seven Bridges Winery

2008년 포틀랜드에 문을 연 어반 와이너리다. 고급스럽고 맛있는 포도주를 생산하기 위해 윌래밋 밸리를 비롯 왈라왈라 밸리 Walla Walla Valley, 캘리포니아 밸리 California Valley를 직접 찾아가 포도를 따오고 분류해 으깨는 작업까지 한다. 와인 숙성에는 프랑스에서 들여온 오크통과 미국산 오크통을 병행해 사용한다. 와인이 익어가는 오크통 사이에서 각종 수상에 빛나는 와인들을 맛볼 수 있다. 매주 주말에만 문을 열고 테이스팅 비용은 1인 $15부터다. 와인을 구매하면 와인 가격에서 테이스팅 비용을 빼준다. 포틀랜드의 다리들을 테마로 만든 와인이 특히 흥미로우니 선물용으로도 좋다.

주소 2303 N Harding Ave **전화** 503-203-2583 **오픈** 토 · 일요일 13:00~17:00 **교통** 맥스 라이트 레일 Albina / Mississippi MAX Station에서 도보 8분 **홈페이지** www.sevenbridgeswinery.com **지도** p.300-E

토요일에만 반짝 열리는 동네 사랑방
할리우드 파머스 마켓
Hollywood Farmers Market

1997년 문을 연 농산물 장터다. 처음에는 주차장에서 10개의 노점으로 시작했지만, 지금은 50여 개 벤더가 참여하는 시장으로 성장했다. 단순한 시장을 넘어 지역 사람들이 모여 관계를 맺는 커뮤니티의 역할도 하는 장터다. 상품은 지역 중심의 유기농 농산물, 수제 가공 식품이 주를 이룬다. 입구에서 코인을 사서 돈 대신 쓰는 방식으로 운영되고, 시장 곳곳에서는 지역 주민들이 직접 꾸미는 정겨운 무대가 열린다. 아이들만을 위한 체험 코너도 있다.

주소 4420 NE Hancock St **전화** 503-709-7403 **오픈** 토요일 09:00~13:00 **교통** NE Broadway & 44th 77번 버스 정류장에서 도보 2분, NE Sandy & 44th 12번 버스 정류장에서 도보 3분 **홈페이지** hollywoodfarmersmarket.org **지도** p.301-G

절벽 아래 작은 동굴의 감동, 피에타 상
더 그로토
The Grotto

절벽 아래 봉안된 감동적인 피에타 상(성모 마리아가 숨을 거둔 예수를 안고 있는 모습의 조형물)을 보기 위해 매년 30만 명이 찾는 명소다. 피에타 상과 본당이 있는 플라자 레벨, 명상 예배당과 정원 등의 부속 시설이 있는 어퍼 레벨로 구성돼 있다. 특히 어퍼 레벨의 명상 예배당은 종교 예술품들과 수목으로 꾸며진 아름다운 정원이 내려다보이고, 맑은 날에는 멀리 후드산까지 조망할 수 있는 전망대 역할도 한다. 어퍼 레벨로 들어가려면 별도의 입장료를 내야 하지만 이곳에서도 피에타 상 못지않은 감동을 느낄 수 있으니 꼭 한 번 들를 것을 권한다.

주소 8840 NE Skidmore St **전화** 503-254-7371 **요금** 성당 무료, 어퍼 레벨 가든 어른 $7, 어린이(6~12세) $4 **오픈** 09:00~18:00(5월 둘째 주 일요일~9월 첫째 주 월요일 ~20:30, 추수감사절 다음날~크리스마스이브 ~15:30, 12월 31일~1월 31일 ~17:00, 2월 ~17:30) **휴무** 추수감사절, 크리스마스 당일(미사만 운영) **교통** NE Sandy & 86th 20번 버스 정류장에서 도보 2분 **홈페이지** thegrotto.org **지도** p.301-D

절벽 아래 봉안된 피에타 상과 야외 예배당

강과 도시가 한눈에 내려다보이는 공원
오버룩 파크
Overlook Park

1930년에 문을 연 공원으로 윌래밋강과 포틀랜드가 한눈에 들어오는 최고의 전망이 일품이다. 유유히 흐르는 윌래밋강과 그 위를 가로지르는 다리, 어디론가 달려가는 기차가 그림처럼 완벽한 일몰을 선물하는 장소로 유명하다. 한낮에는 책을 읽거나 나무 아래서 느긋하게 낮잠을 청하는 동네 주민들을 흔히 볼 수 있다.

주소 1599 N Fremont St **전화** 503-823-7529 **오픈** 05:00~24:00 **교통** 맥스 라이트 레일 Overlook Park MAX Station에서 도보 2분 **홈페이지** www.portlandoregon.gov/parks/ **지도** p.300-A

외곽 지역

만년설로 뒤덮인 포틀랜드의 지붕
후드산
Mt. Hood

해발 3,429m로 오리건주에서 가장 높은 산이면서 정상이 만년설로 뒤덮여 있는 후드산. 포틀랜드의 지붕으로 불리는 동시에 가장 친근한 소풍 장소 중 하나다. 도심에서도 후드산의 만년설을 볼 수 있다. 볼 때는 손에 잡힐 정도로 가깝게 느껴지지만 포틀랜드 중심가에서 동쪽으로 차로 1시간을 달려야 닿을 수 있다. 주말이면 많은 포틀랜더들이 캠핑과 산행, 물놀이 등을 즐기기 위해 후드산으로 향한다. 그중에서도 팀버라인 Timberline 지역은 언제든 스키를 탈 수 있어 많은 사람들이 찾는다. 여름에는 미국 올림픽 팀이 이곳에서 하계 훈련을 할 정도로 유명하다.

주소 27500 E Timberline Road, Government Camp **전화** 503-668-1700, 503-337-2222 **요금** 자동차로 후드산 내 국유림 도로에 진입하려면 반드시 사전에 패스를 사두어야 한다. 방문 목적별, 기간별로 구매할 수 있으며 차량 1대당 1일 $5 정도다. 구매한 패스는 프린트하여 차량 앞쪽에 잘 보이도록 꽂아 둔다. **패스 구매** www.fs.usda.gov/main/mthood/passes-permits/recreation **교통** ●자동차 US-26번 도로를 따라 동쪽으로 1시간 30분, 혹은 US-30번 도로를 이용해 후드강변을 따라 달리다가 OR-35번 도로를 이용(2시간 소요). ●대중교통 파이어니어 스퀘어 사우스 Pioneer Square South 정류장에서 맥스 라이트 레일 블루 라인 탑승, Gresham Central TC MAX Station에서 하차(24개 정거장), 도보 2분 거리에 있는 Gresham Transit Center로 이동. 샌디 로컬 & 그레스햄 익스프레스 Sandy Local & Gresham express로 환승, Sandy Transit Center에서 하차(12개 정거장). 마운틴 후드 익스프레스 Mt. Hood Express의 팀버라인 방향으로 환승한다. 마지막으로 11개 정류장을 이동해서 팀버라인 Timberline 역에서 하차(약 2시간 50분 소요). **홈페이지** www.fs.usda.gov/mthood

---

TRAVEL TIP

거리 자체가 관광 명소
앨버타 아트 디스트릭트

NE Alberta St와 만나는 NE 14th P부터 31st Ave까지 형성된 번화가를 앨버타 아트 디스트릭트 Alberta Art District라고 부른다. 번화가가 확장되면서 볼거리, 살거리, 먹을거리도 점점 늘어나고 있다. 크고 작은 갤러리, 수공예 상점들, 사이사이 거리를 가득 메운 그라피티까지 거리 자체가 '예술'이라 할 수 있다. 포틀랜드를 대표하는 로컬 브랜드인 파인 스테이트 비스키츠(p.328), 솔트 & 스트로(p.325), 바리스타 카페 등의 상점들이 모여 있을 뿐만 아니라 남미, 일본, 태국까지 아우르는 다국적 음식점들도 자리하고 있다. 혹시 일정이 마지막 주 목요일이라면 더욱 금상첨화다. 매월 마지막 목요일에는 스트리트 페스티벌인 〈라스트 서스데이 아트 워크 Last Thursday Art Walk〉를 즐길 수 있기 때문! 연예인을 방불케 하는 지역 셀러브리티들과 포틀랜드산 수공예 노점들이 거리로 쏟아져 나온다. 이날만큼은 예술은 접어두고 사람 구경을 하는 것만으로도 특별한 하루가 될 것!

교통 맥스 라이트 레일 레드, 혹은 블루 라인 탑승 후 72번 버스로 환승, NE Alberta & 18th에서 하차(약 40분 소요) **지도** p.300-B

Restaurant & Bakery

센트럴 이스트사이드 Central Eastside

ⓢⓢ
올림피아 프로비전스
Olympia Provisions
▶ 훈제 가공육 전문점

친환경 인증에 빛나는 포틀랜드표 가공육

주인이 스위스에서 훈제 육가공 경험을 쌓고 돌아와 전문 매장을 열었다. 훈제 가공육으로는 포틀랜드에서 처음으로 USDA(유기농) 인증을 받은 식당이다. 고품질의 허브와 향신료를 사용한 10여 가지의 살라미와 초리소를 낸다. 살라미, 초리소, 치즈를 한 판에 내는 스패니시 보드 Spanish Board ($19)를 추천한다. 파테를 좋아하는 사람이라면 프렌치 보드 French Board($19)를 주문해보자. 와인과 멋지게 어울리는 맛을 발견할 수 있다. 올림피아 프로비전스의 육가공품은 포틀랜드 내 마트나 농산물 시장에서도 판매 중이다. 뉴욕의 식료품 전문 매장 딘 & 델루카 Dean & Deluca에도 진출했다.

주소 107 SE Washington St **전화** 503-954-3663 **오픈** 월~금요일 11:00~22:00, 토·일요일 09:00~22:00 / 해피 아워 15:00~17:00 **휴무** 추수감사절, 크리스마스 **교통** SE M L King & Stark 스트리트카 역에서 도보 2분 **홈페이지** www.olympiaprovisions.com **지도** p.303-C

살라미와 치즈, 파테 등으로 구성된 스패니시 보드

ⓢ
젤스 카페
Zell`s Cafe
▶ 독일 가정식

제철 과일을 얹은 독일식 팬케이크 전문점

독일 가정식을 내는 식당으로, 아침과 점심만 판매하고 오후 2시면 문을 닫는다. 제철 과일이나 마멀레이드를 얹어 구워내는 독일식 팬케이크가 시그니처 메뉴다. 이른 아침부터 식사를 하려는 사람들로 북적인다. 최소 10분 정도는 기다릴 각오를 해야 한다. 시그니처인 독일식 팬케이크는 기본 $8, 계절마다 토핑 재료가 바뀌는 스페셜은 $9~11 정도다.

주소 1300 SE Morrison St **전화** 503-239-0196 **오픈** 월·수~금요일 07:00~14:00(토·일요일 08:00~) **휴무** 화요일 **교통** SE Belmont & 14th 15번 버스 정류장에서 도보 2분 **홈페이지** www.zellscafe.com **지도** p.303-D

Ⓢ

카친카
Kachinka
▶ 러시아 레스토랑

주소 720 SE Grand Ave **전화** 503-235-0059 **오픈** 16:00~24:00 **휴무** 추수감사절, 크리스마스 **교통** SE Grand Ave & Belmont St 스트리트카 역, 6번 버스 정류장에서 도보 2분 **홈페이지** kachkapdx.com **지도** p.303-C

포틀랜더들의 열렬한 지지를 받는 러시아 가정식

동유럽 벨라루스 공화국에서 온 이민 2세대 보니 모랄레스와 남편이 2014년 문을 연 러시아 가정식 식당이다. 부부는 러시아 식당을 열기 위해 러시아, 우크라이나, 벨라루스, 조지아, 우즈베키스탄 등을 돌며 현지 요리법을 섭렵했다고 한다. 2015년부터 2017년까지는 식음료 전문지 〈이터 Eater〉가 선정한 미국 최고의 레스토랑에 이름이 올랐다. 일일이 직접 빚어 만드는 러시아식 만두 3가지 중, 소고기와 돼지고기를 갈아 허브와 섞은 소를 넣은 시베리안 펠메니 Siberian Pelmeni($9)를 추천한다. 러시아산 보드카가 들어간 칵테일을 함께 주문해 보자.

러시아식 만두, 시베리안 펠메니

ⓈⓅ

농스 카우 만 까이
Nong's Khao Man Gai
▶ 태국 음식점

한 가지 메뉴로 만든 성공 스토리

2003년, 가방 2개와 단돈 $70를 들고 미국으로 왔다는 태국인 농 Nong의 태국 요리 전문점이다. 포틀랜드 대학교 주변에서 푸드 카트로 시작했는데 지금은 동쪽의 센트럴 이스트사이드에 번듯한 점포를 운영 중이다. 태국 음식 중에서도 닭 육수로 지은 밥 위에 삶은 닭을 올려 소스와 함께 먹는 카우 만 까이 Khao Man Gai($11)를 낸다. 태국 현지와 비교하면 도저히 납득하기 어려운 가격이지만, 이국적인 음식을 좋아하는 포틀랜더들에게는 이만한 장소가 없다. 푸드 카트에서 시작해 아메리칸 드림을 이뤄가고 있는 현장을 찾아가 보자.

주소 609 SE Ankeny St C **전화** 503-740-2907 **오픈** 10:50~21:00 **휴무** 없음 **교통** SE Grand Ave & E Burnside St 스트리트카 역, 6번 버스 정류장에서 도보 2분 **홈페이지** khaomangai.com **지도** p.303-A

코아바 커피 로스터스
Coava Coffee Roasters
▶ 카페 & 로스터리

뛰어난 품질의 원두가 성공의 비결

코아바는 2008년, 오너인 맷 히긴스 Matt Higgins의 차고에서 시작됐다. 오토바이 수리 일을 병행하며 로스터리를 유지했던 맷은 문을 연 지 10년 만에 포틀랜드 커피를 이야기할 때 빼놓을 수 없는 커피 로스터가 되었다. 그는 원두 생산자들과 함께 커피를 만들어간다는 생각으로 홈페이지에 농장주들의 프로필까지 공개하고 있다. 코아바의 커피 맛은 포틀랜드의 대표 커피 스텀프타운와 비교하면 좀 더 부드럽고 고소하다. 전체적인 균형감이 뛰어나서, 맛과 향이 부드럽고 풍부한 커피를 즐기는 사람들에게 추천한다. 코아바는 서너 블록 떨어진 곳에 퍼블릭 브루 바 & 로스터리 Public Brew Bar & Roastery(1015 SE Main St)도 운영하고 있다. 이곳에서는 월요일부터 토요일까지 매일 오후 1시에 커피 시음을 할 수 있는 커핑 Cupping을 진행한다.

주소 1300 Southeast Grand Avenue **전화** 503-894-8134 **오픈** 월~금요일 06:00~18:00(토·일요일 ~18:00) **휴무** 없음 **교통** SE Grand Ave & Hawthorne Blvd 스트리트카 역에서 도보 2분 **홈페이지** coavacoffee.com **지도** p.303-C

워터 애비뉴 커피
Water Avenue Coffee
▶ 카페 & 로스터리

포틀랜드에서만 맛볼 수 있는 최상의 커피

20년 이상의 경력을 자랑하는 브루스 밀레토 Bruce Milletto, 맷 밀레토 Matt Milletto 부자가 운영하는 커피 로스터리다. 뛰어난 품질 관리 덕에 2009년 문을 연 이래 포틀랜드에서 손꼽히는 로스터리로 성장했다. 카페는 윌래밋강 동쪽의 옛 창고를 리모델링한 건물에 있다. 건축에 사용한 목재를 그대로 살려 고풍스러운 멋이 고스란히 남아 있다. 워터 애비뉴의 커피는 포틀랜드에서만 마실 수 있어 더욱 특별하다. 원두를 직접 배송할 수 있는 곳까지만 판매하기 때문이다. 최상의 맛을 유지하기 위해 배송하는 시간까지 엄격히 관리한다. 워터 애비뉴 커피의 특별한 맛을 느껴보고 싶다면 마시멜로를 띄워 마시는 스모어 모카 Smores Mocha ($7)를 주문해보자. 간단한 식사류도 주문할 수 있다.

주소 1028 SE Water Ave #145 **전화** 503-808-7084 **오픈** 07:00~18:00 **휴무** 추수감사절, 크리스마스 **교통** SE M L King & Taylor 스트리트카 역에서 도보 5분 **홈페이지** wateravenuecoffee.com **지도** p.303-C

허니 밀크
Hunny Milk
▶ 팝업 브런치 전문점

독특한 영업 방식으로 화제에 오른 식당

주말에 문을 닫는 식당을 빌려서, 간이 간판을 걸고 영업하는 브런치 전문점. 물론 주말에만 문을 연다. 〈타임아웃 매거진〉이 선정한 '베스트 브런치 레스토랑 베스트 8'에도 들었을 만큼 유명하다. 언제나 갈 수 있는 식당이 아니라 정해진 시간에 가야 하고, 정해진 양만 판매하는 콘셉트가 성공의 비결이다. 메뉴는 무조건 코스로 준비되는데, 메인, 사이드, 음료를 각각 골라 구성하는 방식이다. 가격도 1인당 $22로 정해져 있다. 늘 긴 줄이 늘어서는데, 재미있게도 기다리는 동안 할 수 있는 일이 보드에 적혀 있다. 게임이나 그림을 그리며 느긋하게 기다려보자. 또한 웨이팅 시간이 길어지면 수제 쿠키나 빵을 무료로 나눠주기도 한다. 최근에 노브힐 지역(1981 W Burnside St, 목~일요일 08:00~14:00)에 또 하나의 팝업 스토어를 열었다.

주소 40 NE 28th Ave **전화** 503-320-7805 **오픈** 토·일요일 09:00~14:00 **휴무** 월~금요일 **교통** E Burnside & SE 28th 20번 버스 정류장에서 도보 4분 **홈페이지** www.hunnymilk.com **지도** p.300-F

스크린 도어
Screen Door
▶ 미국 남부 요리 전문점

포틀랜드에서 치킨 와플을 먹으려면 여기로!

뉴올리언스 스타일의 미국 남부 음식을 내는 식당이다. 이른 아침부터 영업시간 내내 길게 늘어선 줄이 이 식당의 맛과 인기를 증명한다. 줄 서는 것을 꺼리는 사람이라면 무조건 피해야 하는 식당이지만, 일단 음식 맛을 보면 기다림의 고통은 순식간에 사라진다. 이 식당의 최고 인기 메뉴는 프라이드치킨 & 와플 Fried Chicken & Waffle($12.50~16). 바삭하게 튀겨낸 닭을 쫄깃한 와플 위에 얹어 낸다. 밀가루와 달걀, 버터, 닭까지 모든 재료들은 유기농만을 사용하고, 재료의 식감이 제대로 살아 있는 닭과 와플의 조화가 일품이라는 점 등이 까다로운 포틀랜더들의 입맛을 사로잡았다. 스크린 도어의 문앞이 늘 문전성시를 이루는 이유다.

주소 2337 E Burnside St **전화** 503-542-0880 **오픈** 아침 식사 월~금요일 08:00~14:00, 토·일요일 09:00~14:30 / 저녁 식사 일~목요일 17:30~21:00, 금·토요일 17:30~22:00 **휴무** 없음 **교통** E Burnside & SE 24th 20번 버스 정류장에서 도보 2분 **홈페이지** screendoorrestaurant.com **지도** p.300-F

$

캔틴
Canteen
▶ 건강 요리 전문점

한 그릇에 담아내는 건강한 패스트푸드

빠르게 담아내고 간편하게 먹을 수 있는 건강한 패스트푸드다. 캔틴의 오너 역시 푸드 카트를 운영한 경력자다. 그래놀라, 오트밀을 비롯해 쌀을 주재료로 다양한 잡곡, 소스, 채소가 곁들어 나오는 볼 Bowl 메뉴와 견과류, 과일 등을 넣은 샐러드 메뉴를 판매한다. 재미있게도 방콕 볼 Bangkok Bowl($11)이라는 메뉴에는 김치가 들어가는데, 태국식 레드 커리와 묘하게도 잘 어울린다. 케일, 샐러리 등의 잎채소나 마늘, 생강을 섞어 만드는 캔틴만의 건강 음료($6.5~8)도 인기다.

김치를 올린 방콕 볼

주소 2816 SE Stark St **전화** 503-922-1858 **오픈** 08:00~20:00 **휴무** 국경일 및 공휴일 **교통** E Burn side & SE 28th 20번 버스 정류장에서 도보 5분 **홈페이지** www.canteenpdx.com/se-portland **지도** p.300-J

$ $

로럴허스트 마켓
Laurelhurst Market
▶ 가공육 전문점

고기 마니아들의 천국

로럴허스트 마켓은 포틀랜드 지역 레스토랑 셰프들이 모여 만든 YNRG(Your Neighborhood Restaurant Group)에 소속된 3명의 셰프가 오너다. 신선하고 질 좋은 재료를 사용한 것은 물론, 농장과 직접 거래하며 생산자의 정보를 소비자가 알 수 있도록 공유한다. 직접 만든 생 소시지와 햄, 초리소, 살라미를 판매하는 부처 숍 Bucher Shop 한쪽에는 식당이 영업 중이다. 셰프들은 각자 생육, 마리네이드(숙성), 가공육 등 전문 분야를 맡아 최상의 한 접시를 만들어낸다. 이들은 로럴허스트 마켓 말고도 정통 프렌치 다이닝, 스테이크 전문점 등 각각 다른 콘셉트의 식당을 3개 더 운영하고 있다. 점심시간에는 가공육을 넣은 샌드위치를 판매하고, 저녁 시간에는 스테이크를 주문할 수 있다. 포틀랜드에서 스테이크를 맛보고 싶다면 여기를 추천한다.

주소 3155 E Burnside St **전화** 503-206-3097 **오픈** 10:00~22:00 **휴무** 추수감사절, 크리스마스 **교통** E Burnside & SE Floral 20번 버스 정류장에서 도보 3분 **홈페이지** www.laurelhurstmarket.com **지도** p.300-F

노블 로트
Noble Rot
▶ 미국 요리

주소 1111 East Burnside Street 전화 503-233-1999 오픈 17:00~22:00 휴무 추수감사절, 크리스마스(국경일 및 공휴일은 영업시간이 단축될 수 있음) 교통 E Burnside & SE Sandy 12, 20번 버스 정류장에서 도보 1분 홈페이지 www.noblerotpdx.com 지도 p.303-B

우리는 식당이 아니라 '생태계'야!

레스토랑이 있는 건물의 옥상에 작은 농장을 일궈, 신선한 채소와 허브를 직접 조달해 사용하는 식당이다. 1년 내내 지속적으로 가꿀 수 있는 채소나 허브를 선별해 그에 맞는 메뉴를 내는 것으로 2002년 문을 열자마자 화제에 올랐다. 4층 와인 바에는 실내외 모두 좌석을 갖추고 있다. 노블 로트의 백미는 해가 지는 풍경과 함께 도시의 야경이다. 매주 화요일 오후 5시에 옥상 정원을 개방한다. 2018년에는 제임스 비어드 어워드의 와인 프로그램 부문 후보에 이름을 올렸다. 인기가 많은 곳이므로 사전에 예약하는 것이 좋다.

리스트레토 로스터스 커피
Ristretto Roasters Coffee
▶ 카페 & 로스터리

● 센트럴 이스트 사이드 지점
주소 555 NE Couch St 전화 503-284-6767 오픈 07:00~18:00 휴무 추수감사절, 크리스마스 교통 SE Grand & E Burnside 스트리트카역에서 도보 3분 홈페이지 rrpdx.com 지도 p.303-A

● 미시시피 지점
주소 3808 N Williams Ave 전화 503-288-8667 교통 N Williams & NE Shaver 44번 버스 정류장에서 도보 2분 지도 p.300-A

깐깐한 창업자의 안목이 낳은 커피

핸드 크래프트가 단순히 트렌드가 아닌 문화 현상으로 자리 잡아가고 있는 포틀랜드답게 핸드 크래프트 커피를 전면에 내세운 커피 로스터리다. 기계보다는 사람의 손맛에 대한 믿음이 크다. 리스트레토 로스터스의 설립자 딘 존슨 Din Johnson이 직접 남아메리카를 돌며 선별한 고품질의 원두를 공급받는다. 적은 양을 적당히 로스팅하고 소포장해 판매하는 것을 원칙으로 한다. 포틀랜드에만 총 4개의 카페 로스터리를 운영하고 있다. 에스프레소 맛도 좋지만 정성껏 내린 핸드 드립 커피를 좋아하는 사람에게 추천하고 싶은 카페다.

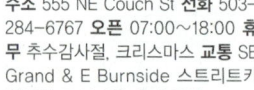

미시시피 애비뉴 & 윌리엄스 애비뉴 Mississippi Ave & Williams Ave

ⓢ 더 피플스 피그
The People`s Pig
▶ 훈제 고기 전문점

세상 어디에도 없는 비법 소스로 만든 훈제 고기

훈제 돼지고기를 넣은 샌드위치를 파는 푸드 카트로 장사를 시작한 지 5년 만인 2014년 어엿한 점포를 연 또 다른 성공 스토리의 주인이다. 오너 셰프인 클리프 앨런 Cliff Allen은 유명한 텍사스나 테네시 스타일 소스가 아닌 자신만의 소스로 고기를 훈제한다. 더 피플스 피그의 최고 장점은 맛은 물론 질까지 좋은 훈제 돼지고기를 저렴한 가격에 맛볼 수 있다는 것. 돼지고기가 듬뿍 들어간 샌드위치가 $10~12 정도다. 해피 아워에는 훈제 고기 한 종류와 사이드를 선택할 수 있는 플레이트 메뉴를 $6에 판매한다. 이스트 번사이드에 2호점(3004 E Burnside St)이 있다.

주소 3217 N Williams Ave **전화** 503-282-2800 **오픈** 일~목요일 11:00~21:00(금·토요일 ~22:00) / 해피 아워 월~금요일 15:00~18:00 **휴무** 없음 **교통** N Williams & NE Cook 4, 24, 44번 버스 정류장에서 도보 2분 **홈페이지** www.peoplespig.com **지도** p.300-A

ⓢ 스웨디디
Sweedeedee
▶ 스웨덴 음식점

스웨덴식 자연주의 식탁

작고 사랑스러운 공간의 스웨덴 브런치 전문점이다. 흰색과 올리브색으로 칠한 외벽과 내부의 작은 창들, 나무 테이블과 잘 어울리는 레코드 음악이 실내를 채운다. 음식도 공간을 닮아 자연의 맛 그대로를 살린 메뉴가 주를 이룬다. 신선한 채소와 과일로 만든 아침 메뉴($7~14)와 샐러드($7~11)는 가격도 적당하고 맛도 좋다. 메뉴에 함께 나오는 빵들도 직접 만들어 사용한다. 이곳도 유기농, 제철, 현지 생산 3가지 원칙을 지킨 식재료를 사용한다.

주소 5202 N Albina Ave **전화** 503-946-8087 **오픈** 월~토요일 08:00~15:00(일요일 ~14:00) **휴무** 없음 **교통** N Albina & Sumner 4번 버스 정류장에서 도보 1분 **홈페이지** www.sweedeedee.com **지도** p.300-A

코스텔로스 트래블 카페
Costello's Travel Cafe
▶ 유럽 요리

세계 여행 자료와 함께하는 식사
코스텔로 가족이 2003년에 문을 연 식당이다. 내부에서는 대형 스크린을 통해 코스텔로 가족이 20여 년간 15개국을 여행하며 담아온 사진과 영상을 공유하고, 세계 여행을 주제로 한 지역 작가들의 그림도 전시한다. 세계 곳곳의 시각을 알리는 시계 중 서울도 눈에 뜨인다. 베이커리를 기본으로 한 식사 메뉴와 커피를 주문해 보자. 메뉴는 계절에 따라 바뀌며, 글루텐 프리나 채식주의자용 메뉴도 잘 갖추고 있다. 커피는 시애틀의 유명 로스터리 카페 움브리아(p.116)의 원두를 사용한다.

주소 2222 NE Broadway St 전화 503-287-0270 오픈 월~금요일 07:00~17:00, 토·일요일 08:00~16:00 휴무 없음 교통 NE Weidler & 22nd 17, 70, 77번 버스 정류장에서 도보 2분 홈페이지 www.costellostravelcaffe.com 지도 p.300-F

왓츠 더 스쿱
What's the Scoop
▶ 아이스크림 전문점

자연주의 아이스크림 한 스쿱
전 과정을 직접 손으로 만드는 수제 아이스크림 전문점이다. 모두 화학 첨가물 없이 천연 재료로만 만들어지며, 아이스크림은 손으로 하나하나 구워낸 쿠키 콘에 담아낸다. 콘의 바삭함과 적당히 단 아이스크림의 달콤함의 조화가 감동적이다. 작은 아이스크림 가게지만 수익금의 일부를 지역 사회에 환원하는 등 사회적 책임을 다하는 가게로 유명하다.

주소 3540 N Williams Ave 전화 971-266-1787 오픈 일~목요일 12:00~22:00, 금·토요일 12:00~23:00 휴무 12월 중순부터 휴가 있음(홈페이지 확인) 교통 N Williams & NE Fremont 44번 버스 정류장에서 도보 2분 홈페이지 www.whatsthescooppdx.com 지도 p.300-A

손으로 일일이 구워 말아내는 쿠키 콘

앨버타 디스트릭트 Alberta District

뱀부 스시
Bamboo Sushi
▶ 일본 요리 전문점

주소 1409 NE Alberta St 전화 503-889-0336 오픈 16:30~22:00 / 해피 아워 16:30~18:00 휴무 추수감사절, 크리스마스이브, 크리스마스, 1월 1일 교통 NE Alberta & 13th 72번 버스 정류장에서 도보 2분 홈페이지 bamboosushi.com 지도 p.300-B

포틀랜드스러운 스시 전문점
2008년 사우스이스트 주택가에 1호점을 개점한 이후, 포틀랜드는 물론 시애틀까지 점포를 낸 저력의 초밥 전문점이다. 포틀랜드뿐만 아니라 국제기구의 기준까지 맞춘 음식을 내려고 노력한다. 남획한 물고기나 희귀 어종은 취급하지 않으며, 인근 해역에서 친환경 방법으로 잡고 유통되는 수산물을 우선으로 사용한다. 포틀랜드스러움을 유지하며 성공을 이룬 좋은 사례로 꼽힌다. 포틀랜드의 트렌드인 채식, 글루텐 프리 메뉴, 포틀랜드만의 창의적인 스시 메뉴를 즐겨 보자.

엔젤스 도너츠 & 아이스크림
Angels Donuts & Ice Cream
▶ 도넛 전문점

주소 2805 NE Alberta St 전화 503-284-4510 오픈 일~목요일 06:00~22:00(금·토요일 ~24:00) 휴무 없음 교통 NE Alber ta & 27th 72번 버스 정류장에서 도보 2분 지도 p.300-B

아는 사람만 아는 그 맛, 보통 도넛
포틀랜드의 베스트 도넛을 꼽으라면 빠지지 않고 거론되는 이름이다. 2004년 개업 이래 거창한 콘셉트를 내세우지 않고도 포틀랜더들에게 사랑받는 도넛 가게다. 전통적인 스타일의 도넛과 아이스크림을 함께 판매한다. 너무 유명하지도, 그렇다고 거창하게 내세우지도 않는 '다름'으로 힙스터들의 사랑을 한 몸에 받고 있다. 프렌치 크루엘러스 French Cruellers($1.35)와 버터밀크 바 Buttermilk Bar($1.45)가 인기다.

솔트 & 스트로
Salt & Straw
▶ 아이스크림 전문점

밭에서 아이스크림콘으로 옮겨온 신선함
포틀랜드는 물론 미국 서부에서 가장 유명한 아이스크림 전문점이다. 2011년 앨버타 디스트릭트의 푸드 카트에서 시작해 시애틀, 로스앤젤레스, 샌프란시스코, 샌디에이고까지 점포를 연 성공 신화의 주인공이다. '밭에서 아이스크림콘으로'라는 경영 철학 아래 신선한 재료들로 만든 아이스크림을 매장에서 바로 구운 콘 위에 올려놓는다. 솔트 & 스트로의 매장에는 아이스크림의 달콤함과 콘의 고소한 냄새가 늘 진동한다. 지역의 커피, 치즈, 베이커리 등과 컬래버레이션해 만든 새로운 맛의 아이스크림과 계절에 따라 새로 등장하는 계절 한정판 아이스크림들이 메뉴판을 채운다. 네 가지를 골라 맛볼 수 있는 테이스팅 메뉴($9) 추천!

주소 2035 NE Alberta St 전화 503-208-3867 오픈 11:00~23:00 휴무 추수감사절, 크리스마스, 1월 1일 교통 NE Alberta & 21st 72번 버스 정류장에서 도보 1분 홈페이지 saltandstraw.com 지도 p.300-B

ⓈⓈ
프라우드 메리 카페
Proud Mary Cafe
▶ 브런치 카페

주소 2012 NE Alberta St **전화** 503-208-3475 **오픈** 월~금요일 07:00~16:00(토·일요일 08:00~) **휴무** 없음 **교통** NE Alberta & 21st 72번 버스 정류장에서 도보 1분 **홈페이지** proudmarycoffee.com **지도** p.300-A

호주의 멋과 포틀랜드의 가치가 공존하는 카페

포틀랜더들이 자랑스러워하는 특유의 '가치'가 좋아서 이곳에 정착했다는 호주 출신의 부부가 주인이다. 지역 경제 순환에 기여하는 것을 원칙으로 운영하며 이곳은 앨버타 기반의 지역 예술가들의 작품을 전시하는 공간으로도 활용된다. 맛 좋은 식사와 수준급의 핸드 드립 커피를 만날 수 있는데 특히 이 집의 원두는 미국은 물론 호주까지 공급될 정도이다. 음식은 계절 혹은 해마다 새로운 메뉴를 선보인다. 메뉴 전체를 독일 가정식으로 꾸민다든가, 동양 조리법과 소스를 가미한 퓨전 메뉴들로 채워지기도 한다. 어느 시점에 방문하느냐에 따라 전혀 다른 경험, 전혀 다른 식당으로 기억될 것이다. 어떤 메뉴를 고를지 모르겠다면 메뉴 이름 뒤 별모양(*)이 표시된 추천 메뉴를 골라 보자.

Ⓢ
케이스 스터디 커피
Case Study Coffee
▶ 카페 & 로스터리

주소 1422 NE Alberta St **전화** 503-477-8221 **오픈** 07:00~18:00 **휴무** 없음 **교통** NE Alberta & 13th 72번 버스 정류장에서 도보 2분 **홈페이지** www.casestudycoffee.com **지도** p.300-A

진한 고소함과 은은한 달콤함의 뛰어난 밸런스

웨스와 크리스티나 러셀 부부 Wes Russell & Christine Russell가 2005년부터 이어온 원두 로스팅 경험을 바탕으로 연 카페. 2010년에 Sandy Blvd에 문을 연 1호점을 시작으로 지금은 총 3개의 카페를 운영한다. 1950년대 판매되던 건축 잡지에서 이름을 따온 케이스 스터디 커피는 벽돌과 나무 내장으로 투박하면서도 빈티지한 멋을 살렸다.

주인 부부는 지금도 원두는 수요에 맞춰 로스팅하고 일정 기간 내에 판매하는 것을 원칙으로 한다. 포틀랜드의 거리 이름을 딴 블렌딩 원두와 코스타리카, 에티오피아, 과테말라 등 원산지의 맛을 살린 싱글 오리진 원두를 판매한다. 다른 브랜드의 원두를 게스트 커피로 판매하는 것도 남다른 점이다. 케이스 스터디의 원두는 카페 라테와 잘 어울리는 맛으로 유명하다. 견과류, 캐러멜류의 고소함과 달콤함이 잘 어우러지는 풍성한 향미 때문! 케이스 스터디 커피를 찾는다면 라테를 주문해야 하는 이유다.

Special

포틀랜드는 역시 달라!
생각지 못한 한식의 세계

코리아타운이 없는 도시 포틀랜드. 그러나 한식당이 아닌 식당에서 한국식 메뉴를 만나는 일이 왕왕 일어나곤 한다. 마치 분식집에서 돈가스를 만나는 일이 별 것 아닌 것처럼, 평범해 보이는 식당의 메뉴 한쪽에 한식이 녹아 있으니 꽤나 반가운 기분이 들고 만다. 더불어 대표적인 한국 음식 비빔밥이나 갈비, 잡채가 아니라 현지 음식 문화에 녹아든 한식으로 신선한 발상의 전환까지 담고 있다.

카메오 카페 이스트 Cameo Cafe East

유럽과 한국의 음식을 조합한 아침 메뉴가 돋보이는 식당이다. 커다란 팬에서 감자, 베이컨과 함께 익어가는 김치전을 보면 어리둥절할 것이다. 최고 인기 메뉴인 뉴 코리안 브렉퍼스트 스페셜($12)을 주문해 보자. 김치와 밥에 서양식으로 조리한 소시지, 햄, 달걀을 함께 내주는 아침 식사에 한국의 훈훈한 정이 보태진 넉넉한 한상을 받게 될 것이다.

주소 8111 NE Sandy Blvd **전화** 503-284-0401 **오픈** 06:30~15:00 **홈페이지** www.cameocafe.com **지도** p.301-D

이치자 키친 Ichiza Kitchen

미국인이 운영하는 아시안 푸드 전문점이라는 것도 재미있지만, 셰프가 여행 중에 만났던 인상 깊은 음식을 재해석한 메뉴가 흥미로운 곳이다. 고추장으로 양념한 닭고기를 곁들인 비빔당면, 바질 페스토를 얹은 군만두 등 한식 퓨전 메뉴도 눈에 띄며, 일본 우동에 김치 고명을 얹는 등 아시아 국가 간 퓨전이 이루어지기도 한다. 메뉴는 계절에 따라 바뀌니 참고할 것. → p.270

한옥 Han Oak

일주일에 4일, 저녁에만 영업하는 조그만 식당이다. 외국인들의 입맛에 맞춰 달고 짜게 조리하는 한식당에 지쳤다면 가볼 만하다. 한식 조리법을 기본으로 하고, 포틀랜드 사람들에게 이미 익숙한 일본 소스나 중국 재료 등을 가미해 접근성을 높인 시도가 돋보인다. 육개장에 밥 대신 우동을 넣은 국수 스파이시 비프 우동 Spicy Beef Udon($14)이나 한국식 떡튀김 위에 일본식 달걀 샌드위치, 매운 닭튀김을 올려 내는 내슈빌 소 핫 라이트 나우 불닭 Nashville 'so Hot Right Now' Buldak($33) 등이 한옥의 정체성을 가장 잘 보여주는 메뉴라 할 수 있겠다.

주소 511 NE 24th Ave **전화** 971-255-0032 **오픈** 금~월요일 17:30~21:30 **홈페이지** hanoakpdx.com **지도** p.300-F

바질 페스토를 올린 김치만두

디비전 스트리트 Division Street

브로더 카페
Broder Cafe
▶ 스칸디나비아 가정식

주소 2508 SE Clinton St **전화** 503-736-3333 **오픈** 08:00~15:00 **휴무** 없음 **교통** SE Division & 26th 2번 버스 정류장에서 도보 3분 **홈페이지** www.broderpdx.com **지도** p.302-D

추운 나라의 따뜻한 집밥을 내는 식당

2007년 문을 연 스칸디나비아 가정식 전문점이다. 색색의 조화가 아름답고 북유럽 감성이 물씬 느껴지는 건물 앞에 이른 아침부터 사람들이 북적인다. 모두 아침 식사나 브런치를 먹기 위해 찾아온 사람들로, 주말이면 몇십 분은 예사로 기다려야 한다.

메뉴는 스웨덴과 덴마크 음식들이 주를 이룬다. 제철 과일로 만든 잼과 레몬 커드가 함께 나오는 동글동글한 데니시 팬케이크 Danish Pancakes($7~10)와 3가지 종류의 베이크드 에그 스크럼블 Baked Egg Scramble ($10) 등이 아침 식사로 인기다. 언제 가도 줄을 서야 하는 식당이므로 아예 기다릴 작정을 하고 찾아가는 것이 좋겠다.

베이크드 에그 스크럼블

파인 스테이트 비스키츠
Pine State Biscuits
▶ 비스킷 샌드위치 전문점

주소 1100 SE Division St #100 **전화** 503-477-6605 **오픈** 07:00~15:00 **휴무** 없음 **교통** SE Division & 12th 2번 버스 정류장에서 도보 2분 **홈페이지** www.pinestatebiscuits.com **지도** p.300-J

미국 남부식 칼로리 폭탄? 맛 폭탄 샌드위치

비스킷 샌드위치 전문점으로, 2006년 주말 파머스 마켓의 노점에서 시작했다. 미국 남부 노스캐롤라이나 출신의 비스킷 보이스라 불리는 3명이 주인이다. 노점 시작 2년 만에 벨몬트 1호 점포를 시작으로 포틀랜드에 총 4개의 매장을 운영하게 되었다. 그중 디비전 스트리트에 위치한 매장이 가장 크다.

프라이드치킨과 베이컨, 치즈가 들어간 더 레지 The Reggie($9)가 기본 메뉴이며, 블루치즈나 랜치 소스를 선택해 얹을 수 있는 더 클럽 The Club($10)을 추천한다. 원하는 속 재료를 골라 자신만의 샌드위치를 주문하는 방법도 있다.

블루치즈 소스를 선택한 더 클럽

ⓢⓢ 발리우드 시어터
Bollywood Theater
▶ 인도 음식점

마치 인도에서 먹는 듯한 인도 길거리 음식

오너이자 셰프인 트로이 맥클래티 Troy MacLarty가 인도의 강렬함을 포틀랜드로 옮겨 왔다. 인도 여행 당시 음식을 맛볼 때 함께 경험했던 길거리의 풍경, 냄새, 빛까지 그대로 재현하고 싶었다고 한다. 맛은 물론 철제 접시와 컵 등의 식기까지 인도 느낌이 나도록 고려했다. 메뉴는 한 접시에 커리와 밥이 나오는 탈리 밀스 Thali Meals 네 종류와 다양한 스트리트 푸드로 채웠다. 고기와 양파 피클, 달걀 등을 넣어 돌돌 만 카티 롤 Kati Roll($11.25)과 새우가 듬뿍 들어간 커리, 고안 스타일 슈림프 Goan-Style Shrimp($20)가 인기다.

주소 3010 SE Division St **전화** 503-477-6699 **오픈** 11:00~22:00 **휴무** 없음 **교통** SE Division & 30th 2번 버스 정류장에서 도보 2분 **홈페이지** www.bollywoodtheater.pdx.com **지도** p.302-D

ⓢⓢ 폭폭
Pok Pok
▶ 태국 북부 음식점

제임스 비어드 어워드 수상자가 만드는 태국 북부 음식

'이싼'이라고 불리는 태국 북부 음식을 내는 식당이다. 2005년 디비전 스트리트에 1호점을 낸 이후 엄청난 인기를 끌면서 포틀랜드뿐만 아니라 로스앤젤레스와 뉴욕 브루클린까지 진출했다. 이쯤 되면 태국인이 주인인가 싶겠지만 오너 셰프는 앤디 리커 Andy Ricker라는 남부 출신 미국인. 제임스 비어드 어워드 우승 경력까지 있는 셰프인데, 태국 음식에 반해 아직도 1년에 몇 개월은 태국에서 머물며 요리를 연구할 정도라고 한다. 폭폭의 이름을 단 태국 북부 요리책까지 펴냈다. 실력과 열정이 이 정도니 종일 긴 줄이 줄어들 줄 모르는 것은 당연한 일이다. 닭구이와 함께 북부식 쏨땀(파파야 샐러드)이 곁들여 나오는 폭폭 스페셜 Pok Pok Special($19.75)나 북부식 커리 국수 카오 소이 Khao Soi ($15.75)를 주문해 보자.

주소 3226 SE Division St **전화** 503-232-1387 **오픈** 11:30~22:00 **휴무** 없음 **교통** SE Division & 32nd 2번 버스 정류장에서 도보 1분 **홈페이지** pokpokdivision.com **지도** p.302-D

ⓢ 리틀 티 아메리칸 베이커
Little T American Baker
▶ 베이커리 카페

빵의 기본인 글루텐의 힘을 믿는 빵집

글루텐 프리가 광풍처럼 포틀랜드 여기저기를 휘저어 놓았지만, 빵은 밀가루와 과학, 손 그리고 마음으로 만드는 것이라는 가치를 자랑스럽게 내건 빵집이다. 다시 말해 빵의 재료나 조합은 창의적인 아이디어를 따르지만, 만드는 과정은 아직도 전통 방식을 따른다. 요일별로 어떤 빵들이 나오는지 홈페이지에 공지한다. 그중에서도 호밀 가루에 맥주를 넣어 발효시킨 천연 발효종 빵이 대표 상품이다. 천연 발효종을 사용해 천천히 숙성시킨 빵은 겉은 단단하지만 속살은 촉촉하고 부드럽다. 페이스트리 반죽으로 만든 버터 향 가득한 빵들도 인기다. 코아바 커피 로스터스의 원두를 사용한 커피를 낸다. 데일리 브레드는 $5에 판매한다.

주소 2600 SE Division St **전화** 503-238-3458 **오픈** 월~토요일 07:00~17:00, 일요일 08:00~14:00 **휴무** 없음 **교통** SE Division & 26th 2번 버스 정류장에서 도보 1분 **홈페이지** littletbaker.com **지도** p.302-D

올림피아 프로비전스 퍼블릭 하우스
Olympia Provisions Public House
▶ 핫도그 전문점

정통 소시지로 만드는 육즙 가득한 핫도그

가공육 전문 매장으로 유명한 올림피아 프로비전스가 운영하는 핫도그 전문점이다. 올림피아 프로비전스에서 만든 전통적인 브라트부르스트 Bratwurst와 프랑크푸르터 Frankfurter 소시지를 넣은 커다란 핫도그($9~12)를 맥주와 함께 판매한다. 훈제 고기나 이탈리아식 패티를 넣은 버거($11~13) 메뉴도 있다. 센트럴 이스트사이드의 레스토랑보다는 훨씬 가볍고 편안한 분위기다. 디비전 스트리트를 돌아보다가 맥주 한 잔과 핫도그로 출출함을 달래기 좋다.

주소 3384 SE Division St **전화** 503-384-2259 **오픈** 월~목요일 11:00~22:00(금요일 ~23:00), 토요일 10:00~23:00(일요일 ~22:00) **휴무** 없음 **교통** SE Division & 34th 2번 버스 정류장에서 도보 1분 **홈페이지** olympiaprovisionspublichouse.com **지도** p.302-E

테이스티 앤 도터스
Tasty n Daughters
▶ 퓨전 요리

브런치계의 셀럽 레스토랑

구글 맵의 1,000개가 넘는 리뷰 속에서 높은 평점을 유지하고 있는 테이스티 앤 도터스. 포틀랜드의 브런치 유행을 이끄는 식당으로 정평이 나 있다. 식재료는 포틀랜드 인근의 것만 사용하지만 메뉴판은 글로벌하기 이를 데 없다. 3명의 메인 셰프들이 세계 여행에서 얻은 경험을 담은 세계 각국의 메뉴가 있다. 특히 브런치는 일본이나 한국 등의 소스와 식재료가 가미되어 동서양이 교차하는 신선한 아이디어가 돋보인다.
아침부터 고기를 먹는 것에 대한 편견이 없다면 소고기 스테이크에 치즈와 달걀, 할라피뇨 버터가 함께 나오는 테이스티 스테이크 & 체다 에그스 Tasty Steak & Cheddar Eggs($18)를 적극 추천한다. 이외에도 이국적인 맛을 즐기는 사람들에게 인기가 좋은 미얀마(버마) 스타일의 매콤한 소스를 넣은 버미즈 레드 포크 스튜 Burmese Red Pork Stew($17)를 추천한다. 양이 넉넉한 아침 식사를 원한다면 미국식 아침 식사 메뉴이자 스테디셀러 보즈 Boards($10~15)를 골라 보자.

테이스티 스테이크 & 체다 에그스

주소 4537 SE Division St **전화** 503-621-1400 **오픈** 브런치 09:00~14:30 / 해피 아워 14:30~17:00 / 저녁 17:00~22:00 **휴무** 추수감사절, 크리스마스 **교통** SE Division & 48th 2번 버스 정류장에서 도보 2분 **홈페이지** www.tastyndaughters.com **지도** p.302-F

스텀프타운 커피 로스터스
Stumptown Coffee Roasters
▶ 카페 & 로스터리

포틀랜드 대표 커피, 스텀프타운 커피의 시작점

스텀프타운은 시애틀의 스타벅스와는 달리 포틀랜드 지역에서 시작된 브랜드며, 포틀랜더들의 지독한 지역 사랑 때문에 더욱 부각된 브랜드다. 이곳은 1999년, 미용실이 있던 자리에 듀안 소렌슨 Duane Sorenson이 'Stumprown'이라는 간판을 걸고 문을 연 카페 1호점이다. 포틀랜드는 물론 미국의 뉴욕, 일본과 한국까지 진출한 스텀프타운 커피의 시작이었다.

아직도 1호점에서는 꽤 많은 커피가 로스팅된다. 에스프레소를 시작으로 드립 커피, 콜드 브루 커피는 물론 스텀프타운의 마크가 새겨진 굿즈도 살 수 있다. 그중에서 질소가 들어 있는 니트로 콜드 브루 커피 Nitro Cold Brew를 꼭 주문해 볼 것! 거품과 함께 느껴지는 청량감이 콜드 브루 커피의 맛을 극대화해준다. 인근의 폭폭, 세븐 스미스 Seven Smith에서 만들어진 음료도 판매한다. 그 어떤 스텀프타운 커피점보다 빈티지한 분위기가 매력적이다.

주소 4525 SE Division St **전화** 503-230-7702 **오픈** 월~금요일 06:00~19:00(토·일요일 07:00~) **휴무** 없음 **교통** SE Division & 45th 2번 버스 정류장에서 도보 1분 **홈페이지** www.stumptowncoffee.com **지도** p.302-F

파이브 포인츠 커피 로스터스
Five Points Coffee Roasters
▶ 카페 & 로스터리

카페인이 두려운 사람에게도 권할 수 있는 커피

2010년 '커피 디비전 Caffee Division'이라는 이름으로 시작한 카페다. 나중에 함께 창업한 로스터리 파이브 포인츠의 이름을 따서 카페 이름도 바꿔 달았다. 파이브 포인츠 커피는 질 좋은 원두를 구하기 위해 현지 농장에 직접 방문하는 것을 마다하지 않는다. 더불어 디카페인 생두를 직접 수급하는 것으로 유명하다. 커피 농장에 디카페인 머신을 설치해 커피콩을 디카페인 공장으로 보내는 단계를 없앤 것. 결과적으로 디카페인 원두 생산에 드는 시간을 단축해 그 어떤 카페보다 신선한 디카페인 커피를 선보인다.

주소 3551 SE Division St **전화** 503-453-0190 **오픈** 06:30~18:00 **휴무** 없음 **교통** SE Division & 36th 2번 버스 정류장에서 도보 1분 **홈페이지** www.fivepointscoffeeroasters.com **지도** p.302-E

호손 불러바드 Hawthorne Blvd

라르도
Lardo
▶ 고기 샌드위치 전문점

이탈리아와 동양의 음식 문화가 녹아든 샌드위치

2010년 9월 푸드 카트에서 시작해 포틀랜드에 2개 지점을 냈고 라스베이거스에도 점포가 있다. 오너 셰프인 릭 젠카렐리 Rick Gencarelli는 샌프란시스코와 코네티컷, 뉴욕 등에서 일한 화려한 경력을 자랑한다. 포카치아 빵에 이탈리아식 양념을 하거나 훈제 고기를 듬뿍 넣은 샌드위치가 주요 메뉴다. 시그니처 메뉴는 김치가 들어간 코리안 포크 숄더 Korean Pork Shoulder($11) 샌드위치로 단연 독보적인 인기를 차지하고 있다. 단, 고수가 많이 들어가므로 고수를 먹지 못하는 사람은 반드시 빼달라고 하거나 아예 다른 메뉴를 고를 것! 치즈와 소스를 잔뜩 뿌린 감자튀김 Dirty Fries($10), 바삭하게 튀겨낸 돼지 귀 Crispy Pig's Ears($7) 등 독특한 사이드 메뉴를 주문해 맥주 한 잔을 즐기는 사람도 많다. 다운타운 블루 스타 도너츠가 있는 라인에도 점포가 있지만 호손 지점이 넓은 야외 테라스와 여유로운 분위기로 더 평가가 좋다.

주소 1212 SE Hawthorne Blvd 전화 503-234-7786 오픈 11:00~22:00 휴무 국경일 및 공휴일 교통 SE Hawthorne & Maple 14번 버스 정류장에서 도보 2분 홈페이지 lardosandwiches.com 지도 p.303-F

김치가 들어간 시그니처 메뉴, 코리안 포크 숄더

테오테 하우스 카페
Teote House Cafe
▶ 남아메리카 요리 전문점

베네수엘라 가정식을 파는 식당

테오테 역시 시작은 푸드 카트였다. 2013년, 디비전 스트리트의 태국 음식점 폭폭 인근에서 운영하던 푸드 카트를 접고 지금의 자리에 커다란 식당을 열었다. 1년 중 서너 달을 제외하면 늘 비가 부슬부슬 내리는 포틀랜드의 날씨 덕분에 이 가게의 가장 큰 매력이 발휘된다. 겨울에도 실외의 따뜻한 모닥불 앞에 모여 앉아 남아메리카 음식과 술을 먹고 마시며 시간을 보낼 수 있는 것. 고기와 블랙 빈, 샐러드, 튀긴 바나나, 피클 등이 한 접시에 나오는 플레이트 메뉴($12~18)를 주문하면 여러 명이 나눠 먹기 좋다. 혼자 찾아간 경우에는 옥수수 빵과 고기 토핑이 함께 나오는 아레파스 Arepas($8.25)가 적당하다.

주소 1615 SE 12th Ave 전화 971-888-5281 오픈 일~목요일 11:00~22:00 (금·토요일 ~23:00) 휴무 없음 교통 SE Hawthorne & Maple 14번 버스 정류장에서 도보 4분 홈페이지 www.teotepdx.com/teote-house-cafe/ 지도 p.303-F

ⓢ
프라이드 에그, 아임 인 러브
Fried Egg, I'm In Love
▶달걀 요리 전문점

음악을 사랑하는 셰프의 달걀 샌드위치

글 쓰고 노래하던 시애틀 출신의 잭 크라우스 Jace Krause가 운영하는 푸드 카트. 어린 시절 어머니가 만들어주셨던 에그 샌드위치에서 아이디어를 얻은 각종 샌드위치가 주요 메뉴다. 포틀랜드 프렌치 베이커리의 빵을 사용하고 현지 농장에서 달걀을 공급받는다. 음악가나 밴드의 이름에서 아이디어를 얻은 메뉴 이름들이 재미있다. 그중에서도 비틀즈의 아내 요코 오노를 연상시키는 욜코 오노 Yolko Ono($7.25)가 시그니처 메뉴다. 달걀 프라이와 홈메이드 바질 페스토, 파르마산 치즈, 하우스 소시지 패티를 넣은 샌드위치로, 꾸준히 팔려 나가는 스테디셀러이기도 하다. 2017년에는 파이어니어 코트하우스 스퀘어에 두 번째 푸드 카트를 냈다.

주소 3207 SE Hawthorne Blvd **전화** 503-610-3447 **오픈** 08:30~15:00 **휴무** 없음 **교통** SE Hawthorne & 32nd Pl 14번 버스 정류장에서 도보 2분 **홈페이지** www.friedeglove.com **지도** p.302-A

ⓢ
더 와플 윈도
The Waffle Window
▶와플 전문점

밥으로도, 디저트로도 옳은 와플

창업자인 메리 오루크 Mary O'Rourke가 암스테르담 여행 중 먹었던 와플 맛을 잊지 못해 차린 와플 전문점이다. 처음에는 호손 불러바드에 남편이 운영하
는 브레드 앤드 잉크 카페 Bread and Ink Cafe의 남는 공간에서 테이크아웃 전문점으로 시작했다. 달콤하면서도 쫄깃한 벨기에 스타일의 와플을 식사용과 디저트용 버전으로 판매한다. 매운 베이컨, 체다, 할라피뇨를 얹은 스파이시 베이컨 체다 할라피뇨 와플 Spicy Bacon Cheddar Jalapeno($8.25)이나 치즈 케이크 푸딩에 생딸기나 파인애플을 올린 치즈케이크 와플 Cheesecake Waffle($8.50)도 있다. 어떤 와플을 먹을지는 온전히 본인의 취향에 달렸다. Alberta St에 2호점이 있다.

주소 3610 SE Hawthorne Blvd **전화** 971-255-0501 **오픈** 08:00~18:00 **휴무** 없음 **교통** SE Hawthorne & 34th 14번 버스 정류장에서 도보 3분 **홈페이지** wafflewindow.com **지도** p.302-B

ⓢ
토브 커피 앤드 티
Tov Coffee and Tea
▶이집트 커피 전문점

붉은 버스만큼이나 강렬한 맛의 커피

이집트인 조 Joe가 붉은색 2층 버스를 개조해 만든 푸드 카트로, 이집트 스타일의 커피와 차를 판다. 원두에 '향신료의 여왕'이라 불리는 카더멈 Cardamom
을 함께 갈아 넣어 매콤함이 느껴지는 이집션 커피 Egyption Coffee($3)를 시작으로, 원두를 민트와 함께 콜드 브루한 민트 싱 Mint Thing($5.50), 장미향을 가미한 로즈 모카 Rose Mocha($5.25) 등 독특한 커피 메뉴를 낸다. 이국적인 분위기가 물씬 묻어나는 잔과 소품들도 커피의 색다른 맛에 일조한다. 버스의 2층은 마치 루프 톱처럼 꾸며져 있다.

주소 5044, 3207 SE Hawthorne Blvd **전화** 541-908-2555 **오픈** 08:00~17:00 **휴무** 없음 **교통** SE Hawthorne & 32nd Pl 14번 버스 정류장에서 도보 2분 **홈페이지** www.tovcoffee.com **지도** p.302-A

록킹 프로그 카페
Rocking Frog Cafe
▶ 카페

주소 2511 SE Belmont St **전화** 503-230-8914 **오픈** 월~금요일 07:00~18:00, 토·일요일 08:00~18:00 **휴무** 없음 **교통** SE Belmont & 26th Ave 15번 버스 정류장에서 도보 1분 **홈페이지** rockingfrogpdx.com **지도** p.300-J

다름으로는 단연 일등, 힙한 카페의 정석

포틀랜드시에서도 추천할 만큼 포틀랜드다운 카페다. 오래된 저택 분위기를 그대로 살린 계단을 올라가 문을 열면 마치 누군가의 집에 들어서는 듯한 느낌을 받는다. 벽난로와 서재, 그리고 주방을 지나면 뒷마당으로 이어진다. 리스트레토 로스터스 커피(p.322)의 원두로 내린 커피와 간단한 샐러드, 샌드위치, 수프 등의 메뉴를 갖추고 있다. 최고 인기 메뉴는 옛날 방식으로 만드는 도넛(1개 $2, 6개 $9)이다. 주문과 동시에 튀겨 따뜻하게 나온다. 누구나 읽을 수 있도록 비치된 책 한 권에 커피와 도넛 하나면 오후에 눈 깜짝할 사이 지나가고 만다.

TRAVEL TIP

커피 천국 포틀랜드, 유명한 그곳 1호점은 어디?

● **스텀프타운 커피 로스터스**
Stumptown Coffee Roasters (p.275, p.331)
창업 1999년
위치 디비전 스트리트
주소 4525 SE Division St
전화 503-230-7702
홈페이지 www.stumptowncoffee.com

● **하트 커피**
Heart Coffee (p.278)
창업 2009년
위치 이스트 번사이드
주소 2211 E. Burnside
전화 503-230-7702
홈페이지 www.heartroasters.com

● **코아바 커피 로스터스**
Coava Coffee Roasters (p.319)
창업 2008년
위치 센트럴 이스트
주소 1300 Southeast Grand Avenue
전화 503-894-8134
홈페이지 coavacoffee.com

● **리스트레토 로스터스 커피**
Ristretto Roasters Coffee (p.322)
창업 2005년
위치 이스트 번사이드
주소 555 NE Couch St
전화 503-284-6767
홈페이지 rrpdx.com

● **워터 애비뉴 커피 컴퍼니**
Water Avenue Coffee Company (p.319)
창업 2009년
위치 센트럴 이스트
주소 1028 Southeast Water Ave
전화 503-808-7084
홈페이지 wateravenuecoffee.com

센트럴 이스트사이드 Central Eastside

ⓢ
디그 어 포니
Dig A Pony
▶ 라운지 & 바

시간의 멋을 최대한으로 끌어올린 술집

흰색 타일과 오리엔탈 양탄자, 110년 된 피아노로 장식되어 시간의 멋이 가득한 공간이다. 전문 DJ가 선곡하는 레코드 음반을 통해 시간이 담긴 매혹적인 소리를 감상할 수 있다. 테마는 매일 달라진다. 주말이면 오래된 피아노 옆에서 공연이 열리기도 한다. 칵테일이 시그니처 음료로, 계절에 따라 바텐더가 고안하는 시즈널 칵테일을 추천한다. 바텐더에게 추천 음료를 묻자.

주소 736 SE Grand Ave **전화** 971-279-4409 **오픈** 16:00~02:00 **휴무** 없음 **교통** SE Grand & Belmont 스트리트카 역에서 도보 1분 **홈페이지** digaponyportland.com **지도** p.303-C

ⓢ
웨이파인더 비어
Wayfinder Beer
▶ 맥주 전문점

어마어마한 규모의 신생 수제 맥주 양조장

2016년에 개업한 새내기 수제 맥주 양조장이다. 센트럴 이스트사이드의 공장 지역에 있던 오래된 벽돌 창고를 개조해, 100석 규모의 내부, 화덕이 있는 외부 공간까지 어마어마한 규모의 양조장을 열었다. 전례 없는 규모로 인해 공사 단계부터 화제를 모았고, 문을 열자마자 무서운 신예로 주목 받았다. 라거와 에일, IPA가 주를 이루고, 웨이파인더 외 다른 브랜드의 맥주도 판매한다. 500ml는 $6, 가장 작은 사이즈의 시음용 잔은 $2다. 용량에 따라 다른 모양의 잔에 맥주를 따라준다. 식사 메뉴를 잘 갖추고 있어서 맥주와 함께 식사를 하고 싶은 사람에게 추천한다.

주소 304 SE 2nd Ave **전화** 503-718-2337 **오픈** 일~목요일 11:30~22:00 (금·토요일 ~23:00) **휴무** 없음 **교통** SE M L King & Ash 스트리트카 역에서 도보 4분 **홈페이지** www.wayfinder.beer **지도** p.303-A

프로듀스 로우 카페
Produce Row Cafe
▶ 아메리칸 펍

매주 목요일이면 더 특별해지는 오래된 카페

주인이 바뀌면서도 수십 년간 한 자리에 있어 왔다. 1953년 부두 노동자들을 위한 아침 식사 카페로 시작했다가 1974년 술집으로 개조되었다. 당시 주인이었던 맥미너민 McMenamin 형제가 직원들에게 카페를 판 이후 30년 동안 작은 음악 무대가 있는 펍이자 식당으로 자리를 지켰다. 2008년 다시 한 번 주인이 바뀌며 대대적인 리노베이션을 거쳐 미국 최고의 버번 바로 선정되는 영광스런 순간을 맞이하기도 했다. 2014년, 갑자기 문을 닫았다가 2015년 또 한 차례 주인이 바뀌었다. 하지만 여전히 매주 목요일 6시에는 DJ들의 라이브 음악 공연이 열리고, 일요일에는 선데이 로스팅(19세기 중반 영국에서 유래한 음식으로 일요일에 구운 고기를 먹는 것) 브런치를 판매한다.

주소 1018, 204 SE Oak St **전화** 503-232-8355 **오픈** 월~금요일 11:00~, 토·일요일 10:00~ / 해피아워 16:00~19:00, 22:00~마감 **휴무** 없음 **교통** SE M L King & Stark 스트리트카 역에서 도보 3분 **홈페이지** www.producerowcafe.com **지도** p.303-A

르 비스트로 몽타주
Le Bistro Montage
▶ 케이준 레스토랑

인테리어부터 메뉴까지 독특함으로 무장

1992년 오픈 당시 독특한 콘셉트로 각종 매체에 소개되며 인기몰이를 한 레스토랑 겸 펍. 직원들은 장미 모양의 자수가 새겨진 흰 셔츠를 입고, 남은 음식은 포일에 담아 꽃이나 동물 모양으로 싸준다. 메뉴도 별나다. 창자 속에 창자를 넣어 만든 프랑스 소시지 앙두이 Andouille를 넣은 크레올($10.50), 악어 고기를 넣은 링기니 파스타($17.95), 바싹 튀긴 개구리 다리($13.95) 등을 판매한다. 더불어 도발적인 이름의 칵테일도 인기 비결 중 하나다. 바닐라를 보드카에 담가 우려내 만드는 커즌 러버 Cousin Lover($9), 라벤더 시럽에 브랜디와 진을 넣은 유어 낫 마이 리얼 대드 You're Not My Real Dad($11.00)를 마셔 보자. 와인도 주문할 수 있다.

주소 301 SE Morrison St **전화** 503-234-1324 **오픈** 일~목요일 17:00~02:00(금·토요일 ~04:00) **휴무** 없음 **교통** SE M L King & Morrison 스트리트카 역에서 도보 2분 **홈페이지** montageportland.com **지도** p.303-C

화이트 아울 소셜 클럽
White Owl Social Club
▶ 라운지 & 바

매일 매일 이벤트가 끊이지 않은 술집

요일마다 다른 테마로 이벤트를 여는 술집이다. 화요일은 타코 데이로, $2짜리 타코를 먹으며 저녁 8시부터 펑크, R & B, 디스코 디제잉을 즐길 수 있다. 수요일에는 라이브 뮤직, 매주 목요일 밤 11시에는 디제이의 음악에 몸을 맡기는 댄스 삼매경에 빠져보자. 금요일과 토요일은 밤 9시부터 광란의 댄스파티가 시작된다. 이외에도 각종 공연과 상영회가 부정기적으로 열린다. 방문 전 반드시 홈페이지에 공지되는 이벤트 일정을 확인할 것!

주소 1305 SE 8th Ave **전화** 503-236-9672 **오픈** 15:00~늦은 밤 **휴무** 없음 **교통** SE Grand & Hawthorne 스트리트카 역에서 도보 4분 **홈페이지** www.whiteowlsocialclub.com **지도** p.303-D

ⓢ
헤어 오브 더 도그 브루잉
Hair of The Dog Brweing
▶수제 맥주 양조장

포틀랜드 수제 맥주 양조장의 원조
1993년 창업한 맥주 양조장으로 프랑스의 유명 요리 학교인 르 코르동 블루를 수석 졸업한 앨런 스프린츠 Alan Sprints가 주인이다. 마이크로 브루어리가 붐을 일으키기 전부터 자리를 굳혀온 수제 맥주 양조장으로, 탄탄한 라인업을 선보인다. 전통 방식으로 제조된 맥주들은 짧게는 몇 개월 길게는 몇 년에 걸쳐 숙성 과정을 거친다. 헤어 오브 더 도그의 첫 번째 맥주인 아담 Adam($5.25)은 생산 연도에 따라 다른 향과 맛을 내는 것으로 유명하다. 민트와 시트러스 향과 맛이 상큼한 블루 도트 Blue Dot($5.25), 포틀랜드 출신의 유명 양조 기술자 프레드 에크하르트 Fred Eckhardt를 기리며 만든 프레드 Fred($5.25)를 강력 추천한다. 다 맛보고 싶다고? 그럼 테이스팅 플레이트($9.00)를 주문하면 된다.

주소 61 SE Yamhill St **전화** 503-232-6585 **오픈** 화~토요일 11:30 ~22:00(일요일 ~20:00) **휴무** 월요일, 국경일 및 공휴일 **교통** SE M L King & Taylor 스트리트카 역에서 도보 5분 **홈페이지** hairofthedog.com **지도** p.303-C

ⓢ
캐스케이드 브루잉 배럴 하우스
Cascade Brewing Barrel House
▶오크 숙성 맥주 양조장

1,400개의 나무통 속에서 발효시킨 맥주 전문점
요즘 뜨는 맥주 숙성 방식대로 나무통에서 숙성시킨 맥주를 파는 수제 맥주 양조장. 총 1,400개에 이르는 프랑스의 오크, 켄터키의 버번, 북서부의 와인 통에서 오랜 시간 동안 맥주를 발효시킨다. 숙성 과정을 통해 맥주들은 독특한 나무 향과 함께 달콤하면서도 은은한 과일 향을 띤다. 미국 내 맥주 어워드에서 좋은 성적을 거둔 것은 물론, 세계적인 맥주 평가 사이트인 비어 애드버케트 Beer Advocate에서 100점을 받기도 했다. 배럴 하우스에는 28가지의 맥주가 맥주 애호가들을 기다린다. 가격은 60ml(2온스)에 $2.5~3, 120ml(4온스)는 $4.5~6.

주소 126 S Jackson S **전화** 206-682-3242 **오픈** 목~토요일 16:00 ~02:00 **휴무** 일~수요일 **교통** S Jackson St & Occidental Ave Walk 스트리트카 역에서 도보 1분 **홈페이지** thepharmacyseattle.com **지도** p.303-D

베이스캠프 브루잉 컴퍼니
Base Camp Brewing Company
▶수제 맥주 양조장

도전 정신 가득한 새로운 맛의 맥주들

부부가 운영하는 소규모 수제 맥주 양조장이다. 미국 북서부의 아웃도어 활동을 주제로 한 총 12가지의 맥주를 생산하며, 미국 내 다른 지역은 물론 네덜란드와 영국에도 진출했다. 한국 신세계 백화점에서도 판매 중이다. 맥주에 과일을 직접 넣어 오크통에 발효한 것, 오크통에서 숙성한 맥주를 코르크 마개를 단 유리병에 담아 판매하는 등 실험적인 제품들이 흥미롭다. 그 중에서 가장 좋은 평가를 받는 것은 에스모어 스타우트 S'more Stout($6)로 초콜릿과 커피, 무화과, 캐러멜 등의 진한 향이 조화를 이룬다. 이 맥주를 주문하면 와인 잔에 구운 마시멜로를 넣어 함께 준다.

에스모어 스타우트

주소 930 SE Oak St **전화** 503-477-7479 **오픈** 일~목요일 12:00~22:00, 금·토요일 11:00~24:00 **휴무** 없음 **교통** SE Grand & Stark 스트리트카 역에서 도보 4분 **홈페이지** basecampbrewingco.com **지도** p.303-B

더 러브크래프트 바
The Lovecraft Bar
▶테마 클럽

세계 10대 테마 나이트클럽에 선정된 곳

2011년 문을 연 공포 테마 나이트클럽이다. 고전 영화, 예술, 문학에서의 공포를 소재로 클럽을 꾸몄다. 영화 〈스타워즈〉에 나오는 칸티나, 〈반지의 제왕〉 속 톨킨의 바, 런던을 배경으로 한 〈아메리칸 워울프〉의 슬라이스 램과 같은 술집들과 견주어도 빠지지 않을 만큼 독특한 클럽이라는 게 창립자의 주장이다. 라이브 공연은 물론 댄스파티나 디제잉 파티 등의 다채로운 이벤트가 준비되어 있다. 관련 정보는 공식 홈페이지에 공지한다. 포틀랜드의 B급 문화를 경험하기 좋은 곳!

주소 421 SE Grand Ave **오픈** 일~목요일 20:00~02:15(금·토요일 16:00~) **휴무** 없음 **교통** SE Grand & Stark 스트리트카 역에서 도보 2분 **홈페이지** thelovecraftbar.com **지도** p.303-A

미시시피 애비뉴 & 윌리엄스 애비뉴 Mississippi Ave & Williams Ave

포틀랜드 음악가들의 둥지가 된 교회
미시시피 스튜디오스 & 바
Mississippi Studios & Bar
▶라이브 공연 & 바

2003년, 침례교회가 있던 건물을 재건축해 음악가들을 위한 녹음실로 문을 열었다. 녹음뿐만이 아니라 라이브 공연을 무대에 올리고, 공연과 함께 즐길 수 있는 칵테일과 맥주 등의 주류도 판매한다. 건물 위층에 녹음실을 운영하고 있어 최상의 음향과 수준 높은 공연을 기대해도 좋다. 거의 매일 공연이 열리므로 홈페이지의 캘린더를 확인하고 원하는 공연을 미리 예약하자. 관람료는 $5부터 $30까지 다양하다. 대부분의 공연이 21세 이상 관람가다.

주소 3939 N Mississippi Ave **전화** 503-288-3895 **오픈** 11:00~02:00 **휴무** 없음 **교통** N Mississippi & Failing 4번 버스 정류장에서 도보 1분 **홈페이지** www.mississippistudios.com **지도** p.300-A

이스트 번사이드 스트리트 East Burnside Street

식후 입가심으로 마시는 디저트 술
바 비반트
Bar Vivant
▶타파스 & 스파클링 와인

세계적으로 유명한 샴페인, 와인 베이스 칵테일, 스파클링 와인 ($12~35)과 함께 타파스, 혹은 디저트를 내는 술집이다. 한국에서는 흔히 볼 수 없는 다채로운 주류 메뉴로 가득하다. 함께 운영하는 디저트 숍 픽스 파티스리 Pix Patisserie의 메뉴를 주문할 수도 있다. 상큼한 스파클링 와인 칵테일과 달콤한 디저트류를 주문해 보자. 스페인식 청어 절임 사딘 Sardines($9~14)이나 멸치 절임 앤초비($7)로 만든 타파스 메뉴도 인기다.

주소 2225 E Burnside St **전화** 971-271-7768 **오픈** 월~금요일 16:00~24:00(토·일요일 ~24:00) **휴무** 추수감사절, 크리스마스 **교통** E Burnside & SE 24th 20번 버스 정류장에서 도보 2분 **홈페이지** www.barvivant.com **지도** p.300-F

앨버타 디스트릭트 Alberta District

공인 사케 전문가가 제안하는 사케와 스시
질라 사케
Zilla Sake
▶일본식 주점

2008년에 문을 연 일본식 주점으로 오리건주에서 생산되는 사케부터 일본 홋카이도에서 들여오는 사케까지 총 40여 가지의 사케가 구비되어 있다. 포틀랜드에서 가장 많은 종류의 사케를 마실 수 있는 장소로 꼽힌다. 오너 셰프인 케이트 쿠 Kate Koo는 일본 사케 교육위원회가 승인한 공인 사케 전문가이자 전통적인 초밥 기술을 전수받은 흔치 않은 여성 스시 요리사다. 스시는 한 접시에 2개씩 나오는 방식으로 접시당 $6~8, 한 접시에 6개씩 나오는 롤은 약 $8 정도다. 술은 120ml(4온스)짜리 잔술로 판매하며, 준마이 종류는 $7~10, 병은 약 $400이다.

주소 1806 NE Alberta St **전화** 503-288-8372 **오픈** 월~토요일 17:00~22:00(일요일 ~21:00) **휴무** 없음 **교통** NE Alberta & 18th 72번 버스 정류장에서 도보 1분 **지도** p.300-B

위 와인 바
Oui Wine Bar
▶ 와인 컬렉션 바

오리건주는 물론 세상의 모든 핫한 와인

윌래밋 밸리와 포틀랜드 내에 자리한 수많은 와이너리, 그리고 전 세계 와이너리의 품질 좋은 상품을 모아 판매하는 와인 바다. 총 60가지의 와인을 잔으로 즐길 수 있다(75ml, $7~13). 와인을 고르는 안목만큼이나 잘 어울리는 뛰어난 음식들을 선보여 오리건주 관광청이 추천하는 와인 바로 선정되기도 했다. 새로 엄선한 3가지 와인을 골라 추천해주는 컬렉티브 클럽 플라이트 Collective Club Flight($14)를 주문해 보자. 이외에도 손님의 취향에 맞게 와인을 골라주는 다양한 플라이트 메뉴가 준비되어 있다.

주소 2425 SE 35th Pl **전화** 503-208-2061 **오픈** 월요일 16:00~21:00(수·목요일 ~22:00, 금요일 ~23:00), 토요일 13:00~23:00(일요일 ~21:00), **휴무** 화요일 **교통** SE Division & 34th 2번 버스 정류장에서 도보 2분 **홈페이지** sewinecollective.com **지도** p.302-E

디비전 스트리트 Division Street

리틀 비스트 브루잉 비어 가든
Little Beast Brewing Beer Garden
▶ 수제 맥주 양조장

맥주를 독특하게 발효하는 에일 전문점

25년 이상의 경력을 가진 브루어 마스터 찰스 포터 Charles Porter가 식품 전문가 브렌다 크로 Brenda Crow와 창립한 소규모 브루어리다. 이들의 목표는 '흔하지 않은 맥주'로 독창적이고 독특한 에일을 주로 만든다.

특히 과일 향이나 허브 향을 잘 살린 맥주들은 다양한 효모 균주를 사용해 발효한다. 제품의 라벨만 봐도 어떤 방식으로 발효했는지 알 수 있다. 와인을 발효할 때 사용하는 커다란 나무통에 발효한 맥주 포에더 에이즈드 비어 Foeder-Aged Beer, 그을린 동그란 나무통에 발효한 맥주 오크 에이즈드 비어 Oak-Aged Beer라든가 독특한 발효종에 꽃과 레몬을 섞어 숙성시킨 벨기에 스타일의 몰트 에일 등을 마셔 보자. 400ml 한 잔에 $6~8, 시음용 작은 잔은 $2~3.

주소 3412 SE Division St **전화** 503-208-2723 **오픈** 월~목요일 15:00~22:00, 금·토요일 12:00~23:00, 일요일 12:00~22:00 **휴무** 없음 **교통** SE Division & 34th 2번 버스 정류장에서 도보 1분 **홈페이지** www.littlebeastbrewing.com **지도** p.302-E

위스키소다 라운지
Whiskey Soda Lounge
▶ 바 & 라운지

태국식 매운 닭 날개 요리와 독주 칵테일

포틀랜드에서 가장 핫한 태국 레스토랑, 폭폭의 주인이 운영하는 술집이다. 원래는 길 건너 폭폭에서 지루하게 기다리던 사람들을 위해 만든 공간이라고 한다. 태국 요리와 각종 위스키, 칵테일이 주요 메뉴. 특히 매운 닭 날개 요리인 쿠아 햄 픽 카이 Khua Haem Pik Kai($14)가 대인기다. 로컬 위스키는 물론 스카치위스키, 버번, 일본의 라이 위스키까지 다양하게 주문할 수 있다(잔 술 $7.5~13). 애주가라면 위스키소다 라운지만의 도수 높은 칵테일($11)에도 도전해 보자.

주소 3131 SE Division St **전화** 503-232-0102 **오픈** 월~목요일 16:00~24:00(금~일요일 ~01:00) **휴무** 없음 **교통** SE Division & 32nd 2번 버스 정류장에서 도보 1분 **홈페이지** whiskeysodalounge.com **지도** p.302-D

호손 불러바드 Hawthorne Blvd

포틀랜드 사이더 하우스
Portland Cider House
▶ 애플 사이더 양조장

영국의 전통과 미 북서부의 기술을 접목한 애플 사이더

영국식의 맑으면서도 달지 않은 애플 사이더가 대표 상품인 브루어리다. 재료는 미 북서부에서 생산된 사과만을 사용하는데, 사과는 오리건 주와 워싱턴주의 특산품이자 가장 신속하게 신선한 상태로 공급받을 수 있는 최단 거리가 보장되기 때문이다. 탭룸에서는 포틀랜드 사이더에서 생산된 11가지의 애플 사이더와 미 북서부 다른 브랜드의 애플 사이더 27가지, 다른 과일로 만든 사이더 10여 가지를 더해 총 50여 가지를 판매한다. 탭을 통해 판매되는 것은 30여 개다. 이곳에서는 여러 가지를 골라 마실 수 있는 시음 메뉴(5가지 $7, 6가지 $10) 주문이 필수다.

주소 3638 SE Hawthorne Blvd **전화** 503-206-6283 **오픈** 월~목요일 12:00~22:00(금·토요일 ~24:00, 일요일 ~22:00) **휴무** 없음 **교통** SE Hawthorne & 37th 14번 버스 정류장에서 도보 1분 **홈페이지** www.portlandcider.com **지도** p.302-B

그라운드 브레이커 브루잉
Ground Breaker Brewing
▶ 글루텐 프리 맥주 양조장

밤과 렌틸 콩을 사용한 글루텐 프리 맥주 전문점

채식주의와 함께 글루텐 프리 열풍이 불고 있는 포틀랜드의 분위기에 힘입어 2011년 문을 열었다. 여기에서는 흔히 쓰는 보리나 밀, 호밀 등이 아니라 윌래밋에서 생산된 밤, 렌틸 콩, 홉을 사용한다. 맥주를 만들 때 곡물에 함유된 글루텐을 아예 시작부터 제한하기 위한 선택이다. 이렇게 만들어진 그라운드 브레이커의 맥주는 좀 더 맑고 투명한 색과 뛰어난 청량감이 돋보인다. 진하게 발효된 맥주가 취향인 사람들에게는 다소 싱겁게 느껴질 수도 있다. 이 양조장에서 운영 중인 개스트로펍 Gastropub에서 8가지의 글루텐 프리 맥주를 판매한다. 시음 잔은 $2, 기본 잔은 $5다.

주소 2030 SE 7th Ave **전화** 503-928-4195 **오픈** 수~일요일 12:00~21:00 **휴무** 월·화요일 **교통** SE Grand & Mill 스트리트카 역에서 도보 30분 **홈페이지** www.groundbreakerbrewing.com **지도** p.303-F

Shopping

마더 푸코스 서점
Mother Foucault's Bookshop
▶ 서점

누군가의 서재에 초대받은 듯한 서점
주인인 크레이그 플로렌스 Craig Florence가 철저히 자신의 취향대로 고른 책을 가지고 2010년에 문을 연 서점이다. 제분소였던 건물을 개조해 마치 오래된 도서관 같은 느낌이 나는 공간으로 재탄생시켰다. 나무로 만든 책장에 걸려 있는 움직이는 사다리, 걸을 때마다 소리가 나는 나무 바닥 등 모든 것이 로맨틱하게 느껴질 정도다. 세계를 여행하며 수집한 책들, 다른 중고 서점에서 찾아온 희귀 서적들로 채워져 있다. 매주 목요일에서 토요일 저녁 7시에는 〈저자의 책 읽기 시간〉이 열린다. 좋은 내용의 독립 출판물을 위한 판매대도 늘 열어 놓고 있다.

주소 523 SE Morrison St **전화** 503-236-2665 **오픈** 일~월요일 11:00~15:00(화·수요일 ~18:00, 목·금요일 ~19:00, 토요일 ~18:00) **휴무** 없음 **교통** SE M L King & Morrison 스트리트카 역에서 도보 3분 **홈페이지** motherfoucaultsbookshop.com **지도** p.303-C

와일드팡
Wildfang
▶ 여성 의류

여자든 남자든 누구나 입을 수 있는 옷
'여성복은 여성스러워야 한다'는 고정 관념에서 벗어나 누구든 좋아할 만한 옷을 판매하는 것을 목표로 하는 여성 의류 전문점이다. 여성은 꼭 브래지어를 해야 한다거나 여성적인 라인이 꼭 필요하다는 고정 관념에서 벗어난 단순하면서도 담백한 라인이 특징이다. 남자라도 입을 수 있을 만큼 중성적인 멋도 도드라진다. 연령이나 체형에 구애받지 않고 옷을 고를 수 있도록 다양한 치수, 스타일을 보유하고 있다. 다운타운(404 SW 10th Ave)에서도 와일드팡의 매장을 만날 수 있다.

주소 3448, 1230 SE Grand Ave **전화** 503-208-3631 **오픈** 수~월요일 12:00~18:00 **휴무** 화요일 **교통** SE Grand & Taylor 스트리트카 역에서 도보 2분 **홈페이지** www.wildfang.com **지도** p.303-C

뮤직 밀레니엄
Music Millennium
▶ 중고 음반점

미국 북서부에서 가장 오래된 레코드 가게
1969년에 문을 연 독립 레이블의 레코드 판매점이다. 독립 레이블 레코드 판매점으로는 미국 내에서도 단연 최대 규모일 뿐만 아니라 북서부 지역에서 가장 오래된 가게다. 다양한 분야, 엄청난 양의 중고 음반뿐만 아니라 이 지역에서 새로 발매되는 음반들까지 입고된다. 한쪽 벽에 그 주의 추천, 인기 음반을 들어볼 수 있는 코너가 있다. 음반 청취 코너는 요즘 포틀랜드의 유행을 읽는데 최고의 기회를 제공한다. 간간이 라이브 공연을 열기도 한다. 각종 SNS 채널을 확인할 것!

주소 3158 E Burnside St **전화** 503-231-8926 **오픈** 월~토요일 10:00~22:00, 일요일 11:00~21:00 **휴무** 없음 **교통** E Burnside & SE Floral 20번 버스 정류장에서 도보 3분 **홈페이지** musicmillennium.com/Home **지도** p.300-F

프로비도어 파인 푸즈
Providore Fine Foods
▶아르티장 식재료 판매점

포틀랜드산 아르티장 식재료 전문점
포틀랜드에서 이름만 대면 알 만한 고급 식자재상들이 한자리에 모여 있는 식료품 편집 숍이다. 수제 파스타와 와인, 치즈로 유명한 파스타웍스 Pastworks, 생선을 공급하는 플라잉 피시 컴퍼니 Flying Fish Company, 육류 및 달갈, 유제품을 판매하는 더 미트 멍거 The Meat Monger, 싱싱한 과일과 채소를 공급하는 루비네트 프로듀스 마켓 Rubinette Produce Market 등이 입점해 있다. 한 자리에서 고품질의 식자재를 모두 구할 수 있을 뿐만 아니라 그 재료로 만든 음식들을 파는 먹거리 코너도 마련되어 있다. 이스트 번사이드의 캔틴(p.321)에서 NE 24th St를 따라 7분 정도 걸어가면 된다.

주소 2340 NE Sandy Blvd **전화** 503-232-1010 **오픈** 09:30~22:00 **휴무** 없음 **교통** E Burnside & SE 24th 20번 버스 정류장에서 도보 7분 **홈페이지** www.providorefinefoods.com **지도** p.300-F

마이크로코즘 퍼블리싱
Microcosm Publishing
▶독립 출판물 전문점

포틀랜드의 독립 출판물 집합소
1999년에 설립된 독립 출판사로 포틀랜드에서 가장 오래된 곳 중 하나다. 직접 작가를 발굴하고 출판하는 것은 물론 포틀랜드에서 발간되는 독립 출판물을 취급하는 서점을 운영한다. 서점 규모는 작지만 포틀랜드에서 출간되는 도서와 잡지 등 모든 독립 출판물은 다 여기에 있다고 해도 과언이 아닐 정도로 많다. 단 몇 장짜리 인쇄물이어서 이게 과연 책인가 싶은 것도 있지만, 수준급의 삽화와 톡톡 튀는 아이디어로 제작된 재미있는 책들이 서점 여기저기에 널려있다. 보물을 찾아내는 것은 전적으로 독자에게 달렸다.

주소 2752 N Williams Ave **전화** 503-799-2698 **오픈** 화~토요일 11:00~17:00 **휴무** 일 · 월요일 **교통** N Williams & NE Graham 4, 24, 44번 버스 정류장 바로 앞 **홈페이지** microcosmpublishing.com **지도** p.300-A

미시시피 레코즈
Mississippi Records
▶중고 음반 전문점

포틀랜드 인디 음악의 성지
포틀랜드의 독립 레이블에 관심이 있다면 반드시 들러야 할 성지와도 같은 곳이다. 아직도 레코드로 신규 음반을 제작하며 CD는 취급하지 않는다. 2003년 문을 연 이후 230개의 앨범을 제작했다. 중고 레코드와 카세트 테이프를 판매하는데, 양보다는 좋은 음반을 취급하는데 중점을 둔다. 구하기 힘든 중고 음반이나 희귀 앨범 등의 재발매 등으로 유명하다. 음반을 직접 들어볼 수 있도록 가게 구석구석에 턴테이블을 비치해 두었다.

주소 5202 N Albina Ave **전화** 503-282-2990 **오픈** 12:00~19:00 **휴무** 없음 **교통** N Albina & Sumner 4번 버스 정류장에서 도보 3분 **홈페이지** mississippirecords.store/index.php **지도** p.300-A

모노그래프 서점
Monograph Bookwerks
▶ 예술 서적 전문점

별난 기념품을 살 수 있는 예술 서점

건축, 사진, 영화, 현대예술, 패션, 그래픽 디자인 등 예술 관련 서적들을 판매하는 서점이다. 신간과 중고 모두 취급하며 선별된 독립 출판물도 판매한다. 미국, 영국에서 발간되었던 잡지 중에서 대중예술에 관련된 것들 역시 연도, 월별로 수집해 판매한다. 자신이 태어난 해에 일어난 문화계 일들을 되새겨 보거나 출생연월에 맞는 잡지를 기념품으로 사는 것도 좋겠다. 수십 년 전부터 지금까지의 달라진 거리의 모습을 확인할 수 있는 지도 역시 인기다. 출판물 외에 미술품과 회화, 사진, 초판본 등을 수집해 전시, 판매한다.

주소 5005 NE 27th Ave **전화** 503-284-5005 **오픈** 금~일요일 11:00~18:00 **휴무** 월~목요일 **교통** NE Alberta & 27th 버스 정류장에서 도보 2분 **홈페이지** www.monographbookwerks.com **지도** p.300-B

그린 빈 서점
Green Bean Books
▶ 아동 서적 전문점

어른과 아이 모두를 위한 동화책

가정집을 개조해 문을 연 아동 전문 서점이다. 아이들을 위한 신간, 중고 서적 및 문구, 장난감들을 판매한다. 아이가 있는 부모들을 위한 동화책이나 교육 서적도 있다. 서점 한구석 초록색 소파 주변은 부모가 책을 읽어주거나 가족이 함께 책을 읽을 수 있는 공간이 있다. 서점 밖의 테라스에서도 아이들과 함께 게임을 즐기거나 책을 읽으며 시간을 보내는 가족들을 쉽게 볼 수 있다. 아이들을 위한 구연동화, 장난감을 만드는 이벤트 역시 꾸준히 열린다. 수제 장난감이나 직접 만들 수 있는 키트 등 아이들을 위한 선물이나 기념품을 여기서 골라보자.

주소 1600 NE Alberta St **전화** 503-954-2354 **오픈** 월~목요일 11:00~18:00(금·토요일 ~18:00), 일요일 10:00~17:00 **휴무** 없음 **교통** NE Alberta & 15th 72번 버스 정류장에서 도보 2분 **홈페이지** www.greenbeanbookspdx.com **지도** p.300-B

하우스 오브 빈티지
House of Vintage
▶ 중고 의류 & 잡화 전문점

주소 3315 SE Hawthorne Blvd **전화** 503-236-1991 **오픈** 일~목요일 11:00~19:00(금 · 토요일 ~21:00) **휴무** 없음 **교통** SE Hawthorne & 32nd Pl 14번 버스 정류장에서 도보 2분 **홈페이지** www.houseofvintagenw.com **지도** p.302-B

방송국에서 찾아올 만큼 유명한 구제 패션 전문점

60여 개의 벤더(판매자)가 모여 구제용품을 판매하는 빈티지 편집 숍. 1920년부터 1990년대까지 아우르는 폭넓은 컬렉션을 자랑한다. 미국 내에서 큰 인기를 모았던 미국 드라마 〈포틀랜디아 Portlandia〉, 〈더 라이브레어리언스 The Librarians〉, 〈그림 형제 Grimm〉에서 이곳의 의상을 사용할 만큼 유명세가 대단한 곳이다. 지역 내 스튜디오에서 소품을 찾으러 방문하는 장소 1순위이기도 하다. 엄청난 규모의 숍 안에 다양한 벤더들이 취합한 아이템이 가득한데, 옷 상태가 좋다는 것이 가장 큰 장점이라 할 수 있다. 가격표에는 달랑 가격만 적혀 있는 것도 있지만 세세히 설명이 적혀 있는 것도 있다.

잭팟 레코즈
Jackpot Records

양보다는 질, 상태 좋은 중고 음반 전문점

1997년에 문을 연 중고 레코드 전문점이다. 적당한 규모에 깔끔하게 정돈된 매장이 다른 중고 레코드점과 사뭇 다른 느낌이다. 양보다는 질에 집중하는 매장이라 상태가 좋은 중고 음반이 많다. 가격은 조금 비싼 편이지만 그만큼 가치가 있다. 상태가 좋지 않은 음반들은 따로 모아 파격 세일 가격에 판매한다.

주소 3574 SE Hawthorne Blvd **전화** 503-239-7561 **오픈** 월~토요일 10:00~19:00, 일요일 11:00~18:00 **휴무** 없음 **교통** SE Hawthorne & 34th 14번 버스 정류장에서 도보 2분 **홈페이지** jackpotrecords.com **지도** p.302-B

의외의 쇼핑 천국
앨버타 스트리트 Alberta Street

대형 쇼핑몰과 브랜드숍에서 벗어나 나만의 쇼핑을 즐기고 싶은 사람들에게 앨버타 스트리트는 천국이나 다름없다. 포틀랜드의 예술가, 장인들이 포틀랜드만의 감성으로 충전해 만들어내는 다양한 제품, 아니 작품들이 기다린다. '아트 디스트릭트'라 불리는 앨버타 스트리트에서 쇼핑을 빼놓을 수 없는 이유다. 포틀랜드가 아니면 살 수 없는 것들로 가방을 채워 보자.

멀티 아트 숍
앨버타 스튜디오 Alberta Studios

하나의 건물을 각양각색의 예술가들이 공유하며 작업실 겸 숍으로 이용하는 곳이다. 회화나 조각 같은 전통적인 예술 작품을 파는 공간도 있지만, 액세서리나 문구, 가죽 제품 등을 파는 예술가들도 있다. 모두 이곳의 예술가들이 직접 만든 것이다. 그중에서도 목욕용품을 파는 블렌딜리 Blendily를 강력 추천한다. 직접 농장에서 가꾼 허브와 과일, 꽃을 재료로 해 직접 시간을 들여 만든 목욕용품은 피부에 양보하고 싶지 않을 정도로 예쁘다.

주소 1627 NE Alberta St 전화 610-613-6674 오픈 11:00~18:00 지도 p.300-B

갤러리 같은 빈티지 전문점
골드 더스트 Gold Dust

문 앞에서 기웃기웃하다 보면 영화배우처럼 차려 입은 주인이 나와 마음껏 둘러보라고 말해준다.

갤러리인지 가게인지 구분이 가지 않을 정도로 잘 꾸며진 인테리어 전문점으로, 가구와 소품들이 모두 작품 같다. 고가구에 어울리는 조명, 오래된 사진이나 책들로 만들어진 소품들로 잠시나마 1900년대 초반의 포틀랜드로 여행을 떠나온 듯한 느낌이 든다. 여행자에게 적당한 소품들을 골라 보자.

주소 1476 NE Alberta St 전화 503-288-4610 오픈 11:00~17:00 지도 p.300-B

미술용품 전문점
콜라주 Collage

거리의 벽을 메운 벽화들도 앨버타 아트 디스트릭트의 매력을 더한다. 콜라주는 이 거리에서 미술용품은 물론 현지 작가들이 그린 작은 문구, 소품을 파는 가게다. 엉뚱하게도 한국에서 수입된 일러스트 스티커나 엽서를 판매하기도 하지만, 대부분 지역 작가들이 만드는 수공예품이다. 기념품을 사기도 좋고, 요즘 포틀랜드에서는 어떤 미술 재료들이 인기인지 알아보는 기회도 될 것!

주소 1639 NE Alberta St 전화 503-249-2190 오픈 10:00~20:00 지도 p.300-B

주피터 호텔
Jupiter Hotel
▶4성급

범죄자들이 드나들던 어둡고 낡은 모텔이 리모델링을 거쳐 부티크 호텔로 문을 열었다. 현대적이고 깔끔한 분위기는 물론 미니멀리즘과 북유럽 스타일 자연주의를 접목한 인테리어가 돋보인다. 객실마다 테마에 맞춘 벽화가 그려져 있고, 잘 꾸며진 테라스와 정원, 지하에 라이브 홀까지 갖춰져 호텔 안에서 시간을 보내기도 좋다. 숙박 예약 사이트보다 공식 홈페이지를 통해 예약하는 것이 훨씬 저렴하다. 호텔 주변에 유명 레스토랑과 카페, 브루어리들이 자리한다.

주소 900 E Burnside St **전화** 503-230-9200 **요금** 바 파티오 $109~, 콰이어트 사이드 $119~ **교통** E Burnside & SE 8th 12, 19, 20번 버스 정류장에서 도보 2분 **홈페이지** jupiterhotel.com **지도** p.303-B

호텔 이스트런드
Hotel Eastlund
▶4성급

다운타운으로 향하는 맥스 라이트 레일과 스트리트카 역, 버스 정류장까지 가까이 있어 접근성이 뛰어난 호텔이다. 호텔에서 다운타운까지 20분이면 충분하다. 앨버타 스트리트와 이스트 번사이드와도 가깝다. 고급스러움과 서비스 수준은 4성급 호텔의 기본으로 갖추고 있다. 화려한 색감을 쓰면서도 깔끔한 분위기로 룸을 단장했다. 이동 일정이 많고 편리한 호텔을 찾고 있다면 안성맞춤이다. 한국어 통역이 가능한 직원이 상주한다.

주소 1021 NE Grand Ave **전화** 503-235-2100 **요금** 디럭스 시티 킹 $150~, 디럭스 시티 퀸 $170~ **교통** 맥스 라이트 레일 Convention Center MAX Station에서 도보 2분, NE Grand & Holladay 스트리트카 역에서 도보 2분 **홈페이지** hoteleastlund.com **지도** p.300-E

더블 트리 바이 힐튼
Double Tree by Hilton
▶3성급

맥스 라이트 레일의 모든 라인이 서는 역과 가까우며, 공항과 다운타운의 중간에 위치한다. 세계적인 호텔 그룹 힐튼에서 운영하는 만큼 제반 시설과 뛰어난 서비스, 전망을 갖추어 평가가 좋다. 수영장과 피트니스 등의 부대시설이 호텔 선택 기준인 여행자들에게 추천한다. 호텔 바로 옆에 가벼운 산책을 즐길 수 있는 공원, 영화관, 식당 등 200여 개의 상점이 입점해 있는 로이드 센터 쇼핑몰이 자리 잡고 있다.

주소 1000 NE Multnomah St **전화** 503-281-6111 **요금** 퀸 $148~, 이그제큐티브 킹 $168~ **교통** 맥스 라이트 레일 Lloyd Center / NE 11th Ave MAX Station에서 도보 2분, NE Multnomah & 11th 8번 버스 정류장에서 도보 2분 **홈페이지** doubletree3.hilton.com **지도** p.300-F

카라반-더 타이니 하우스 호텔
Caravan-The Tiny House Hotel
▶ 3성급

독특한 시설로 보나 운영 방식으로 보나 이보다 더 포틀랜드스러운 호텔은 없다. 2013년 여름, 총 6개의 독채 카라반 호텔로 개장했다. 각 카라반은 침실과 거실, 욕실, 부엌까지 갖춰져 있으며 가족 단위, 3인 이상 여행자들이 머물기 좋다. 6~9월에는 매주 수요일마다 캠프파이어와 라이브 공연(참가비 $10)이 열린다. 바로 옆에는 유명 라이브 바 라디오 룸 Radio Room이 자리 잡고 있다.

주소 5009 NE 11th Ave **전화** 503-288-5225 **요금** $144~ **교통** NE Alberta & 13th 72번 버스 정류장에서 도보 3분 **홈페이지** tinyhousehotel. com **지도** p.300-B

트래블러스 하우스
Travelers' House
▶ 2성급

가정집을 개조한 작은 호스텔이다. 마이크로 양조장, 북유럽 스타일의 식사를 파는 레스토랑, 유명 중고 음반 매장, 브런치로 유명한 식당 등 모두 걸어서 갈 수 있는 위치에다. 시내까지 이어지는 4번 버스 정류장에서 가까워 이동 편의성도 떨어지지 않는다. 객실 요금에는 간단한 아침 식사가 포함되어 있고, 무선 인터넷도 사용할 수 있다. 1인실과 다인실로 나뉘어 있으니 예산에 맞춰 객실을 골라 보자. 예약 대행 사이트보다 홈페이지에서 예약하는 것이 저렴하다.

주소 710 N Alberta St **전화** 503-954-2304 **요금** 2인룸(공동욕실) $75~80, 다인실 $30~45 **교통** N Albina & Alberta 4번 버스 정류장에서 도보 1분 **홈페이지** www.travelershouse.org **지도** p.300-A

맥미너민스 화이트 이글 살롱 & 호텔
McMenamins White Eagle Saloon & Hotel
▶ 2성급

1905년에 문을 연 호텔로 11개의 객실을 운영한다. 역사적인 장소인 만큼 포틀랜드 시의 추천 숙소 목록에 빠지지 않고 등장한다. 1980년대 북서부 지역의 뮤지션을 대표하는 블루스 가수 폴 드레이 Paul deLay, 싱어송 라이터인 커티스 살가도 Curtis Salgado 등이 거쳐 갔다. 호텔 1층에는 오래된 라이브 홀이 있는데, 밤새도록 공연이 이어지는 날도 많아 잠귀가 밝은 사람은 피하는 것이 좋다. 객실 벽에는 이곳에 묵었던 음악가들의 노래 가사가 적혀 있다.

주소 836 N Russell St **전화** 503-282-6810 **요금** 스탠더드(공동욕실) $65~, 퀸(공동욕실) $75~ **교통** 맥스 라이트 레일 Albina/Mississippi MAX Station에서 2분 **홈페이지** www.mcmenamins.com **지도** p.300-E

타이니 디그스 호텔
Tiny Digs Hotel
▶ 2성급

이곳 역시 여러 개의 독채가 모여 있는 호텔로, 각각 테마별로 작은 집을 꾸몄다. 객실 내부는 공간 활용의 미학을 제대로 보여준다. 주방은 물론 복층 구조의 거실, 창밖으로 보이는 전경까지 세심하게 배려했다. 다운타운과 연결되는 19번 버스 정류장이 호텔 바로 앞에 있으며, 힙한 레스토랑들이 줄을 잇는 28번가와 가깝다. 아르티장 식재료를 판매하는 프로비도어 파인 푸즈(p.343)와도 멀지 않으니 직접 포틀랜드 산 식탁을 차려 보자.

주소 2318, 2646 NE Glisan St **전화** 503-406-2944 **요금** $135~ **교통** NE Glisan & 28th 19번 버스 정류장에서 도보 1분 **홈페이지** www.tinydigshotel. com **지도** p.300-F

컴퍼트 인 포틀랜드
Comfort Inn Portland
▶ 2성급

공항과 다운타운의 딱 중간 정도 위치로 각각 15분 정도 떨어져 있다. 미국 드라마에 흔히 나오는 미국식 호텔이다. 다운타운에서는 좀 떨어져 있지만 차량을 렌트할 예정이라면 머물기 좋다. 숙박비에는 주차비가 포함되어 있을 뿐만 아니라 도심에서 조금 떨어진 곳이라 상대적으로 저렴한 편이다. 복잡한 도심으로 갈 때는 호텔 바로 앞의 맥스 라이트 레일 역에서 블루 라인을 이용하면 편리하다(약 30분 소요). 객실 내 무료 와이파이, 아침 식사도 추가 요금 없이 제공된다.

주소 8225 NE Wasco Street Jct. 82nd & I-84 **전화** 503-408-8000 **요금** 퀸 $89~, 킹 스위트 $99~ **교통** NE 82nd Ave Max Station에서 도보 4분 **홈페이지** www.choicehotels.com/oregon/portland/comfort-inn-hotels **지도** p.301-H

하이 포틀랜드 호손 디스트릭트
HI Portland Hawthorne District
▶ 호스텔

세계적인 호스텔 체인 하이 호스텔의 호손 디스트릭트 지점이다. 시애틀이나 다운타운 지점보다는 다소 작지만 체계적인 객실 운영과 상대적으로 저렴한 가격이 강점이다. 이스트사이드에서 가장 번화하면서 힙한 분위기로 유명한 호손 불러바드에 있다. 가까운 거리에 유명 식당들, 푸드 카드는 물론 파월스 시티 서점 2호점, 하우스 오브 빈티지 등 숍들까지 관광지가 줄을 잇는다. 다인실을 기준으로 공동욕실이며, 각 객실의 침대는 2층 벙커 베드다. 지역 내를 둘러보는 일일 간이 투어(무료)나 이벤트를 활용할 수 있는 것도 호스텔의 장점이다. 홀로 여행족이나 배낭 여행족에게 추천한다.

주소 3031 SE Hawthorne Blvd **전화** 503-236-3380 **요금** 도미토리 $28~, 2인실(공동욕실) $68~ **교통** SE Hawthorne & 30th 14번 버스 정류장에서 도보 1분 **홈페이지** www.portlandhostel.org **지도** p.302-A

블루버드 게스트하우스
Bluebird Guesthouse
▶ 게스트하우스

다국적 음식점들이 잔뜩 모여 있는 디비전 스트리트에 자리 잡은 게스트하우스다. 개인 주택을 그대로 살린 숙소로, 총 13개의 객실을 운영 중이다. 조용하고 편안한 객실과 자유롭게 이용 가능한 주방 덕에 좋은 평가를 받는다. 문을 열고 나가면 바로 태국 음식점 폭폭, 포틀랜드의 유명 아이스크림 가게 솔트 & 스트로, 독특한 맥주를 파는 리틀 비스트 브루잉의 탭룸이 있다. 다운타운까지 이어지는 2번 버스 정류장도 바로 앞에 있다.

주소 3517 SE Division St **전화** 503-235-3089 **요금** 2인(공동욕실) $60~, 2인(단독 욕실) $100~ **교통** SE Division & 34th 2번 버스 정류장에서 도보 2분 **홈페이지** www.bluebirdguesthouse.com **지도** p.302-E

여행 전
알아두기

PREPARE TRAVEL

여권과 비자
증명서와 여행자보험
항공권 예약
숙소 예약
환전과 여행 경비
전화와 인터넷
공항 가는 법
출국 수속
한국으로 귀국하기

여권과 비자
PASSPORT & VISA

전자 여권은 신원과 바이오 인식 정보(얼굴, 지문 등의 생체 정보)를 저장한 비접촉식 IC칩을 내장한 것이다. 앞표지에 로고를 삽입해 국제민간항공기구의 표준을 준수하는 전자 여권임을 나타내며, 뒤표지에는 칩과 안테나가 내장되어 있다.

차세대 전자 여권 도입

문체부와 외교부가 여권의 보안성을 강화하기 위해 폴리카보네이트 재질을 도입하기로 결정, 2020년부터 여권의 모습이 달라진다. 종류는 일반 여권(남색), 관용 여권(진회색), 외교관 여권(적색)으로 구분되며, 오른쪽 상단에는 나라 문장이, 왼쪽 하단에는 태극 문양이 새겨진다. 또한, 여권 번호 체계를 변경해 여권 번호 고갈 문제를 해소하고 주민등록번호가 노출되지 않도록 개편되어 보안성이 더욱 향상된다. 현행 여권은 유효기간 만료까지 사용 가능하며, 여권 소지인이 희망하는 경우에는 유효기간 만료 전이라도 차세대 여권으로 교체할 수 있다.

여권 신청

여권 발급 신청은 자신의 본적이나 거주지와 상관없이 가까운 발행 관청에서 신청할 수 있다. 서울 25개 구청과 광역시청, 지방도청의 여권과에서 접수를 받는다. 신분증을 소지하고 인근 지방자치단체를 직접 방문해야 하며, 대리 신청은 불가하다. 접수는 평일 오전 9시부터 오후 6시까지 가능하다. 그러나 직장인들을 위해 관청별로 특정일을 지정해 야간 업무를 보거나 토요일에 발급하기도 한다. 발급에는 보통 3~4일 정도 걸리지만, 성수기에는 10일까지 걸릴 수 있으니 여행을 가기로 마음먹었다면 바로 신청한다.

여권 종류

일반적으로 복수 여권과 단수 여권으로 나뉜다. 복수 여권은 특별한 사유가 없는 한 5년 내지 10년 동안 횟수에 제한 없이 외국에 나가는 것이 가능하다. 단수 여권은 1년 이내에 한 번 사용할 수 있다. 만 18세 이상, 30세 이하인 병역 미필자 등에게 발급한다.

여권 재발급

여권을 분실했거나 훼손한 경우, 사증(비자)란이 부족할 경우, 주민등록 기재 사항이나 영문 성명의 변경·정정의 경우는 재발급을 받아야 한다. 재발급 여권은 구 여권의 남은 유효기간을 그대로 받게 되며, 수수료는 2만 5,000원이다. 단, 남은 유효기간이 1년 이하이거나 자신이 원하는 경우에는 유효기간 10년의 신규 여권을 발급받을 수도 있다.

여권 사진 촬영 시 주의할 점

가로 3.5cm, 세로 4.5cm인 6개월 이내에 촬영한 상반신 사진이어야 한다. 바탕색은 흰색이어야 하고, 포토샵으로 보정한 사진은 사용할 수 없다. 즉석 사진 또는 개인이 촬영한 디지털 사진 역시 부적합하다. 연한 색 의상을 착용한 경우 배경과 구분되면 사용 가능하다. 해외에서 생길 마찰의 소지를 줄이기 위해서라도 본인의 실제 모습과 가장 비슷한 사진을 준비하자.

여권 발급에 필요한 서류

❶ 여권 발급 신청서
❷ 여권용 사진 1매, 긴급 여권 발급(여권 갱신을 하지 못한 여행자들에 대한 부가적인 서비스. 사건, 사고, 출장 등 긴급함이 인정되는 경우에만 발급된다) 신청 시 2매
❸ 신분증
❹ 여권 발급 수수료(복수 여권 10년 48면 5만 3,000원, 24면 5만 원)
❺ 병역 의무 해당자는 병역 관계 서류(전화 1588-9090 홈페이지 www.mma.go.kr에서 확인)
❻ 18세 미만 미성년자는 여권 발급 동의서 및 동의자 인감증명서, 가족관계증명서(단, 미성년자 본인이 아닌 동의자 신청 시 발급 동의서, 인감증명서 생략 가능)

여권 발급 문의
아래 사이트에서 여권 발급에 대한 정보 열람과 관련 서식을 다운로드할 수 있다.
외교부 여권 안내 www.passport.go.kr

비자 발급
우리나라와 미국은 2008년 11월부터 비자면제프로그램(VWP)를 체결해, 90일 미만의 방문은 ESTA(전자여행허가제)만 받으면 된다. 단 유학(F-1), 취업(H-1), 투자(E-2) 등이 목적이거나 90일 이상 관광할 예정이라면 주한미국대사관을 통해 관광비자(B0-1/2)를 발급받아야 한다. 기존에 받은 관광비자(B-1/2)의 유효기간이 남아 있다면, 따로 전자여권 또는 전자여행허가증(EAST)을 신청하지 않아도 된다.

ESTA(전자여행허가제) 신청하기
단기(90일 이내) 미국 여행 시 비자 대신 ESTA를 발급 받아야 한다. ESTA 홈페이지에서 여행 허가를 받은 여행자들은 미국 입국 시 입국심사를 받고, 미 국토 안보부의 US-VISIT 프로그램에 등록된다. ESTA는 직접 또는 대행사를 통해 신청할 수 있다. ESTA는 한 번 승인되면 2년간은 재신청 없이 미국을 방문할 수 있다. 홈페이지에 방문해 원하는 정보를 모두 입력하고 결제까지 모두 마치면 화면에 아래와 같이 표시된다. 승인 허가를 받을 때 이 승인된 결과 화면을 프린트해 지참하는 것이 좋다.

승인 허가(Authorization Approved) 과거 불법 체류나 입국 거부, 비자 신청 거부를 당했을 때를 제외하고는 대부분 승인된다.
승인 보류(Authorization Pending) 자세한 심사가 더 필요한 경우로 72시간 내로 결과가 나온다.
승인 거절(Travel not Authorized) 거절되었다는 의미. ESTA로 미국을 방문할 수 없다.
발급 비용 1인 $10, 수수료 $4(마스터, 비자, 아메리칸 익스프레스, 다이너스 클럽, JCB 카드로만 결제 가능)
홈페이지 esta.cbp.dhs.gov/esta/application.html?execution=e1s1(포털 사이트에 esta를 검색해 접속하는 것이 편리하다.)

외교부 해외 안전 여행
국가별 안전 소식, 여행 경보 및 금지국 안내 등 안전한 해외 여행을 위한 각종 정보를 얻을 수 있다. 또한 해외에서의 긴급한 상황, 사건·사고 시 이용 가능한 영사 콜센터는 연중무휴 24시간 이용 가능하다.
홈페이지 www.0404.go.kr **전화** 02-3210-0404

● **주 시애틀 대한민국 총영사관**
주소 2033 6th Avenue #1125, Seattle, WA 98121
전화 1-206-441-1011~4(근무시간 외 1-206-947-8293)
운영 월~금요일 08:30~16:00 **홈페이지** usa-seattle.mofa.go.kr
가는 방법 웨스트레이크 센터가 있는 Pine St에서 6th Ave를 따라 좌회전. 도보 5분

● **주한 미국 대사관**
주소 서울특별시 종로구 세종대로 188 **전화** 02-397-4114

여권 재발급 사유에 따라 필요한 서류

❶ **분실 재발급**
여권 발급 신청서, 여권용 사진 2장, 여권 재발급 사유서 또는 여권 분실 신고서

❷ **훼손 재발급**
여권 발급 신청서, 여권용 사진 2장, 여권 재발급 사유서

❸ **주민등록 오류 정정 재발급**
여권 발급 신청서, 여권용 사진 2장, 여권 및 여권 사본 1부, 주민등록 오류 정정 표시가 된 주민등록초본 또는 동사무소의 협조 공문, 여권 재발급 사유서

❹ **영문 성명 정정 재발급**
여권 발급 신청서, 여권용 사진 2장, 여권 및 여권 사본 1부, 증빙 서류(변경할 영문 성명이 기재된 재학증명서, 졸업증명서 등 해외 발행 서류), 여권 재발급 사유서

ESTA 이용 시 주의점
항공이나 배편으로 미국에 입국하려면 왕복 티켓 또는 이후 여행을 위한 티켓을 소지해야 한다. e티켓을 가지고 여행할 경우, 심사관에게 보여주기 위해 e티켓을 프린트해 가져가도록 하자. 또 캐나다나 멕시코에서 육로로 미국에 입국할 경우에는 체류 기간 동안 사용할 수 있는 일정 금액을 소지하고 있다는 것을 심사관에게 보여줘야 한다.

증명서와 여행자보험

CERTIFICATE

증명서마다 발급 비용이 들어가므로 효용을 따져보고 발급받는다. 무턱대고 받아놓기만 했다가 제대로 써보지도 못한 채 유효기간을 넘길 수 있기 때문이다.

국제 운전면허증

자동차 여행을 계획하고 있다면 국제 운전면허증은 꼭 필요하다. 대한민국 운전면허증 소지자라면 전국의 운전면허 시험장 및 경찰서, 도로교통공단과 협약한 지방자치단체에서 발급받을 수 있으며 2018년 7월부터 인천국제공항 제1터미널에 위치한 경찰치안센터(3층 출국장 F·G 카운터 사이)에서도 신청·발급 가능하다. 대기 시간을 제외하고 15분 정도 걸리며, 대기 인원에 따라 시간도 달라지니 충분히 여유를 두고 방문하는 것이 좋다. 유효기간은 발급일로부터 1년이다.

국제학생증

관광지 입장료, 교통비, 숙박비 할인 등의 혜택이 있는 신분증이다. 국제학생증은 크게 ISIC와 ISEC가 있는데, 2가지 모두 세계에서 공신력 있는 국제학생증으로 통하지만 발급 기관이 다르고 혜택에 조금씩 차이가 있다.

여행자 보험

여행자 보험은 여행 중 발생할 수 있는 항공기 사고, 납치, 천재지변 등의 큰 사건은 물론 도난, 교통사고 등 개인적인 일까지 여행 중 일어날 수 있는 갖가지 사건, 사고에 대한 손해를 보상한다. 보험설계사, 보험사 영업점, 대리점, 공항 내 창구, 각 보험 회사의 온라인 사이트에서 가입할 수 있다. 보험 설계사를 통하지 않고 전화나 홈페이지를 통해 직접 신청하면 조금 저렴하게 보험에 들 수 있다. 보상을 받기 위해서는 현지 병원이 발급한 진단서와 치료비 영수증, 약제품 영수증, 처방전 등을 챙긴다. 도난 사고가 발생했다면 현지 경찰이 발급한 도난 증명서(사고 증명서)가 필요하다. 여행 중 구매한 상품을 도난당했다면 물품 구매처와 가격이 적힌 영수증을 준비한다. 가입한 보험 상품에 따라 내용이 달라질 수 있으니, 계약서 내용을 꼼꼼히 읽어볼 것.

반면 여행자 보험에 가입하지 못하는 경우도 있다. 국가가 지정한 여행 금지 지역과 여행 제한 지역은 보험 가입과 보상이 불가하다. 여행을 떠나기 전 외교통상부 해외안전여행(www.0404.go.kr) 사이트에서 확인할 수 있다.

삼성화재 direct.samsungfire.com
롯데손해보험 www.lottehowmuch.com
KB손해보험 direct.kbinsure.co.kr
한화손해보험 www.hanwhadirect.com

국제 운전면허증 발급받기

준비 서류 여권(사본 가능), 운전면허증, 여권용(혹은 반명함판) 사진 1매, 수수료 8,500원
유효기간 발급일로부터 1년
전화 1577-1120

국제학생증 발급받기

발급처 ISIC·ISEC 사무실 및 제휴 대학교, 제휴 은행, 제휴 여행사
비용 1년 1만 7,000원(ISIC), 1년 1만 4,000원(ISEC)
유효기간 발급일로부터 유효 시작
전화 02-733-9393(ISIC), 1688-5578(ISEC)
홈페이지 www.isic.co.kr, www.isecard.co.kr

항공권을 구매하는 일도 일종의 쇼핑이나 다름없다. 발품을 팔아야 마음에 쏙 드는 물건을 저렴하게 구입할 수 있듯, 부지런을 떨어야 보다 싼 항공권을 손에 거머쥘 수 있다. 항공권 가격을 결정하는 몇 가지 상식을 소개한다.

항공권 가격의 결정 요소

클래스, 돌아오는 날짜 변경(리턴 변경) 가능 여부, 마일리지 적립 여부, 연령대, 유효기간, 경유 여부 등이 대표적인 부가 조건이다. 리턴 변경과 마일리지 적립이 불가능하고, 제한적으로 낮은 연령대에 판매하며, 유효기간이 짧고 어딘가를 경유하는 항공권이 가장 저렴하다고 생각하면 된다. 위와 같은 조건은 구매 시 미리 확인한다. 무조건 제일 싼 항공권이 만사형통은 아니므로 마일리지 적립에 따른 이익과 돌아오는 날짜를 변경할 때 드는 수수료 등 참고 항목을 반드시 확인한다.

스톱오버(Stopover)

스톱오버란 경유지에서 일정 기간 체류가 가능한 제도로, 말 그대로 들렀다 갈 수 있는 프로그램이다. 예를 들어 에바항공을 타고 타이베이를 경유해 시애틀로 갈 경우, 스톱오버를 신청하면 가는 여정이나 오는 여정에 타이베이에서 원하는 날짜만큼 머물 수 있다. 에어 캐나다(AC)를 이용하면 밴쿠버 혹은 토론토에서, 미국계 항공사인 유나이티드항공(UA), 델타항공(DL), 아메리카항공(AA)을 이용하면 미국의 여러 도시에서 스톱오버가 가능하다. 단, 캐나다는 경유만 할 때도 ESTA, eTA(전자 여행 허가 프로그램)를 발급받아야 한다. 스톱오버는 항공권 예약 시 일정을 결정해 요청해야 하고, 추가 요금이 붙기도 하며 특가 항공권의 경우 스톱오버 자체가 불가한 경우도 있다.

항공 마일리지

자신이 이용한 항공권의 운항 거리만큼 점수로 적립해 주는 시스템. 항공사끼리 연합하여 마일리지를 공유하는 프로그램이 있으며, 대표적 연합으로는 스타얼라이언스와 스카이팀, 원 월드가 있다. 마일리지가 일정 금액 이상 쌓이면 보너스 항공권으로 교환해 주며, 호텔 숙박이나 렌터카, 쇼핑 등에서 다양하게 마일리지를 사용할 수 있다. 가장 가까운 동북아시아 지역의 경우 보너스 항공권 발권에 3만 마일리지가 필요하다(비수기 기준).

인터넷 예약

항공권은 물론 에어텔, 패키지여행 상품 모두 온라인으로 예약 가능하다. 여행사에 방문해 예약하는 것보다 가격이 저렴하며, 빠르고 편리하게 실시간 정보를 검색할 수 있다. 특히 항공권 가격 비교 사이트를 이용하면 국내외 다수의 항공사, 여행사에서 내놓은 가격과 혜택을 비교할 수 있다. 오픈 마켓이나 소셜 커머스 업체에서 예약하면 할인권을 제공하는 경우도 많으니 꼼꼼히 비교한다. 항공사 홈페이지에서 예약할 경우는 취소·환불 수수료가 저렴하고, 오히려 판매 가격이 여행사보다 저렴한 경우도 있다.

스카이스캐너 www.skyscanner.co.kr
카약닷컴 www.kayak.co.kr
네이버항공권 store.naver.com/flights
지마켓여행 air.gmarket.co.kr

마일리지 공유를 위한 대표적인 항공사 연합

스카이 팀
약 20여 개 항공사 연합. 대한항공, 아에로멕시코, 델타항공, 에어프랑스, KLM 네덜란드항공, 알이탈리아 등이 가입되어 있다.

스타 얼라이언스
최초의 항공 연합. 아시아나항공, 에어 캐나다, 루프트한자, 아비앙카항공, 유나이티드항공, 전일본공수, 중국국제항공, 코파항공, 터키항공 등 28개 항공사가 가입되어 있다.

원 월드
현재 약 14개의 항공사가 가입되어 있다. 아메리칸항공, 영국항공, 캐세이패시픽항공, 콴타스항공, 이베리아항공, 라탐항공, 일본항공 등이 있다.

숙소 예약
ACCOMMODATIONS

여행을 떠나기 전 숙소를 예약하는 것이 좋다. 짧은 여행을 하는 트렁크족이라면 더더욱. 애써 찾아간 숙소에 빈방이 없을 때의 난감함은 말로 다 못할 지경이다. 그런데 성수기엔 이런 난감한 일이 숱하게 발생한다.

호텔 예약 방법
우리나라에서 운영하는 해외 호텔 예약 사이트를 비롯해 여행사 홈페이지, 오픈 마켓 등에서 예약이 가능하다. 해외에서 운영하는 사이트라 하

더라도 최근 웹페이지 내 번역이 쉬워졌고, 한국어 서비스를 제공하는 업체도 많기 때문에 이용하기 쉽다. 업체별로 제시하는 요금과 조건, 예약 가능한 룸 종류 등이 다르니 이곳저곳을 꼼꼼히 비교하는 것이 좋다.

여행사나 대행사를 통해 예약할 수 없는 호텔에 숙박하려면 호텔에 직접 예약을 하는 수밖에 없다. 대부분 호텔 홈페이지에서 인터넷으로 예약을 받는 경우가 많고, 전화나 이메일, 팩스를 통해서도 예약 가능하다.

호텔패스 www.hotelpass.com
아고다 www.agoda.co.kr
부킹닷컴 www.booking.com
트립어드바이저 www.tripadvisor.co.kr
익스피디아 www.expedia.co.kr

호텔에 가격을 제시하는 비딩 사이트
최근 개별 여행을 떠나는 여행자 사이에서 크게 주목받고 있는 방법이다. 특히 잠자리가 중요한 허니무너들 사이에서 인기다. 이름에서 눈치챌 수 있듯 비딩 사이트는 역경매 방식으로 호텔을 예약할 수 있는 사이트다. 내가 원하는 지역과 원하는 등급의 호텔을 선택하고 가격을 제시하는 것. 그러다 보니 일반 호텔 요금보다 훨씬 저렴하게 예약할 수 있다. 비딩(입찰)은 한번 성사되면 환불이 되지 않으니 조건 등을 잘 알아본 후, 신중하게 신청해야 한다.

프라이스라인 www.priceline.com

호텔 예약도 소셜 네트워크 시대
세계 각국의 현지 호스트와 게스트가 서로 홈스테이 정보를 교환하고 예약하는 사이트도 있다. 에어비앤비와 카우치서핑이 대표적이다. 누구나 내 집을 외국인을 위한 게스트하우스로 등록할 수 있다는 점이 특징으로, 전 세계 아파트, 고급 빌라, 단독 주택, 별장 등이 숙소로 등록되어 있다. 에어비앤비는 대금을 받고 숙소를 빌려주는 것이며 카우치서핑은 무료로 주인과 함께 생활하며 교류할 수 있다는 점이 다르다.

카우치서핑 www.couchsurfing.com
에어비앤비 ww.airbnb.co.kr

바우처
바우처(Voucher)란 호텔의 예약과 숙박료 지불을 끝냈음을 뜻하는 호텔 예약 확정서다. 호텔 예약 대행사나 여행사에서 발급하는 서류인데, 이를 가지고 호텔에서 체크인하면 된다. 결제 후 보통 12시간 이내에 이메일로 바우처가 전달된다.

방문 환전

달러, 유로, 엔, 위안 등 자주 찾는 통화는 대부분 시중 은행에서 갖추고 있다. 주거래 은행에서 환전 수수료를 우대받도록 하자. 우수고객은 70~80%까지 우대받을 수 있다. 또 인터넷에서 무료로 다운로드 가능한 환전 우대 쿠폰을 이용하면 50~90%까지 환전 수수료를 할인받을 수 있다. 공항에 있는 은행은 환전 수수료가 비싸므로 시간

환전과 여행 경비
EXCHANGE

여행지에서는 계획 하에 현금과 신용카드를 적절히 섞어 이용하는 게 편하다. 환율 우대를 받을 수 있는 주거래 은행이나 인터넷 환전을 이용하자.

적 여유가 있다면 수수료가 가장 저렴한 서울역에 있는 기업은행과 우리은행 환전 센터를 이용하자. 시간이 없는 경우 환율은 조금 비싸지만 공항 내 환전소를 이용할 수도 있다. 여행 일정이 긴 경우 현금을 많이 들고 다니기보다는 현금과 신용카드를 함께 사용하는 것이 낫다.

사이버 환전

은행에 갈 시간이 없다면 인터넷이나 스마트폰 애플리케이션을 통해 환전해도 좋다. 은행 업무시간 외에도 이용 가능하고, 외화 수령 또한 출국 전 공항에서 할 수 있어 편리하다. 은행 창구를 이용하는 것보다 환율 우대 혜택 역시 좋은 편이다.

신용카드

현금만 가져가는 것이 조금 불안하다면 신용카드를 준비하자. 보안이 취약하다거나 약간의 수수료 부담이 있지만 외국인에게는 가장 편리하고 보편적인 보조 결제 수단이다. 호텔, 렌터카, 항공

미국 내 사설 환전소

권을 예약하거나 사용할 때 대부분 신용카드를 제시해야 하고, 현지에서 급하게 현금이 필요할 때 ATM에서 현금 서비스를 받을 수도 있다. 소지한 카드가 외국에서 사용 가능한지 반드시 확인하고, 해외 사용 비밀번호 등록 및 확인을 마쳐둔다.

현금카드

현금카드를 이용해 현지 ATM에서 현지 통화를 인출할 수 있다. 현금을 들고 다니는 것보다 안전하고, 신용카드보다 알뜰한 소비가 가능하다. 현금카드 역시 여행을 떠나기 전 해외에서 사용 가능한 카드인지 반드시 확인하고, 본인의 카드에 적힌 브랜드(PLUS, Cirrus)가 붙은 ATM를 현지에서 찾아 인출하면 된다. ATM은 미국 전역에서 쉽게 찾아볼 수 있다. 수수료를 계산하면서도 한번에 많은 돈을 들고 다니지 않도록 주의해 인출한다.

전화와 인터넷
INTERNET

신체의 일부분처럼 되어 버린 스마트폰. 여행 중이라고해서 스마트폰을 손에서 떼놓기란 쉽지 않다. 통화나 메시지 외에도 지도 및 포털 사이트 검색, SNS 등 하고 싶은 것도 많이 해야 할 것도 많다. 하지만 외국에서도 한국에서처럼 자유롭게 인터넷을 쓰다 보면 엄청난 요금 폭탄을 맞게 되므로, 좀 더 알뜰하고 합리적인 방법을 찾아보자.

포켓 와이파이

포켓 와이파이는 해당 국가 이동통신사의 3G/4G LTE 신호를 Wi-Fi 신호로 바꿔주는 휴대용 단말기다. 현지 도착 후 전원을 켜고 ID와 비밀번호를 입력하면 데이터를 사용할 수 있다. 기기는 사전 예약 없이도 공항에서 대여 가능하나, 인

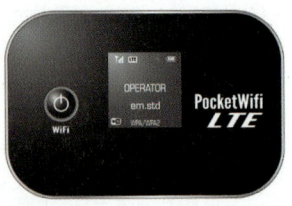

포켓 와이파이 단말기

터넷으로 예약하고 가는 편이 좋다. 한국 공항에서 직접 수령하거나 반납할 수 있으며, 일부 업체는 현지 공항에서 수령과 반납을 할 수 있고, 한국 내 택배 서비스를 제공하기도 한다.

포켓 와이파이는 기기 1대로 4~5명까지 접속할 수 있기 때문에 전화 외에 태블릿PC, 노트북 등 다양한 기기를 이용하거나 여러 명이 함께 사용할 때 합리적이다. 단, 단말기를 계속 충전해야 하고 요금이 대여일 수에 따라 계산되기 때문에 장기 체류할 경우엔 적합하지 않다. 데이터 사용 한도가 정해진 경우도 있다. 이 경우 한도만큼의 용량을 사용하면 인터넷을 사용할 수 없으므로 수시로 사용량을 체크하는 것이 좋다. 1일 대여 요금은 시즌과 업체에 따라 다르나 3,000~7,000원 정도이다.

심 카드(유심 칩) Sim Card

여행하는 나라의 통신사에서 판매하는 심 카드를 사서 사용하던 휴대전화에 교체하면 전화, 인터넷을 사용할 수 있다. 현지 통신사의 LTE급 데이터를 사용할 수 있고, 포켓 와이파이처럼 따로 단말기를 가지고 다닐 필요가 없기 때문에

심 카드

편리하다. 하지만 심 카드를 교체하기 때문에 전화번호가 해당 국가의 전화번호로 바뀐다. 이 경우 국내에서 걸려오는 전화는 받을 수 없지만 애플리케이션을 활용하면 가능해진다. 태블릿 PC, 노트북 등 다른 기기에서 인터넷을 쓰려면 핫스폿을 이용해야 한다.

데이터 로밍 무제한 요금제

국내 이동통신사에서 제공하는 서비스로, 1일 9,000~1만 1,000원에 데이터를 무제한으로 쓸 수 있다. 한국에서 쓰던 전화번호를 그대로 사용하기 때문에 편리하고 포켓 와이파이 기기도 필요 없다. 다만 요금이 비싸고 1일 제공 데이터 양을 초과하면 속도가 느려지는 단점이 있다.

인천국제공항의 터미널

인천국제공항의 제1터미널과 제2터미널은 멀찍이 떨어져 있는 데다 각각 취항 항공사가 다르므로, 출발 전 반드시 전자항공권(e-티켓)을 통해 어느 터미널로 가야 하는지 확인해야 한다. 대한항공, 델타항공, 에어프랑스, KLM네덜란드항공 등 스카이팀 11개 항공사는 제2터미널을, 아시아나항공, 기타 외국항공사와 저가항공사들은 제1터미널을 이용한다. 터미널 간 이동은 5분 간격으로 운행되는 무료 순환버스를 이용할 수 있다. 제1터미널 3층 중앙 8번 출구, 제2터미널 3층 중앙 4~5번 출구 사이에서 출발하며 15~18분 소요된다. 제1터미널에서 제2터미널까지 공항철도로는 약 6분 소요되며, KAL리무진을 제회한 리무진 버스는 제1터미널을 지나 제2터미널에 도착한다.

리무진 버스

인천국제공항으로 가는 가장 대표적인 교통수단이다. 서울, 수도권, 인천은 물론 경기도 북부와 충청남북도, 경상남북도, 전라남북도, 강원도에서 인천국제공항까지 한 번에 오는 노선이 있다. 서울 시내에서 출발하는 리무진 버스는 김포공항과 주요 호텔을 경유해 인천공항까지 오는데, 제1터미널까지 50분, 제2터미널까지 65분 정도 걸린다. 요금은 서울 및 수도권 기준으로 1만~1만 5,000원 정도다. 정류장, 시각표, 배차 간격, 요금 등은 인천국제공항 홈페이지(www.airport.kr)나 공항리무진 홈페이지(www.airportlimousine.co.kr)를 참고한다.

공항철도

서울역과 인천국제공항을 연결하는 공항철도는 리무진 버스 다음으로 대중적인 공항 교통수단이다. 공항철도는 모든 역에 정차하는 일반 열차와 서울역에서 인천공항까지 무정차로 운행하는 직통열차로 나뉜다. 일반열차는 6~12분 간격에 58분이 소요되고, 요금은 서울역에서 출발할 경우 인천공항1터미널역까지 4,150원, 인천공항2터미널역까지 4,750원이다. 직통열차는 일반열차와 달리 지정 좌석제로 승무원이 탑승해 안내 서비스를 제공한다. 30분~1시간 간격 운행에 43분 소요되고 요금은 8,000원이다.

자가용

인천공항에 가려면 공항 전용 고속도로인 인천국제공항 고속도로를 이용해야 한다. 제2터미널을 이용할 경우는 표지판을 따라 신설 도로로 진입한다. 일단 진입한 뒤에는 인천공항과 영종도 외에는 다른 곳으로 가는 것이 불가능하다. 통행료는 경차 3,300원, 소형차 6,600원, 중형차 1만 1,300원, 대형차 1만 4,600원. 여객 터미널 출발층 진입로는 승용차와 버스 진입로가 서로 다르니 주의.

공항 가는 법
TO THE AIRPORT

국제선을 타려면 늦어도 비행기 출발 2시간 전에는 공항에 도착해야 한다. 뉴욕행 항공편은 모두 인천국제공항에서 출발한다. 인천국제공항으로 가는 방법도 여러 가지. 나에게 맞는 교통편을 찾아보자.

인천공항 제1터미널역

인천공항 제2터미널

출국 수속
DEPARTURE

주말이나 성수기는 출국 수속을 하는 데 더 많은 시간이 걸리므로 여유 있게 하는 것이 안전하다. 공항 면세점을 이용할 생각이라면 좀 더 서둘러야 한다.

01. 공항 도착
대한항공과 델타항공을 포함한 몇몇 스카이팀 항공사는 제2터미널, 아시아나항공과 기타 외국 항공사, 저가 항공사는 제1터미널을 이용한다.

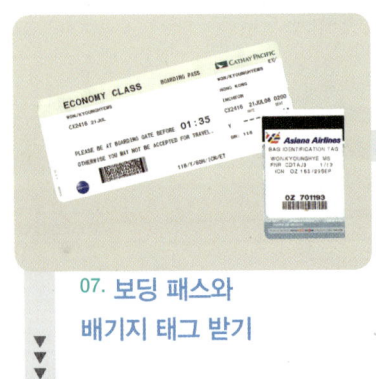

07. 보딩 패스와 배기지 태그 받기

부치는 짐의 무게 제한은 15~23Kg으로 항공사별로 다르다!

06. 좌석 선택, 짐 부치기
보조 배터리는 부치는 짐에 넣을 수 없으므로 기내에 직접 가지고 타야 한다.

08. 출국장 들어가기
출국장으로 들어갈 때는 여권과 보딩 패스를 제시한다.
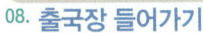
Tip 1 참고

DSLR, 노트북, 태블릿 PC는 따로 빼서 통과시킨다.

09. 세관 신고 · 보안 검색
신고할 물건이 있으면 여행자 휴대 물품 반출 신고서를 작성한다. 엑스레이 검색대를 거친다. Tip 2 참고

02. 카운터 확인
전광판에서 해당 항공사의 카운터를 확인한다.

03. 카운터 도착
줄을 서서 차례를 기다린다.

05. 여권과 e티켓 프린트를 제시

04. 체크인 시작
부치는 짐이 없고 모바일 보딩패스가 있다면 바로 출국장으로 간다.

10. 출국 심사
직원에게 여권과 보딩 패스를 건넨다. 심사가 끝나면 돌려받는다. 자동 출입국 심사를 이용해도 좋다. `Tip 3 참고`

11. 출발 게이트로 이동
면세점 쇼핑을 한 후 출발 시각 30분 전까지 게이트 앞에 도착한다.
`Tip 4 참고`

여행자보험 카운터

로밍 카운터

면세 쇼핑을 했다면
시내 면세점이나 인터넷 면세점에서 쇼핑을 했다면, 출국 심사가 끝나자마자 면세품 인도장으로 갈 것. 성수기에는 인도장이 붐벼 물건을 찾는 데 꽤 시간이 걸린다. 물건을 찾을 인도장이 어디인지 미리 확인해 두자.

트램 타는 곳

Tip 1 출국장으로 들어가기 전에 잠깐
환전, 여행자 보험 가입과 휴대전화 로밍을 하지 않았다면 마지막 기회다. 인천 국제공항에는 은행, 여행자 보험 카운터와 휴대전화 로밍 센터가 있다. 출국장으로 들어가기 전에 해결하자. 에어사이드에 로밍 카운터가 있기는 하나 그곳에서는 로밍 서비스 신청을 받지 않는다.

Tip 2 보안 검색 시 주의
기내에 휴대하는 모든 물건을 바구니에 넣어 검사대 레인 위에 올려놓는다. 주머니에 있는 것을 전부 꺼내 넣고, 액체 휴대품은 비닐 팩에 넣는다. 비닐 팩은 공항 내 편의점과 간이서점에서 판매하므로 미리 준비하자. 노트북은 가방에서 꺼내 따로 통과시켜야 한다. 부츠나 모자를 착용한 경우 벗어서 문제가 없는지 확인해주어야 한다.

Tip 3 자동 출입국 심사
공항에서 줄 서서 기다리는 일이 딱 질색이라면 자동출입국심사제도를 이용하자. 기존의 자동출입국심사는 각 공항에 위치한 사전 등록 센터에서 여권, 지문, 얼굴 사진을 등록하는 절차를 거쳐야 했으나, 2017년 1월부터 만 19세 이상 대한민국 여권 소지자라면 사전 등록 절차 없이도 자동출입국심사제도를 이용할 수 있게 되었다. 그러나 만 19세 미만, 이름 등 인적 사항이 변경된 사람, 주민등록증 발급 후 30년이 지난 사람은 꼭 사전 등록을 해야 한다. 인천공항 제1터미널은 출국장 3층 F 발권 카운터 앞 등록 센터, 제2터미널은 2층 중앙의 정부 종합 행정 센터 쪽(동식물 검역소 옆) 등록 센터에서 하면 된다. 운영 시간은 양 터미널 모두 07:00~19:00까지.

홈페이지 www.ses.go.kr

Tip 4 제1터미널의 101~132번 게이트로 가려면 트램을 타자!
탑승동에 위치한 101~132번 게이트로 가려면 입국 심사를 통과한 후 사진의 표지판을 따라 지하로 내려가, 트램을 타고 이동해야 한다. 트램은 자주 오고 이동 시간도 2분 정도로 짧지만, 사람이 붐빌 경우 트램을 놓치는 경우도 있으므로 20분 정도 먼저 출발해 게이트에 도착하는 것이 안심할 수 있다. 탑승동에도 다양한 면세점이 있다.

미국 입국 심사 시 유의할 점
보통 입국 심사관이 하는 질문은 거의 정해진 편이다. 미국에 지인이 있는지, 체류 기간에 어디서 머무는지, 돌아가는 비행기 표는 있는지, 미국에 온 이유는 무엇인지 정도다. 여기에서 가장 중요한 것은 머무는 곳의 주소다. 반드시 알고 있어야 한다. 돌아가는 비행기 편 정보도 출력해서 가지고 있도록 하자. 종종 심사관이 질문을 많이 할 때가 있는데, 체류 기간이 주 단위로 길거나 미혼 여성이 혼자 온 경우 등이다. 특히 같은 질문을 여러 번 반복해서 묻는다면 대답의 일관성을 보려는 의도다. 솔직하게 일관된 답변을 하는 것이 중요하다. 만약 질문을 이해하기 어렵거나 영어로 대답하기 힘들면 한국어 통역관의 도움을 받을 수도 있다.

짐 쌀 때 주의할 점

면세점 등에서 산 고가의 물건이 있다면 세관 검사를 대비해 영수증도 미리 잘 챙겨두자. 동물, 축산물, 식물류는 모두 반입 금지이니 조심하자. 신고 없이 반입하다 발각되면 범칙금을 물게 된다.

공항에는 최소 2시간 전에 도착

보통 아침에는 호텔의 체크아웃 카운터가 붐빈다. 미리미리 서둘러 체크아웃을 해두고 호텔에서 공항까지 갈 때 교통이 정체되는 시간도 미리 염두에 두어 여유 있게 출발하자. 공항에는 적어도 2시간 전에 도착해야 여유롭게 수속을 밟을 수 있다. 늦어서 허둥지둥하느니 좀 일찍 오는 것이 훨씬 낫다. 탑승 시간 30분 전에는 탑승구에 가 있도록 한다.

기내에서 준비할 서류

출국 때와 같은 절차를 밟아 기내에 들어오고 나면 얼마 후에 승무원이 여행자 휴대품 신고서를 나누어 준다. 여행자 휴대품 신고서는 개인당 1장, 가족의 경우 가족당 1장을 작성해야 하며, 신고할 물품이 없더라도 반드시 작성해야 한다. 기내에서 미리 작성해 두자. 외국 국적인 사람만 입국신고서를 작성한다. 만약 여행 중 설사, 복통, 구토, 발열의 증세가 있으면 입국시 검역관에게 신고해야 한다. 또 귀가 후에도 설사 등의 증세가 계속될 때에는 검역소나 보건소에 신고해야 한다.

한국에 입국

입국 심사는 여권만 있으면 된다. 입국 심사가 끝나면 수하물 수취대 번호를 전광판에서 확인하고 해당 컨베이어 벨트로 가서 짐을 찾는다. 짐을 분실했을 경우 분실 수하물 카운터에 문의하자.

세관 검사

짐을 찾은 후에 검사원에게 여행자 휴대품 신고서를 제출한다. 신고서를 기재하지 않거나 허위로 기재하면 관세법에 의한 처벌을 받을 수 있다. 만약 수하물을 찾을 때 '세관 검사 안내 표시'가 부착되어 있으면 세관 검사대로 가서 가방 안을 조사받는 등 정밀검사를 받게 된다. 면세품을 구매한 경우 영수증 제시를 요구받을 수도 있다. 우리나라에 입국하는 여행자는 내외국인을 불문하고 일정 범위 내에서 면세를 받을 수 있으며, 해외에서 취득한 물품 및 구입 물품의 총 가격이 1인당 $600 미만인 경우 면세 혜택을 받을 수 있다.

한국으로 귀국하기
RETURN

귀국하기 전에 가장 먼저 해야 할 것은 효율적인 짐 싸기이다. 여행이 끝나가는 만큼 짐의 양도 훨씬 늘었을 것이다. 수하물의 무게가 초과되면 추가 요금을 내야 하므로, 기내에 들고 타는 가방에 옮겨 담거나 필요 없는 물건은 버리는 것이 좋다.

여행을 마치고 인천 공항에 도착

여행 영어 회화

여행을 하다보면 자신의 의사를 전달해야 할 경우가 많이 생긴다. 그럴 때 쑥스러워하지 말고 당당하게 말해보자. 여행객의 말이 조금 서툴더라도 현지인들은 귀 기울여 들어준다. 문제를 해결하는데도 언어는 중요한 열쇠가 된다.

기본 회화(여행 전에 반드시 익혀야 할 필수 회화 & 단어)

안녕하세요.
Hello.

안녕하세요(아침).
Good morning.

안녕하세요(저녁).
Good evening.

안녕(헤어질 때)
Good bye.

예
Yes.

아니오
No.

고맙습니다.
Thank you.

천만에요.
You're welcome.

실례합니다.
Excuse me.

죄송합니다.
I'm sorry.

나(우리)
I(we)

당신(당신들)
you(you)

그(그들)
he(they)

그녀(그녀들)
she(they)

얼마입니까?
How much is it?

나는 한국인입니다.
I am Korean.

제 이름은 ~입니다.
My name is ~.

당신의 이름은 무엇입니까?
What's your name?

남성(남성들)
man(men)

여성(여성들)
woman(women)

잘 모르겠습니다.
I don't understand.

도와 줘요!
Help!

저는 영어를 못합니다.
I can't speak English.

기본단어

오늘 today
내일 tomorrow
어제 yesterday
아침 morning
정오 noon
저녁 evening
밤 night
오후 afternoon
주 week
월 month
일 day
1시간 1 hour
1분 1 minute
100 one hundred
1,000 one thousand

10,000 ten thousand
오른쪽 right
왼쪽 left
위쪽 up
아래 down
크다 big(large)
작다 small
길다 long
짧다 short
많다 many(much, a lot)
적다 a few(a little)
빠르다(시간) early
빠르다(속도) fast(quick)
늦다(시간) late
늦다(속도) slow

좋다 good
나쁘다 bad
비싸다 expensive
싸다 cheap
덥다(뜨겁다) hot
춥다(차갑다) cold
가다 go
오다 come
사다 buy
먹다 eat
보다 see(look, watch)
걷다 walk
지불하다 charge
타다 get on(get in)
내리다 get off(get out of)

여행에 필요한 기본 단어

폐점(폐관) closed
개점(개관) open
~시부터 ~시까지 영업
open from ~ to ~
세일 sale
매진 sold out
출구 exit
입구 entrance
밀다 push
당기다 pull
출입금지
no admittance(no entry)
손대지 마시오. Don't touch.
티켓 판매소 ticket office
빈 자리(방) Vacancies
빈 자리 없음 No vacancies
지정석 Reserved(seat)
편도 one way

왕복 return
고장 out of order
화장실 bathroom(restroom)
사용중 occupied
비어 있음 vacant
수수료 handling charge
예약 reservation
환불 refund
할인 discount
촬영금지 no photographs
플래시 금지
no flash photography
관광안내소 Tourist Information
미술관 art museum
유적 remains(ruins)
성(城) castle
미성년 출입금지 No Minors
관계자 외 출입금지 Private

음식을 가지고 들어오지 마시오.
No food or drink
신분증명서 필요 ID required
횡단보도 crosswalk
놀다 play
묵다 stay
맑다 clear weather
흐리다 cloudy weather
비 rain
폭풍 storm
일기예보 weather forecast
금연석 non smoking seat
흡연석 smoking seat
멈춤(표시) stop
무섭다 scary
한나절 관광
half day sightseeing tour
1일 관광
one day sightseeing tour

기본 회화

체크인 카운터에서 ♡

통로(창가) 자리로 주세요.
An aisle seat(window seat), please.

친구와 나란히 앉고 싶은데요.
I would like to sit on the next to my friend.

리컨펌을 하고 싶은데요.
May I reconfirm (my flight)?

기내에서 ♡

이 짐을 위의 짐칸에 넣고 싶은데 도와주세요.
I would like to put my bag in the luggage compartment. Could you help me?

라이트(이어폰)가 고장 났어요.
My light(earphone) isn't working.

의자를 뒤로 눕혀도 될까요?
May I put my seat back?

자리로 돌아가 주세요.
Please return to your seat.

음료를 갖다 드릴까요? → 어떤 것이 있나요?
→ 커피 주세요.
Would you like anything to drink?
What drinks do you have?
Coffee, please.

생선과 쇠고기(닭고기) 중 어느 것으로 드릴까요?
Which would you like fish or beef(chicken)?

멀미가 납니다.
I feel sick(bad).

면세품을 보여주세요.
May I see the duty free items?

공항에서 ♡

여행 목적은 무엇입니까? → 관광입니다.
What is the purpose of your trip? Sightseeing.

신고할 것이 있습니까?
Do you have anything to declare?

여행 가방이 보이지 않아요.
I can't find my luggage.

어떤 가방인가요? 특징을 알려주세요.
→ 검은색의 커다란 가방입니다.
What does your luggage look like? Please describe your luggage.
A large black suit case.

환전을 하려고 하는데요.
I would like to change some money.

소액권도 넣어 주세요.
Please include some small bills.

택시 승차장(관광안내소)은 어디입니까?
Could you tell me where the taxi stand(tourist information) is?

출발시각 depature time

정각에 on time

지연 delayed

탑승권 boarding pass

탑승 수속 check in

환승 transfer

호텔에서 ♡

예약한 홍길동입니다. 체크인을 해도 될까요?
I have a reservation for Gil-Dong, Hong. Can I check in?

세탁 서비스를 이용하고 싶은데요.
I would like to use your laundry service.

얼룩을 빼주세요.
I would like a stain removed.

123호실의 홍길동입니다만, 커피를 가져다주세요.
This is Gil-Dong Hong speaking in room 123. Please bring me coffee.

123호실의 열쇠를 주세요.
Can I have the key to room 123?

택시를 불러주세요.
Will you call a taxi? / Please call a taxi for me.

3월 14일 8시에 저녁 식사로 2명 예약해 주세요.
I would like you to make a reservation for me for dinner for two people at 8 p.m. on March 14th.

방에 열쇠를 두고 나왔습니다.
I have left my key in my room.

여기에서 우편물을 보낼 수 있나요? → 네(아니오)
Can you mail this for me? Yes, of course (I am afraid not).

짐을 가지러 와 주세요(벨보이를 불러 주세요).
Please take down my luggage(Please ask the bell man to take down my luggage).

8시에 떠날 때까지 짐을 맡기고 싶은데요.
Please hold my luggage until my departure at 8 p.m.

저에게 온 메시지는 없습니까?
Do you have any messages for me?

1박 추가할 수 있나요?
Can I stay one more night?

TV가 켜지지 않아요.
The TV doesn't work.

여행자 수표를 사용할 수 있나요?
Do you accept(take) traveller's checks?

체크아웃을 하려고 합니다.
I would like to check out, please.

이것은 무엇의 요금입니까?
What is this charge for?

미니바는 사용하지 않았습니다.
I didn't use the mini-bar.

이 카드를 사용할 수 있나요?
Do you accept(take) this credit card?

거리에서 ♡

미술관은 여기에서 멉니까?
Is it far from here to The Art Museum?

버스는 얼마 간격으로 오나요?
How often do the buses come?

목적지에 도착하면 알려주시겠습니까?
Could you tell me when I'll reach my destination?

이 버스(열차)는 OO행입니까?
Is this bus(train) going to OO?

거스름돈은 가지세요.
Please keep the change.

한국어(영어) 가이드가 포함된 투어가 있나요?
Do you have a tour with a Korean(English) guide?

한국으로 편지(소포)를 보내고 싶습니다.
I would like to mail this letter(parcel) to Korea.

사진을 찍어도 되나요?
Can I take a picture?

몇 시에 문을 닫습니까?
What time do you close?

티켓 두 장 주세요.
Two tickets, please.

쇼핑을 할 때 ♡

그냥 보는 중이에요.
No, thanks. Just looking.

좀 깎아주세요.
Can you give me a discount?

입어 봐도 될까요?
Can I try this one on?

탈의실은 어디입니까?
Can you tell me where the fitting room is, please?

이거 주세요.
This one please.(I'll take this.)

현금입니까, 카드입니까?
Pay cash or by credit card?

이 신용카드를 사용할 수 있나요?
Can I use this credit card?

세금 환불을 받을 수 있나요?
Can I get tax refund?

호텔까지 갖다 주실 수 있나요?
Can you deliver it to my hotel?

레스토랑에서 ♡

레스토랑을 예약하려는데요, 3월 14일 저녁 8시 2명입니다.
I would like to make a reservation for dinner for two people at 8 p.m. on March 14th.

예약한 홍길동입니다.
I have a reservation for Gil-Dong Hong.

추천 메뉴는 무엇인가요?
What dish do you recommend?

저 사람들이 먹고 있는 것과 같은 것을 주세요.
I would like the same dish as those people over there.

이 요리에 어울리는 와인을 골라 주세요.
Please select a good wine for this meal.

요리가 아직 안 나왔어요. 주문한 지 30분이 넘었는데요.
Our order hasn't come yet.
I ordered over 30minutes ago.

이것은 주문한 것과 다릅니다.
This is not what I ordered.

거스름돈이 틀립니다.
I think my change is wrong.

스푼을 떨어뜨렸습니다.
I dropped this spoon.

계산해 주세요.
Check Please.

엔터테인먼트 ♡

오늘 밤은 무엇을 공연하나요?
What is showing tonight?

표는 지금도 살 수 있나요?
Can I still get a ticket?

입장료는 얼마입니까?
How much is the ticket?

위험에 처했을 때 알아두어야 할 말

여행 시에 사건·사고에 휘말리지 않는 것이 제일이지만 만약에 대비해 아래 문장들을 알아두자. 대처하는 말도 같이 기억해두자.

손들어! Spread'em!
뒤로 물러나! Get back!
조용히 해! Shut up! / Be quiet!
그만둬! Drop it!
엎드려! Hit the floor! / Get on the floor!
움직이지 마! Hold it! / Don't move! /
Freeze! / Stay where you are!
벽을 보고 세! Get against wall! / Face to wall!
멈춰! Stop!
말하는 대로 해! Do what I say!

/ Do what I tell you!
움직이면 죽는다! Move and you're dead!
진짜야. I mean it.
도와줘! Help!
원하는 대로 할게요. I will do what you want. / I'll do anything (you say).
그만하세요! Please stop.
쏘지 마시오. Don't shoot.
나가! Get out!
손 대지 마! Don't touch! / Hands off!

Index
찾아보기

Seattle : 시애틀 :

관광 ♡

- 가스 웍스 파크 Gas Works Park ······ 165
- 골든 가든스 파크 Golden Gardens Park ······ 163
- 껌 월 Gum Wall ······ 90
- 노르딕 박물관 Nordic Museum ······ 161
- 노벨티 힐 야누크 와이너리 Novelty Hill Januik Winery · 171
- 레이니어산 국립공원 Mountain Rainier National Park ··· 207
- 레이크 뷰 묘지 Lake View Cemetery ······ 102
- 루비 해변 Ruby Beach ······ 214
- 리빙 컴퓨터 박물관 + 연구소
  Living Computers : Museum + Labs ······ 206
- 리알토 해변 Rialto Beach ······ 215
- 모팝 MoPOP(The Museum of Pop Culture) ······ 96
- 발라드 록스 Ballad Locks ······ 161
- 발라드 파머스 마켓 Ballad Farmer's Market ······ 162
- 버크 국립 역사 문화 박물관
  Burke Museum of Natural History and Culture ······ 167
- 볼런티어 파크 Volunteer Park ······ 101
- 산업 역사 박물관 Museum of History & Industry(MOHAI) · 103
- 샤토 생 미셸 와이너리 Chateau Ste. Michelle Winery ··· 171
- 솔 덕 온천 Sol Duc Hot Springs ······ 216
- 수어드 파크 Seward Park ······ 204
- 스미스 타워 전망대 Smith Tower Observatory ······ 99
- 스페이스 니들 Space Needle ······ 95
- 시애틀 공립 중앙 도서관 The Seattle Public Library
  (Central Library) ······ 92
- 시애틀 대관람차 Seattle Great Wheel ······ 93
- 시애틀 미술관 Seattle Art Museum(SAM) ······ 90
- 시애틀 수족관 Seattle Aquarium ······ 93
- 시애틀 재퍼니스 가든 Seattle Japanese Garden ······ 103
- 아시아 미술관 Asian Art Museum ······ 101
- 알키 비치 파크 Alki Beach Park ······ 207
- 옥시덴틀 스퀘어 Occidental Square ······ 98
- 올림픽 국립공원 Olympic National Park ······ 212
- 올림픽 조각 공원 Olympic Sculpture Park ······ 94
- 우드랜드 파크 동물원 Woodland Park Zoo ······ 163
- 우딘빌 Woodinville ······ 170
- 워싱턴 대학교 UW(University of Washington) ······ 167
- 윙 루크 아시아 박물관 Wing Luke Museum of
  the Asian Pacific American Experience ······ 104
- 유 디스트릭트 파머스 마켓 U-District Farmers Market · 168
- 치훌리 가든 앤드 글라스 Chihuly Garden and Glass ······ 96
- 캐피틀 힐 파머스 마켓 Capitol Hill Farmers Market ······ 102
- 컬럼비아 센터 전망대 Columbia Center Sky View Observatory
  ······ 91
- 컬럼비아 시티 파머스 마켓 Columbia City Farmers Market
  ······ 204
- 컬럼비아 와이너리 Columbia Winery ······ 171

케리 파크 Kerry Park	97	The Palace Theater and Art Bar	210
크레센트 호수 Crescent Lake	216	데일리 더즌 도넛 컴퍼니 Daily Dozen Doughnut Company	110
클론다이크 골드러시 Klondike Gold Rush	100	도우 존 덤플링 하우스 Dough Zone Dumpling House	127
티 모바일 파크 T-Mobile Park	100	레이디 염 Lady Yum	113
파라마운트 극장 Paramount Theatre	91	로셀리니스 파인 케이크스 & 베이크드 굿즈	
파이어니어 스퀘어 파크 Pioneer Square Park	98	Rosselini's Fine Cakes & Baked Goods	176
파이크 플레이스 마켓 Pike Place Market	89	리온느 13세 Rione XIII	119
퍼시픽 사이언스 센터 Pacific Science Center	97	마리네이션 스테이션 Marination Station	128
포크스 Forks	217	마크리나 베이커리 & 카페 Macrina Bakery & Cafe	113
포트 앤젤레스 Port Angeles	217	모미지 Momiji	119
폴스보 Poulsbo	217	모슬 Morsel	185
프라이 미술관 Frye Art Museum	94	몰리 문스 홈메이드 아이스크림	
프리몬트 브리지 Fremont Bridge	165	Molly Moon's Homemade Ice Cream	125
프리몬트 선데이 마켓 Fremont Sunday Market	164	미로 티 Miro Tea	177
프리몬트 트롤 Fremont Troll	164	미르 플래그 십 Miir Flag Ship	182
항공 박물관 The Museum of Flight	205	베라치 피자 Veraci Pizza	178
허리케인 리지 Hurricane Ridge	215	베이커리 누보 Bakery Nouveau	122
헨리 미술관 Henry Art Gallery	168	볼런티어 파크 카페 Volunteer Park Cafe	120
호 레인 포레스트 Hoh Rain Forest	214	봉고스 Bongos	178
		브런즈윅 & 헌트 Brunswick & Hunt	174
		브리머 & 힐탭 Brimmer & Heeltap	178
레스토랑 · 카페 · 베이커리 ♡		비스킷 빗치 Biscuit Bitch	111
8온스 버거 & 컴퍼니 8oz Burger & Co.	174	비처스 핸드메이드 치즈 Beecher's Handmade Cheese	106
글로스 카페 Glo's Cafe	120	비터 루트 Bitter Root	175
니르말스 Nirmal's	116	빅트롤라 커피 로스터스 Victrola Coffee Roasters	125
달리아 라운지 Dahlia Lounge	107	살라레 Salare	186
담브로시오 젤라토 D'Ambrosio Gelato	177	살루미 아르티장 큐어드 미츠	
더 런던 플레인 The London Plane	116	Salumi Artisan Cured Meats	115
더 매터도어 The Matador	119	스시 갓포 타무라 Sushi Kappo Tamura	127
더 완더링 구스 The Wandering Goose	121	스킬렛 다이너 Skillet Diner	121
더 월러스 앤드 더 카펜터 The Walrus and the Carpenter	173	스타벅스 리저브 로스터리 Starbucks Reserve Roastery	122
더 크럼펫 숍 The Crumpet Shop	108	스테이트사이드 Stateside	117
더 톨 그라스 베이커리 The Tall Grass Bakery	176	스토리빌 커피 Storyville Coffee	109
더 팻 헨 The Fat Hen	173	스톤 웨이 카페 Stone Way Cafe	180
더 팰리스 시어터 앤드 아트 바		스피나세 Spinasse	117

슬레이트 커피 로스터스 Slate Coffee Roasters ·········· 186
시리어스 파이 Serious Pie ·········· 107
시안 누들스 Xi'an Noodles ·········· 185
시애틀 미아우트로폴리탄 Seattle Meowtropolitan ····· 184
시애틀 커피 웍스 Seattle Coffee Works ·········· 109
시울프 베이커리 Seawolf Bakery ·········· 181
시티즌 식스 Citizen Six ·········· 128
아날로그 커피 Analog Coffee ·········· 123
에스프레소 비바체 Espresso Vivace ·········· 123
에스프레소 투 고 Espresso To Go ·········· 181
엘리엇츠 오이스터 하우스 Elliott's Oyster House ·········· 119
우미 사케 하우스 Umi Sake House ·········· 112
웨스트워드 Westward ·········· 183
유니다 버거 Uneeda Burger ·········· 180
이바스 에이커스 오브 클램스 Ivar's Acres of Clams ·········· 105
이센셜 베이커리 카페 Essential Bakery Cafe ·········· 183
일 코르보 파스타 Il Corvo Pasta ·········· 115
잭스 바비큐 Jack's BBQ ·········· 210
제너럴 포퍼스 도너츠 General Porpoise Doughnuts ·········· 124
조카 커피 Zoca Coffee ·········· 184
줄 Joule ·········· 179
찬 시애틀 Chan Seattle ·········· 128
츠쿠신보 Tsukushinbo ·········· 126
카페 베살루 Cafe Besalu ·········· 175
카페 비타 Caffe Vita ·········· 124
카페 움브리아 Caffe Umbria ·········· 116
카페 캉파뉴 Cafe Campagne ·········· 106
카페 투르코 Cafe Turko ·········· 179
카페 피오레 Caffe Fiore ·········· 177
캐넌 Canon ·········· 119
컬럼비아 시티 베이커리 Columbia City Bakery ·········· 210
코바 CÔBA ·········· 114
타볼라타 Tavolata ·········· 118
타이 톰 Thai Tom ·········· 185
톱 포트 도너츠 Top Pot Doughnuts ·········· 112

투타 벨라 나폴리탄 피체리아
Tutta Bella Neapolitan Pizzeria ·········· 182
툴루즈 프티 키친 & 라운지
Toulouse Petit Kitchen & Lounge ·········· 114
틸리쿰 플레이스 카페 Tilikum Place Cafe ·········· 111
파세오 캐리비언 푸드 Paseo Caribbean Food ·········· 181
파이크 플레이스 차우더 Pike Place Chowder ·········· 108
포케 스퀘어 Poke Square ·········· 174
프랭키 & 조스 아이스크림 Franki & Jo's Ice Cream ·········· 125
프레시 플라워스 Fresh Flours ·········· 127
피로시키 피로시키 Piroshky Piroshky ·········· 110
핑크 도어 Pink Door ·········· 105
핫 케이크스 – 몰튼 초콜릿 케이커리
Hot Cakes — Molten Chocolate Cakery ·········· 176
허니 홀 Honey Hole ·········· 121

나이트라이프 ♡

더 파머시 The Pharmacy ·········· 130
더 파이크 브루잉 컴퍼니 The Pike Brewing Company ··· 130
라인 하우스 시애틀 Rhein Haus Seattle ·········· 132
레드훅 브루랩 Redhook Brewlab ·········· 133
레이첼스 진저 비어 Rachel's Ginger Beer ·········· 129
루벤스 브루스 Reuben's Brews ·········· 187
발라드 비어 컴퍼니 Ballad Beer Company ·········· 188
버건디언 Burgundian ·········· 188
스미스 Smith ·········· 131
스툽 브루잉 Stoup Brewing ·········· 187
올드 스토브 브루잉 컴퍼니 Old Stove Brewring Co. ··· 129
옵티미즘 브루잉 Optimism Brewing ·········· 133
유니콘 Unicorn ·········· 132
프리몬트 브루잉 컴퍼니 Fremont Brewing Company ··· 188
홀리 마운틴 브루잉 컴퍼니
Holy Mountain Brewing Company ·········· 131

쇼핑 ♡

PCC 커뮤니티 마켓 PCC Community Markets ············ 192
나이키 시애틀 Nike Seattle ·························· 135
노드스트롬 Nordstrom ······························ 134
댄덜라이언 버태니컬 컴퍼니 Dandelion Botanical Company
·· 191
더 엘리엇 베이 서점 The Elliott Bay Book Company · 140
디로렌티 DeLaurenti ······························· 136
레이 Rei ·· 141
로봇 vs. 슬로스 Robot vs. Sloth ····················· 138
루카 그레이트 파인즈 Lucca Great Finds ············ 191
리 소울 Re-Soul ···································· 190
매리너스 팀 스토어 Mariners Team Store ·········· 135
메이드 인 워싱턴 Made in Washington ············· 135
메이시스 Macy's ···································· 134
무레아 실 Moorea Seal ···························· 138
번트 슈거 Burnt Sugar ····························· 193
베뉴 Venue ·· 191
소닉 붐 레코드 Sonic Boom Record ················ 190
쇼콜로폴리스 Chocolopolis ························· 137
시애틀 앤티크 마켓 Seattle Antiques Market ······· 138
시애틀 프리미엄 아웃렛 Seattle Premium Outlet ··· 194
아마존 고 Amazon Go ····························· 139
어글리 베이비 Ugly Baby ·························· 137
에브리데이 뮤직 Everyday Music ·················· 140
우와지마야 Uwajimaya ···························· 141
유니버시티 빌리지 University Village ··············· 193
인디 초콜릿 Indi Chocolate ························ 137
인트리그 Intrigue ··································· 136
조지타운 트레일러 파크 몰 Georgetown Trailer Park Mall 211
카부 Kavu ··· 190
타이즈 앤 파인스 Tides N Pines ··················· 192
테오 초콜릿 Theo Chocolate ······················· 192
토토카엘로 Totokaelo ······························ 139
파이크 & 웨스턴 와인 숍 Pike & Western Wine Shop · 136

퍼시픽 플레이스 Pacific place ······················ 134
포티지 베이 굿즈 Portage Bay Goods ············· 193

숙소 ♡

11th 애비뉴 인 베드 앤드 브렉퍼스트
11th Avenue Inn Bed and Breakfast ··············· 148
가스라이트 인 Gaslight Inn ························ 147
그랜드 하얏트 시애틀 Grand Hyatt Seattle ········ 143
그린 토터스 호스텔 시애틀 Green Tortoise Hostel Seattle · 149
더 그로브 웨스트 시애틀 인 The Grove West Seattle Inn 211
더 로열 인 시애틀 The Loyal Inn Seattle ·········· 147
더 메디터레이니언 인 The Mediterranean Inn ····· 148
더 웨스틴 시애틀 The Westin Seattle ············· 142
더 인 앳 엘 가우초 The Inn at El Gaucho ········ 146
더 파라마운트 호텔 The Paramount Hotel ········ 144
더블유 시애틀 W Seattle ·························· 144
레지던스 인 바이 메리어트 유니버시티 디스트릭트
Residence Inn by Marriott University Distric ···· 197
마르코 폴로 모텔 Marco Polo Motel ·············· 196
마퀸 호텔 MarQueen Hotel ······················· 143
메이플라워 파크 호텔 Mayflower Park Hotel ····· 144
모티프 시애틀 Motif Seattle ······················ 142
밀드레즈 베드 & 브렉퍼스트 Mildred's Bed & Breakfast 148
발라드 인 Ballard Inn ····························· 195
베이컨 맨션 베드 & 브렉퍼스트
Bacon Mansion Bed & Breakfast ················ 149
벨타운 인 Belltown Inn ··························· 147
쉐라톤 그랜드 시애틀 Sheraton Grand Seattle ··· 142
스테이브리지 스윗츠 시애틀 Staybridge Suites Seattle · 195
시애틀 메리어트 워터프런트 Seattle Marriott Waterfront 143
실버 클라우드 호텔 – 시애틀 스타디움
Silver Cloud Hotel - Seattle Stadium ············ 145
실버 클라우드 호텔 Silver Cloud Hotel ··········· 196
에이스 호텔 시애틀 Ace Hotel Seattle ············ 146

워릭 시애틀 Warwick Seattle ········· 144
워터타운 호텔 Watertown Hotel ········· 197
유니버시티 모텔 스윗스 University Motel Suites ········· 197
유니버시티 인 University Inn ········· 197
조지타운 인 Georgetown Inn ········· 211
킴튼 호텔 모나코 시애틀 Kimpton Hotel Monaco Seattle 145
탈라리스 콘퍼런스 센터 Talaris Conference Center ········· 196
트래블로지 시애틀 바이 더 스페이스 니들
Travelodge Seattle by The Space Needle ········· 148
하얏트 앳 올리브 8 Hyatt at Olive 8 ········· 143
하얏트 플레이스 시애틀 다운타운
Hyatt Place Seattle Downtown ········· 142

하이- 시애틀 앳 디 아메리칸 호텔 호스텔
HI - Seattle at the American Hotel Hostel ········· 149
호텔 발라드 Hotel Ballard ········· 195
호텔 소렌토 Hotel Sorrento ········· 146
호텔 시어도어 Hotel Theodore ········· 145
호텔 엔드라 Hotel Ändra ········· 145
호텔 호텔 호스텔 Hotel Hotel Hostel ········· 196
홀리데이 인 익스프레스 & 스윗스 시애틀 시티 센터
Holiday Inn Express & Suites Seattle City Center ········· 146
힐튼 가든 인 시애틀 다운타운
Hilton Garden Inn Seattle Downtown ········· 147

Portland :포틀랜드:

관광 ♡

더 그로토 The Grotto ········· 315
더 프리키버트루 퍼큘리아리움 박물관
The Freakybuttrue Peculiarium and Museum ········· 262
란 수 차이니스 가든 Lan Su Chinese Garden ········· 258
로럴허스트 파크 Laurelhurst Park ········· 313
마운틴 테이버 파크 Mt. Tabor Park ········· 313
마쿰 브리지 Marquam Bridge ········· 261
멀트노마 카운티 중앙 도서관
Multnomah County Central Library ········· 257
모리슨 브리지 Morrison Bridge ········· 260
번사이드 브리지 Burnside Bridge ········· 261
브로드웨이 브리지 Broadway Bridge ········· 261
세계 삼림 센터 - 디스커버리 박물관
World Forestry Center - Discovery Museum ········· 265

세븐 브리지스 와이너리 Seven Bridges Winery ········· 314
스틸 브리지 Steel Bridge ········· 260
앨버타 아트 디스트릭트 Alberta Art District ········· 316
엔소 와이너리 Enso Winery ········· 312
오리건 과학 산업 박물관
Oregon Museum of Science and Industry ········· 311
오리건 동물원 Oregon Zoo ········· 264
오리건 역사 박물관 Oregon Historical Society Museum ········· 257
오버룩 파크 Overlook Park ········· 315
워싱턴 파크 Washington Park ········· 264
워터프런트 블루스 페스티벌 Waterfront Blues Festival 259
윌래밋 밸리 와이너리스 Willamette Valley Wineries ········· 267
인터내셔널 로즈 테스트 가든
International Rose Test Garden ········· 266
캐넌 해변 Cannon Beach ········· 267

태너 스프링스 파크 Tanner Springs Park ·············· 262
톰 맥콜 워터프런트 파크 Tom McCall Waterfront Park ·· 256
파이어니어 코트하우스 스퀘어
Pioneer Courthouse Square ·············· 254
포틀랜드 미술관 Portland Art Museum ·············· 255
포틀랜드 새터데이 마켓 Portland Saturday Market ······ 255
포틀랜드 에어리얼 트램 Portland Aerial Tram ·············· 256
포틀랜드 재퍼니스 가든 Portland Japanese Garden ······ 265
포틀랜드 파머스 마켓 Portland Farmers Market ·············· 258
포틀랜드 플리 + 푸드 Portland Flea + Food ·············· 311
피톡 맨션 Pittock Mansion ·············· 263
하우스 스피리츠 디스틸러리 House Spirits Distillery ··· 312
할리우드 파머스 마켓 Hollywood Farmers Market ·············· 314
호손 브리지 Hawthorne Bridge ·············· 261
호이트 수목원 Hoyt Arboretum ·············· 266
후드산 Mt. Hood ·············· 316

레스토랑 · 카페 · 베이커리 ♡

3번가 푸드 카트 3rd Ave Food Cart Pod ·············· 284
5번가 푸드 카트 5th Ave Food Cart Pod ·············· 284
그라사 Grassa ·············· 272
노블 로트 Noble Rot ·············· 322
농스 카우 만 까이 Nong's Khao Man Gai ·············· 318
더 데일리 피스트 The Daily Feast ·············· 271
더 와플 윈도 The Waffle Window ·············· 333
더 웨이팅 룸 The Waiting Room ·············· 281
더 피플스 피그 The People's Pig ·············· 323
데드스톡 커피 Deadstock Coffee ·············· 278
라르도 Lardo ·············· 332
레천 Lechon ·············· 274
로럴허스트 마켓 Laurelhurst Market ·············· 321
록킹 프로그 카페 Rocking Frog Cafe ·············· 334
리스트레토 로스터스 커피 Ristretto Roasters Coffee ····· 322
리틀 티 아메리칸 베이커 Little T American Baker ······ 329

마더스 비스트로 & 바 Mother's Bistro & Bar ·············· 269
마수 스시 Masu Sushi ·············· 273
모리스 MAURICE ·············· 270
미 메로 몰레 Mi Mero Mole ·············· 273
발리우드 시어터 Bollywood Theater ·············· 329
뱀부 스시 Bamboo Sushi ·············· 325
부두 도넛 Voodoo Doughnut ·············· 275
브로더 카페 Broder Cafe ·············· 328
블루 스타 도너츠 Blue Star Donuts ·············· 274
비주 카페 Bijou Cafe ·············· 269
생 오노레 브랑제리 St. Honore Boulangerie ·············· 281
솔트 & 스트로 Salt & Straw ·············· 325
스웨디디 Swedeedee ·············· 323
스크린 도어 Screen Door ·············· 320
스텀프타운 커피 로스터스 Stumptown Coffee Roasters
·············· 275 / 331
시주쿠 바이 셰프 나오코 Shizuku By Chef Naoko ······ 271
엔젤스 도너츠 & 아이스크림
Angel's Donuts & Ice Cream ·············· 325
엘더 스트리트 푸드 카트 Alder Strret Food Cart ······ 284
오베이션 커피 & 티 Ovation Coffee & Tea ·············· 280
올림피아 프로비전스 Olympia Provisions ·············· 317
올림피아 프로비전스 퍼블릭 하우스
Olympia Provisions Public House ·············· 330
왓츠 더 스쿱 What's the Scoop? ·············· 324
워터 애비뉴 커피 Water Avenue Coffee ·············· 319
이치자 키친 Ichiza Kitchen ·············· 270
젤스 카페 Zell's Cafe ·············· 317
지지스 카페 Gigi's Cafe ·············· 283
카메오 카페 이스트 Cameo Cafe East ·············· 327
카친카 Kachinka ·············· 318
카토피아 푸드 카트 Cartopia Food Cart Pod ·············· 284
캔틴 Canteen ·············· 321
커리어 커피 Courier Coffee ·············· 274
커피하우스 노스웨스트 Coffeehouse Northwest ······ 282

케니 & 주크스 델리카트슨 Kenny & Zuke's Delicatessen **272**
케이스 스터디 커피 Case Study Coffee ················ **326**
켄스 아르티장 베이커리 Ken's Artisan Bakery ············ **282**
코스텔로스 트래블 카페 Costello's Travel Caffe ········ **324**
코아바 커피 로스터스 Coava Coffee Roasters ············ **319**
키오스코 Kiosko ················ **278**
테오테 하우스 카페 Teote House Cafe ················ **332**
테이스티 앤 도터스 Tasty n Daughters ················ **330**
토브 커피 앤드 티 Tov Coffee and Tea ················ **333**
파이브 포인츠 커피 로스터스 Five Points Coffee Roasters
················ **331**
파인 스테이트 비스키츠 Pine State Biscuits ········ **328**
파인 스트리트 마켓 Pine Street Market ················ **276**
파크 키친 Park Kitchen ················ **279**
파파 하이든 Papa Haydn ················ **281**
펄 베이커리 Pearl Bakery ················ **280**
포틀랜드 주립 대학교 푸드 카트
Portland State University Food Cart Pod ········ **284**
폭폭 Pok Pok ················ **329**
풀러스 커피숍 Fuller's Coffee Shop ················ **279**
프라우드 메리 카페 Proud Mary Cafe ················ **326**
프라이드 에그, 아임 인 러브 Fried Egg, I'm In Love **333**
하트 커피 Heart Coffee ················ **278**
한옥 Han Oak ················ **327**
핫 립스 피자 Hot Lips Pizza ················ **279**
허니 밀크 Hunny Milk ················ **320**

나이트라이프 ♡

그라운드 브레이커 브루잉 Ground breaker Brewing **341**
그라운드 컨트롤 클래식 아케이드
Ground Kontrol Classic Arcade ················ **286**
더 러브크래프트 바 The Lovecraft Bar ················ **338**
디그 어 포니 Dig A Pony ················ **335**
럭키 래브라도 비어 홀 Lucky Labrador Beer Hall ········ **287**

로그 펄 퍼블릭 하우스 Rogue Pearl Public House ········ **286**
르 비스트로 몽타주 Le Bistro Montage ················ **336**
리틀 비스트 브루잉 비어 가든
Little Beast Brewing Beer Garden ················ **340**
미시시피 스튜디오스 & 바 Mississippi Studios & Bar **339**
바 비반트 Bar Vivant ················ **339**
베이스 캠프 브루잉 컴퍼니
Base Camp Brewing Company ················ **338**
베일리스 탭룸 Bailey's Taproom ················ **285**
웨이파인더 비어 Wayfinder Beer ················ **335**
위 와인 바 Oui Wine Bar ················ **340**
위스키소다 라운지 Whiskey Soda Lounge ················ **340**
질라 사케 Zilla Sake ················ **339**
캐스케이드 브루잉 배럴 하우스
Cascade Brewing Barrel House ················ **337**
텐 배럴 브루잉 10 Barrel Brewing ················ **287**
트라이스트 Tryst ················ **285**
포틀랜드 사이더 하우스 Portland Cider House ········ **341**
프로듀스 로우 카페 Produce Row Cafe ················ **336**
헤어 오브 도그 브루잉 Hair Of Dog Brweing ········ **337**
화이트 아울 소셜 클럽 White Owl Social Club ········ **336**

쇼핑 ♡

골드 더스트 Gold Dust ················ **346**
그린 빈 서점 Green ean Books ················ **344**
뉴 르네상스 서점 New Renaissance Bookshop ········ **292**
리치스 시가 스토어 Rich's Cigar Store ················ **289**
마더 푸코스 서점 Mother Foucault's Bookshop ········ **342**
마이크로코즘 퍼블리싱 Microcosm Publishing **343**
모노그래프 서점 Monograph Bookwerks ················ **344**
뮤직 밀레니엄 Music Millennium ················ **342**
미시시피 레코즈 Mississippi Records ················ **343**
본빈켈 Woonwinkel ················ **291**
브락팍스 BlaqPaks ················ **290**

빈탈리에 Vintalier ··················· 292
세컨드 애비뉴 레코즈 2nd Avenue Records ··········· 288
앨버타 스튜디오 Alberta Studio ··········· 346
와일드팡 Wildfang ··················· 342
윌 레더 굿즈 Will Leather Goods ··········· 292
잭팟 레코즈 Jackpot Records ··········· 345
카누 Canoe ··················· 290
콜라주 Collage ··················· 346
컴파운드 갤러리 Compound Gallery ··········· 289
크래프티 원더랜드 Crafty Wonderland ··········· 291
텐더 러빙 엠파이어 Tender Loving Empire ··········· 290
파웰스 시티 서점 Powell's City of Books ··········· 288
프로비도어 파인 푸즈 Providore Fine Foods ··········· 343
플로팅 월드 코믹스 Floating World Comics ··········· 289
하우스 오브 빈티지 House of Vintage ··········· 345

숙소 ♡

AC 호텔 바이 메리어트 AC Hotel By Marriott ··········· 294
더 나인스 The Nines ··················· 295
더 마크 스펜서 호텔 The Mark Spencer Hotel ··········· 296
더 벤슨, 어 코스트 호텔 The Benson, a Coast Hotel ······ 295
더 소사이어티 호텔 The Society Hotel ··········· 297
더 호텔 재그스 포틀랜드 The Hotel Zags Portland ······ 294
더 히스맨 호텔 The Heathman Hotel ··········· 295
더블 트리 바이 힐튼 DoubleTree by Hilton ··········· 347
도시에 호텔 Dossie Hotel ··········· 293
맥미너민스 크리스털 호텔 McMenamins Crystal Hotel · 295
맥미너민스 화이트 이글 살룬 & 호텔
McMenamins White Eagle Saloon & Hotel ··········· 348
블루버드 게스트 하우스 Bluebird Guesthouse ··········· 349
센티널 호텔 Sentinel Hotel ··········· 296
에이스 호텔 Ace Hotel ··········· 293
엠버시 스윗스 포틀랜드 다운타운
Embassy Suites by Hilton Portland Downtown ··········· 294

인 앳 노스럽 스테이션 Inn at Northrup Station ··········· 296
주피터 호텔 Jupiter hotel ··········· 347
카라반–더 타이니 하우스 호텔
Caravan-The Tiny House Hotel ··········· 348
컴퍼트 인 포틀랜드 Comfort Inn Portland ··········· 349
킴튼 리버 플레이스 호텔 Kimpton RiverPlace Hotel ······ 294
타이니 디그스 호텔 Tiny Digs Hotel ··········· 348
트래블러스 하우스 Travelers' House ··········· 348
포틀랜드 인터내셔널 게스트하우스
Portland International Guesthouse ··········· 297
하이 포틀랜드 노스웨스트 호스텔
LHI Portland Northwest Hostel ··········· 297
하이 포틀랜드 호손 디스트릭트
HI Portland Hawthorne District ··········· 349
햄튼 인 앤드 스윗스 포틀랜드
Hampton Inn And Suites Portland ··········· 293
호텔 디럭스 Hotel Deluxe ··········· 293
호텔 루시아 Hotel Lucia ··········· 296
호텔 이스트런드 Hotel Eastlund ··········· 347

저스트고 시애틀 포틀랜드

2019년 7월 15일 초판 1쇄 인쇄
2019년 7월 25일 초판 1쇄 발행

지은이 김주영
발행인 윤호권
책임편집 정은영
마케팅 임슬기·정재영·박혜연

발행처 (주)시공사
출판등록 1989년 5월 10일(제3-248호)

주소 서울시 서초구 사임당로 82(우편번호 06641)
전화 편집 (02)2046-2897·영업 (02)2046-2878
팩스 편집 (02)585-1755·영업 (02)588-0835
홈페이지 www.sigongsa.com

ⓒ 김주영 2019

ISBN 978-89-527-0786-4
ISBN 978-89-527-4331-2(세트)

본서의 내용을 무단 복제하는 것은 저작권법에 의해 금지되어 있습니다.
파본이나 잘못된 책은 구입하신 서점에서 교환해 드립니다.
값은 뒤표지에 있습니다.